Francisco Pizarro (1478–1541), spanischer Conquistador und Eroberer Perus, nahm erstmals 1502 an einer Fahrt nach Westindien teil und begleitete 1510 A. de Ojeda und 1513 V. N. de Balboa. Mit Diego de Almagro und Pater Fernando de Luque sicherte er sich urkundlich das Recht, Peru zu erobern, und unternahm von Panama aus 1524 bis 1526 Erkundungsfahrten. 1529 ließ er sich in Spanien von Kaiser Karl V. zum Statthalter und Generalkapitän von Peru ernennen. 1531 trat er die Fahrt nach Peru mit drei Schiffen an. Von Tumbes gelangte er über die Anden ins Landesinnere, nahm den Inkaherrscher Atahualpa gefangen und ließ ihn 1533 hinrichten. 1535 gründete Pizarro die neue Hauptstadt Ciudad de los Reyes (das heutige Lima). Nach einem Indianeraufstand kam es zu Kämpfen zwischen den Conquistadoren, die mit der Hinrichtung Almagros und der Ermordung Pizarros von Anhängern Almagros endeten.

Dr. Robert und Evamaria Grün, die diesen Band herausgegeben haben, leben in Wien und sind als Kenner der historischen Geographie und der Geschichte der Entdeckungen bereits mit mehreren Veröffentlichungen hervorgetreten.

Als weitere Titel abenteuerlicher Reise- und Endeckungsberichte aus der großen Zeit der Seefahrer und Entdecker liegen in der Knaur-Taschenbuchreihe *Reisen und Entdeckungen* vor:

»Brehms Reisen im Sudan« (Band 3654)
»Sir Francis Drake – Pirat im Dienst der Queen« (Band 3662)
»Vasco da Gama – Die Entdeckung des Seewegs nach Indien« (Band 3672)
»Ibn Battuta – Reisen ans Ende der Welt« (Band 3678)
»Vivant Denon – Mit Napoleon in Ägypten« (Band 3687)
»Captain William Bligh – Meuterei auf der ›Bounty‹« (Band 3688)

Vollständige Taschenbuchausgabe
Droemersche Verlagsanstalt Th. Knaur Nachf.
München/Zürich
Lizenzausgabe mit freundlicher Genehmigung
der Edition Erdmann Verlags-GmbH, Tübingen

Umschlaggestaltung Klaus Dempel
Gesamtherstellung Ebner Ulm
Printed in Germany · 1 · 9 · 1182
ISBN 3-426-04401-3

1. Auflage

Die Eroberung von Peru

Pizarro und andere Conquistadoren 1526–1712

Die Augenzeugenberichte von
Celso Gargia, Gaspar de Carvajal, Samuel Fritz

Herausgegeben und bearbeitet von
Robert und Evamaria Grün

Mit 38 zeitgenössischen Original-Darstellungen

Knaur®

Vorhergehende Seiten:
Pizarro erhält vom Kaiser den Rang und den Titel eines Oberbefehlshabers des Landes Peru.

Inhalt

DAS TAGEBUCH DES FRAY CELSO GARGIA
Die Entdeckung und Eroberung von Peru
Die Herrschaft der Pizarros · Das Ende der Pizarros
Seite 7

DAS TAGEBUCH DES FRAY GASPAR DE CARVAJAL
Die Fahrt des Francisco de Orellana über den Amazonas
Seite 235

DAS TAGEBUCH DES JESUITENPATERS SAMUEL FRITZ
Die Entdeckung und Erforschung des Marañon
Seite 285

DAS TAGEBUCH
DES FRAY CELSO GARGIA

Die »Handschrift von Simancas« wurde von ihrem Verfasser Kaiser Karl V. zum Geschenk gemacht, als sich dieser schon in San Jeronimo de Yuste befand. Nach dem Tode des Herrschers wanderte sie in das etwa 10 km von Valladolid entfernte Simancas, wo Philipp II. ein früheres Gefängnis in ein gewaltiges Archiv umgewandelt hatte, in dem auch heute noch wertvolle Handschrifte aufbewahrt werden. Dann wechselte sie mehrmals den Besitzer und erhielt 1903 einen Ehrenplatz in der Sammlung von Alfons XIII. (1886–1941). Dieser spanische Regent schenkte sie dem österreichischen Thronfolger Franz Ferdinand, der ein leidenschaftlicher Sammler war. Nach dem Zusammenbruch der Donaumonarchie wurde sie der Handschriftensammlung der Österreichischen Nationalbibliothek einverleibt. Sie befindet sich heute im Museum für Völkerkunde zu Wien und gilt nach der »Ambraser Handschrift« als das wertvollste Stück.

Der Name des Verfassers ist auf dem Titelblatt der Handschrift nicht genannt, doch wurde in der Kartothek von Simancas als Autor der Augustinermönch Celso Gargia angegeben, und es ist wohl anzunehmen, daß man damals noch wußte, wer diesen bedeutsamen Reisebericht schrieb. Sicher ist, daß Gargia zuerst in Nombre de Dios lebte und sich dann dem Francisco Pizarro als »Heidenbekehrer« anschloß. Ohne Zweifel stand er den Pizarros sehr nahe, da er Einblick in verschiedene bedeutsame Dokumente nehmen und schicksalhaften Unterredungen beiwohnen konnte. Die von Gargia im Wortlaut niedergeschriebenen Dokumente sind von einmaliger historischer Bedeutung.

Da und dort weist die Handschrift Lücken auf. Diese Stellen wurden ergänzt durch Passagen aus den Werken des Pedro Pizarro, des Garcilaso de la Vega und des amerikanischen Historikers William Prescott.

1. TEIL

DIE ENTDECKUNG UND EROBERUNG VON PERU

Die in diesem Band enthaltenen Bilder stammen aus den Bildarchiven der Österreichischen Nationalbibliothek, der Handschriftensammlung der Österreichischen Nationalbibliothek, der Kartensammlung der Österreichischen Nationalbibliothek und des Museums für Völkerkunde in Wien und sind vornehmlich Werken aus der Zeit der hier vorgelegten Originalberichte entnommen.

DER VERTRAG

Am 10. März 1526 unterzeichneten drei Männer, nachdem sie Unsere Heilige Jungfrau angerufen hatten, eine Urkunde, in der festgesetzt wurde, daß sie das Recht besaßen, das Reich Peru zu entdecken und zu unterwerfen. Diese Männer waren Francisco Pizarro, Diego de Almagro und Fernando de Luque, der in Panama das Amt eines Unterpfarrers bekleidete. Die Urkunde besagte auch, daß alle Ländereien, Schätze und Einkünfte zwischen den dreien zu völlig gleichen Teilen geteilt werden müßten.

Francisco Pizarro verbündet sich mit Diego de Almagro und Fernando de Luque

Fernando de Luque stellte die für das Unternehmen erforderlichen Geldmittel, nämlich Goldbarren im Wert von 20000 Pesos bei. Almagro und Pizarro wurden zu Anführern ernannt. Die beiden leisteten einen Eid – im Namen Gottes und der Apostel –, sich an den Vertrag zu halten. Unterzeichnet wurde er von de Luque, drei achtbare Männer unterschrieben für Almagro und Pizarro. Beide waren nämlich nicht imstande, ihren Namen zu schreiben.

Dies war der seltsame Vertrag, gemäß dem drei Männer ein Reich in drei Teile zerstückelten, von dem sie nicht einmal genau wußten, wo es lag. Sie waren aber fest davon überzeugt, daß das Land Ophir auf sie wartete, aus dem König Salomo Gold, Silber und Edelsteine in überreichem Maße erhalten hatte.

Die beiden Befehlshaber trafen sofort ihre Anordnungen für die bevorstehende Fahrt. Zwei Schiffe wurden gekauft, Vorräte eingenommen. Außerdem warb man für eine UNTERNEHMUNG NACH PERU. Trotz aller Angst vor einer ungewissen Zukunft meldeten sich 160 Mann. Auch ein paar Pferde wurden auf die Schiffe verladen.

Als der Wind günstig geworden war, reisten Almagro und Pizarro, jeder mit seinem eigenen Schiff, ab. Lotse war Bartholomäus Ruiz, ein erfahrener Seemann. Nach einigen Tagen erreichten sie einen Fluß, an dessen Mündung ins Meer sie ein indianisches Dorf erblickten. Pizarro ging mit einem kleinen Soldatenhaufen an Land und überrumpelte das Dorf. Die Beute war reich: goldene Schüsseln und Teller, sogar ein Feuerhaken aus purem Gold. Auch ein paar Eingeborene nahm Pizarro mit.

Diese unerwartete Beute bestärkte die beiden Befehlshaber in ihrem Glauben, das Land Ophir betreten zu haben. Es war ihnen aber auch klar, daß sie Verstärkung benötigten. Deshalb kehrte Almagro nach Panama zurück, um neue Truppen anzuwerben. Ruiz wurde die Aufgabe zugewiesen, mit dem anderen Schiff das Land in südlicher Richtung zu erkunden. Pizarro blieb an Land.

Wir wollen vorerst die Fahrt des kühnen Lotsen beschreiben. Ruiz ankerte zunächst bei der Insel Gallo. Dort mußte er erleben, daß indianische Krieger in Reih und Glied am Ufer standen und drohend ihre Speere schwangen. Da es seine Aufgabe war, das Land zu erkunden, aber nicht zu erobern, fuhr er die Küste entlang bis zu einer großen Siedlung, die später den Namen St. Matthäus erhielt. Auch hier standen die Bewohner am Ufer und zeigten eine feindselige Haltung.

Nun steuerte Ruiz in die offene See hinaus. Zu seinem Erstaunen, ja zu seinem Schrecken erblickte er bald in der Ferne ein Schiff, das wie eine große Karavelle aussah. War das ein europäisches Schiff? Das war nicht anzunehmen. Und die Indianer kannten nach seinem Wissen den Gebrauch des Segels bei der Schiffahrt nicht... Das Schiff kam näher, und nun sah Ruiz, daß es ein Floß mit einem Steuerruder, zwei Mastbäumen, einem beweglichen Kiel und einem großen, viereckigen baumwollenen Segel war; auf dem Floß erhob sich eine Art Verdeck.

Auf dem Schiff befanden sich indianische Männer und Frauen, in der Mitte stand ein großer Korb, der mit goldenem und silbernem Zierat angefüllt war. Außerdem lenkte die Kleidung der indianischen Seefahrer Ruiz' Aufmerksamkeit auf sich. Sie bestand aus einem feinen, glänzenden, reich mit Blumen bestickten Gewebe. So gut es ihm möglich war, unterhielt sich Ruiz mit den Indianern und erfuhr, daß zwei von ihnen in einem weiter südlich gelegenen Hafen namens Tumbez zu Hause waren und daß es dort riesige Herden von Tieren gab, welche die Wolle für die Kleider lieferten. Des weiteren teilten ihm die Indianer mit, daß die Paläste ihres Herrschers von Gold und Silber überflössen.

Die Indianer aus Tumbez nahm Ruiz mit, dies nicht ohne Grund. Sie sollten das Kastilianische lernen, um später bei ihren Landsleuten dolmetschen zu können. Die anderen ließ er ihre Fahrt fortsetzen. Nachdem er mit seinem Schiff bis über den Äquator vorgedrungen war, ohne eine weitere Entdeckung zu machen, kehrte er zu der Stelle zurück, wo er Pizarro und seine Leute zurückgelassen hatte. Er erreichte sie gerade noch zur rechten Zeit.

Pizarro hatte, da ihm die Indianer versicherten, er würde landeinwärts einen reichbebauten Landstrich finden, bald nach der Abfahrt der Schiffe die Küste verlassen. Doch anstatt auf bebaute Felder stieß er auf finstere dichte Wälder und nach zwei Tagen auf Berge, deren Gipfel sich über die Wolken erhoben und wie Silber glänzten. Der Boden war feucht und gefährlich, Affen schnatterten über den Köpfen der Vorwärtsdringenden, ekelhafte Würmer saugten sich an ihren Füßen fest. Und die Eingeborenen nutzten jede Gelegenheit, aus einem Hinterhalt ihre

Giftpfeile abzuschießen. So fanden zwanzig von Pizarros Leuten den Tod.

Zu all diesen Übeln gesellte sich auch noch Hungersnot. Wildwachsende Kartoffeln und Kakaobohnen – das war alles, was in diesem furchtbaren Wald als Nahrung dienen konnte. Nun dachte keiner mehr an die Schätze des Landes Ophir, alle hatten nur noch den einen Wunsch: nach Panama zurückzukehren.

In diesem entscheidenden Augenblick erschien Ruiz und brachte die Kunde von der Entdeckung, die er gemacht hatte. Wenig später kehrte Almagro mit einer großen Schar Neuangeworbener und Nahrungsmitteln zurück. Dies hatte zur Folge, daß Elend und Entbehrungen rasch vergessen waren. Die Schiffe wurden bestiegen und segelten nach Süden, dem Äquator zu.

Doch der Himmel war ihnen nicht günstig. Es war, was sie nicht wissen konnten, für eine Fahrt in südlicher Richtung zu spät. Stürme und schreckliche Unwetter ließen die kleinen Schiffe zu Nußschalen werden, zu einem Spielball für die Wellen. Erst auf der Insel Gallo fanden sie einen sicheren Hafen. Von dort unternahmen sie entlang der Küste Erkundungsfahrten und erblickten wohlbebaute Felder, Ebenholzbäume, Sandelholz und blühende Kakaosträucher. Einmal, als es ihnen gelungen war, ganz weit nach Süden vorzudringen, sahen sie sogar eine Stadt, die, wie sie schätzten, mindestens 2000 Einwohner hatte. Hier herrschte also Wohlstand, hier brauchte niemand zu hungern. Aber zugleich wurde allen klar, daß sie zu schwach waren, dieses Land zu erobern.

Nun berieten sie. Manche waren dafür, das Unternehmen aufzugeben. Almagro war anderer Meinung. Er sagte zu den anderen: »Gäben wir das Unternehmen auf, würden wir nicht nur ehrlos werden, sondern auch ins Gefängnis wandern. Keiner vergesse, daß unsere Gläubiger auf die Früchte warten, die wir ihnen versprochen haben. Lieber will ich in Freiheit sterben als in einem Gefängnis.« Dann schlug er vor, Pizarro möge mit dem Großteil der Mannschaft irgendwo warten. »Ich werde zurückkehren und erzählen, was ich mit eigenen Augen gesehen habe«, schloß er seine Ansprache. »Dann werden sich unzählige melden, genug, daß wir das Land Peru erobern können.«

Sofort nach dieser Rede erhob sich ein wilder Tumult. Pizarro schrie, er wolle nicht in der Wildnis zurückbleiben, und viele pflichteten ihm bei. Almagro wieder zieh den Pizarro der Feigheit. Schließlich wurde der Streit so heftig, daß sich die beiden Ritter, die Hand am Schwert, aufeinanderstürzen wollten. Ruiz gelang es gerade noch, sie von einer Torheit abzuhalten. Sie versöhnten sich wohl, aber keiner der beiden vergaß dem anderen diese Stunde.

Nun wurde Almagros Plan angenommen, es galt nur noch, für ihn und seine Mannschaft einen Platz zu wählen, wo sie nicht wieder dem Hunger ausgesetzt sein würden. Man entschied sich für die kleine Insel Gallo. Doch auch dort kehrte bald der Hunger ein. Ein Soldat namens Sarabia verfaßte damals einen Brief, den er nach Panama schmuggeln wollte. Wie, wußte er selber nicht. Ich bekam diesen Brief zufällig später in die Hand. Er lautete:

> Wir werden hier der Habgier unserer Entführer aufgeopfert. Diese schlauen Teufel haben uns von unseren Freunden zu Hause abgeschnitten. Wir bitten diese, ein Schiff herzusenden, das uns aus der Gefangenschaft befreit. Wir befinden uns in einem Schlachthaus. Almagro treibt uns, das Vieh, hinein, Pizarro schlachtet es.

***

Pizarro wußte, wie er dem Hunger und zugleich auch dem drohenden Aufruhr steuern konnte. Er schickte eines der Schiffe nach Panama, unter dem Vorwand, es müsse ausgebessert werden. Auf dieses Schiff verlud er alle jene, die schon am meisten murrten. Doch das half nur für eine kurze Zeitspanne. Die Regenzeit war angebrochen, furchtbare Stürme tobten, und immer größere Teile der Insel wurden überschwemmt. Bald bestand die Nahrung der Zurückgebliebenen, da es mit dem Fischfang zu Ende war, aus Muscheln und Krebsen, die das Meer auf den Strand warf. Ihre Unterkünfte stürzten zusammen, und die kühnen Helden, die das Land Ophir hatten erobern wollen, irrten halbnackt und dem Wahnsinn nahe auf der Insel umher.

Almagro war längst in Panama eingetroffen. Er erzählte von den Reichtümern, die, zum Greifen nahe, nur darauf warteten, daß man sie holte, doch niemand glaubte ihm. Man hielt ihn nicht einmal für einen Fabelerzähler, sondern für einen Lügner. Auch de Luques Bitten um weitere Unterstützung waren vergeblich. Im Gegenteil, der Statthalter von Panama, Pedro de los Rios, beschloß, einer Unternehmung, die er für sinnlos hielt, für immer ein Ende zu bereiten. Er entsandte zwei Schiffe nach der Insel Gallo und befahl Juan Tafur, dem Kapitän, die noch Lebenden zurückzubringen und Pizarro in Ketten zu legen.

Ich befand mich damals in der nächsten Umgebung des Statthalters. Dadurch erfuhr ich, daß Pedro de los Rios der geplanten Unternehmung nicht so feindlich gegenüberstand, wie er tat. Hätten ihm Pizarro, Almagro und de Luque einen Anteil an dem zu erwartenden Gewinn angegeben und zugestanden, wäre er wohl anderen Sinnes geworden. De Luque war übrigens keine Zierde unseres heiligen Standes. Er war geldgierig und träumte von hohen Ehren, so davon, in Peru Bischof zu werden.

Als Tafur endlich vor der Küste Gallos ankern konnte – die beiden Schiffe waren mehrmals vom Sturm auf die See hinausgetrieben worden –, stürzten die unter Pizarro Zurückgebliebenen an Bord und füllten sich die Bäuche. Es war ein heilloses, ekelerregendes Durcheinander. Ich stand auf dem größeren Schiff, der »Gorgona«, und mußte mit ansehen, wie Christenmenschen um Fleischbrocken und Schnapsflaschen balgten. Ich sah auch, daß Francisco Pizarro allein unten am Strand stand, im strömenden Regen und die Arme auf die Brust verschränkt. Ein spöttisches Lächeln lag auf seinen Lippen, und ich glaubte zu ahnen, was in ihm vorging: was mich mit Ekel erfüllte, erheiterte ihn.

Es hörte plötzlich zu regnen auf, und nun versammelten sich alle am Strand. Einige waren betrunken. Juan Tafur ging langsam auf Pizarro zu. »Im Namen des Statthalters Don Pedro de los Rios«, sagte er. »Ihr seid mein Gefangener, Pizarro.« Pizarros Blick wurde starr. Er sagte so laut, daß es jedermann hören konnte: »Wer bleiben will, bleibt, um unter meiner Führung das Land Peru zu erobern. Wer heimkehren will, kann heimkehren.« »Das ist Rebellion«, sagte Tafur. Er wagte es nicht, auf Pizarro zuzutreten.

Es waren dies Augenblicke, in welchen Weltgeschichte geschrieben wurde. Ich dankte der Madonna, daß ich sie erleben durfte, obwohl ich damals nicht ahnen konnte, daß ich eines Tages die Geschichte des Pizarro verfassen würde. Ich war mit einem der Schiffe, die Tafur befehligte, nach der Insel Gallo gekommen.

Einer, ein zweiter, ein dritter trat hinter Pizarro. Es wurden nur wenige. Darunter waren auch zwei, die mit Tafur gekommen waren. »Das ist Rebellion«, sagte Tafur wieder, und Pizarro sagte: »Gegen Dummköpfe muß man immer rebellieren.«

Tafur fuhr mit den beiden Schiffen noch an demselben Tag zurück. Vorher hatte ihn Pizarro gezwungen, alles Eßbare auf der Insel Gallo zurückzulassen. Ich befand mich unter jenen, die bei Pizarro geblieben waren.

DER ZUG DER 13

Pizarro dachte wohl nie an Rückkehr. Kaum daß Tafur zurückgefahren war, zog er mit dem Schwert eine Linie in den Sand, die von Osten nach Westen zeigte. Dann stellte er sich auf die südlich gelegene Seite der Linie und sagte: »Ihr könnt wählen, Freunde. Auf der einen Seite Hunger, Stürme, Gefahren, der Tod. Auf der anderen Seite Peru mit seinen Schätzen. Jeder von euch muß sich nun entscheiden. Ich hoffe, daß ihr mit eurer Entscheidung beweist, daß ihr Kastilianer seid. Ich gehe nach Süden.«

Es waren 13 Mann, die ihm folgten:

Bartolomé Ruiz
Cristoval de Peralta
Pedro de Candia
Domingo de Soria Luce
Nicolas Ribera
Francisco de Cuellar
Alonso de Molina
Pedro Alcon
Garcia de Jerez
Anton de Carrion
Alonso Briceno
Martin de Paz
Joan de la Torre

Dies war ein kühner Entschluß, der an Tollheit grenzte. Pizarro hoffte allerdings, daß ihn Almagro nicht im Stich lassen würde. Einer der Soldaten Tafurs hatte ihm heimlich einen Brief Almagros zugesteckt, in dem dieser schrieb, er werde doch erreichen können, daß der Statthalter anderen Sinnes werde und Schiffe, Verstärkung und Lebensmittel zur Verfügung stelle. In diesem Brief riet Almagro seinem Waffengefährten, der Insel

Gallo den Rücken zu kehren und auf die Insel Gorgona zu übersiedeln.

Pizarro befolgte diesen Rat. Es wurde ein Floß gebaut, auf dem wir dank der Hilfe des Allmächtigen nach Gorgona gelangten. Die Insel, etwa fünf Leguas* vom Festland entfernt und unbewohnt, war ein besserer Aufenthaltsort als Gallo. Es gab dort Wälder, in welchen Fasane, Hasen und Kaninchen lebten, die wir mit unseren Armbrüsten leicht erlegen konnten. Das Holz der Bäume bot uns Gelegenheit, Hütten zu bauen. Wenn wir dort keinen Hunger mehr litten und dem noch immer vom Himmel herabströmenden Regen nicht mehr so arg wie zuvor ausgesetzt waren, wurden wir doch bei Tag und bei Nacht von den giftigen Insekten gequält, welche von den Ausdünstungen des üppigen Bodens hervorgebracht wurden. Wir beteten hier viel, an jedem Abend wurde ein Loblied gesungen. Die Bitte, die wir zum Himmel sandten, war die, daß Almagro bald kommen und uns erlösen möge.

Unsere Hauptbeschäftigung war es jetzt, auf das Meer hinauszusehen und nach einem Schiff zu spähen. Doch Monat um Monat verging, ohne daß ein Schiff kam. Wir sahen nichts als die riesige Wasserwüste und furchterregende Berge, deren Gipfel wie Feuer glühten. Allmählich spielte vielen ihre Phantasie einen Streich. Sie hielten das Seegras, das von den Wellen in die Höhe gehoben wurde, für Schiffe oder sprangen des Nachts von ihren Lagern auf und stürmten ins Freie, weil sie geglaubt hatten, zu hören, wie sich Männer unserem Lager näherten. Aus Hoffnung wurde Zweifel und aus Zweifel Verzweiflung.

Dem hartnäckigen Almagro war es inzwischen tatsächlich gelungen, von Pedro de los Rios zu erreichen, daß er ein Schiff zu der Insel Gorgona entsandte. Doch wider sein Versprechen, Pizarro Hilfe zu gewähren, bemannte der Statthalter das Schiff nur mit Matrosen. Außerdem befand sich auf dem Schiff ein Beamter, der Pizarro den Befehl überbringen sollte, sofort zurückzukehren. Wir Bewohner der Insel Gorgona, die wir sieben Monate vergeblich gehofft hatten, trauten unseren Augen kaum, als wir auf der See die weißen Segel eines Schiffes sahen. Viele waren nahezu toll vor Freude, nur Pizarro war unwillig, weil ihm das

* Indianisches Wegemaß. Eine Legua = 5,5 km.

Schiff die erwartete Verstärkung nicht gebracht hatte. Über den Befehl zur Rückkehr lachte er laut. Er erklärte, das Schiff sei sein Eigentum, und trat mit den dreizehn, die sich bereit erklärt hatten, ihm zu folgen, die Fahrt nach dem sagenhaften Lande Peru an. Die Matrosen fragte er erst gar nicht, ob sie bereit seien, auf dem Schiff zu bleiben. Ich blieb mit zwei anderen auf der Insel zurück, um Kranke zu pflegen.

Bartolomé Ruiz, der brave Lotse, steuerte diese Fahrt nach Peru, nach Ophir, nach dem Eldorado. Sein erstes Ziel war Tumbez. An der Insel Gallo vorüber fuhren sie um das Vorgebirge Tacumez herum und dann auf die offene See hinaus. Der Wind wehte immerfort aus dem Süden, so daß sie nur mühsam vorwärts kamen. Immerhin regnete es nicht mehr, und auf dem Himmel zeigten sich keine Wolken. Nach einigen Tagen erblickten sie die Landspitze Pasado, den Punkt, den Ruiz auf seiner letzten Fahrt erreicht hatte. Dann passierten sie den Äquator und erreichten ein Meer, das vorher noch von keinem Europäer befahren worden war. Näherten sie sich dann und wann der Küste, sahen sie, daß diese nicht mehr so steil und rauh war. Aufsteigender Rauch ließ sie wissen, daß das Land hier besiedelt war.

Nach 20 Tagen gelangten sie in die Bucht von Guayaquil. Vor dem Hintergrund steil aufsteigender mächtiger Berge lag ein grüner Streifen, auf dem Dorf neben Dorf lag. Bäche und Flüsse suchten ihren Weg zum Meer und machten den Boden fruchtbar. Die Indianer, welche Pizarro mitgenommen hatte, nannten die Namen der zwei höchsten Gipfel. Der eine hieß Chimborasso, der andere Cotopaxi. Beide, versicherten die Indianer, spien häufig Feuer aus.

Die kühnen Abenteurer ankerten vor einer am Eingang in der Bucht von Tumbez liegenden Insel. Diese war unbewohnt, doch versicherten die Indianer, hier hielten die auf der benachbarten Insel Puna wohnenden sehr kriegerischen Stämme bisweilen ihren Gottesdienst ab. Die Spanier fanden kleine Goldplättchen, Gaben für die indianische Gottheit, und einen Krug aus purem Gold. Sie waren schon deshalb vor Freude außer sich, noch mehr erfüllte es sie mit Jubel, als sie erfuhren, daß sie in Tumbez selbst noch viel mehr Gold finden würden.

Zwei Tage später fuhren sie nach Tumbez. Als sie sich dem Ufer näherten, sahen sie eine große Stadt mit Häusern aus Stein, die von fruchtbaren Felsen umgeben war. Und je näher sie kamen, desto mehr Bewohner versammelten sich entlang des Strandes. Mit offenen Mündern staunten die Indianer die schimmernde Burg an, die auf sie zukam. Auch der Curaca* hatte sich am Ufer eingefunden.

Nun ließ Pizarro Anker werfen und sandte einen der Indianer an Land, mit dem Befehl, seinen Mitbürgern zu versichern, daß er und seine Krieger in keiner bösen Absicht hierhergekommen seien. Zugleich bat er, sein Schiff mit Lebensmitteln zu versorgen.

Die Bewohner von Tumbez zögerten nicht lange. Die Fremden, meinten sie, müßten höherer Art sein. Bald näherten sich dem Schiff der Spanier mehrere Balsas, die mit Bananen, Ananas, süßen Kartoffeln, indianischem Korn, Wildbret und getrockneten Fischen beladen waren. Auf einer der Balsas befand sich auch ein Lama. Pizarro untersuchte dieses seltsame Tier, das er für ein kleines Kamel hielt, und bewunderte seine Wolle, aus der, wie er schon wußte, die Eingeborenen ihre Kleidung verfertigten.

Der Zufall wollte es, daß sich damals in Tumbez ein Inkaedelmann befand. Man erkannte ihn als solchen an den großen Ringen, die er in den Ohren trug. Da auch er die wunderbaren Geschöpfe sehen wollte, die auf einer schwimmenden Burg wohnten, bestieg er eine der Balsas und dann, nach einer Geste Pizarros, das Schiff der Spanier. Pizarro zeigte ihm alles, was es zu sehen gab, und beantwortete seine vielen Fragen, so gut er das vermochte, mit Hilfe eines indianischen Dolmetschers. Vor allem wollte der Edelmann wissen, weshalb Pizarro und seine Krieger nach Tumbez gekommen seien. Da sagte Pizarro: »Ich bin ein Untertan des größten und mächtigsten Fürsten der Welt und bin hierhergekommen, um die Ansprüche meines Gebieters auf dieses Land Peru geltend zu machen. Zugleich bin ich zu euch gekommen, um die Bewohner Perus von der Finsternis des Unglaubens zu befreien. Nicht länger sollt ihr einen bösen Geist anbeten, ich will euch vielmehr lehren, daß der einzig wahre Gott Jesus Christus ist.«

Der indianische Fürst war erstaunt, gab aber keine Antwort. Ich glaube zu wissen, was in ihm vorging: sicher hielt er es für unmöglich, daß es auf Erden einen mächtigeren Herrscher als den

* Befehlshaber eines Bezirks.

Inka gab, und noch weniger konnte er begreifen, daß die große Himmelsleuchte, die er anbetete, eine Gottheit der Finsternis war. Was leuchtete, war für ihn anbetungswürdig, sonst nichts.

Der indianische Edelmann blieb bis zur Mittagsmahlzeit, die er mit den Spaniern teilte, an Bord. Die Speisen, die man ihm vorsetzte, mundeten ihm sehr, den größten Gefallen jedoch fand er am Wein. Als er sich verabschiedete, lud er die Spanier ein, nach Tumbez zu kommen. Pizarro gab ihm einige Geschenke mit, darunter ein eisernes Beil, das die besondere Bewunderung des Gastes erregt hatte.

Am folgenden Tag sandte der spanische Befehlshaber Alonso de Molina zusammen mit einem Mohren, welcher der Schiffsbesatzung angehörte, an Land, wobei er den beiden ein Geschenk für den Curaca mitgab, das aus einem Schwein und drei Hähnen bestand. Diese Tiere waren damals in Peru unbekannt. Molina konnte nach seiner Rückkehr Wunderdinge erzählen. Überall in der Stadt war er von Eingeborenen umringt und bestaunt worden, vor allem seine Kleidung und seinen Bart hatten die Indianer nicht genug bewundern können. Molina wieder hatten es die peruanischen Frauen angetan. Er beschrieb sie in den glühendsten Farben.

Auch der Neger hatte die Bewohner von Tumbez in Erstaunen versetzt. Sie wollten nicht glauben, daß seine Hautfarbe echt sei, und versuchten, sie mit den Händen abzureiben. Als der Afrikaner, ein gutmütiger Riese, dies erlaubte und seine weißen Zähne sehen ließ, erregte er große Heiterkeit. Die Tiere wurden gleichfalls betastet. Der Hahn krähte einmal, und da schlug das Volk die Hände zusammen, und viele fragten, welche Sprache der Hahn spreche und was er gesagt habe.

Dann war Alonso de Molina zu der Behausung des Curaca geleitet worden. Sie war prachtvoll eingerichtet, überall waren goldene und silberne Geräte zu sehen. Der Curaca selbst hatte dem Spanier die indianische Stadt gezeigt, so eine aus rohen Steinen erbaute Festung und einen Tempel, dessen Wände mit dicken Goldplatten geziert waren, während der Boden aus Silber bestand.

Pizarro blieb trotz dieser erfreulichen Nachricht weiter auf dem Schiff. An seiner Stelle sandte er zwei Tage später den in Griechenland geborenen griechischen Ritter Pedro de Candia an

Land. Dieser erschien, in voller Rüstung, das Schwert an der Seite und die Hakenbüchse auf der Schulter, auf dem Ufer. Er erregte noch mehr Aufsehen als de Molina, da sich die Sonnenstrahlen in seiner glänzenden Rüstung spiegelten. Die Bewohner von Tumbez hatten durch ihre Mitbürger, die mit dem Schiff gekommen waren, schon viel von der furchtbaren Hakenbüchse gehört und baten Candia nun, ihre Stimme ertönen zu lassen. Der Ritter erfüllte diesen Wunsch, stellte ein Brett als Scheibe auf, zielte lange und feuerte die Büchse dann ab. Das Aufblitzen des Pulvers, der Knall und das Zersplittern der Scheibe erschreckte die Indianer sehr. Manche warfen sich auf die Erde, das Gesicht mit den Händen bedeckend, andere liefen laut schreiend davon.

Auch Pedro de Candia wurde von dem Curaca durch die Stadt geführt. Candia sah die von vielen Wällen umgebene Festung, in der, wie man ihm versicherte, eine starke Besatzung lag, und fand Molinas Erzählung von dem Tempel bestätigt. An diesen Bau schloß sich ein weiterer an, in dem die für die Inkas bestimmten Bräute hausten. Alles dies – außer der Festung – gefiel dem griechischen Ritter. Am meisten jedoch bestaunte er den Garten, der den Tempel umgab. Hier waren Früchte, Pflanzen, Blätter und Blumen aus Gold oder Silber. Handwerker waren gerade damit beschäftigt, goldene Bananen zu verfertigen.

Der Curaca war der einzige, der bezweifelte, daß die Fremden höhere Wesen waren. Deshalb ließ er einen Jaguar, der in der Festung in einem Käfig saß, auf Pedro de Candia los. Dieser war nun ein guter Christ und legte das Kreuz, das er an einem Kettchen um den Hals trug, sanft auf den Rücken des Jaguars, der sich sofort nach der Berührung, seine wilde Natur vergessend, zu Füßen des Ritters zu krümmen begann. Nun bezweifelte auch der Curaca nicht mehr, daß die Fremden Götter waren.

Pedro de Candia bestätigte also, was Alonso de Molina berichtet hatte. Pizarro hörte dies mit einem weinenden und einem lachenden Auge. Da lag vor ihm, zum Greifen nahe, ein Reich, dessen Reichtum seine kühnsten Erwartungen übertraf, auf der anderen Seite jedoch war endgültig klargeworden, daß er dieses Reich mit einer Heerschar von 13 Männern nicht erobern konnte. Gleichwohl war er entschlossen, seine Fahrt fortzusetzen.

Es war ein Werk des Himmels, daß die Bewohner von Tumbez Pizarro und seine Männer so freundlich aufnahmen. Dadurch wurde später die Eroberung Perus erleichtert. Denn es war die Hand des Herrn, welche die Spanier in diese ferne Gegend leitete, um ihnen die Möglichkeit zu geben, den heiligen Glauben zu verbreiten.

***

Als sich Pizarro von den Bewohnern der Stadt Tumbez verabschiedete, versprach er, bald wiederzukommen. Dies war auch seine Absicht. Dann lichteten die Spanier die Anker und setzten ihre Fahrt nach dem Süden fort. Sie segelten immer, wenn es möglich war, entlang der Küste, um keinen der dort gelegenen Orte zu übersehen, und erreichten nach einer Fahrt von etwa 1 1/2 Graden den Hafen von Paita. Auch hier wurden sie von den Eingeborenen freundlich aufgenommen und mit Früchten, Fischen und Gemüse versorgt. Pizarro ließ an sie Geschenke von geringem Wert verteilen.

Der Wind war den Spaniern jetzt günstig. Sie erreichten nach zehn Tagen die sandigen Ebenen von Sechura, umschifften die Spitze von Aguja und wurden durch Strömungen und Winde immer weiter nach Süden getrieben. Am zwanzigsten Tag ihrer Fahrt kamen dann Stürme auf, die das Schiff wie eine Nußschale hin und her warfen und von der Küste entfernten. Dennoch bestand keine Gefahr, daß sie die Richtung verloren. Immer sahen sie die eisbedeckten Gipfel der Berge, die ihnen einen Kompaß und die Sterne ersetzten.

Als sich die Stürme gelegt hatten, kehrte Pizarro zum Festland zurück und legte nun häufiger an. Überall wurde er samt den Seinen gastfreundlich empfangen und mit Nahrungsmitteln versorgt. Alle brannten darauf, die Kinder der Sonne zu sehen, welche imstande waren, Blitz und Donner in den Händen zu halten. Die Kunde, daß sie nicht zu fürchten waren, war den Spaniern vorausgelaufen.

Da und dort erzählte man Pizarro von dem Herrscher, der das Land regierte und in einem von Gold und Silber strotzenden Palast residierte, welcher auf einer Hochebene im Innern des Landes stand. Die Spanier bezweifelten nicht, daß das wahr war. Sie hatten genug Beweise dafür gesehen, daß das Reich Peru in hoher Blüte stand: Gebäude aus Stein und Mörtel, fruchtbarer Boden,

Wasserleitungen und Kanäle, künstlich angelegte Straßen, kunstvoll gearbeitete Schmuckstücke aus Gold, Silber, Perlmutter und Bronze, Gefäße aus gebranntem Ton und – nirgendwo Hunger und Not.

Als neuerdings Stürme das Meer zu peitschen begannen, gab Pizarro den Befehl zur Rückkehr. Nicht ohne Grund suchte er auf dieser Fahrt, die nun nach Norden führte, manche Orte auf, die er schon besucht hatte: die Indianer sollten ihn nicht vergessen, ihre Freundschaft sollte ihm erhalten bleiben. Auch vor Tumbez ließ er wieder anlegen. Hier äußerten zwei von den dreizehn den Wunsch, bleiben zu dürfen. Pizarro willigte nach kurzem Überlegen ein. Wenn er wiederkam, dachte er, würde es von großem Vorteil sein, wenn zwei seiner Gefährten die Sprache der Indianer verstanden und ihre Gebräuche kannten. Außerdem nahm er, auch hier an die Zukunft denkend, drei Bewohner der Stadt Tumbez mit. Sie sollten die kastilianische Sprache gründlich erlernen.

Nachdem sie Tumbez verlassen hatten, steuerten die Abenteurer auf dem kürzesten Weg auf Panama zu. Ich dankte Gott, daß ich elf von ihnen wiedersah. Ich war auf der Insel Gorgona als einziger noch am Leben. Nach einer Abwesenheit von 19 Monaten erreichten wir glücklich den Hafen von Panama.

Unsere Ankunft erregte, wie nicht anders zu erwarten gewesen, großes Aufsehen. Niemand hatte geglaubt, daß Pizarro mit seiner kleinen Schar zurückkehren würde. Alle hatten vielmehr angenommen, daß die tollkühnen Abenteurer elend umgekommen seien, von den Indianern getötet, einem Fieber zum Opfer gefallen oder Opfer unbekannter Meere geworden. Alle hatten das angenommen, alle außer de Luque. Ihm war die Gottesmutter im Traum erschienen und hatte ihm versichert, daß Pizarro heil und wohlbehalten zurückkehren würde.

Es gab nur einen, der von der Größe der Entdeckung nicht überzeugt war: Pedro de los Rios. Vielleicht entmutigte ihn ihre Größe, vielleicht war er von Haß gegen Pizarro erfüllt, weil er begriffen hatte, daß er an dem Ruhm Pizarros nie Anteil haben würde und noch weniger Anteil an einem Gewinn, der nun nicht mehr in den Sternen lag. Als ihn Pizarro, Almagro und der Unterpfarrer um Hilfe baten, sagte er ruhig: »Es ist nicht meine Pflicht, ein mir unbekanntes Reich auf Kosten des Landstrichs, den ich verwalte, aufzubauen. Ich werde mich auch nicht dazu verleiten lassen, noch mehr Menschenleben aufs Spiel zu setzen, nur wegen ein paar Stücken goldenen und silbernen Spielzeugs und drei indianischen Schafen.«

Es half auch nichts, daß Pizarro zu fordern begann und nicht mehr bat. In dieser verzweifelten Lage wußte de Luque als einziger einen Ausweg. »Wollen wir eine Goldgrube, die wir entdeckt haben, anderen überlassen? Es gibt nur noch einen Weg, unsere Unternehmung zu einem erfolgreichen Ende zu führen. Wir müssen uns an den Kaiser selbst wenden. Sein Geist ist nicht so begrenzt wie der des Pedro de los Rios. Er wird verstehen, wie gewinnbringend die Eroberung des Reiches Peru sein wird, und er wird uns die notwendigen Mittel zur Verfügung stellen.«

Pizarro war mit diesem Vorschlag einverstanden. Es war nur noch zu klären, wer diesen schweren Auftrag übernehmen sollte. Almagro war dafür wenig geeignet, er war klein, häßlich und besaß nur ein Auge. Außerdem war, wenn er sprechen sollte, seine Zunge wie gelähmt. Deshalb schlug der Unterpfarrer einen Beamten namens Corral vor, der im Begriff war, in das Mutterland zurückzukehren. Damit war Almagro überhaupt nicht einverstanden. Ich hörte mit eigenen Ohren, als er sagte: »Diese Sache kann nur einer führen, der selbst dabei war. Nur Pizarro kann vortragen, was er erlebt und gesehen hat, nur Pizarro kann die Gefahren schildern, denen er mit den Seinen entkommen ist. Ein Mann wie er wird auch den Gefahren trotzen, die ihn am Hofe des Kaisers erwarten.«

Pizarro war mit diesem Vorschlag nur widerwillig einverstanden. Die Aufgabe, die er erfüllen sollte, war nicht nach seinem Geschmack. Lieber wäre er sogar noch einmal zu der Insel Gallo gefahren, um dort zum zweitenmal die Hölle zu erleben. Auch de Luque hatte mit diesem Vorschlag wenig Freude. »Gott gebe, meine Freunde«, rief er aus, »daß keiner von euch den anderen um seinen Segen bringe!« Er traute dem Pizarro nicht.

Pizarro gelobte, den Vorteil Almagros und de Luques wie seinen eigenen zu wahren. Nun war nur noch dafür zu sorgen, daß Pizarro am Hofe so erschien, daß er Aussicht hatte, vor den Kaiser selbst zu gelangen. Nur mit Mühe wurden 1500 Dukaten gesammelt. Im Frühling des Jahres 1528 verließ Pizarro, begleitet von dem griechischen Ritter Pedro de Candia, Panama. Auf dem

Schiff, das ihn zu einer schicksalsschweren Unterredung führte, befanden sich drei Peruaner, drei Lamas und Schmuckstücke aus Gold oder Silber. Sie sollten ein Beweis für seinen wundersamen Bericht sein.

EIN ZWEITER VERTRAG

Pizarro kam im Sommer des Jahres 1528 in Sevilla an. Dort wurde er sofort nach seiner Ankunft ins Gefängnis geworfen, da er beim Verlassen des Landes Schulden hinterlassen hatte. Zu seinem Glück wußte der Hof schon ungefähr von der Entdeckung, die ihm gelungen war. Nach zehn Tagen Haft wurde er auf des Kaisers eigenen Befehl befreit.

Pizarro erfuhr, daß sich der Kaiser in Toledo befand, von der Absicht getragen, ein Schiff zu besteigen, dessen Ziel Italien war. Obwohl es also als sicher gelten konnte, daß Karl V. Toledo bald verlassen würde, begab sich Pizarro dorthin. Zu seiner Überraschung empfing ihn der Kaiser selbst, dies schon wenige Tage nach seiner Ankunft. Karl V. schenkte allem, was ihm Pizarro zeigte und berichtete, größte Aufmerksamkeit. Vor allem das Lama bewunderte er. Ihm wurde sofort bewußt, daß Pizarro das Tor zu einem Reich aufgestoßen hatte, dessen Schätze unermeßlich waren. Er war kein Pedro de los Rios, Kleinmut war ihm unbekannt.

Pizarro war, als er dem Herrscher gegenüberstand, weder befangen noch kleinmütig. Er zeigte Würde und den Anstand, die dem Kastilianer eigen sind, und legte die natürliche Beredsamkeit eines Mannes an den Tag, der wußte, daß der Eindruck, den er auf Karl V. machte, über sein künftiges Schicksal entscheiden würde. Er verstand es auch, Fragen zu beantworten, die manchmal gefährlich waren. Einmal, als er den Aufenthalt auf der Insel Gallo schilderte, rührte er den Herrscher sogar zu Tränen.

Knapp vor seiner Abreise empfahl der Kaiser dem Rat von Indien, die geplante Unternehmung Pizarros hinreichend zu unterstützen. Doch der Rat von Indien arbeitete langsam, so langsam, daß sich Pizarros Mittel allmählich erschöpften. Dank der ihm eigenen Hartnäckigkeit erreichte Pizarro schließlich, daß seine Angelegenheit von der Königin selbst in die Hand genommen wurde. Am 26. Juli 1529 wurde der Vertrag* ausgefertigt und unterzeichnet, der folgenden Wortlaut hatte:

Dem Offizier des spanischen Reiches Francisco Pizarro wird das Recht zugestanden, das Land Peru oder Neu-Kastilien zu entdecken und zu erobern.

Francisco Pizarro erhält den Rang und den Titel eines Oberbefehlshabers des Landes Peru sowie den Titel eines Adelantado auf Lebenszeit.

Sein Gehalt beträgt 725 000 Maravedis. Er hat dieses Gehalt aus dem Lande selbst zu ziehen und verpflichtet sich, ein kriegerisches Gefolge zu unterhalten, das seinem Stande angemessen ist.

Es wird ihm das Recht verliehen, Festungen zu errichten, über die er uneingeschränkt befehligen kann.

Er genießt alle Vorrechte, die mit dem Rang eines Vizekönigs verbunden sind.

Diego de Almagro wird zum Befehlshaber der Stadt Tumbez ernannt. Sein Gehalt beträgt jährlich 300000 Maravedis, die er aus der Stadt Tumbez zu ziehen hat. Er erhält den Titel eines Hidalgo und dessen Rechte.

Pater Hernando de Luque erhält als Lohn für seine Dienste das Bistum von Tumbez und wird zum Beschützer aller peruanischen Indianer ernannt.

Bartolomé Ruiz wird zum Großlotsen des Südmeeres ernannt und erhält ein jährliches Gehalt von 100000 Maravedis, die er aus dem Lande Peru zu ziehen hat.

Pedro de Candia wird an die Spitze des Geschützwesens gestellt.

Cristoval de Peralta, Pedro Alcon, Domingo de Soria Luce, Garcia de Jerez, Nicolas Ribera, Anton de Carrion, Francisco de Cuellar, Alonso Briceno, Alonso de Molina, Martin de Paz und Joan de la Torre werden zu Cavalleros ernannt.

Der Rat von Indien wird Anordnungen treffen, welche zur

* Dieser Vertrag existiert noch. Er befindet sich im Archivo General de las Indias in Sevilla.

Einwanderung in das Land Peru ermutigen. Alle Einwanderer werden zunächst von Abgaben befreit sein.

Pizarro verpflichtet sich, alle Anordnungen zu befolgen, welche der Rat von Indien hinsichtlich einer zweckmäßigen Beherrschung des Landes Peru und zum Schutz der Indianer erlassen wird. Er verpflichtet sich ferner, 40 Priester nach Peru mitzunehmen, die ihn bei seinen Bestrebungen, die Indianer zum Christentum zu bekehren, unterstützen sollen.

Rechtsgelehrten ist es verboten, das Land Peru zu betreten.*

Pizarro nimmt schließlich die Verpflichtung auf sich, binnen 6 Monaten nach Ausstellung des Vertrages eine Streitmacht von 250 Mann aufzustellen, welche die Eroberung von Peru gewährleisten wird. 100 Mann dürfen aus den Pflanzstaaten entnommen werden.

Der Rat von Indien verpflichtet sich, dem Pizarro eine Unterstützung zur Anschaffung von Geschützen zu gewähren, deren Höhe noch festgesetzt werden wird.

Pizarro verpflichtet sich, 6 Monate nach seiner Rückkehr Panama zu verlassen und zur Eroberung von Peru aufzubrechen.

Von allen Einkünften aus dem Lande Peru, welcher Art auch immer sie sein werden, stehen dem Francisco Pizarro 10 Hundertstel zu. Die anderen 90 Hundertstel gehören der Krone. Diese Bestimmung gilt nicht für edle Metalle, gleichgültig, ob sie durch Tausch oder Gewalt erlangt werden. Hier stehen dem Francisco Pizarro 5 Hundertstel und der Krone 95 Hundertstel zu.**

Der Vertrag wurde von der Königin und zwölf Mitgliedern des Rates von Indien unterschrieben. Es war ein Vertrag, in dem die eine Seite Titel verlieh, Versprechungen machte, die Früchte des geplanten Unternehmens ernten und keine Kosten tragen wollte, während die andere Seite für 10 oder 5 Hundertstel eines Ge-

* Man hatte in Mexiko mit Rechtsgelehrten die schlechtesten Erfahrungen gemacht. Anstatt Streitigkeiten zu schlichten, sorgten sie, um zu Einkünften zu gelangen, dafür, daß Streitigkeiten entstanden.

** Siehe hierzu die Darstellung auf dem Vorsatz.

winns, der in weiter Ferne lag, schon jetzt alle Aufwendungen zu machen hatte.

Gleichwohl war Pizarro mit dem Vertrag zufrieden. Er verließ nun Toledo und begab sich nach Truxillo, seinem Geburtsort, weil er hoffte, dort am ehesten Landsleute zu finden, die wie er arm waren und reich werden wollten. Seine Rechnung ging auf: In dem kleinen Truxillo erklärten sich 96 Männer bereit, an der Eroberung Perus teilzunehmen. Unter ihnen befanden sich vier Brüder Pizarros. Francisco de Alcantara war mit Pizarro von mütterlicher Seite her verwandt, Gonzalo und Juan Pizarro stammten vom Vater ab. Alle drei waren arm, und ihr Wunsch, zu Reichtum zu gelangen, war ebenso groß wie ihre Armut. Der vierte Bruder, Hernando Pizarro, war ein eheliches Kind.

Ich sah Hernando Pizarro, einen großen Mann mit einem häßlichen Gesicht, später des öfteren. Er besaß nahezu alle Fehler der Kastilianer. Er war überempfindlich, gewissenlos, rachsüchtig und anmaßend. Mitleid war ihm fremd, Grausamkeit einer der Grundzüge seines Charakters. Und nie änderte er einen Entschluß, auch wenn er eingesehen hatte, daß dieser falsch war. Sein Einfluß auf Francisco Pizarro war groß. Es war ein schlechter Einfluß.

DIE ERSTEN KÄMPFE

Es fiel Pizarro nicht leicht, für das UNTERNEHMEN PERU, das er durch einen Herold ausrufen ließ, in Truxillo Anhänger zu gewinnen. Die meisten hörten ihm wohl gerne zu, wenn er von dem Tempelgarten in Tumbez erzählte, Glauben jedoch schenkten sie ihm keinen. Man meinte, daß er log, um Männer für ein Abenteuer anzuwerben, an dessen Ende eher der Tod als Gewinn stand. Als die Frist, die ihm der Rat von Indien gestellt hatte, abgelaufen war, besaß er wohl drei Schiffe, doch zu wenig Besatzung. Da er befürchtete, der Rat von Indien könnte den Stand seiner Mannschaft überprüfen, segelte er schon 1530 mit dem größeren Schiff zu der Insel Gomara. Sein Bruder Hernando folgte ihm mit den beiden anderen Schiffen nach.

Von dort führte sie die Fahrt zur Nordküste des südlichen

Festlandes bis zu dem Hafen Santa Maria. Hier lief ein Teil der neu angeworbenen Männer davon. Man hatte ihnen erzählt, es warte ein Land auf sie, in welchem giftige Insekten, Riesenschlangen, Scharen von Krokodilen und grausame Indianer nur darauf warteten, sie zu vernichten. Um nicht noch mehr Leute zu verlieren, stach Pizarro rasch in See und segelte nach Nombre de Dios.

Bald nach seiner Ankunft fanden sich dort Almagro und de Luque ein. Almagro war außer sich, als er den Inhalt des neuen Vertrages vernommen hatte. Es kam zum Streit, der sich viele Tage hindurch fortsetzte. Almagro war der Meinung, daß er schändlich betrogen worden war, außerdem argwöhnte er, daß Pizarro seine Brüder mitgebracht hatte, um sie – wie er sich ausdrückte – mit den goldenen Früchten Perus zu mästen. Pizarro wieder behauptete, schuldlos zu sein, da sich der Rat von Indien geweigert hatte, die Gewalt in verschiedene Hände zu legen. Schließlich gelang es de Luque, die beiden zu beschwichtigen und miteinander zu versöhnen. Der Unterpfarrer war mit dem schon jetzt Erreichten zufrieden und befürchtete, das ganze Unternehmen könnte fehlschlagen, wenn Pizarro und Almagro einander wie Feinde gegenübertraten.

Auch in Panama waren nur wenige geneigt, das Wagnis dieser Fahrt ins Ungewisse auf sich zu nehmen. Es meldeten sich zwar einige Vagabunden, doch mit diesen Männern war Pizarro wenig geholfen. Dafür standen tüchtigere Schiffe als bei den früheren Fahrten zur Verfügung, außerdem war die Mannschaft besser ausgerüstet. Als Pizarro zur Eroberung Perus aufbrach, bestand seine Streitmacht aus 189 Mann und 27 Pferden.

Am St. Johannestag wurden die Fahnen der Mannschaft und das königliche Banner in der Stiftskirche von Panama geweiht. Ich, der ich zu jenen Mönchen gehörte, welche die Indianer bekehren sollten, hielt die Predigt. Der Dominikanermönch Juan de Vargas las die heilige Messe und reichte jedem Soldaten das Abendmahl. So, nach Erflehung des Segens des Himmels für diesen Kreuzzug gegen die Ungläubigen, ging Pizarro mit seiner Mannschaft an Bord der Schiffe. Anfang Januar 1531 stach er in See. Almagro war vorerst zurückgeblieben, um nach Verstärkung Ausschau zu halten.

Es war Pizarros Absicht, zunächst nach Tumbez zu segeln.

Doch diesmal ging die Fahrt, durch ständige widrige Winde gehemmt, nur mühsam vonstatten. Schließlich, als an die Stelle der widrigen Winde völlige Windstille getreten war, warf das Geschwader in einer einen Grad nördlicher Breite gelegenen Bucht Anker. Pizarro beschloß, seine Mannschaft auszuschiffen und entlang der Küste nach Tumbez marschieren zu lassen, während die Schiffe ihre Fahrt fortsetzen sollten, sobald es die Winde erlaubten.

Dieser Marsch war sehr beschwerlich, da der Weg immer wieder von Flüssen durchschnitten wurde, die durch den Winterregen angeschwollen waren. Gleichwohl kam die Truppe durch. Nach 14 Tagen erreichten die Spanier, schon vom Hunger geplagt, einen dichtbevölkerten Flecken in der Provinz Coaque. Sie fielen dort wie ein wütender Hornissenschwarm ein, und die Einwohner flohen in die nahen Wälder, wobei sie ihre ganze Habe zurückließen. Blut floß damals noch keines.

Die Beute war überraschend groß: Nahrungsmittel, herrliche Stoffe, Schmuckstücke aus Gold und Silber, große bunte Steine. Einer davon, groß wie ein Taubenei, wurde Pizarro übergeben. Er hielt ihn, wie wir alle, für buntes Glas. Nur einer erkannte, daß die Steine Smaragde waren. Es war dies der Dominikaner Fray Reginaldo de Pedraza. Er riet den anderen, die Steine mit einem Hammer zu zerschlagen, während er selbst nicht daran dachte, die von ihm erbeuteten Steine Hammerschlägen auszusetzen. Er brachte elf große Edelsteine nach Panama zurück und wurde, noch bevor er seine Beute veräußert hatte, von einem Blitz erschlagen. Der Blitz war, dessen bin ich sicher, die Hand des Herrn.

Pizarro befahl nun, daß die zwei Schiffe nach Panama zurückkehren und den Großteil der unerwarteten Beute mitnehmen sollten. Er hoffte, daß es Almagro nun endlich gelingen würde, Verstärkung zu erhalten. Diese goldenen Schätze mußten wohl alle Zweifel und alle Unentschlossenheit besiegen.

Pizarro setzte den Marsch entlang der Küste fort, nachdem seine Leute ihre Bäuche bis zum Platzen gefüllt hatten. Bald wurde der Weg noch beschwerlicher. Sandwüsten blendeten die Soldaten und die Pferde. Die Blendung war so stark und die Sonne fiel so senkrecht auf die eisernen Panzer und die dickgepolsterten Wämse, daß die Soldaten nahezu ohnmächtig wurden.

Außerdem wurden hier viele von einer seltsamen Krankheit befallen. Auf ihren Körpern bildeten sich Geschwüre, die heftig zu bluten begannen, wenn sie aufgestochen wurden. Manche wurden durch diese Krankheit so geschwächt, daß sie nicht mehr imstande waren, die Hände bis zum Kopf zu heben, andere starben. Pizarro blieb wie seine Brüder von dieser unheimlichen Krankheit verschont.

Als die Kinder der Sonne auf schwimmenden Burgen gekommen waren, waren sie von den Indianern wie Freunde behandelt worden. Jetzt, da sie sich zu Fuß einen Weg bahnen mußten, hielt man sie für grausame Zerstörer, die auf dem Rücken wilder Tiere ritten und furchtbare Waffen besaßen. Nur wegen dieser Waffen wagten es die Indianer nicht, Widerstand zu leisten.

Wieder wurde Pizarros Schar bald vom Hunger regiert. Viele verfluchten sogleich ihren Entschluß, an dieser Unternehmung teilzunehmen, und nach wenigen Tagen roch es geradezu nach Meuterei. In dieser bedrohlichen Lage zeigte sich an der Küste ein Schiff, auf dem sich der kaiserliche Schatzmeister und andere hohe Beamte befanden, die Pizarro von der Regierung nachgesandt worden waren, um jeden seiner Schritte zu überwachen. Da dieses Schiff auch Lebensmittel in reichem Maße mitgebracht hatte, wurde aus dem Funken der Meuterei kein Feuer.

Nun wurde der Marsch fortgesetzt. Pizarros Absicht war es, vorerst Tumbez, das er für die Pforte des peruanischen Reiches hielt, in Besitz zu nehmen. Bald wurde die Bucht erreicht, die jetzt den Namen Guayaquil trägt. Hier stieg die gesamte Schar auf das Schiff der Regierung, das in wenigen Tagen die kleine Insel Puna erreichte, von der man nach Tumbez hinübersehen konnte.

In Tumbez wurde Pizarro, wie seinerzeit, gastfreundlich aufgenommen. Zufrieden mit dem Erreichten, faßte er, nachdem er sich mit seinen Gefährten beraten hatte, den Entschluß, bis zum Ende der Regenzeit hierzubleiben. Er hoffte, daß er in Tumbez die Verstärkung erhalten würde, die es ihm möglich machte, bis zu der Residenz des Inkaherrschers vorzudringen.

In dieser angenehmen Lage, in der Friede herrschte, raubten drei Spanier die Frauen angesehener Bewohner der Stadt Tumbez. Durch diese Gewalttätigkeit außer sich gebracht, ergriff die Bevölkerung die Waffen und wagte einen Angriff auf das Lager der Sonnenkinder, welchen die Kunde vorausgeeilt war, daß auch sie sterben konnten. Etwa 3000 Mann griffen an, eine wild heulende Masse von Leibern. Doch trotz ihrer Übermacht konnten sie den Spaniern wenig anhaben. Diese empfingen sie mit ihren langen Piken oder streckten sie mit den Ladungen aus ihren Geschützen nieder. Auch fiel es ihnen leicht, die nackten Körper ihrer Gegner in Stücke zu hauen. Schließlich drang Hernando Pizarro an der Spitze der Reiterei mitten unter sie und jagte sie in die Flucht. Dennoch war der Krieg damit nicht beendet. Die Indianer, die in die umliegenden Wälder geflohen waren, griffen noch mehrmals an, allerdings ohne Erfolg. Bei diesen Gefechten fanden zwei Spanier den Tod, Hernando Pizarro wurde durch einen Wurfspieß am rechten Bein verwundet.

In dieser gefährlichen Lage erschienen zwei Schiffe, welche eine Verstärkung von rund hundert Freiwilligen und Pferde für die Reiterei brachten. Sie standen unter dem Befehl des Hernando de Soto*.

Diese gewaltige Verstärkung war dem spanischen Befehlshaber sehr willkommen. Nun fühlte er sich stark genug, Peru zu erobern.

DIE INKAHERRSCHER

Gegen Ende des 15. Jahrhunderts starb Tupac Inka Yupanqui, einer der bedeutendsten Herrscher des Inkareiches. Ihm war es gelungen, seine Herrschaft auf der einen Seite bis Chile und auf der anderen bis Quito auszubreiten. Bei seinem Tode wurde in Quito noch gekämpft. Der dortige Oberbefehlshaber war sein Sohn Huayna Capac, der ihm auf dem Thron nachfolgte.

Huayna Capac beendete den Krieg in Quito siegreich. Dann widmete er sich ganz der Vervollkommnung seiner Herrschaft. Er ließ große Bauwerke aufführen, verbesserte die Posteinrichtungen und trieb Ackerbau und Straßenbau voran. Unter ihm entstand eine Straße, welche Quito mit der Hauptstadt verband. Das Reich erreichte damals seine höchste Blüte.

* De Soto entdeckte später den Mississippi.

Huayna Capac hatte, wie alle peruanischen Herrscher, zahlreiche Nebenfrauen, die ihm viele Kinder gebaren, welche allerdings keinen Anspruch auf den Thron erheben konnten. Der einzige Thronerbe war Huascar, das Kind seiner Hauptfrau und Schwester. Huayna Capac, überglücklich, daß ein männlicher Thronerbe das Licht der Welt erblickt hatte, schenkte diesem, als er ein Jahr alt war, eine goldene Kette, die 700 Fuß lang und dick wie das Handgelenk eines kräftigen Mannes war. Von seinen anderen Kindern liebte er Manco Capac, den Sohn einer seiner Basen, und Atahuallpa am meisten. Atahuallpa war ein Sohn der Tochter des letzten Beherrschers von Quito.

Das Schicksal wollte, daß Huayna Capac seine letzten Lebensjahre in Quito verbrachte. Dadurch wurde das Band zwischen ihm und Atahuallpa noch stärker. Atahuallpa schlief im Zelt seines Vaters und aß mit ihm aus derselben Schüssel. Schließlich wurde die Liebe Huayna Capacs zu diesem Sohn so groß, daß er den Entschluß faßte, von einem uralten Brauch abzugehen und das Reich zwischen Atahuallpa und Huascar zu teilen. Als er auf dem Totenbett lag, verkündete er diesen Entschluß. Atahuallpa bestimmte er zum Herrscher von Quito, Huascar zum Beherrscher des übrigen Reiches. So säte er, ohne dies zu wollen, zugleich mit seinem letzten Atemzug einen Samen, aus dem nur Zwietracht entstehen konnte.

Huayna Capac starb im Jahre 1525. Sein Herz wurde in eine goldene Schale gelegt, die in Quito blieb. Sein Leichnam wurde, der Landessitte entsprechend, einbalsamiert, nach Cuzco gebracht und im großen Tempel der Sinne zur letzten Ruhe gebettet. Das Leichenbegängnis wurde im ganzen Reich mit überschwenglicher Pracht gefeiert, viele Nebenfrauen des Toten opferten ihr Leben, um ihren Gebieter in seine glänzende Wohnung, die Sonne, begleiten zu können.

Fünf Jahre lang lebten die beiden Regenten miteinander in Frieden. Dann kam es zu Streitigkeiten und dann zum Krieg, weil Atahuallpa stets von neuem in das Gebiet seines Bruders einfiel und dort plündern ließ. Die erste Schlacht fand bei Ambato statt. Sie dauerte einen ganzen Tag und endete mit dem Sieg Atahuallpas, dessen Heer von den zwei besten Heerführern des Reiches, Quizquiz und Challcuchima, befehligt wurde.

Nun zog Atahuallpa sofort nach Tumebamba weiter, einer

Stadt, die von den treuesten Anhängern Huascars bewohnt wurde. Er eroberte sie und ließ alle die prachtvollen Bauten, die von seinem Vater errichtet worden waren, dem Erdboden gleichmachen und sämtliche Bewohner über die Klinge springen. Dann setzte er seinen Marsch fort, jeden Widerstand blutig beseitigend, nahm Caxamalca ein und setzte über den Apurimac. Auf der

Der Inkaherrscher Atahuallpa

Ebene von Quipaypan, nahe der Hauptstadt, traten die beiden Heere zur Entscheidungsschlacht an. Es wurde vom frühen Morgen bis zum Sonnenuntergang erbittert gekämpft, und wieder hieß der Sieger Atahuallpa. Huascar wurde nach der Festung Xauxa gebracht.

Wenige Tage nach seinem Einzug in Cuzco lud Atahuallpa den ganzen Inkaadel ein, ihm zu huldigen. Kaum hatten die Eingeladenen die Hauptstadt betreten, wurden sie festgenommen. Und dann ließ Atahuallpa die ganze königliche Familie töten, alle ohne Ausnahme, selbst die Frauen, in deren Adern Inkablut floß, seine Tanten, Nichten, Schwestern und Geschwisterkinder. Das Blut floß in Strömen, über 700 Menschen wurden bestialisch hingemordet. Damit hatte Atahuallpa erreicht, daß nun niemand mehr Anspruch auf den Thron erheben konnte.

Nun herrschte wieder Ruhe im Reich. Atahuallpa nahm die scharlachrote Borla, die Krone der Inkas, in Empfang und sonnte sich im Glanz seiner Macht. Er konnte nicht ahnen, daß am Himmel Perus Gewitterwolken aufstiegen, die sich bald entladen sollten. Man schrieb, als Atahuallpa in Cuzco einzog, das Jahr 1532.

SAN MIGUEL

Pizarro verließ Tumbez anfangs Mai 1532. Während er mit seiner Truppe in flachen Gegenden vormarschierte, war Hernando de Soto mit einer kleinen Truppe zu den Kordilleren unterwegs, um die an ihrem Fuß gelegenen Regionen zu erkunden.

Pizarro hatte seinen Leuten befohlen, jedwede Gewalttätigkeit zu vermeiden. Die Eingeborenen leisteten selten Widerstand. Bald erreichten die Spanier das zwischen dem Meer und den Bergen gelegene, dichtbesiedelte Land. Hier wurden sie überall gastfreundlich aufgenommen und mit Lebensmitteln versorgt. Wohin er kam, ließ Pizarro verkünden, daß er als Abgesandter des Kaisers von Spanien gekommen sei, um die Bewohner Perus zu Untergebenen seines Herrn und Kindern der Kirche zu machen. Dagegen erhob niemand Einspruch, weil kein einziger auch nur eine Silbe von dem verstand, was die Herolde ausriefen.

Der Inkaherrscher opfert dem Sonnengott

Nach vier Wochen erreichte Pizarro das dreißig Leguas von Tumbez gelegene fruchtbare Tal von Tangarala, das durch mehrere Flüsse, die es durchströmten, mit dem Meer verbunden wurde. Nun ließ Pizarro die Schiffe nachkommen, denn er hatte den Entschluß gefaßt, hier eine Stadt zu erbauen. Sofort nach dem Eintreffen der übrigen Mannschaft wurde mit dem Bau begonnen.

Das Bauholz lieferten die Wälder, Steine in der Nähe gelegene Steinbrüche. Da alle mit Feuereifer bei der Sache waren, war die Stadt nach drei Monaten fertig. Die Gebäude waren fest, manche sogar zierlich. Am schönsten waren die Kirche, das Gerichtsgebäude und ein öffentliches Vorratshaus. Nach der Weihe der Stadt, welcher Pizarro den Namen San Miguel gab, wurden die Regidores, Alcaldes und anderen Beamten eingesetzt. Das umliegende Land wurde unter den Bewohnern aufgeteilt, wobei jedem als Arbeitskräfte Indianer zugewiesen wurden.

Hierauf ließ Pizarro die Schmuckstücke aus Gold und Silber zusammentragen und in zwei Barren einschmelzen. Der Anteil der Krone wurde zurückgelegt, der Rest nach Panama geschickt. Pizarro hoffte noch immer, auf diese Weise Verstärkung zu erlangen.

In San Miguel erfuhr der spanische Befehlshaber alles, was sich in den letzten Jahren in Peru ereignet hatte. Er wußte auch bald, daß Atahuallpa mit seinem Heer in einer Entfernung von etwa 12 Tagesreisen von San Miguel sein Lager aufgeschlagen hatte. Was man ihm von der Macht und dem Reichtum des indianischen Herrschers berichtete, dämpfte sein Selbstvertrauen nicht. Es reizte nur sein Verlangen nach Macht und Gold.

Am 21. September 1532 brach Pizarro wieder auf. Sein Heer bestand nur noch aus kaum 180 Mann, da 50 Mann in San Miguel zurückbleiben mußten, um die Stadt gegen etwaige Angriffe der Indianer zu schützen. Das Ziel des Marsches war allen bekannt: es war das Lager Atahuallpas.

Die kleine Schar überschritt den Piura und erreichte nun eine Ebene, die immer wieder von Strömen durchschnitten wurde, die von den Bergen herabkamen. Hier dehnten sich große Waldungen aus, manchmal stießen die Spanier aber auch auf liebliche Täler, die von Fruchtbarkeit überflossen. Obstgarten reihte sich an Obstgarten, Kornfeld an Kornfeld. Man konnte glauben, das Paradies betreten zu haben. Daß dieses Paradies von den Indianern geschaffen worden war, fiel wahrscheinlich den wenigsten auf. Diese hatten das Wasser der Flüsse in Kanäle abgeleitet, welche sich wie ein großes Netz über das Land ausbreiteten.

Die Spanier wurden von den Bewohnern überall freundlich aufgenommen. In einem sehr großen Flecken sahen sie dann zum erstenmal ein Rasthaus, das nur für den Inkaherrscher bestimmt war und nur von ihm betreten werden durfte. Hier quartierte sich Pizarro ohne Zögern ein und gönnte sich und seinen Truppen ein paar Tage Ruhe.

Ich nutzte die Gelegenheit und zählte Pizarros Schar. Sie bestand aus 177 Mann, von welchen 67 beritten waren. Drei Soldaten besaßen Büchsen, siebzehn waren mit Armbrüsten ausgerüstet. Der Gesundheitszustand aller war gut, die Gemütsverfassung einiger weniger schlecht. Wenn diese Männer auch nicht murrten oder Angst verspürten, wären sie doch lieber in San Miguel zurückgeblieben. Wie richtig ich gesehen hatte, bewies mir Pizarro selbst, als er eines Tages seine Schar zusammenrief und folgendes sagte: »Wir stehen jetzt vor der Entscheidung. Und was da kommen wird, wird unseren ganzen Mut erfordern, sehr viel Mut. Wer nach San Miguel zurückkehren will, darf das ruhig tun. Ich werde ihn, das verspreche ich, nicht der Feigheit zeihen.«

Pizarro wußte genau, was er tat. Er sonderte nicht nur die Spreu vom Weizen, er verhinderte auch, bevor es zu spät war, daß die zu allem Entschlossenen von den Zaghaften mit Zaghaftigkeit angesteckt wurden. Neun meldeten sich zurück. Pizarros Heer war jetzt sicher stärker geworden als zuvor.

Nach zwei anstrengenden Marschtagen erreichte die Schar einen Ort namens Zaran, der in einem fruchtbaren Tal lag. Viele Häuser waren unbewohnt, und Pizarro erfuhr bald den Grund dafür: Atahuallpa hatte hier für sein Heer Soldaten ausheben lassen, manche Dörfer waren dadurch geradezu entvölkert worden. Der Curaca von Zaran empfing die Spanier mit viel Freundlichkeit und ließ sie reichlich bewirten. Es fiel Pizarro auf, daß er den Mund nicht mehr öffnete, wenn die Rede auf Atahuallpa kam. Vielleicht haßte er ihn, vielleicht war er ein Anhänger des Huascar gewesen.

Noch immer gab es für die Spanier kein Anzeichen dafür, daß sie sich dem Lager des Inkaherrschers genähert hatten. Um Sicherheit zu gewinnen, schickte Pizarro den Hernando de Soto mit seiner Reiterschar ins Gebirge hinauf, damit er dort Erkundigungen einziehe. De Soto war sofort dazu bereit. Er war ein Mann, der wohl auch bereit gewesen wäre, in die Hölle zu reiten und mit dem Teufel zu kämpfen.

Hernando de Soto war fortgeritten, und nun verging Tag um Tag, ohne daß wir von ihm eine Nachricht erhielten. Wir waren schon sehr in Sorge um ihn – und dann erschien er am achten Tage und brachte einen Abgesandten des Inkaherrschers selbst mit.

ATAHUALLPAS ABGESANDTER

Hernando de Soto war kühn ins Gebirge hinaufgeritten und hatte nach zwei Tagen einen Flecken namens Caxas erreicht. Dort hatten sich die Einwohner in Schlachtordnung aufgestellt. Dennoch kam es zu keinem Gefecht, da es de Soto gelang, die Indianer davon zu überzeugen, daß er als ihr Freund gekommen war.

In Caxas erfuhr de Soto sehr viel: daß sich Atahuallpa in einer Stadt mit dem Namen Caxamalca* aufhielt, um dort in den heißen natürlichen Quellen zu baden; daß das Heer Atahuallpas an die 300000 Mann stark war; daß der Inkaherrscher unerbittlich grausam war und das kleinste Vergehen mit dem Tode ahndete. Davon hatte sich de Soto überzeugen können, kaum daß er Caxas betreten hatte.

Er hatte Galgen gesehen, an welchen Indianer hingen, die ihrer Steuerpflicht nicht nachgekommen waren.

Von Caxas ritt de Soto nach Guancabamba weiter, einer großen, stark befestigten Stadt. Hier waren die Häuser nicht aus gebranntem Lehm, sondern aus Steinen, über den durch die Stadt fließenden Strom spannte sich eine Brücke, und die Straße, welche von Guancabamba nach Cuzco führte, war mit schweren Steinfliesen gepflastert. In vielen Häusern gab es Wasserleitungen. Diese Schilderung de Sotos übertraf alles, was die Spanier bisher über das Reich Peru gehört hatten. Dennoch sank ihr Mut nicht.

De Soto war nach Caxas zurückgeritten, und dort hatte er den Abgesandten Atahuallpas angetroffen und in das Lager Pizarros mitgenommen.

Der Abgesandte Atahuallpas war ein vornehmer Mann und wurde von einem zahlreichen Gefolge begleitet. Es war seine Aufgabe, eine Botschaft Atahuallpas zu überbringen und Pizarro Geschenke zu überreichen. Diese bstanden aus zwei großen Steinkrügen, wollenen Stoffen und getrocknetem Gänsefleisch. Die Botschaft Atahuallpas bestand aus einem Gruß und der Einladung, in sein Lager zu kommen.

Pizarro brauchte nicht lange zu überlegen, um zu wissen, daß

* Heute heißt die Stadt Cajamarca. Die bisher genannten Städte haben ihre Namen bis heute erhalten.

es die Aufgabe dieses Abgesandten war, die Stärke des spanischen Heeres auszukundschaften. Er behandelte ihn höflich, doch immer so, daß er ihn seine Überlegenheit fühlen ließ. Und er zeigte ihm die Büchsen, die Armbrüste und vor allem die Pferde. Auf die Frage, weshalb die Spanier hierhergekommen seien, antwortete er, sie wollten nichts weiter, als Atahuallpa im Kampf gegen seine Feinde zu unterstützen.

Als Geschenk gab er dem peruanischen Abgesandten eine Mütze aus rotem Tuch, mehrere stark glänzende Glasketten und einen großen goldenen Spiegel mit, der ihm in Tumbez in die Hände gefallen war. Durch dieses Geschenk wollte er dem Atahuallpa deutlich machen, daß er sich so wie seine Gefolgsleute aus Gold nichts machte.

Nach der Abreise des Boten Atahuallpas marschierte Pizarro in südlicher Richtung weiter. Der Marsch führte zuerst nach Motupe, einem kleinen, in einem fruchtbaren Tal gelegenen Flecken, und dann in sandige Ebenen, wo das Weiterkommen sehr beschwerlich war, vor allem für die Pferde. Dann erreichten die Spanier einen tiefen, breiten und reißenden Strom*. Da Pizarro befürchtete, die Eingeborenen könnten am jenseitigen Ufer einen Überfall wagen, befahl er seinem Bruder Hernando, mit einer kleinen Abteilung während der Nacht überzusetzen und so den Übergang des übrigen Heeres zu decken. Hernando Pizarro erfüllte diesen Auftrag, ohne auf Widerstand zu stoßen. Am Morgen überquerte dann der Befehlshaber den Fluß mit dem anderen Teil der Truppen. Es wurde eine Art fliegende Brücke gebaut, die Pferde ließ man schwimmen.

Einen Tag später machten sie einen Gefangenen. Er wurde Hernando Pizarro vorgeführt, der ihm Fragen stellte, welche Atahuallpa und sein Heer betrafen. Der Gefangene weigerte sich, sie zu beantworten. Nun wurde er gefoltert, mit dem Erfolg, daß er folgendes gestand: Atahuallpa habe mit drei Abteilungen die Höhe rings um Caxamalca besetzt und es sei seine Absicht, die weißen Männer gefangenzunehmen.

Pizarro hatte nichts anderes erwartet. Er rückte weiter vor und erreichte nach drei Tagen die Abhänge der Berge, hinter welchen Caxamalca lag. In dieser Gegend waren da und dort noch ländli-

* Es war wohl der Marañon, einer der Quellflüsse des Amazonas.

che Gehöfte zu sehen, doch die Blicke der Spanier wurden von den Eisgipfeln angezogen, die, einer neben dem anderen, einen gewaltigen Wall bildeten. An der rechten Seite des Gebirges* verlief eine breite Straße, die, wie Pizarro erfuhr, nach Cuzco führte. Die Versuchung, diese Straße zu benützen, anstatt über die Berge zu steigen, war also groß.

Pizarro unterlag dieser Versuchung nicht. Er sagte zu seinen Soldaten: »Wir haben Atahuallpa mitteilen lassen, daß wir ihn in seinem Lager besuchen werden. Tun wir das nicht, wird er uns für Feiglinge halten und verachten. Also müssen wir über die Berge. Gott wird uns beistehen, weil wir hierhergekommen sind, die Heiden zu bekehren.«

Niemand widersprach. Alle waren entschlossen, den Weg über die Berge zu nehmen.

Nach einer Beratung mit seinen Offizieren stellte Pizarro folgenden Marschplan auf: er würde mit 40 Reitern und 60 Mann Fußvolk vorauseilen, um die Gegend zu erkunden, während die übrige Mannschaft, von seinem Bruder Hernando kommandiert, zurückbleiben und warten sollte, bis sie den Befehl zum Aufbruch erhielt.

Am frühen Morgen brachen die Spanier auf, entschlossen, den Weg über die Sierra zu erzwingen, allen Schwierigkeiten zum Trotz. Doch diese waren größer, als sie erwartet hatten. Der Weg wurde oft so schmal, daß die Reiter absitzen und ihre Pferde hinter sich herführen mußten, dann wieder verhinderten weit auseinanderklaffende Felsblöcke das Weiterkommen. Sie mußten mit herbeigeschleppten Felsblöcken ausgefüllt werden, und erst dann konnte sich der Zug, der wie ein Lindwurm dahinkroch, wieder in Bewegung setzen. Es war dies eine Straße für die wie Katzen gewandten halbnackten Indianer und Maultiere, aber nicht für die schwergepanzerten spanischen Ritter und Pferde.

Von Zeit zu Zeit erreichten sie Pässe, wo sie sich ein wenig erholen und schlafen konnten. Am nächsten Tag erblickten sie auf einem riesigen Felsvorsprung eine aus dem Gestein herausgehauene Festung, und es war allen klar, daß hier eine Handvoll Leute das ganze Heer in Schach halten konnte. Doch die Festung war leer. Nun durfte Pizarro hoffen, daß der indianische Herr-

* Es waren die Anden.

scher nicht versuchen würde, sie am Übersteigen der Berge zu hindern.

Hernando Pizarro erhielt jetzt den Befehl zu folgen. Nachdem sich die beiden Heere miteinander vereinigt hatten, erreichten sie eine Anhöhe, auf der sich wieder eine Festung erhob. Auch in ihr befand sich keine Besatzung. Hier schlug Pizarro sein nächstes Nachtlager auf. Am Morgen lernten die Spanier kennen, daß sie dem Himmel näher gekommen waren. Sie froren jämmerlich und waren gezwungen, Feuer anzuzünden. Auch das Aussehen der Landschaft veränderte sich beim Weitermarsch immer mehr. Es gab nur da und dort vereinzelte Fichten und verkrüppelte Sträucher. An die Stelle der Singvögel traten Raubvögel, welche den Zug ständig begleiteten, als warteten sie auf ein Opfer.

Endlich erreichten sie den Kamm der Kordilleren, eine von gelbem Gras bestandene Ebene. Hier pfiff ein eiskalter Wind, der durch Mark und Knochen ging, und die Wolken hingen manchmal so nieder, daß man glauben durfte, man könnte sie mit den Händen fassen. Hier, auf dieser Hochebene, traf überraschend ein Bote Atahuallpas ein. Er berichtete, daß der Weg nach Caxamalca frei von Feinden sei und daß sich eine Gesandtschaft des Herrschers auf dem Wege hierher befinde.

Die Gesandtschaft traf schon einen Tag später ein. Sie bestand aus einem Inkaedelmann, der von mehreren Dienern begleitet wurde. Er überbrachte Pizarro als Geschenk des Herrschers drei Lamas und die Botschaft, die Spanier sollten nach Caxamalca kommen, um dort auszuruhen und Gäste Atahuallpas zu sein. Pizarro versprach, dieser Einladung Folge zu leisten.

Auch der Abstieg von den Bergen war beschwerlich genug. So jubelten die Spanier, als sie endlich das fruchtbare Tal von Caxamalca erblickten, einen bunten, etwa drei Leguas breiten und fünf Leguas langen Teppich. Überall waren bebaute Felder zu sehen, ein breiter Fluß, von dem Kanäle abzweigten, zerteilte das Land in zwei große Bezirke. Und hinter den Wiesen lag Caxamalca mit seinen weißen, in der Sonne funkelnden Häusern. Das alles war ein prachtvoller Anblick.

Auch die unzähligen weißen Zelte, die auf einem Bergabhang wie Schneeflocken lagen, waren prächtig anzusehen. Dieser Anblick jedoch erfreute die Spanier weniger. Sie waren überrascht, denn sie hatten nicht erwartet, daß sie sich solch einer gewaltigen

Streitmacht gegenübersehen würden. Doch es gab kein Zurück mehr.

Pizarro teilte seine kleine Schar in drei Abteilungen und legte den Weg zu der Stadt hinunter in Schlachtordnung zurück. Zu seiner und der anderen Überraschung kam niemand heraus, sie zu bewillkommnen. Und dann, in Caxamalca selbst, war nichts zu hören als das Wiehern der Pferde und die Tritte der Gepanzerten. Die Bewohner hatten ihre Behausungen verlassen.

Es war eine Stadt, die etwa 10000 Einwohner haben mochte. Die Häuser waren aus gebranntem Lehm, einige auch aus gehauenen Steinen. Die Dächer waren mit Stroh oder Holz gedeckt. Am Ende der Hauptstraße lag ein von den Sonnenjungfrauen bewohntes Kloster neben einem der Sonne geweihten Tempel, der in einem weiträumigen Garten stand. Und auf einem Hügel erhob sich eine mächtige Festung, die von drei Mauern umgeben war.

Man schrieb den 15. November 1532, als der Eroberer mit seinem Heer in die Stadt Caxamalca einrückte. Es war bitterkalt, und mit Hagelkörnern vermischter Regen fiel vom Himmel. Deshalb erlaubte Pizarro seinen Soldaten, in den leeren Häusern Zuflucht zu suchen. Das galt nicht für alle. Pizarro wollte lieber sofort als später wissen, wie sich Atahuallpa verhalten wollte. Darum schickte er zwei Reiterscharen zum Lager des Inkaherrschers unter dem Befehl Hernando de Sotos und seines Bruders Hernando.

Vom Ende der Stadt führte eine von Wiesen gesäumte Straße zum Lager des Inkaherrschers. Auf ihr galoppierten die Reiter, und nachdem sie eine Legua zurückgelegt hatten, sahen sie das Lager zum Greifen nahe vor sich. Die indianischen Krieger hatten ihre Lanzen vor ihren Zelten in den Boden gestoßen und starrten teils verwundert, teils erschrocken den Reiterzug der Christen an, wie er mit Waffengeklirr und Trompetenschall gleich einer furchtbaren Erscheinung immer näher kam. Einer der Indianer zeigte den Spaniern den Aufenthaltsort Atahuallpas.

Dieser bestand aus einem aus Strohmatten verfertigten Gebäude mit einem großen Vorhof, in dem sich viele prächtig gekleidete indianische Edelleute und Frauen des Hofstaates aufhielten. Atahuallpa saß auf einem bunten Kissen. Er war leicht zu erkennen, da er die rote Borla, die Krone der Inkaherrscher, trug, deren Fransen bis zu seinen Augenbrauen herabhingen. Kaum daß die Spanier in den Hof hineingeritten waren, stoben die Indianer auseinander und gruppierten sich um ihren Herrn.

Hernando Pizarro und Hernando de Soto ritten langsam auf Atahuallpa zu und verneigten sich, ohne jedoch von den Pferden zu steigen. Einer der Dolmetscher – es war dies einer der Indianer, die Francisco Pizarro nach Toledo mitgenommen hatte, damit sie dort das Kastilianische erlernten – sagte nun zu Atahuallpa, auf Hernando Pizarro zeigend: »Dieser ist der Abgesandte seines Bruders, des Oberbefehlshabers der weißen Männer. Er ist hier, um dich von der Ankunft der Spanier in Caxamalca zu benachrichtigen. Die Spanier sind Untertanen des mächtigsten Herrschers der Welt und haben den wahren Glauben, den sie dich und dein Volk lehren wollen. Der Anführer der Spanier lädt dich ein, ihn mit deinem Besuch zu beehren.«

Der Inka, der starr und aufrecht und mit unbewegtem Gesicht dasaß, gab keine Antwort. Er unterließ es auch, durch eine Geste anzudeuten, daß er verstanden hatte. Nur einer der hinter ihm stehenden Edelleute öffnete den Mund. Er sagte: »Es ist gut.«

Damit war Hernando Pizarro nicht einverstanden. Er wandte sich noch einmal an den Herrscher und bat ihn, auszusprechen, was er beschlossen habe. Daraufhin sagte Atahuallpa: »Sagt eurem Anführer, daß ich Fasttage halte, die morgen zu Ende gehen. Dann werde ich ihn zusammen mit meinen Häuptlingen besuchen. Ihr dürft inzwischen die Gebäude auf dem Hauptplatz benützen, andere nicht. Was weiter geschehen soll, werde ich euch befehlen.«

Das war eine Herausforderung, die sich de Soto nicht bieten lassen wollte. Er hatte das feurigste Pferd und war der beste Reiter in Pizarros Heer. Da ihm aufgefallen war, daß Atahuallpa das unruhige Tier aufmerksam betrachtete, ließ er dem Pferd die Zügel schießen, setzte ihm die Sporen ein und sprengte mehrmals im Kreis auf der Ebene umher. Dann hielt er im vollen Galopp ganz nahe vor Atahuallpa so plötzlich an, daß das Pferd für einen Augenblick auf den Hinterhufen stand. Dabei spritzte Schaum auf die königliche Kleidung. Doch Atahuallpa bewahrte auch jetzt seine kalte Haltung, kein Muskel seines Gesichts bewegte sich. Zwei Edelleute und drei Soldaten hingegen waren vor de Sotos Pferd zurückgewichen. Ich erfuhr später, daß sie Atahuallpa, kaum daß er von den Spaniern verlassen worden war, hinrichten ließ.

Nun wurden den Spaniern Früchte und Fleischstücke angeboten. Doch sie lehnten ab, da sie auf ihren Pferden bleiben wollten. Hingegen verschmähten sie den Maisschnaps nicht, der ihnen in großen goldenen Bechern von Indianerfrauen gereicht wurde. Dann ritten sie nach Caxamalca zurück.

Sie hatten genug gesehen, und manche wurden von Mutlosigkeit befallen. Diese Mutlosigkeit wuchs, als die Nacht angebrochen war. Denn oben auf dem Berghang loderten die Wachtfeuer der Indianer, und vielen schienen sie nicht weniger als die Sterne zu sein.

Francisco Pizarro war nicht niedergeschlagen. Er rief seine Offiziere zusammen und teilte ihnen den Entschluß mit, den er gefaßt hatte. Es war seine Absicht, dem Inka einen Hinterhalt zu legen und ihn im Angesicht seines ganzen Heeres gefangenzunehmen. Einen anderen Weg, sagte Pizarro, gebe es in dieser bedrohlichen, ja verzweifelten Lage nicht.

SONNABEND, 16. NOVEMBER 1532

Kaum daß die Sonne aufgegangen war, rief lauter Trompetenschall die Spanier zu den Waffen. Pizarro setzte ihnen mit knappen Worten seinen Plan auseinander und traf dann die notwendigen Vorbereitungen.

Auf der Plaza standen mehrere geräumige Hallen mit großen Toren, offenbar Unterkünfte für die Truppen Atahuallpas. In diesen Hallen stellte Pizarro seine Reiterei in zwei Abteilungen auf, die eine unter de Soto, die andere unter seinem Bruder. Das Fußvolk brachte er in einem anderen Gebäude unter. Zwanzig Soldaten, die er selbst ausgewählt hatte, blieben bei ihm. Pedro de Candia wurde mit den Geschützen und einigen Soldaten auf der Festung postiert. Ihm oblag es, durch das Abfeuern einer Feldschlange das Zeichen zum Angriff zu geben. Auch den Pferden wurde eine besondere Aufgabe erteilt. Auf ihre Bruststücke wurden Schellen gehängt, deren Lärm die Verwirrung der Indianer vergrößern sollte.

Nachdem diese Vorkehrungen getroffen waren, wurde eine Messe gelesen. Der Gott der Schlachten wurde angerufen, seine schützende Hand über die Soldaten zu halten, die bereit waren, für die Vergrößerung des Reiches der Christenheit zu kämpfen. Alle stimmten begeistert in den Gesang »Exsurge, Domine, et judica causam tuam« ein.

Erst am späten Vormittag kam Bewegung in das indianische Lager. Man traf dort alle nur möglichen Anstalten, um mit viel Pracht und viel Förmlichkeit in Caxamalca einzuziehen. Vorerst erschien ein Bote und kündigte an, daß sich Atahuallpa mit allen seinen Kriegern einfinden werde, die bewaffnet sein würden, weil auch die Spanier bewaffnet in sein Lager gekommen seien. Dies war für Pizarro keine erfreuliche Nachricht, allerdings hatte er kaum das Gegenteil angenommen. Er machte keinen Einwand, um zu vermeiden, daß Atahuallpa mißtrauisch wurde oder seine Absichten erriet.

Es war Mittag, als der indianische Zug sichtbar wurde. Voran gingen Diener, welche die Straße mit großen Wedeln säuberten. Ihnen folgten Frauen und Kinder. Und dann konnten die Spanier den Inka sehen, der von den Vornehmsten seiner Edelleute auf den Schultern getragen wurde, während andere neben seinem Thronsessel gingen. Alle diese Edelleute trugen so viel Goldschmuck, daß sie wie die Sonne strahlten. Die indianischen Truppen postierten sich links und rechts von der Straße und auf den Wiesen. Hernando Pizarro schätzte sie auf 50000 Mann.

Als der Zug knapp vor der Stadt angelangt war, machte er halt. Zu seinem Erstaunen sah Pizarro, daß Zelte aufgeschlagen wurden. Gleich darauf erschien ein Bote, der den Spaniern mitteilte, der Inka habe die Absicht, erst am nächsten Morgen in die Stadt zu kommen.

Diese Nachricht schien das Ende von Pizarros Plan zu sein. Die Truppen standen seit Tagesanbruch unter Waffen, die Reiter saßen auf ihren Pferden – und alle hatten mit Ungeduld auf die Ankunft des Inkaherrschers gewartet. Pizarro wußte, daß für die Soldaten nichts gefährlicher war als der Aufschub einer Entscheidung, bei der es um Leben und Tod ging. Deshalb sandte er zu dem Inka einen Boten mit der Bitte, er möge noch heute in die Stadt kommen, da alles für seine Bewirtung vorbereitet sei.

Atahuallpa willfahrte dieser Bitte. Er ließ die Zelte abbrechen, der Zug setzte sich wieder in Bewegung. Vorher hatte Atahuallpa den spanischen Befehlshaber wissen lassen, daß er den größeren Teil seiner Krieger zurücklassen werde. Er forderte zugleich, daß für ihn und sein Gefolge Wohnungen in einem der großen steinernen Gebäude auf der Plaza, das wegen einer auf den Mauern

Atahuallpa zieht in Caxamalca ein

abgebildeten Schlange »Schlangenhaus« hieß, instand gebracht würden. Keine Nachricht konnte Pizarro willkommener sein. Es schien so, daß Atahuallpa keinen anderen Wunsch hatte, als in die ihm gestellte Falle zu gehen. Ich wage es, zu behaupten, daß dies der unmittelbare Finger der göttlichen Vorsehung war.

Vor Sonnenuntergang erreichte die indianische Vorhut Caxamalca. Nun sahen wir, daß mehrere hundert Diener den Weg säuberten. Sie sangen Siegeslieder, die in meinen Ohren wie Gesänge der Hölle klangen. Dann folgten weitere Haufen, sie trugen eine Kleidung aus stark glänzenden Stoffen. Andere wieder waren weiß gekleidet und hielten goldene Keulen in der Hand. Die Leibwachen des Regenten waren himmelblau gekleidet und hatten in den Ohren große goldene, mit Smaragden besetzte Ringe, deren Wert unschätzbar war.

Und dann wurde der Inka Atahuallpa sichtbar. Er saß in einer Sänfte, in der sich ein Thron aus gediegenem Gold befand. Der Thron war mit den bunten Federn tropischer Vögel geschmückt. Die Kleidung des Herrschers war noch viel reicher als am vergangenen Abend. Er trug ein Smaragdhalsband von außerordentlicher Schönheit. In seinem kurzgeschnittenen Haar staken kostbare Edelsteine, um seine Schläfen wand sich die Borla. Seine Haltung war die eines Menschen, der es gewohnt ist, Befehle zu erteilen, welchen sich niemand widersetzt.

Auf der Plaza hielt der Zug an. Das Gefolge, etwa 6000 Mann, stellte sich links und rechts auf. Atahuallpa verließ die Sänfte und fragte: »Wo sind die Fremden?« Es war nämlich nur ein einziger Spanier zu sehen.

Dieser einzige war der Dominikanermönch Vicente de Valverde, Pizarros Beichtvater. Er hielt in der einen Hand eine Bibel und in der anderen ein Kruzifix. Gemessenen Schrittes ging er auf den Inka zu und blieb knapp vor ihm stehen. Dann begann er zu sprechen. Er beherrschte die Quichamundart, so daß Atahuallpa jedes seiner Worte verstehen konnte. Vorerst sprach Valverde von der Dreieinigkeit, dann von der Erschaffung des Menschen, dem ersten Sündenfall, der Erlösung durch unseren Herrn Jesus Christus und der Himmelfahrt Christi. Hierauf sagte er: »Der Heiland ließ auf der Erde den Apostel Petrus als seinen Stellvertreter zurück, dieser gab sein Amt an den Papst weiter, dieser wieder an die ihm folgenden Päpste. Der Papst, der jetzt über alle Herrscher der Welt Gewalt hat, hat dem spanischen Kaiser, dem mächtigsten Fürsten, den Auftrag erteilt, die Eingeborenen auf der westlichen Halbkugel zu unterwerfen und zu bekehren. Francisco Pizarro ist jetzt gekommen, die ihm gestellte Aufgabe zu erfüllen. Ich aber fordere Euch jetzt auf, Atahuallpa, dem Irrglauben, in den Ihr verstrickt seid, abzuschwören und den wahren Glauben anzunehmen. Überdies sollt Ihr anerkennen, daß Ihr dem spanischen Kaiser ab heute zinspflichtig seid.«

Atahuallpa stand wie erstarrt da, nachdem der Dominikaner seine Rede beendet hatte. Dann sagte er mit einer Stimme, aus der Haß klang: »Ich werde keinem zinspflichtig sein. Ich bin der größte Fürst der Erde, niemand kommt mir gleich. Wie kann der Mann, der Papst heißt, Länder verschenken, die nicht sein Eigentum sind? Meinen Glauben werde ich nicht ablegen. Euer Gott ist von den Menschen getötet worden, die er erschaffen hat. Mein Gott« – bei diesen Worten zeigte er auf die Sonne – »lebt im Himmel und blickt auf seine Kinder herab.«

Jetzt stand auch Pizarro auf der Plaza. Er sah, wie Atahuallpa dem Mönch die Bibel aus der Hand riß und auf den Boden warf. Die Zeit war gekommen. Mit einer weißen Binde gab Pizarro das vereinbarte Zeichen. Das Geschütz wurde abgefeuert. Und schon strömten die Spanier auf die Plaza. Mit dem Schlachtruf »St. Jago!« warfen sich Fußvolk und Reiterei in geschlossenen Schlachtreihen mitten unter den Haufen der Indianer.

Völlig überrascht, erschreckt durch das Donnern der Geschütze und das Knallen der Musketen, dachten die Indianer nicht an Widerstand, sondern nur an Flucht. Doch sie wußten nicht, wohin sie fliehen sollten. Überall waren Pferde und Reiter, nun ein einziges furchtbares Wesen, das den Tod brachte. Einer nach dem anderen fiel, durchbohrt von den blitzenden Schwertern der Spanier. Hügel bildeten sich, die aus Toten bestanden.

Atahuallpa sah, wie sich seine Untertanen erschlagen ließen, ohne sich zur Wehr zu setzen. Er schien das nicht zu verstehen und auch nicht zu begreifen, was geschehen war und geschah. Dann richtete sich der Angriff der Spanier gegen ihn. Die Edelleute, die versuchten, ihn zu schützen, wurden von den Schwertern durchbohrt. Ein Soldat riß ihm die Borla vom Kopf. Dann zogen ihn die Spanier mit sich und sperrten ihn in ein nahe gelegenes Gefängnis. Zwei Soldaten blieben bei ihm zurück, um ihn zu bewachen.

Die Kunde von der Gefangennahme Atahuallpas drang rasch zu den indianischen Truppen hinaus, die auf den Wiesen lagerten. Auch hier dachte keiner an Kampf, das riesige Heer flüchtete in die umliegenden Wälder. Zelte und Waffen blieben zurück.

Trompetenschall rief die Spanier zusammen. Sie versammelten sich auf der Plaza Caxamalca. Keiner von ihnen war verwundet, keiner getötet worden. Man konnte glauben, daß sie Hasen bekämpft hatten. Der ganze Kampf hatte nicht viel mehr als eine halbe Stunde gedauert. Überall auf der Plaza lagen die Toten. Man schätzte ihre Zahl auf 12000.

Pizarro hielt, was er Atahuallpa versprochen hatte. Er nahm gemeinsam mit ihm das Abendessen ein. Die Speisen wurden in einer der Hallen auf der Plaza aufgetragen, wo noch immer die toten Indianer lagen. Der gefangene Herrscher saß neben seinem Besieger. Er schien noch nicht zu wissen, welches Schicksal ihn ereilt hatte, und war anfangs sehr wortkarg. »Das war Kriegsglück«, sagte er und sonst nichts. Etwas später gestand er dann ein, daß er die Spanier nur deshalb hatte über das Gebirge gehen lassen, weil es seine Absicht gewesen war, sich in Caxamalca ihrer Waffen und ihrer Pferde zu bemächtigen. »Die Soldaten hätte ich töten lassen«, schloß er, »bis auf jene, die mir als Diener gefallen hätten.«

Noch an demselben Abend besprach Pizarro mit seinen Soldaten die Lage. Er sagte: »Daß keiner verwundet ist, ist ein großes Wunder. Dafür sollt ihr Dankgebete zum Himmel senden. Wir befinden uns in einem gewaltigen Reich und sind von Feinden umringt. Daß die heutige Schlacht die letzte war, darf keiner glauben.«

Nun wurden Schildwachen aufgestellt, zehn Spanier bewachten Atahuallpas Gefängnis, einer leistete ihm Gesellschaft. Es war dies der Dominikanermönch Vicente de Valverde. Er versuchte, Atahuallpa zu trösten und ihm begreifbar zu machen, daß alle, die sich den Streitern Christi widersetzten, dem Untergang geweiht waren.

DIE LIEBE ZUM GOLD

Am nächsten Morgen schickte Pizarro 30 Reiter aus, versprengte Indianer einzufangen. Sie sollten die Toten fortschaffen und begraben. Dann ließ er die Plaza reinigen. Man konnte auch noch jetzt, da die Sonne soeben aufgegangen war, glauben, es hätte während der Nacht in dichten Strömen Blut geregnet.

Die Gefangennahme Atahuallpas

Noch bevor die Sonne im Zenit stand, kehrten die 30 Berittenen zurück und brachten einen großen Trupp Indianer mit, sowohl Männer als auch Frauen. Unter den letzteren befanden sich viele Bräute und Dienerinnen Atahuallpas. Nirgendwo waren die Spanier auf Widerstand gestoßen. Das Volk hatte allen Mut verloren, seit es wußte, daß sich das Kind der Sonne in Gefangenschaft befand.

Die Zahl der Gefangenen war so groß, daß ein Teil der Spanier vorschlug, sie zu töten oder ihnen wenigstens die Hände abzuhacken, damit sie nicht mehr imstande wären, eine Waffe zu halten. Dies lehnte Pizarro als unmenschlich und unklug ab. Er entließ im Gegenteil die meisten Gefangenen in ihre Heimat, nachdem er ihnen eingeschärft hatte, daß sie gevierteilt oder zu Tode gepeitscht würden, wenn sie sich den weißen Männern widersetzten. Diejenigen, die in Caxamalca zurückbleiben mußten, wurden als Diener verwendet. Ich nahm mir einen Diener, während manche gemeine Soldaten jetzt zehn Diener hatten.

In der Nähe der heißen Quellen fanden die Spanier große Herden von Lamas. Sie fingen viele dieser Tiere ein, deren Fleisch ihnen besonders mundete. Oft wurden an einem Tag 50 peruanische Schafe geschlachtet.

Dann zog ein Teil der Spanier unter Hernando Pizarros Führung zu dem Landhaus Atahuallpas, das in der Nähe der heißen Quellen stand. Dort fanden sie eine reiche Beute an Gold und Silber: Tafelgeschirr aus purem Gold, schwere silberne Becher, eine große Anzahl von Edelsteinen, wollene und baumwollene Stoffe von seltener Farbenpracht. Das war alles zusammen so viel, daß die Spanier drei Tage brauchten, um diese Beute fortzuschaffen.

Pizarro hätte nun gern den Marsch nach der Hauptstadt des Reiches Peru angetreten. Doch die Entfernung war groß und sein Heer war klein. Außerdem hielt er es für gefährlich, sich in einem großen und volkreichen Lande mit seiner kostbaren Beute, dem Inkaherrscher, vorwärts zu bewegen. Deshalb schickte er einen Boten nach San Miguel, mit dem Auftrag, von seinem großen Erfolg zu berichten und den Bewohnern der Stadt den Befehl zu erteilen, für Verstärkungen aus Panama zu sorgen. Er brauchte, wie er die Bewohner der von ihm gegründeten Stadt wissen ließ, 200 Mann Fußvolk und 50 Reiter. Damit würde er imstande sein, nicht nur die Hauptstadt zu erobern, sondern sich auch das ganze gewaltige, von Gold strotzende Reich untertan zu machen.

Unterdessen waren die Spanier nicht müßig. Sie taten alles, um Caxamalca in einen Aufenthaltsort für Christen umzuwandeln. Eine Kirche wurde erbaut, in der zweimal täglich eine Messe gelesen wurde. Es gab keine, die Pizarro versäumte. Die Mauern der Stadt wurden verbessert und die Festung so stark gemacht, daß es kein indianischer Feind hätte wagen dürfen, Caxamalca anzugreifen.

Atahuallpa hatte sich mit seiner Lage noch immer nicht abgefunden. Er wollte seine Freiheit wieder, seine Freiheit und seine uneingeschränkte Macht. Und er mußte beides bald haben. Denn er hatte erfahren, daß die Spanier seinen Bruder Huascar gefangengenommen hatten. Wenn es Huascar gelang, seine Wächter zu bestechen und zu entkommen, konnte es nur zu leicht sein, daß er sich an die Spitze des Reiches stellte.

Es war Atahuallpa nicht entgangen, wie sehr die Spanier das Gold liebten. Und eines Tages schlug er Pizarro einen Handel vor: seine Freiheit gegen Gold, gegen viel Gold. Er verpflichtete sich, einen Raum, der 17 Fuß breit, 22 Fuß lang und 9 Fuß hoch war, zur Gänze mit Gold anfüllen zu lassen und dazu noch zwei kleinere Räume mit Silber. Dafür verlangte er zwei Monate Zeit.

Pizarro überlegte nur kurz. Wenn er weiter vorrückte, konnte es sein, daß die Indianer, die nun wußten, daß die Spanier hinter dem Gold her waren, alles versteckten, was wertvoll war. Ein Notar wurde herbeigeholt, ein Vertrag wurde aufgesetzt. Atahuallpa unterschrieb ihn selbst, für die Spanier unterschrieb Hernando Pizarro.

Nun sandte der Inkaherrscher sofort Boten nach Cuzco und den anderen Städten des Reiches, mit dem Befehl, alles Gold und alles Silber, das sich in den königlichen Palästen und in den Tempeln befand, unverzüglich nach Caxamalca zu bringen. Dabei drohte er allen den Tod an, wenn sie nicht rasch handelten. Dadurch bewies er, daß er noch immer nicht verstanden hatte, wie machtlos er war.

Er blieb weiter der Gefangene der Spanier, die ihn wie einen Herrscher behandelten, aber streng bewachten. Er trug keine Fesseln und bewohnte drei große Räume, in welchen er Besucher empfangen durfte. Auch drei seiner Lieblingsfrauen hatte man

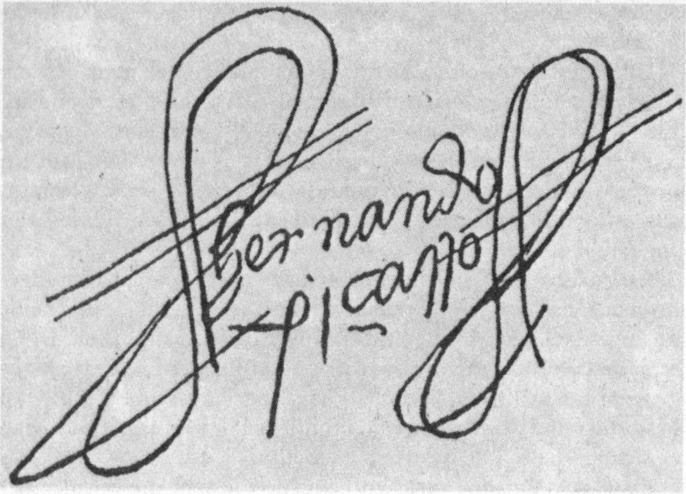

Die Unterschrift des Hernando Pizarro

ihm gelassen. Es kamen viele Besucher, indianische Edelleute, die ihm Geschenke brachten und ihn in der Überzeugung bestärkten, daß er bald wieder der Herrscher des Landes Peru sein werde. Keiner erschien vor ihm, ohne seine Sandalen auf dem Rücken zu tragen. Die Spanier lachten über diese sklavische Unterwürfigkeit, manche verstanden Pizarros Verhalten nicht. Sie hätten Atahuallpa dem Henker übergeben.

Ich suchte Atahuallpa einmal auf, zusammen mit Vicente de Valverde. Atahuallpa gab sich gelassen, seine Miene verriet kein einziges Mal, was er dachte. Er hatte ein häßliches flaches Gesicht mit großen, aber ausdruckslosen Augen. Sein Mund verriet Grausamkeit. Als Valverde vom Christentum sprach, hörte er aufmerksam zu und tat manchmal so, als würde er erkennen, daß diese Lehre die einzig wahre sei. Mir schien Atahuallpa ein Heuchler zu sein.

Daß die Lehren des Christentums ihm keinen Eindruck gemacht hatten, bewies er bald. Er hatte durch einen seiner Besucher erfahren, daß Huascar alles tat, seine Freiheit wiederzuerlangen und die Herrschaft an sich zu reißen. Huascar, versicherte man ihm, hätte den Spaniern ein weit höheres Lösegeld als er geboten. Dies entsprach der Wahrheit. Huascar hatte dem spanischen Befehlshaber auch mitteilen lassen, daß er weit besser als Atahuallpa wisse, wo die ganz großen Schätze zu finden seien.

Pizarro war dies nur recht. Er beschloß, Huascar nach Caxamalca bringen zu lassen und die beiden Inkas gegeneinander auszuspielen. Doch Atahuallpa kam ihm zuvor und bewies, daß seine Macht noch immer groß war, obwohl er sich in Gefangenschaft befand. Auf seinen Befehl wurde Huascar, den die Spanier nicht bewachten, aus seinem Gefängnis entführt und in dem Fluß Andamarca ertränkt. Seine letzten Worte sollen gewesen sein: »Atahuallpa wird mich nicht lange überleben, denn die weißen Männer werden diesen Mord rächen.«

Pizarro stellte eine strenge Untersuchung an. Das Ergebnis war, daß Huascars indianische Wächter diesen Mord auf dem Gewissen hatten. Als man sie folterte, gestanden sie, daß ihnen die Untat von Atahuallpa durch einen Edelmann befohlen worden war. Der Edelmann wurde ergriffen und auf der Plaza von Caxamalca gehenkt. Atahuallpa beteuerte, unschuldig zu sein, und tat so, als trauerte er um seinen Bruder. Und Pizarro tat so, als glaubte er ihm dies.

***

Tag für Tag brachten indianische Träger Gold- und Silbergerät. Dennoch wuchsen die Haufen in den Räumen, die bis zur Decke gefüllt werden sollten, nur langsam. Gold gab es genug in Peru, aber auch die Entfernungen waren groß. Manche Träger benötigten vier Wochen, ihre schwere Last nach Caxamalca zu schleppen. Es waren Stücke darunter, die drei Arobas* wogen.

Zugleich mit den goldenen und silbernen Haufen wuchsen die Gerüchte, daß die Indianer einen Angriff auf Caxamalca planten. Sie beunruhigten Pizarro nicht. Solange er das kostbarste Pfand des Landes, den Inkakönig, in seiner Gewalt hatte, würden es die Indianer nicht wagen, Caxamalca anzugreifen und das Leben des Sohnes der Sonne aufs Spiel zu setzen. Davon war er überzeugt.

* Spanisches Gewicht. 1 Aroba = 25 Pfund.

Gleichwohl gab er seinem Bruder Hernando den Befehl, sich mit 20 Reitern nach der benachbarten Stadt Guamachucho zu begeben, wo angeblich eine starke bewaffnete Streitmacht stand.

Hernando Pizarro wurde von den Bewohnern von Guamachucho freundlich empfangen, eine feindliche Streitmacht war weit und breit nicht zu sehen. Nun ritt Hernando Pizarro, einem weiteren Befehl seines Bruders Folge leistend, nach Pachacamac weiter. Diese Stadt war etwa 100 Leguas entfernt und lag an der Küste. In ihrer nächsten Nähe standen, wie die Spanier erfahren hatten, auf einem Hügel zwei Tempel, in welchen sich reiche Schätze befanden. Der eine Tempel war wegen der Orakelsprüche, die in ihm verkündet wurden, der berühmteste im ganzen Reich.

Der Ritt war beschwerlich. Er führte über felsige Hügel, über schwankende Hängebrücken und über Wiesen, auf welchen die Gebüsche so hoch waren, daß sie den Reitern manchmal bis zur Brust reichten. Dann und wann hielten Lamaherden den Zug viele Stunden auf. Nach zehn Tagen erreichten die Spanier ein Tafelland, auf dem viele Dörfer und einige größere Städte lagen. Die Gegend war sehr fruchtbar. Überall waren Kornfelder und Obstgärten zu sehen.

Die Kunde von dem Gemetzel in Caxamalca war den Eroberern vorausgelaufen. Wohin sie kamen, wurden sie von den Bewohnern, die sie fürchteten und für unbesiegbar hielten, gastfreundlich aufgenommen. Man gab ihnen Quartiere und Erfrischungen aus den Vorratshäusern. In manchen Orten wurden sie mit Gesang und Tanz empfangen. Auch Träger stellte man ihnen zur Verfügung.

Nach einem Ritt von vier Wochen kam Hernando Pizarro vor der Stadt Pachacamac an. Es war dies eine sehr große Stadt, viele Häuser waren aus Stein. Der Tempel – die Spanier sahen nur einen – war ein großes steinernes Gebäude, das auf einem kegelförmigen Hügel lag. Er sah eher wie eine Festung denn wie ein Tempel aus.

Als sich Hernando Pizarro mit seinen Reitern an einem der Eingänge zeigte, wurde ihm von den Wächtern der Eintritt verwehrt. Pizarro lachte laut auf, als er dies hörte, und rief aus: »Wir sind zu weit hergekommen, als daß wir uns von Indianern auf-

Das Lösegeld wird gebracht

halten lassen würden!« Dann drang er mit den Seinen ein. Sie kamen durch einen schmalen Gang wieder ins Freie, zu einem Platz, auf dem eine Art Kapelle stand. Das war die Stätte, wo das Orakel verkündet wurde. Die Türen der Kapelle waren aus Goldplatten, die von Kristallen, Türkisen und Korallen strotzten.

Die Spanier stießen eine der Türen auf, und in diesem Augenblick erschütterte ein Erdbeben Pachacamac. Es war so heftig, daß einige Häuser einstürzten und die Bewohner aus der Stadt flohen. Als sie zurückkamen, suchte einer der Götzenpriester, der auch geflohen war, nach den Leichen der Eindringlinge. Die Indianer waren davon überzeugt, daß die erzürnte Gottheit die weißen Männer unter den Trümmern ihres Tempels begraben und mit Blitzen verbrannt hatte. Der Priester suchte vergebens. Er konnte nur hören, wie die Spanier fluchten.

Pizarro war mit seinen Leuten weiter vorgedrungen und auf

eine Höhle gestoßen, in der es entsetzlich stank. Auf dem Boden lagen Eingeweide und Gliedmaßen von Tieren, schon in Fäulnis übergegangen. Dazwischen funkelten Smaragde und Goldklumpen. Im entferntesten Winkel des Raumes stand die Statue des Götzen, der hier seine Orakelsprüche verkündete. Sie war aus Holz, ein scheußliches Ungeheuer mit dem Kopf eines Menschen. Die Spanier schleppten sie ins Freie und zertrümmerten sie in kleine Stücke. An der Stelle, wo sie gestanden hatte, errichteten sie ein Kreuz.

Als die Eingeborenen sahen, daß der Himmel die Spanier auch jetzt nicht strafte, kamen sie in hellen Scharen herbei und huldigten den weißen Männern. Hernando Pizarro nutzte die Gelegenheit und hielt eine Ansprache. Er versuchte, den Indianern zu erklären, daß sie einem Götzen dienten, und lehrte sie das Zeichen des Kreuzes, das, wie er sagte, ein sicherer Talisman gegen alle Anschläge des Teufels war.

Von den Eingeborenen erfuhr Pizarro, daß die Götzendiener einen großen Teil des Schatzes von Pachacamac an nur ihnen bekannten Plätzen in der Erde vergraben hatten. Es gelang den Spaniern, vier von ihnen zu fangen. Vorerst wollten die heidnischen Priester ihr Wissen nicht preisgeben. Doch dann, als man ihnen mit einem glühenden Eisen die Fußsohlen versengt hatte, nannten sie die Verstecke. Sie besaßen die Standhaftigkeit christlicher Märtyrer nicht.

Die Verstecke befanden sich in einem Hügel am östlichen Ende der Stadt. Als die Spanier den Schatz ans Tageslicht befördert hatten, trauten sie ihren Augen nicht. Sie hätten, bevor sie nach Peru gekommen waren, nicht geglaubt, daß es so viel Gold und Silber auf einmal gab. Nun galt es, diese schwere Last nach Caxamalca zu bringen. Pizarro wählte unter den Indianern dreißig kräftige Männer als Träger aus und gab ihnen einen seiner Reiter zur Bewachung mit.

Hernando Pizarro hatte von den Indianern auch erfahren, daß sich in Xauxa, einer jenseits des Gebirges gelegenen Stadt, eine große Streitmacht aufhielt, die von dem Feldherrn Challcuchima befehligt wurde. Challcuchima war ein Verwandter Atahuallpas und sein fähigster General. Er hatte seinerzeit jene Siege errungen, durch die Atahuallpa Alleinherrscher geworden war.

Pizarro erkannte sofort, wie wichtig es war, sich dieses Generals zu bemächtigen. Daß seine Truppe nur klein war, bekümmerte ihn nicht. Wer sollte ihn und seine Reiter besiegen? Eher würde es gelten, zu verhindern, daß Challcuchima mit seinem Heer in die Wälder entfloh.

Der Weg über das Gebirge war gefährlich und mühevoll. Dazu kam noch, daß die Hufeisen der Pferde schon stark abgenützt waren. Pizarro wußte auch hier Rat, wiewohl kein Eisen zur Hand war. Er ließ sämtliche Pferde durch indianische Schmiede mit Silber beschlagen.

Xauxa war eine große, sehr volkreiche Stadt. Man schätzte die Zahl der Einwohner auf 100000. Der peruanische General hatte sein Lager auf einem flachen Hügel aufgeschlagen, dessen Abhänge mit Obstgärten übersät waren. Die indianische Streitmacht betrug 35000 Mann.

Hernando Pizarro lud nun Challcuchima ein, in sein Lager zu kommen, und zu seiner Überraschung leistete dieser der Einladung Folge. Pizarro bewirtete ihn zuerst und forderte ihn dann auf, nach Caxamalca zu kommen und den Inkaherrscher aufzusuchen. Es sei dies Atahuallpas ausdrücklicher Befehl, behauptete er.

Der peruanische Häuptling fügte sich diesem Befehl ohne Zögern. Daß der weiße Mann log, erwog er nicht einmal. So gelang es Pizarro, ohne Blutvergießen das zu erreichen, was er, wenn es notwendig gewesen wäre, auch mit Waffengewalt erzwungen hätte. Die Überlegenheit seines Geistes war auch für den bedeutendsten Feldherrn des peruanischen Reiches zu groß.

Challcuchima kam mit einem zahlreichen Gefolge. Seine Diener trugen ihn in einer Sänfte auf den Schultern. Wohin immer die Spanier bei ihrer Rückkehr mit ihm kamen, wurde er von den Bewohnern mit großer Ehrfurcht begrüßt. Sein Glanz schwand, als er in Caxamalca eingetroffen war, denn Francisco Pizarro ließ ihn in sicheren Gewahrsam bringen und scharf bewachen. Die Freiheiten, die Atahuallpa zuteil wurden, genoß er nicht.

Ich konnte sehen, wie Challcuchima zu seinem Herrscher gebracht wurde. Nachdem er eingetreten war, mit bloßen Füßen und eine Last auf dem Rücken, warf er sich auf den Boden und küßte Atahuallpas Füße. Dabei rief er, Tränen in den Augen, mehrmals aus: »Dies würde nicht geschehen sein, wäre ich hier gewesen!« Atahuallpa sah auf ihn herab. Sein Gesicht zeigte keinerlei Regung. Die Trauer seines Feldherrn, dem er so viel verdankte, ließ ihn völlig kalt. Dies war so unnatürlich, daß einer der Spanier ausrief: »So etwas habe ich noch nie gesehen!«

Atahuallpa wurde von den Spaniern weiterhin gut behandelt. Vicente de Valverde, der sich am meisten bei ihm aufhielt, lehrte ihn das Würfelspiel und später sogar das Schachspiel. Seine Haremsfrauen bedienten ihn, wenn er aß. Indianische Edelleute warteten im Vorraum auf seine Befehle, durften aber nur eintreten, wenn dies sein Wunsch war. Sein Tafelgeschirr war aus Gold, seine Kleider, aus feinster Vicuñawolle*, glänzten wie Seide. Manchmal trug er einen Mantel aus Fledermaushäuten. Keines der Kleidungsstücke, die er getragen hatte, durfte, war es von ihm abgelegt worden, von einem anderen berührt werden. Es wurde sofort verbrannt.

Nun sandte Pizarro drei Boten nach Cuzco. Diese wurden unterwegs überall freundlich empfangen, manchmal trug man sie sogar in Sänften. Allmählich begann man die Spanier als höhere Wesen anzusehen, als Krieger, die unbesiegbar und unverwundbar waren und den Schutz einer Gottheit genossen, die nicht sichtbar war. In Cuzco wurden die Spanier mit Musik und Tanz empfangen, man gab ihnen die besten Behausungen und erfüllte ihre Wünsche.

Was sie zu sehen bekamen, bestätigte alles über die Stadt Cuzco Gehörte. Der große Tempel der Sonne war außen und innen zur Gänze mit Goldplatten bekleidet, die königlichen Mumien saßen auf Thronen aus purem Gold, ihre Gewänder waren mit Edelsteinen übersät. Die Mumien blieben von den Spaniern unberührt, die Goldplatten hingegen ließen sie durch die Indianer abreißen. Es waren nicht weniger als siebenhundert. Auch viel Silber wurde von den dreien gefunden. Insgesamt brachten die Boten 400 Ladungen Gold und 200 Ladungen Silber mit. Eine Ladung war so schwer, daß sie von vier Indianern getragen werden mußte.

Das in Cuzco gefundene Gold und Silber wurde in die Räume gebracht, in welchen das übrige Lösegeld aufgestapelt war. Wohl hatte es die Decke noch nicht erreicht, doch Atahuallpas Aussicht, die Freiheit wiederzuerlangen, wuchs.

* Vicuña = Lama.

ALMAGROS ANKUNFT

Diego de Almagro hatte über das Schicksal Pizarros lange keine Nachricht erhalten. Dann drang die Kunde von der Gründung der Stadt San Miguel zu ihm. Sofort brach er dorthin auf, mit einer wohlgerüsteten Streitmacht, die 150 Mann Fußvolk und 50 Reiter umfaßte. In San Miguel hörte Almagro dann, daß Pizarro mit seinem Heer über das Gebirge gestiegen war und den Inkaherrscher gefangengenommen hatte. Auch von dem ungeheuren Lösegeld, das Atahuallpa angeboten hatte, erzählte man ihm. All das Gehörte schien ihm und seinen Soldaten an Zauberei zu grenzen.

Außer diesen Berichten hörte Almagro auch noch, daß es für ihn gefährlich sein würde, sich Pizarros Macht anzuvertrauen. Pizarro, der ihm nie wohlwollend gesinnt gewesen sei, würde neben sich keinen Nebenbuhler dulden. Auf der anderen Seite versicherten dem Pizarro Boten, die ihn von der Ankunft seines alten Waffengefährten benachrichtigten, daß Almagro die Absicht habe, eine eigene Regierung zu gründen und nach Cuzco zu marschieren. Es war nun so, daß die beiden Befehlshaber von Leuten umgeben waren, die auf Gewinn hofften, wenn es zu einem Zwist kam. Die Rechnung dieser üblen Verleumder ging allerdings nicht auf. Zwei von ihnen wurden aufgehängt, einer auf Almagros, der andere auf Pizarros Befehl.

Almagro traf Mitte Februar 1533 in Caxamalca ein. Die beiden Feldherren umarmten einander mit allen Zeichen herzlicher Freude, und Pizarros Truppen begrüßten ihre Landsleute überschwenglich. Alle waren froh, daß eine so gewaltige Verstärkung eingetroffen war. Nun würde, das dachte vor allem Pizarro, niemand mehr verhindern können, daß sie das ganze gewaltige Reich eroberten und sich seine goldenen Schätze aneigneten.

Ein Mensch in Caxamalca allerdings freute sich nicht über die Ankunft Almagros und seines Heeres. Es war dies Atahuallpa. Für ihn waren die Neuangekommenen ein weiterer Heuschrekkenschwarm, der entschlossen war, sein unglückliches Land zu verheeren. Zugleich dämmerte ihm auf, daß seine Macht, wenn er die Freiheit wiedererlangt hatte, immer geringer werden würde, je mehr sich seine Feinde vermehrten.

Gleich nach Almagros Ankunft wurde am Himmel ein großer

Komet gesehen, den man Atahuallpa zeigte. Atahuallpa betrachtete ihn lange, dann rief er aus: »Ein ähnliches Zeichen zeigte sich knapp vor dem Tode meines Vaters Huayna Capac!« Seither war er niedergeschlagen und traurig. Valverde erzählte uns, daß der bisher so gelassene Herrscher nun mit Furcht in die Zukunft blickte und sich jetzt eifrig bemühte, die Lehren des Christentums zu begreifen.

DIE TEILUNG DER BEUTE

Nun, da eine gewaltige Verstärkung in Caxamalca eingetroffen war, änderte Pizarro seine Pläne. War er bisher der Meinung gewesen, daß seine Streitmacht für den Marsch nach Cuzco zu gering war, glaubte er jetzt, dieses Wagnis auf sich nehmen zu dürfen. Wenn er die Hauptstadt besaß, konnte er sich zum Herrn des ganzen Reiches machen.

Es gab zwei Hindernisse, diesen Marsch sofort anzutreten. Das eine war das in Caxamalca angehäufte Gold, das andere der gefangene Inkaherrscher. Pizarro beschloß nun, da er keinen anderen Weg zur Beseitigung des einen Hindernisses sah, das Gold aufzuteilen. Vorher mußte es eingeschmolzen und in gleich schwere Barren verwandelt werden. Diese Arbeit wurde indianischen Goldschmieden übertragen, die nun das zerstören mußten, was sie kunstvoll angefertigt hatten. Es waren dies: Becher, Kannen, Teller, Vasen, Geräte für die Tempel und königlichen Paläste, Nachahmungen verschiedener Tiere und Pflanzen und Platten zur Bekleidung von Wänden. Das schönste Stück war ein goldener Springbrunnen, auf dessen Rand silberne Vögel saßen.

Der Teil, welcher der Krone gehörte, wurde nicht eingeschmolzen. Pizarro hielt es für besser, wenn der Kaiser die Beweise der Kunstfertigkeit der Eingeborenen sehen konnte. Die schönsten Gegenstände wurden ausgesucht, Hernando Pizarro wurde die Aufgabe übertragen, den Schatz nach Spanien zu bringen, Karl V. zu berichten und die Entsendung weiterer Truppen zu erbitten.

Pizarro hatte einen gewichtigen Grund dafür, daß er seinen Bruder nach Spanien entsandte. Hernando Pizarro war dem Al-

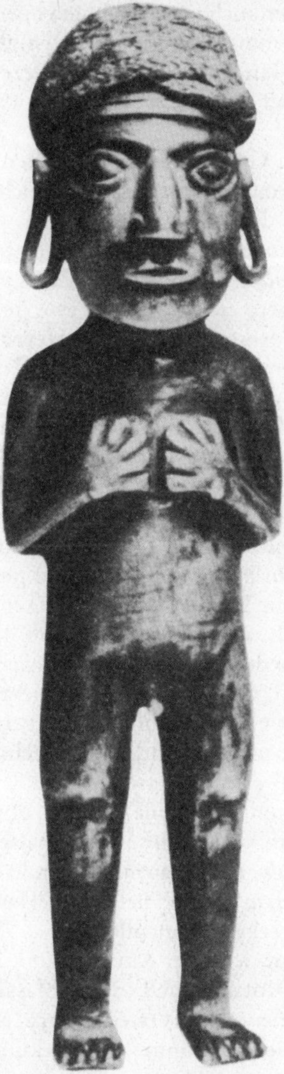

Männliche Figur aus Goldblech

magro so wie früher auch jetzt nicht gewogen, und es kam zwischen den beiden immer wieder zu Zwistigkeiten, die der Befehlshaber ungern sah. Er war davon überzeugt, daß sie seiner Sache abträglich und auf einem Kriegsschauplatz sehr schädlich sein würden.

Die indianischen Goldschmiede brauchten volle 34 Tage, die goldenen Geräte einzuschmelzen und in gleich schwere Barren zu formen. Nachdem diese gewogen worden waren, konnte man den Wert der goldenen Beute feststellen. Er betrug 1 326 539 Pesos de oro*. Die Beute wurde auf der Plaza von Caxamalca verteilt. Francisco Pizarro erhielt 57000 Pesos de oro und außerdem den goldenen Thronsessel Atahuallpas. Hernando wurden 31 000 Pesos de oro zugeteilt, Hernando de Soto mußte sich mit der Hälfte begnügen. Von den Reitern erhielt ein jeder 8800 Pesos de oro, die Fußsoldaten mußten sich je Mann mit 4400 Pesos de oro zufriedengeben. Auch Almagro und seine Soldaten wurden mit Goldbarren bedacht. Allerdings erhielt Almagro nicht das, was ihm gemäß seinem Vertrag mit Pizarro zugestanden hätte.

Nach der Aufteilung des Lösegeldes stand nichts mehr im Wege, den Marsch nach der Hauptstadt des peruanischen Reiches anzutreten und so die Eroberung fortzusetzen. Es stand nur noch offen, was mit Atahuallpa geschehen sollte. Ihm die Freiheit zu schenken, konnte bedeuten, daß er sofort nach seiner Freilassung einen Krieg begann, der alles bisher Erreichte zunichte machte. Es war aber ebenso gefährlich, ihn weiter gefangenzuhalten und auf dem Marsch über das Gebirge mitzunehmen. Nur zu leicht konnte es sein, daß er dort befreit wurde.

Atahuallpa verlangte nun seine Freiheit, obgleich das Lösegeld noch nicht die vereinbarte Höhe erreicht hatte. Er versicherte sowohl Vicente de Valverde als auch Hernando de Soto gegenüber, daß er, sobald er sich in Freiheit befand, viel leichter imstande sein werde, sein Versprechen zu erfüllen.

Francisco Pizarro wich einer Antwort für kurze Zeit aus. Dann ließ er durch einen Notar eine Urkunde abfassen und auf dem Tor der Kirche San Francisco, der ersten in Peru, anheften, so daß sie von allen gelesen werden konnte. Die Urkunde hatte folgenden Wortlaut:

* Dieser Betrag entspricht heute ungefähr 30000000 DM.

Wir, Francisco Pizarro,
durch die Gnade Gottes
und durch
die Gnade seiner allerchristlichsten
Majestät des Kaisers
Statthalter von Peru,
befreien hiemit den Häuptling der Indianer
Atahuallpa von der Entrichtung eines
weiteren Lösegeldes. Zugleich erklären
wir offen, dass es unsere Sicherheit
erheischt, den Inka so lange gefan-
genzuhalten, bis wir weitere Ver-
stärkungen erhalten haben.

Diese Urkunde wurde von dem kaiserlichen Notar und Francisco Pizarro unterzeichnet. Pizarro hatte es inzwischen gelernt, seinen Namen zu schreiben.

ATAHUALLPAS TOD

Nun schwirrte plötzlich das Gerücht durch die spanischen Lager, in Quito, dem Geburtsland Atahuallpas, sei ein gewaltiges Heer aufgestellt worden, zu dem Zweck, nach Caxamalca zu marschieren und die Eroberer zu vernichten. Diesem Heer, erzählte man sich, gehörten sogar Menschenfresser an.

Das Gerücht gelangte auch bis zu Pizarro. Er ließ als ersten Challcuchima verhören. Dieser behauptete, von solch einem Heer nichts zu wissen. Daraufhin verhörte Pizarro selbst den Inka. Atahuallpa sagte, niemand würde es wagen, so tapfere Krieger wie die Spanier anzugreifen. Er lächelte bei diesen Worten. »Dieses Lächeln verriet ihn«, sagte Pizarros Sekretär später zu mir. »Er verbarg dahinter seine Falschheit.«

Nun lief ein zweites Gerücht durch Caxamalca. Ein weiteres großes Heer stehe in Guamachucho, behauptete man, und man müsse mit einem Angriff in den allernächsten Tagen rechnen. Die Indianer, erzählte einer dem anderen, wollten nicht nur den Inka befreien, sondern auch das Gold zurückgewinnen.

Pizarro hielt es nicht für ausgeschlossen, daß an letzterem Gerücht etwas Wahres war. Er ließ die Wachen verdoppeln, die Pferde wurden gesattelt und aufgezäumt gehalten. Alle schliefen unter Waffen. Pizarro machte abwechselnd mit Hernando de Soto die Runde, um zu sehen, ob auch jede Schildwache auf ihrem Posten sei. Das spanische Heer war also auf einen plötzlichen Angriff vorbereitet.

Als dies einige Tage währte, begannen die Soldaten zu murren. Man maß die Schuld an diesem unbequemen Zustand dem Atahuallpa zu, und viele begannen seinen Tod zu fordern, weil dieser für die Sicherheit des Heeres unerläßlich sei. Alle, die Atahuallpas Tod forderten, hatten eine Stütze an Riquelme, dem königlichen Schatzmeister, der zusammen mit Almagro aus San Miguel nach Caxamalca gekommen war. Riquelme erklärte, der Tod Atahuallpas sei unentbehrlich für die Ruhe des Reiches und den Vorteil der Krone.

Pizarro widersetzte sich der Forderung, Atahuallpa einen Prozeß zu machen, und Hernando de Soto stellte sich auf seine Seite. De Soto erklärte sich außerdem bereit, mit einer kleinen Schar nach Guamachucho zu reiten, um dort festzustellen, ob an dem Gerücht etwas Wahres sei. Er kam nach wenigen Tagen mit der Nachricht zurück, daß sich in Guamachucho eine große Streitmacht befinde, die sicher nichts anderes im Sinne habe, als Caxamalca anzugreifen.

Nun zögerte auch Pizarro nicht mehr, dem Inkaherrscher den Prozeß zu machen. Ein Gerichtshof wurde eingesetzt, bei dem Pizarro und Almagro den Vorsitz führen sollten. Ein Staatsanwalt wurde ernannt, zu dem Zweck, die Rechte der Krone zu wahren. Dem Gefangenen wurde ein Rechtsbeistand zugewiesen.

Die Anklage umfaßte 8 Punkte. Diese lauteten:

1. Atahuallpa hat sich die Krone widerrechtlich angeeignet.
2. Atahuallpa hat den Befehl zur Ermordung seines Bruders Huascar gegeben.
3. Atahuallpa hat seine gesamte männliche und weibliche Verwandtschaft ermorden lassen.
4. Atahuallpa hat sich göttliche Verehrung angemasst.

5. Atahuallpa hat die öffentlichen Einkünfte des Reiches verschwendet und an seine Verwandten und Günstlinge vergeudet.
6. Atahuallpa hat sich des Götzendienstes schuldig gemacht.
7. atahuallpa hat sich der Vielweiberei schuldig gemacht.
8. Atahuallpa hat einen Aufstand gegen die Spanier angezettelt.

Bevor man mit der Verhandlung begann, vernahm man mehrere indianische Zeugen. Da viele von ihnen Anhänger Huascars gewesen waren, verschlechterte sich die Lage des Inkaherrschers nur noch. Bei der Verhandlung selbst kam es zu den widersprechendsten Ansichten. Einige Angehörige des Gerichtshofes schlugen vor, den Inka nach Spanien zu bringen und dem Kaiser die Entscheidung über sein Schicksal zu überlassen. Einer war dafür, den Kaiser durch einen Boten von dem Geschehenen zu unterrichten und Atahuallpa so lange weiter gefangenzuhalten, bis der Urteilsspruch Karls V. angelangt war. Als keine Einigung zustande kam, ließen Pizarro und Almagro abstimmen. Zwölf sprachen sich für die Hinrichtung Atahuallpas aus, acht waren dagegen. Eine Abschrift des Urteils wurde Vicente de Valverde vorgelegt. Er sagte: »Dieser Gerichtshof besitzt kein Recht, ein Urteil zu sprechen.« Doch er hatte nicht die Macht, gegen das Urteil aufzutreten.

Das Urteil lautete:

Der Inkahäuptling Atahuallpa
wurde in allen acht Punkten
der Anklage schuldig befunden.
Das Urteil lautet, dass Atahuallpa
auf dem grossen Platze von Caxamalca
lebendig verbrannt wird.
Das Urteil ist sofort zu vollziehen.

Auch dieser Urteilsspruch wurde an das Portal der Stiftskirche von Caxamalca geheftet.

Atahuallpa bedeckte sein Gesicht mit den Händen, nachdem er

den Urteilsspruch vernommen hatte. Er hatte wohl kaum mit seiner baldigen Freilassung gerechnet. Doch der Tod? Das hatte er sicher nicht geglaubt. »Ich habe dich immer gut behandelt«, warf er Pizarro, der ihm das Urteil überbrachte, vor. »Ich habe meine Schätze mit dir geteilt. Ich war dein Wohltäter.« Dann flehte er, Tränen in den Augen, den spanischen Befehlshaber an, ihm das Leben zu lassen. Er werde ihm alles Gold des Reiches übergeben, versprach er.

Pizarro war erschüttert, als er den Inkaherrscher verließ. Er sprach später oft aus, daß dieses Urteil zu hart gewesen sei und daß er damals nicht die Macht besessen habe, sich dem Urteilsspruch zu widersetzen. Ich fand diesen Urteilsspruch nicht zu hart. Atahuallpa verdiente allein schon wegen des von ihm begangenen Brudermordes den Tod. Außerdem hatte er die vielen Greueltaten, deren er sich schuldig gemacht hatte, so die unmenschliche Ermordung aller seiner Verwandten, nie bereut. Er war grausam und einer der blutdürstigsten Herrscher der Geschichte, und es bedeutete ihm nichts, eine ganze Stadt dem Erdboden gleichzumachen und Tausende niedermetzeln zu lassen, die sich seinem Willen nicht beugten. Es wurde später, nach seinem Tode, auch bekannt, daß er Frauen, deren er überdrüssig geworden war, kalten Herzens ertränken ließ. Er war der in der Apokalypse geschilderte Antichrist.

Das Urteil wurde auf der Plaza von Caxamalca unter Trompetenschall noch einmal bekanntgemacht. Zwei Stunden nach Sonnenuntergang versammelte sich dort die ganze spanische Streitmacht, um der Vollstreckung des Urteils beizuwohnen. Man schrieb den 29. August 1533, als Atahuallpa aus seinem Gefängnis zum Richtplatz geführt wurde. Neben ihm ging Pater Vicente de Valverde, beständig bemüht, ihn zu trösten und ihn in seiner letzten Stunde dazu zu bewegen, daß er den wahren Glauben annahm. Als Atahuallpa an den Pfahl gebunden worden war, den die Holzbündel umgaben, die entzündet werden sollten, kniete Valverde nieder und hielt dem zum Tode Verurteilten das Kreuz entgegen. »Umfasse es«, rief er laut aus, »und lasse dich taufen. Wenn du dies tust, wird dir der qualvolle Tod, zu dem du verurteilt bist, erspart bleiben.«

»Ist das wahr?« fragte Atahuallpa, und Valverde bejahte. Nun schwor Atahuallpa seinem Irrglauben ab und ließ sich taufen.

Valverde spendete ihm das heilige Sakrament. Der Inkahäuptling erhielt den Namen Juan de Atahuallpa. Der Bekehrte erhielt diesen Namen zu Ehren Johannes des Täufers, an dessen Tag die Taufe stattfand.

Atahuallpa äußerte den Wunsch, daß sein Leichnam nach Quito, seinem Geburtsort, gebracht und mit den Überresten seiner Vorfahren bestattet würde. Dann wendete er sich an Pizarro und bat ihn, sich seiner Kinder anzunehmen. Pizarro nickte ihm kurz zu.

Dann wurde das Todesurteil mittels der Garrotte vollzogen. Eine Schlinge, an deren hinterem Teil ein Stock befestigt war, wurde um Atahuallpas Hals gelegt. Durch das Umdrehen des Stockes wurde die Schlinge zugezogen, und der letzte wahre Inkaherrscher erstickte. Die ringsum versammelten Spanier murmelten ein Credo zum Heil seiner Seele. Vicente de Valverde durfte das Verdienst in Anspruch nehmen, daß Atahuallpa die Strafen im Jenseits erspart blieben.

DER MARSCH NACH DER HAUPTSTADT

Der Tod Atahuallpas ließ die Bewohner des Reiches Peru verstehen, daß sich eine stärkere Hand als die ihres Herrschers des Zepters bemächtigt hatte und daß die Herrschaft der Kinder der Sonne vielleicht für immer beendet war. Wer einen Herrscher wie Atahuallpa öffentlich hinrichten lassen konnte, mußte von einem stärkeren Gott beschirmt werden.

Die Folgen dieses Umsturzes, im Glauben und in der starren Überzeugung, daß der Inka ein Gott sei, blieben nicht aus. Die Indianer überließen sich nun, nach der Strenge, die sie ständig gespürt hatten, den größten Ausschweifungen. Sie steckten Dörfer in Brand, plünderten Tempel und Paläste und versteckten das dort gefundene Gold. Was bisher wertlos gewesen war, besaß nun den größten Wert. Denn das, auf was die Eroberer so großen Wert legten, mußte kostbar sein.

Ganze Landschaften schüttelten das Joch ab, das ihnen Atahuallpa auferlegt hatte. Ruminari, ein Befehlshaber an der Grenze von Quito, riß dieses abhängige Königreich von Peru los und gab ihm seine Unabhängigkeit. Das Land befand sich im Aufruhr. Was bisher gegolten hatte, galt nicht mehr. Die von den Inkas erlassenen Gesetze waren null und nichtig geworden.

***

Pizarro blieb, obwohl es nun kein Hindernis für den Marsch nach der Hauptstadt gab, in Caxamalca. Er hielt es für vordringlich, den Nachfolger Atahuallpas zu bestimmen. Nach kurzer Überlegung entschied er sich für einen Prinzen namens Toparca, der ihm ein willfähriges Werkzeug für seine weiteren Pläne zu sein schien.

Toparca war sehr jung und hatte nie gehofft, diese Würde zu erlangen. Er erklärte sich ohne Widerstreben bereit, den Thron des Sohnes der Sonne zu besteigen. Die Feierlichkeiten bei seiner Krönung wurden beobachtet, soweit es die Umstände erlaubten. Pizarro selbst schmückte die Stirn des jungen Herrschers mit der Borla.

Die Gedanken der Spanier waren nun nur noch auf Cuzco gerichtet. Anfang September verließ das Heer, das jetzt aus etwa 500 Fußsoldaten und 400 Reitern bestand, Caxamalca, eine denkwürdige Stadt. Alle brachen frohen Mutes auf. Sie hofften, in Cuzco noch viel reicher zu werden, als sie es bisher geworden waren. Almagros Soldaten hegten dieselbe Hoffnung. Für sie galt es nun, das zu gewinnen, was den Truppen Pizarros nach ihrer Meinung in den Schoß gefallen war. Der neue Inka und Challcuchima gehörten dem Zuge an. Sie saßen in Sänften, von einem prunkvollen Gefolge begleitet.

Der Zug bewegte sich auf der großen Landstraße, die über die Gipfel des Gebirges nach der Hauptstadt führte. Sie war nahezu überall gleich breit und mit viel Sorgfalt angelegt. Dennoch bereitete sie der Reiterei der Spanier große Schwierigkeiten. Sie war für die leichtfüßigen Indianer, Lamas und Maultiere gebaut, nicht aber für schwergepanzerte Krieger, Pferde und Kriegsgerät. Bald zerschnitten scharfe Steine die Hufe der Pferde, so daß die Reiter absitzen und die Tiere am Zügel führen mußten. Ein anderes Hindernis stellten die Brücken über die reißenden Ströme dar. Sie waren aus Weiden geflochten und dem Gewicht, das sie jetzt tragen sollten, nicht gewachsen. So mußten die Spanier Flöße zimmern und auf ihnen übersetzen, wobei sie ihre Pferde, die schwammen, mit Stricken festhielten. Auch die Kälte machte den kühnen Eroberern zu schaffen, noch mehr litten allerdings die Indianer darunter.

Nirgendwo stellte sich ihnen ein Feind entgegen. Es schien so, daß sich die indianischen Heere nach der Hinrichtung Atahuallpas und der Krönung des neuen Herrschers aufgelöst hatten. Doch dieser Schein trog. Zugleich mit Xauxa wurde eine gewaltige Streitmacht sichtbar, die auf dem jenseitigen Ufer des Stromes, der das Tal durchfloß, ihre Zelte aufgeschlagen hatte.

Dieser Strom war durch die Schneeschmelze sehr breit geworden, aber nicht tief. Die einzige Brücke, die ihn überquerte, hatten die Indianer zerstört. Doch das alles bedeutete für die Spanier kein Hindernis. Ohne zu zögern, sprangen sie ins Wasser und überquerten den Strom, teils schwimmend, teils reitend, teils watend. Die Entschlossenheit und die Schnelligkeit, mit der das alles vor sich ging, versetzte die Indianer, die den Strom für ein unüberwindliches Hindernis gehalten hatten, in tiefste Bestürzung. Nun suchten sie ihr Heil in der Flucht. Doch die Reiter setzten ihnen nach und erschlugen viele, als Strafe dafür, daß sie es gewagt hatten, an Widerstand auch nur zu denken.

Xauxa, mitten in einem fruchtbaren, von vielen Kanälen durchzogenen Tal gelegen, war eine große Stadt. Die Häuser waren aus Stein, und auf dem Hauptplatz stand ein großer Tempel. Pizarro beschloß, hier einige Tage zu bleiben und eine Niederlassung zu gründen. Von hier aus, meinte er, konnten die Gebirgsbewohner am besten in Schach gehalten werden, außerdem war die Verbindung zur Meeresküste günstig.

Der heidnische Tempel wurde sofort in eine Kirche umgewandelt. Das Standbild des Götzen wurde ins Freie geschleppt und in kleine Stücke zerschlagen. An seine Stelle trat ein Bildnis Unserer verehrungswürdigen Jungfrau.

Um jedwede Gefahr für die neue Niederlassung zu bannen, schickte Pizarro 60 Reiter unter Hernando de Soto aus, die Gegend zu erforschen und Brücken wiederherzustellen, die der Feind zerstört hatte. De Soto brach sofort auf, stieß aber bald auf Hindernisse. Je weiter er vorrückte, desto häufiger waren im Erdboden Spuren zu sehen, die von den nackten Füßen der Indianer herrührten. Und wohin er kam, waren die Dörfer niedergebrannt und die Brücken zerstört. Auf dem Weg lagen

Steine und Bäume, um das Vordringen der Reiter zu verhindern.

Der erste Angriff der Indianer erfolgte in einem Gebirgspaß nahe einem Dorf namens Bilcas. Es kam zu einem hitzigen Gefecht, bei dem zwei Spanier das Leben verloren. Dieser Verlust war nicht allzu schwer, dennoch traf er de Soto hart. Denn er war es wie seine Reiter nicht mehr gewöhnt, auf Widerstand zu stoßen und kämpfen zu müssen. Die zwei Toten wurden an Ort und Stelle beerdigt.

Nun überschritt der spanische Anführer zuerst den Fluß Abancay und dann den breiten Apurimac. Als er zwei Tage später in die Nähe der Sierra von Vilcaconga gekommen war, erfuhr er von einem gefangengenommenen Indianer, daß sich auf einem Bergpaß ein großer feindlicher Haufen aufgestellt hatte, um ihn und die Seinen zu überfallen.

Nun beging de Soto einen Fehler. Da er noch vor Einbruch der Nacht über das Gebirge kommen wollte, trieb er seine Reiter, die ebenso ermüdet wie die Pferde waren, zur Eile an. Als der Bergpaß schon sichtbar war, spien die dort befindlichen Höhlen und Wälder plötzlich einen großen Haufen Indianer aus, die sich unter wildem Geheul auf die emporklimmenden Spanier stürzten. Menschen und Pferde wurden von der Wucht dieses Angriffs überwältigt, die obersten Reihen wurden auf die hinter ihnen reitenden gedrängt. Vergeblich bemühte sich de Soto, die Ordnung wiederherzustellen und die Angreifenden zum Stillstand zu bringen. Die Pferde waren durch die Wurfgeschosse scheu geworden, außerdem wurden sie von Indianern, die ihre Hufe umklammerten, daran gehindert, auf dem steinigen Pfad weiterzukommen.

De Soto erkannte, daß eine Niederlage nahe war, wenn es ihm und seinen Reitern nicht gelang, die Paßhöhe, wo der Boden eben war, zu erreichen. Mit dem Ruf »St. Jago!« griff er nochmals, von seinen tapferen Reitern unterstützt, die feindliche Truppe an. Nun gelang es den Spaniern, die Indianer rechts und links auseinanderzutreiben und auf der Paßhöhe Fuß zu fassen.

Hier machten die Gegner, als hätten sie dies vereinbart, einige Minuten halt. Die Spanier tränkten ihre Pferde aus einer Quelle, und als die Tiere wieder zu Atem gekommen waren, griff de Soto mit seinen Reitern die Indianer erneut an. Doch diese hielten dem

Hernando de Soto

Angriff stand. Erst die hereinbrechende Nacht beendete dieses Gefecht.

Die beiden Trupps waren, nachdem sie das Nachtlager aufgeschlagen hatten, einander so nahe, daß die Spanier die Stimmen der Indianer und die Indianer die Stimmen der Spanier hören konnten. Sicher frohlockten die Indianer jetzt und hofften, ihren Feind am kommenden Morgen vernichten zu können. Die Spanier hingegen waren niedergeschlagen. Zwei Reiter hatten den Tod gefunden, beiden war durch eine indianische Streitaxt der Schädel bis zum Kinn gespalten worden. Auch der Verlust dreier Pferde war zu beklagen. Ferner wurden die Spanier von der Tatsache beunruhigt, daß die Indianer bei ihrem Angriff eine gewisse Ordnung eingehalten hatten. Dies ließ den Schluß zu, daß sie von einem Anführer befehligt wurden, der kriegerische Erfahrung besaß. Nur zu leicht konnte dieser Anführer Quizquiz sein, von dem man erzählte, er halte sich mit einem Heer in der Nähe von Cuzco auf.

De Soto ließ als einziger den Mut nicht sinken. Er versuchte, seinen Soldaten ihr Selbstvertrauen wiederzugeben, und riet ihnen, auf den Allmächtigen zu bauen, der seine christlichen Streiter nicht im Stich lassen werde. Dieser Rat war ein guter Rat.

Pizarro hatte Xauxa inzwischen verlassen. Während des Marsches hörte er, daß sich die Indianer da und dort sammelten, um Angriffe zu wagen. Er befürchtete nun, de Soto könnte in einen Hinterhalt geraten oder auf eine feindliche Übermacht gestoßen sein, der er und seine Reiter nicht gewachsen waren. Deshalb schickte er Almagro mit nahezu der gesamten Reiterei aus, de Soto zu folgen und Hilfe zu bringen. Die Fußsoldaten blieben zurück.

Almagro rückte rasch vor. Die Nachrichten, die er unterwegs erhielt, trieben ihn zu noch größerer Eile an. Er erreichte den Fuß der Sierra von Vilcaconga in der Nacht, die dem Gefecht zwischen der Truppe de Soto und den Indianern folgte. Dort hörte er von diesem Kampf auf Leben und Tod und von der Bedrängnis, in der sich seine Landsleute befanden.

Obwohl Reiter und Pferde erschöpft waren, duldete Almagro keine Rast. Er rückte noch zwei Leguas weit vor und machte erst halt, als er wußte, daß er sich in der Nähe de Sotos befand. Seine Reiterschar mit der de Sotos schon jetzt zu vereinigen, schien ihm zu gefährlich. Es war eine dunkle Nacht, und er mußte befürchten, in einen Hinterhalt zu geraten. Doch er war auch so imstande, de Soto Hilfe zu gewähren. Er ließ seine Trompeter so lange blasen, bis von der Paßhöhe Antwort kam. Noch vor Sonnenaufgang stieß er dann zu de Soto vor.

Als die Sonne aufgegangen war, sahen die Indianer, daß sich die Zahl ihrer Feinde mehr als verdoppelt hatte. Dies versetzte sie so sehr in Schrecken, daß sie die Flucht ergriffen. Nun stießen die Spanier auf keinen Widerstand mehr. Sie marschierten so lange weiter, bis sie die Berge hinter sich gebracht hatten. Hierauf schlugen sie ein Lager auf und warteten auf Pizarro.

Der Oberbefehlshaber ließ, froh über den glücklichen Ausgang dieses ersten Kampfes mit den Indianern, eine Feldmesse lesen, bei der Dankgebete zum Himmel emporstiegen. Tatsächlich hatte der Allmächtige durch ein Wunder verhindert, daß Hernando de Soto und seine Ritter von den Heiden getötet worden waren. Pizarro vergaß aber auch seine weltlichen Aufgaben nicht. Es erschien ihm seltsam, daß sich die Indianer so plötzlich widersetzten, und er wurde den Verdacht nicht los, daß irgendwer dieses Feuer schürte. Dieser Verdacht richtete sich gegen den gefangenen Häuptling Challcuchima, aus dessen Gefolge zwei Männer schon vor einiger Zeit verschwunden waren. Nur zu leicht konnte es sein, daß Challcuchima eine geheime Verbindung mit Quizquiz unterhielt.

Nun ließ sich Pizarro diesen Häuptling vorführen. Er beschuldigte ihn, eine Verschwörung angezettelt zu haben, und warf ihm Undankbarkeit den Spaniern gegenüber vor. Zum Abschluß ließ er Challcuchima wissen, daß er lebendig verbrannt werden würde, wenn er nicht sofort bewirkte, daß die Peruaner die Waffen niederlegten und sich bedingungslos unterwürfen.

Der indianische Häuptling blieb trotz dieser schrecklichen Drohung gefaßt. Er leugnete, mit Quizquiz oder sonst irgendwem in Verbindung zu stehen, und behauptete, er könne sein Volk nicht beruhigen, solange er gefangen sei. Einige Tage später verschwand wieder einer von seinen Gefolgsleuten. Nun ließ ihm Pizarro Fesseln anlegen. Dies geschah an einem Nachmittag. Am Abend desselben Tages starb der junge Inka Toparca unter schrecklichen Qualen. Irgendwer hatte in seine Speisen Gift getan.

Nachdem sich die Heere miteinander vereinigt hatten, rückten sie gemeinsam in das Tal von Xaquixaguama ein, das rund fünf Leguas von Cuzco entfernt war. Es war dies eine sehr schöne Region, in welcher viele peruanische Edelleute für sich Landhäuser erbaut hatten, um im Sommer der Hitze zu entgehen. Wohin man blickte, standen Obstbäume, und die sattgrünen Wiesen waren von Blumen übersät.

In diesem Tal blieben die Spanier mehrere Tage. Was sie an Speise und Trank brauchten, fanden sie in den königlichen Vorratshäusern. Hier lernten es viele, den schäumenden Maisschnaps zu trinken. Auch das Fleisch der Lamas mundete uns allen immer besser. Allmählich vermißten wir die Speisen nicht mehr, welche uns die Heimat geboten hatte.

Das erste, was Pizarro hier vornahm, war, Challcuchima zur Verantwortung zu ziehen. Der Häuptling gestand auf der Folterbank, eine Rebellion gegen die Spanier angezettelt zu haben, um die Freiheit seines Volkes und seine eigene zu erreichen. Außerdem gab er zu, den Tod Toparcas, der in seinen Augen ein Verräter gewesen war, herbeigeführt zu haben. Nach diesem Eingeständnis seiner doppelten Schuld wurde er verurteilt, auf der Stelle verbrannt zu werden.

Pater Valverde begleitete ihn zum Scheiterhaufen. Wie seinerzeit bei Atahuallpa unternahm er auch hier den Versuch, eine Seele im letzten Augenblick vor der großen Verderbnis zu retten. Doch seine Vorstellungen erreichten ein steineres Herz. Der Häuptling sagte kalt: »Ich hasse die Religion der weißen Männer.« Er starb unter schrecklichen Schmerzen und war imstande, bis zum letzten Augenblick ruhig zu bleiben.

Bald nachher wurde Pizarro durch den Besuch eines peruanischen Großen überrascht, der mit einem prunkvollen Gefolge im spanischen Lager eintraf. Es war der junge Prinz Manco, der Bruder Huascars und der einzige rechtmäßige Thronerbe. Manco machte, als er dem spanischen Befehlshaber gegenüberstand, seine Ansprüche auf den Thron geltend. Er behauptete, niemals beabsichtigt zu haben, sich den weißen Männern mit Waffengewalt zu widersetzen. Später erwies es sich, daß er gelogen hatte.

Pizarro kam dem jungen Prinzen mit großer Herzlichkeit entgegen und behauptete, er sei von seinem Gebieter, dem Herrscher Kastiliens, nach Peru entsandt worden, um Atahuallpa zu bestrafen und Huascar auf den Thron zu setzen. Nur infolge der Ermordung Huascars sei dies nicht geschehen. Wegen des Anspruchs auf die Thronfolge vertröstete er Manco auf später. Darüber, sagte er, wolle er mit ihm erst in Cuzco sprechen. Er sah allerdings schon damals in diesem Sprößling des echten königlichen Stammes ein Werkzeug, das für seine wahren Absichten brauchbar werden konnte.

Pizarro nahm den jungen Prinzen samt seinem Gefolge auf dem Weitermarsch mit. Nach zwei Tagen erblickten die Spanier die Hauptstadt des Reiches. Da es schon dunkelte, verschob Pizarro den Einzug bis zum folgenden Morgen. Das Lager wurde streng bewacht, die Soldaten schliefen unter Waffen. Doch es erfolgte kein Angriff der Indianer.

Am 15. November 1533 schickte sich der Eroberer Perus an, Cuzco zu betreten.

DIE HAUPTSTADT

Das spanische Heer rückte in drei Abteilungen in die Stadt ein. Pizarro befehligte die mittlere, welche den Namen »die Schlacht« trug. Die Vorstädte waren voll von den Scharen der Eingeborenen, die aus der Stadt selbst und aus der Umgebung zusammengeströmt waren, um dem Einzug der Fremden beizuwohnen. Alle blickten mit gespannter Neugier auf die Spanier, dessen Ruf, unbesiegbar zu sein, bis in die entlegensten Teile des Reiches gedrungen war. Blitzende Waffen, glänzende Rüstungen, die Pferde, vor allem jedoch die helle Gesichtsfarbe dieser Krieger, die sie wohl als die wahren Kinder der Sonne bestätigte – dies alles zusammen erregte bei den Indianern Erstaunen und auch Furcht.

Die Spanier ritten geradenwegs auf die Plaza. Diese wurde von zahlreichen niedrigen Gebäuden eingefaßt, unter welchen sich Paläste indianischer Edelleute befanden. Einen dieser Paläste, den Huayna Capac erbaut hatte, krönte ein Turm. Auch riesige Hallen gab es hier, wie in Caxamalca, in welchen die indianischen Edelleute bei Regenwetter ihre Feste feierten. Sie waren gute Unterkünfte für die spanischen Truppen, die allerdings während der ersten Wochen in ihren Zelten auf der Plaza schliefen, die Pferde neben sich und bereit, jeden Aufstand sofort zu unterdrücken.

Nun war die Hauptstadt Ophirs erreicht. Es war eine Stadt, die jeden zur Bewunderung hinriß. Die Gebäude waren nahezu alle aus Stein, die Straßen regelmäßig angelegt. Wohin man blickte, zeigte sich Wohlstand, ja Luxus. Die Zahl der Bewohner betrug, wie ich später erfahren konnte, 200000, und in den Vorstädten wohnten ebenso viele Menschen. Dies war verwunderlich und auch nicht verwunderlich, wenn man bedachte, daß Cuzco die Hauptstadt eines riesigen Reiches und der Sitz des Hofes und des Adels war. Hier hatten die geschicktesten Handwerker Proben ihrer Kunstfertigkeit hinterlassen.

Cuzco

In allen indianischen Städten, in welchen ich mich bisher aufgehalten hatte, war sofort nach Sonnenuntergang Totenstille eingetreten. Hier herrschte die ganze Nacht hindurch ein ohrenbetäubender Lärm, so daß man kaum schlafen konnte. Die Indianer feierten Tag für Tag Feste und tanzten bis zum Morgengrauen. Das einfache Volk kümmerte sich wenig darum, daß Cuzco von Fremden erobert worden war.

Bewunderung verdienten auch die königlichen Paläste. Sie waren mit bunten Farben bemalt, wahre Künstler hatten die Tore mit Marmor verkleidet. Ich muß eingestehen, daß uns diese Eingeborenen bei der Bearbeitung von Steinen überlegen waren. Allerdings waren die Häuser mit kunstvoll geflochtenem Stroh und nicht mit Ziegeln gedeckt. Diesem Umstand kam allerdings in Cuzco, wo fast immer die Sonne schien, wenig Bedeutung zu.

Die Festung lag auf einem vorne steil abfallenden Felsen. Auch sie war aus behauenen Steinen gebaut, ihre Höhe war für ein peruanisches Bauwerk gewaltig. Wenn man auf dem Dach stand, bot sich einem ein prachtvoller Überblick: auf Felsen, das wilde Gebirge, Wälder, Wasserfälle und grüne Täler.

Auf der Plaza begannen vier Hauptstraßen, welche mit den bedeutendsten Landstraßen des Reiches verbunden waren. Die Plaza selbst war mit feinem Kiesel bestreut. Mitten durch die Stadt strömte ein Fluß, dessen Ufer mit Steinplatten eingefaßt waren. Er wurde von nicht weniger als zwölf Brücken überspannt. Diese Brücken waren nicht aus geflochtenen Weiden, sondern aus Stein.

Das prunkvollste Gebäude in Cuzco war der große, der Sonne geweihte Tempel. Ihn umgaben Klöster, in welchen sich die Wohnungen der Götzendiener befanden, und weithin sich dehnende Gärten, in welchen der Rasen aus Silber und die Pflanzen und Blumen aus purem Gold verfertigt worden waren. Es zeigte sich nun, daß Atahuallpas Boten entweder den Befehl ihres Herrschers nicht befolgt hatten oder daß Atahuallpa selbst befohlen hatte, nur wenig Gold nach Caxamalca zu bringen. Denn in Cuzco befand sich so viel Gold, daß man damit die Bäuche zweier großer Schiffe hätte füllen können.

Die bedeutendsten goldenen Schätze seien hier genannt: zahlreiche Becher, auf welchen Eidechsen und Schlangen abgebildet waren; vier goldene Lamas in Lebensgröße; zwölf Bildsäulen von Frauen in Lebensgröße. Sie wurden nicht eingeschmolzen, sondern nach Spanien gebracht. In den Vorratshäusern lagen zu Hunderten goldene Sandalen und Pantoffeln, buntfarbige Gewänder aus Baumwolle und Federwerk und Frauenkleider, die zur Gänze aus Goldperlen verfertigt waren. Im Hause eines Inkaedelmannes wurden zehn silberne Stangen gefunden, deren jede zwanzig Fuß lang, einen Fuß breit und drei Zoll dick war. Diese Stangen waren dazu bestimmt gewesen, den Giebel des Hauses zu zieren, das sich der indianische Edelmann vor kurzem erbaut hatte.

Wie in Caxamalca wurden sämtliche Schätze auf einen Haufen gelegt. Die schönsten Stücke wurden für die Krone ausgewählt, der Rest den indianischen Goldschmieden zum Einschmelzen übergeben. Jeder Soldat erhielt, als die Barren fertiggestellt waren, das Vierfache von dem, was er in Caxamalca erhalten hatte.

Dieser überraschende Reichtum machte viele übermütig. Oft begünstigte er die stärkste Leidenschaft der Kastilianer, das Würfelspiel. An einem einzigen Tag wurden wahre Vermögen gewonnen oder verloren. Das erwähnenswerteste Beispiel für diese verhängnisvolle Leidenschaft war ein Reiter namens Leguizano. Er hatte als Beuteanteil das Bildnis der Sonne erhalten, welches in dem großen Tempel gehangen hatte und aus einem Grund, der mir nicht bekannt ist, nicht eingeschmolzen wurde. Dieses wertvolle Stück verlor Leguizano in einer einzigen Nacht. Von daher rührt das spanische Sprichwort: Juega el Sol antes que amanezca*.

Auch die Preise stiegen durch diesen reichen Gewinn. Eine Flasche Wein kostete jetzt 60 Pesos de oro, ein Mantel 100, ein gutes Pferd 2500. Manche, zufrieden mit ihrem Gewinn, kehrten nach Spanien zurück. Andere blieben, weil sie hofften, noch reicher zu werden. Aus Panama kamen viele neue Abenteurer, durch das Gold angelockt.

* Die Sonne verlieren, ehe sie aufgegangen ist.

DER NEUE INKA

Nach der Teilung der Beute traf Pizarro alle Anstalten, den jungen Manco auf den Thron zu setzen. Er hatte sich hiezu inzwischen entschlossen. Die Ankündigung, daß der Sohn Huayna Capacs mit der Borla geschmückt werden würde, wurde vom peruanischen Volk mit großem Jubel aufgenommen.

An dem für die Krönung festgesetzten Tage versammelten sich die spanischen Streiter, die indianischen Edlen und das Volk auf der Plaza von Cuzco, um der Feierlichkeit beizuwohnen. Nachdem Pater Valverde eine Messe gelesen hatte, schmückte Pizarro selbst die Stirn des neuen Inkaherrschers mit der Borla. Dann küßten die peruanischen Edelleute, einer nach dem anderen, Manco die Füße. Hierauf verlas der königliche Notar eine Urkunde, durch die bekräftigt wurde, daß der Herrscher Kastiliens das Land Peru unter seinen Schutz genommen hatte. Der Inhalt der Urkunde wurde durch einen Dolmetscher bekanntgemacht, wobei das kastilianische Banner geschwenkt wurde.

Am Ende der Zeremonie trank Pizarro dem Manco aus einem goldenen Becher zu. Schließlich, nachdem die beiden einander umarmt hatten, ertönte Trompetenschall.

An den folgenden Tagen gab es die bei einer Krönung üblichen Feiern und Lustbarkeiten. Die Vorfahren Mancos, längst Mumien, wurden auf der Plaza zur Schau gestellt, wobei eine zahlreiche Dienerschaft die Aufgabe hatte, sie mit Speise und Trank zu versorgen, so als wären sie noch am Leben. Auch an den Festtafeln hatten diese gespenstischen Gestalten ihren Platz. Trinkgelage folgten, und Nacht für Nacht tanzte das ganze Volk, fröhlich, ja ausgelassen.

Dem neuen Herrscher war der Palast Huayna Capacs zugewiesen worden. Manco saß dort, umgeben von seinen Ratgebern und den Angehörigen des höchsten Adels, die – das erfuhr Pizarro bald – einen Krieg lieber gesehen hätten als eine Krönung, die in ihren Augen eine Schmach war.

DER KAMPF UM QUITO

Nun errichtete Pizarro eine städtische Verwaltung, die ausschließlich in den Händen von Spaniern lag. Es wurden zwei Alcaldes und acht Regidores ernannt, unter welchen sich Gonzalo und Juan, die Brüder des Befehlshabers, befanden. Am 24. März 1534 leisteten sie auf der Plaza den Amtseid.

Auch die religiösen Angelegenheiten wurden von Pizarro nicht vernachlässigt. Pater Valverde wurde zum Bischof von Cuzco ernannt – die Bestätigung durch den Heiligen Vater folgte später nach –, auf der Plaza wurde mit dem Bau einer Kirche begonnen. Das Haus der Sonnenjungfrauen wurde in ein Kloster umgewandelt. Die Dominikanermönche, welche mit Pizarro nach Peru gekommen waren, konnten sich nun endlich in Ruhe dem guten Werk der Bekehrung widmen. Der Samen der wahren Lehre wurde ausgestreut, das Evangelium verbreitet. Diese Mönche waren wahrhaftig echte Krieger des Kreuzes.

Als Pizarro mit allen diesen Angelegenheiten eifrig beschäftigt war, erhielt er die Nachricht, daß sich in der Nähe von Cuzco eine große Streitmacht sammelte, die unter dem Befehl des Quizquiz stand. Um einen Angriff auf die Hauptstadt im Keime zu erstikken, sandte er Almagro mit einer kleinen Reiterschar und den Inka Manco mit einer großen Anzahl indianischer Truppen aus, den Feind zu verjagen und Quizquiz, wenn dies möglich war, gefangenzunehmen. Manco übernahm diese Aufgabe gern, da dem feindlichen Haufen vor allem Soldaten aus Quito angehörten, die ihm, wie ihr Anführer, nicht wohlwollten.

Almagro rückte rasch vor und stieß bald auf das Heer des Feindes. Es kam zuerst zu einigen hitzigen Gefechten und dann in der Nähe von Xauxa, wohin sich Quizquiz zurückgezogen hatte, zu einer großen Schlacht, die mit einer schweren Niederlage der Truppen des früheren Feldherrn Atahuallpas endete. Quizquiz floh mit dem Rest seiner Truppen nach Quito, entschlossen, den Kampf gegen die spanischen Eroberer fortzusetzen. Doch seine Krieger waren des ewigen Kampfes müde und erschlugen ihn. So fiel der letzte der beiden großen Feldherrn Atahuallpas.

Nun schien Ruhe eingekehrt zu sein. Doch sie war trügerisch. Denn bald erhielt Pizarro eine Nachricht, die ihn sehr beunruhigte. Man berichtete ihm, daß eine starke spanische Streitmacht an der Küste gelandet war, die unter dem Befehl eines Mannes stand, der Pedro de Alvarado hieß.

Es sei hier die Geschichte dieses Alvarado erzählt:

Er hatte unter Hernando Cortez* gedient und an der Eroberung Mexikos tätig Anteil genommen. Nach seiner Rückkehr in die Heimat hatte er reich geheiratet und war dann in seine Statthalterschaft Guatemala zurückgekehrt**. Dort erfuhr er von den Eroberungen Francisco Pizarros und der reichen Beute, welche den Spaniern zugefallen war. Da ihm auch bekannt wurde, daß sich Pizarro in dem weit entfernten Cuzco aufhielt und Quito noch nicht unterjocht hatte, beschloß er, in Quito einzufallen. Gehörte Quito zur Statthalterschaft des Pizarro und zu Peru? Das war durch nichts bewiesen. Aber sicher war es wohl, daß in Quito, der ehemaligen Residenz Atahuallpas, noch mehr Gold als in Cuzco zu finden war.

Im März 1534 landete Alvarado mit 300 Reitern und 200 Fußsoldaten an der Babahoyo vorgelagerten Küste. Es war seine Absicht, über das Gebirge zu marschieren und dann den Weg nach Quito einzuschlagen. In Babahoyo, einem großen Flecken, fanden die Spanier in einem Tempel und auch in den Häusern der Eingeborenen Schmuckstücke, Becher und Vasen aus Gold. Diese unerwartete Beute bestärkte sie in ihrer Absicht, die Mühen dieses Marsches auf sich zu nehmen. Sie nahmen nicht nur das Gold, sondern auch 40 Indianer mit, von welchen einer vorgab, den Weg über die Berge zu kennen.

Dieser Indianer lief davon, als der Rio Dable überschritten worden war. Dennoch traten Alvarados Krieger den Marsch über das Gebirge an. Anfangs kamen sie gut vorwärts, aber dann, als sie in die Regionen des ewigen Eises gelangt waren, begannen ihre Leiden. Viele von ihnen erstarrten derart, daß sie sich kaum noch fortbewegen konnten, ihre Kleidung, für die warmen Gegenden Guatemalas bestimmt, reichte hier nicht aus, sie zu schützen. Den Fußsoldaten erging es noch besser, die Reiter hingegen froren an ihren Sätteln fest.

* Cortez (1485–1547) erreichte auf seinem Eroberungszug 1519 Tenochtitlan, die Hauptstadt des Aztekenreiches, und nahm den Kaiser Montezuma gefangen. Nach einem Aufstand der Azteken mußte er sich 1520 zurückziehen, eroberte aber 1521 Mexiko endgültig.

** Alvarado (1486–1541) hatte im Jahre 1524 Guatemala erobert.

Die Indianer, halbnackt und barfuß, waren diesem Frost nicht gewachsen. Sie sanken einer nach dem anderen tot zu Boden.

Auch die Nahrungsmittel hatten sich bald erschöpft, und so hinterließ Alvarados Truppe eine traurige Spur. Auf dem Wege lagen Tote, Sterbende, die dazu verurteilt waren, in dieser schrecklichen Wildnis ihren letzten Atemzug zu tun, saßen Krieger, die rohes Pferdefleisch verschlangen. Und überall lag das in Babahoyo gefundene Gold. Fast alle waren schon zu entkräftet, es noch zu tragen. Über den Leichen und den Kadavern der Pferde kreisten die Raubvögel.

Um die Leiden noch zu vermehren, war die Luft plötzlich mit einem schwarzen Rauch erfüllt, der in den Augen brannte und das Atmen erschwerte. Es war dies ein seltsamer Rauch, in dem sich winzige Erdstücke, Kohlenteile und Asche befanden. Alvarados Leute wurden durch diese Naturerscheinung von blankem Entsetzen ergriffen, und sie fanden keine Erklärung dafür. Es war wohl so, daß damals der Cotopaxi ausgebrochen war, ein feuerspeiender Berg, dessen Gipfel bis in die Wolken ragt.

Endlich erreichte Alvarado das Tafelland in der Nähe von Riobamba. Hier mußte er feststellen, daß er ein Viertel seiner Truppe und nahezu die Hälfte der Pferde verloren hatte. Da die meisten völlig erschöpft waren, befahl er eine längere Rast. Und als er dann den Marsch über die Hochebene angetreten hatte, bemerkte einer seiner Krieger im Boden Pferdespuren. Sie konnten nur so gedeutet werden, daß ihm irgendwer zuvorgekommen war. Alle Leiden und Entbehrungen schienen umsonst gewesen zu sein.

* * *

Pizarro zögerte nicht lange, nachdem er von der Ankunft Alvarados erfahren hatte. Er schickte Almagro mit einer bedeutenden Reiterschar aus, dem Eindringling entgegenzutreten und ihn nötigenfalls mit Waffengewalt aus dem Lande zu jagen. Knapp vor Riobamba stießen die Spanier auf ein indianisches Heer, das sie nach einem kurzen Geplänkel in die Flucht schlugen. Dann zogen sie in die Stadt ein. Almagro nannte sie zu Ehren des Befehlshabers San Francisco del Quito*.

* Die Stadt heißt heute wieder Riobamba.

Tongefäß

Alvarado kam später als Almagro vor Riobamba an. Die beiden Heere standen einander nun in der weithin sich dehnenden Ebene gegenüber, und es schien so, daß es zu einem Kampf kommen würde. Almagro war es, der diesen Kampf vermeiden wollte.

Es wurden Verhandlungen aufgenommen, bei welchen sowohl Alvarado als auch Almagro im Namen Pizarros Ansprüche auf das Land Quito erhoben. Während die beiden Anführer miteinander sprachen, vermischten sich die beiden Heere allmählich, und Alvarados Leute erfuhren von Cuzco und dem großen Reichtum des Landes Peru. Sofort waren sie bereit, ihren gegenwärtigen Dienst mit dem bei Pizarro zu vertauschen. Dies fiel ihnen auch deshalb leicht, weil ihnen vor dem Rückmarsch über das Gebirge graute.

Alvarado erkannte rasch, in welche Gefahr er geraten war. So schloß er einen Vergleich, bei dem er wahrlich keinen Gewinn erzielte. Wohl verpflichtete sich Almagro im Namen Pizarros zu einer Zahlung von 100000 Pesos de oro an ihn, dafür mußte er dem Statthalter von Peru einen Teil seiner Flotte überlassen.

Pizarro war inzwischen aus der peruanischen Hauptstadt zur Meeresküste aufgebrochen. Den Befehl über Cuzco übergab er seinem Bruder Juan. Eine Schar von 90 Mann blieb als Besatzung und Kern der übrigen Ansiedlung zurück. Den Inkaherrscher nahm Pizarro mit.

Pizarro rückte zuerst bis Xauxa und dann bis Pachacamac vor. Hier empfing er die Nachricht, daß sich Alvarado und Almagro miteinander verständigt hatten. Diese Nachricht bereitete ihm große Freude.

Die Eroberung Perus schien Pizarro nun abgeschlossen zu sein. Wohl hatten sich einige Stämme im Innern des Landes noch nicht unterworfen, doch diesem Umstand kam keine Bedeutung zu. Die großen Heere waren zerschlagen, Atahuallpas Feldherren waren tot. Und der Prinz, der jetzt die Inkakrone trug, war bereit, alle Aufträge der spanischen Sieger zu erfüllen.

2. TEIL
DIE HERRSCHAFT DER PIZARROS

DIE NEUE HAUPTSTADT

Es galt nun zu bestimmen, wo sich die künftige Hauptstadt dieses gewaltigen Pflanzstaates erheben sollte. Cuzco, zwischen Berge eingebettet, lag zu hoch und war für ein Volk, das Handel trieb, zu weit von der Meeresküste entfernt. Die kleine Niederlassung San Miguel lag zu weit gegen Norden und wurde immer wieder von gewaltigen Ameisenscharen überfallen, welche in die Häuser eindrangen und alles fraßen, worauf sie stießen. Pachacamac war noch am ehesten der Ort, der Pizarros Wünschen entsprach. Es lag in einem fruchtbaren Tal, und das Meer war nahe.

Am Ende entschied sich der Statthalter aber dann für das etwas nördlicher gelegene Rimac. Diese alte indianische Ansiedlung, die nur aus wenigen Häusern und einem wegen seines Orakels berühmten Tempel bestand, lag am Ufer eines breiten Stromes, der in einer Entfernung von zwei Leguas ins Meer mündete, und inmitten fruchtbaren Ackerlandes. Das Klima war angenehm, Winde, die vom Stillen Meer kamen oder von den eisigen Gipfeln der Berge herabwehten, milderten die Hitze. Außerdem war die Verbindung mit den anderen Landesteilen bequem, so daß man stets ein wachsames Auge auf die indianischen Untertanen haben konnte.

Der Grundstein zu der neuen Hauptstadt wurde am 6. Januar 1535 gelegt, also am Tage des Dreikönigsfestes. Den Königen zu Ehren erhielt die Stadt den Namen Ciudad de los Reyes. Doch der kastilianische Name wurde wenig verwendet. Die Spanier verdrehten Rimac in Lima*.

Nun vertauschten die Spanier ihre Waffen mit dem Handwerksgerät. 300 Indianer wurden herbeigeholt, um bei der Arbeit zu helfen. Der Plan für die neue Stadt war von Pizarro selbst festgelegt worden. Sie sollte sehr breite, vollkommen gerade Straßen haben, die einander in rechten Winkeln schnitten, und die Häuser sollten voneinander so weit entfernt sein, daß Platz für Gärten blieb. Auch an die Wasserversorgung dachte Pizarro. Er gab den

* Lima hat heute 537000 Einwohner und ist noch immer die Hauptstadt von Peru. Der Hafen Callao ist der bedeutendste des Landes. Pizarro wählte also den richtigen Platz. Daß dieser Platz häufig von Erdbebenkatastrophen heimgesucht werden würde, konnte er nicht voraussehen.

Auftrag, das Wasser des Stromes in steinernen Röhren zumindest in die Hauptstraßen zu leiten.

Auf der Plaza sah der Plan den Bau der Hauptkirche, des Palastes für den Vizekönig und anderer öffentlicher Gebäude vor. Und an die Stelle des heidnischen Tempels sollte ein Nonnenkloster treten. Pizarro hoffte, daß nun auch Nonnen nach Peru kommen würden und außer ihnen Kastilianerinnen, die dafür sorgten, daß sich die Bevölkerung des Landes vermehrte.

Auch an den Bau von Schulen war gedacht. In ihnen sollten die Kinder der Indianer geistlichen und weltlichen Unterricht erhalten.

HERNANDO PIZARRO AM HOFE

Hernando Pizarro traf im Januar 1534 in Sevilla ein. Die Fracht seines Schiffes wurde sofort in das Zollhaus gebracht. Es war eine Fracht, wie man sie in Sevilla noch nicht gesehen hatte. Sie bestand aus gediegenen Goldbarren, goldenen Gefäßen, goldenen Tieren, Blumen, Schalen und anderem Zierat. Die Kunde von diesem Schatz verbreitete sich bald überallhin, und Tag für Tag strömten Menschen herbei, um diese glänzende Pracht zu bewundern.

Pizarro wählte die schönsten Stücke aus und reiste nun nach Calatayud, wo der Kaiser die Cortes* von Aragonien versammelt hatte. Er wurde sofort vorgelassen und fand eine gnädige Aufnahme. Bescheiden, aber selbstbewußt berichtete er zuerst von allen Gefahren, welche zu überwinden nicht leicht gewesen war, und dann von der Gefangennahme Atahuallpas. Daß Atahuallpa nicht mehr am Leben war, wußte er noch nicht. Hierauf kam er auf die Fruchtbarkeit des Landes und die Geschicklichkeit der indianischen Handwerker zu sprechen und legte als Beweis dafür die goldenen und silbernen Schmuckstücke sowie die wollenen und baumwollenen Kleider vor.

Die Augen des Kaisers funkelten vor Freude, als er dies alles sah. Er war weitsichtig und klug genug, zu erkennen, daß ihm

* Volksvertretung.

vor allem der Ackerbau des neugewonnenen Landes reichen Ertrag erbringen würde. Doch im Augenblick brauchte er Gold, viel Gold, um seine weitreichenden Pläne verwirklichen zu können.

Daher erfüllte Karl V. jeden Wunsch der Eroberer. Er bestätigte den mit Francisco Pizarro geschlossenen Vertrag und erweiterte die Statthalterschaft des Vizekönigs – diesen Titel gebrauchte er bei seiner Rede – um 70 Leguas südwärts. Almagro erhielt den Titel eines Marschalls und wurde ermächtigt, das Land im Süden von Peru in einer Ausdehnung von 200 Leguas zu erobern. Gleichzeitig wurden endgültig die Namen für beide Reiche festgelegt. Peru hatte von nun an Neu-Kastilien zu heißen, das von Diego de Almagro zu erobernde Land erhielt den Namen Neu-Toledo*.

Zum Zeichen seiner allerhöchsten Gnade und seiner Zufriedenheit übergab der Kaiser dem Hernando Pizarro ein Schreiben, in dem er den beiden Befehlshabern für ihre Tapferkeit und die geleisteten Dienste dankte. Auch der Überbringer dieser freudigen Botschaft ging nicht leer aus. Er wurde zum Angehörigen des Hofes ernannt und erhielt den St.-Jago-Orden. Es war dies die höchste Auszeichnung, die der Kaiser zu vergeben hatte. Außerdem wurde Hernando Pizarro ermächtigt, eine Flotte auszurüsten und den Befehl über sie zu führen. Die kaiserlichen Beamten in Sevilla erhielten den Auftrag, ihn bei der Ausrüstung zu unterstützen und seine Einschiffung zu fördern.

Alles sprach sich rasch herum: die Ankunft Hernando Pizarros, wie der Kaiser seine Nachrichten aufgenommen hatte, der gewaltige Goldschatz, der im Zollhaus von Sevilla lag. Seit der ersten Fahrt des Kolumbus hatte es solch ein Aufsehen nicht gegeben. Die Entdeckung der Neuen Welt hatte in Spanien Hoffnungen auf Reichtum erweckt, doch hatten sich alle diese Hoffnungen als trügerisch erwiesen. Selbst die Eroberung von Mexiko, gewiß eine Heldentat, war nicht mit den goldenen Früchten belohnt worden, die zu erwarten gewesen waren. Auch das, was von Francisco Pizarro bei seiner letzten Anwesenheit in Spanien in Aussicht gestellt worden war, hatte man für einen Versuch gehalten, Abenteurer für ein Abenteuer zu gewinnen.

* Es war Chile.

Deshalb hatten sich auch nur Männer gemeldet, die sich in einer verzweifelten Lage befanden.

Francisco Pizarros Versprechungen waren keine Gaukeleien gewesen. Jetzt mußte man nicht mehr Erzählungen trauen, jetzt konnte man mit eigenen Augen sehen, welche Reichtümer dieses Land Peru barg. Aller Blicke waren nun dorthin gerichtet, und Pizarro mußte sich nicht mehr sorgen, daß seine Streitmacht zu klein war. Abenteurer, die rasch reich werden wollten, Kaufleute, die hofften, in Peru höhere Gewinne erzielen zu können, Soldaten, die nach Ruhm und Gold verlangten – das alles drängte sich nun nach dem Reich, welches das sagenhafte Ophir noch zu übertreffen schien. Endlich war Eldorado gefunden worden.

Hernando Pizarro sah sich nun bald im Besitz einer gewaltigen Flotte. Die Schiffe waren nicht imstande gewesen, alle jene aufzunehmen, die Peru als neue Heimat erkoren hatten. Doch vorerst war das Glück den Spaniern nicht hold. Gleich nachdem sie den Hafen verlassen hatten, gerieten sie in einen furchtbaren Sturm, der sie nötigte, zurückzukehren. Einige Schiffe waren beschädigt worden und mußten ausgebessert werden. Dann endlich durchschiffte Hernando Pizarro das Weltmeer und erreichte glücklich den kleinen Hafen Nombre de Dios.

Hier hatte man keine Vorbereitungen getroffen, so viele Menschen aufzunehmen, und da der Marsch über das Gebirge nicht sofort angetreten werden konnte, trat bald ein fühlbarer Mangel an Lebensmitteln ein. So mancher mußte seine geringen Ersparnisse opfern, um ein elendes Dasein fristen zu können. Krankheiten stellten sich ein, manche vertrugen die Hitze nicht, und so starben viele, ohne das Land ihrer Hoffnungen gesehen zu haben. Sie hatten geglaubt, sie würden nach Gold graben, und hatten nur ihre Gräber gegraben.

WIEDER EIN VERTRAG

Diego de Almagro war zu diesem Zeitpunkt 59 Jahre alt, also ein Greis. Als er von den Abmachungen hörte, die Hernando Pizarro in Calatayud getroffen hatte, fühlte er sich zum zweitenmal hintergangen. Die Pizarros waren mit Macht und Ehren überhäuft worden, während man ihm nichts weiter gegeben hatte als den nichtssagenden Titel Marschall. Und ein neues Land sollte er erobern! Es schien so, als wollte man ihn in den Tod schicken.

Almagro beklagte sich bei Pizarro bitter über das ihm widerfahrene Unrecht. Daraufhin schickte Pizarro seinen alten Waffengefährten nach Cuzco. Er gab ihm einen an seinen Bruder Juan gerichteten Befehl mit, des Inhalts, daß nun Almagro das Kommando über die Stadt übernehmen werde. Dies tat er nicht ohne Grund. Auf der einen Seite wollte er Almagro nicht in der neugegründeten Hauptstadt haben, auf der anderen Seite war ihm zu Ohren gekommen, daß Juan den Regierungsgeschäften nicht gewachsen war. Er und seine Leute drangen in die Häuser der Inkaedelleute ein und raubten alles, was ihnen gefiel. Außerdem vergingen sie sich an indianischen Frauen.

Nun widersetzte sich Juan Pizarro dem Befehl seines Bruders und weigerte sich, das Kommando über die Stadt abzugeben. Pausenlose Streitigkeiten waren die Folge, in welche sich die Obrigkeit, die Soldaten und sogar die indianische Bevölkerung einmengten. Die Spannung stieg aufs äußerste. Kampf und Blutvergießen drohten.

Pizarro machte sich sofort auf den Weg nach Cuzco, als er von dieser für alle gefährlichen Entwicklung gehört hatte. Dort wurde er von den besonneneren Spaniern und auch den Eingeborenen mit unverhohlener Freude begrüßt.

Seine erste Unterredung hatte Pizarro mit Almagro. Der Marschall bestätigte ihm, daß Juan Pizarro die ihm übergebene Macht mißbraucht hatte. Dann sprach Pizarro mit seinem Bruder. Er sprach mit ihm, wie der Befehlshaber mit einem einfachen Soldaten spricht, der sich der Widersetzlichkeit schuldig gemacht hat, und drohte ihm, er werde ihn nach Spanien zurückschicken.

Mit Almagro schloß Pizarro am 12. Juni 1535 einen Vertrag, der folgenden Wortlaut hatte*:

* Diese »Capitulacion entre Pizarro y Almagro« existiert noch. Sie befindet sich in dem von Philipp II. angelegten Archiv von Simancas, wo weitere wertvolle Handschriften aufbewahrt werden.

Der Vizekönig des Pflanzstaates Neu-Kastilien
Francisco Pizarro
und der Marschall Diego de Almagro
schliessen heute
diesen Vertrag, an den sie sich gebunden fühlen:

1. Die Freundschaft zwischen den beiden Rittern wird unverletzt aufrechterhalten.
2. Keiner der beiden wird ohne Wissen des anderen Nachrichten an die Krone gelangen lassen.
3. Keiner der beiden wird den anderen herabsetzen oder anfeinden.
4. Die Kosten und der Gewinn aller künftigen Unternehmungen werden unter den beiden zu gleichen Teilen geteilt.
5. Der Marschall Diego de Almagro bleibt Oberbefehlshaber der Stadt Cuzco.
   Diese Würde verbleibt ihm auch, nachdem er den Marsch nach dem Lande Neu-Toledo angetreten hat.

Der Allmächtige möge jenen, der diesen Vertrag bricht, mit dem Verlust seines Eigentums und seines Lebens in dieser Welt und mit der ewigen Verdammnis im Jenseits bestrafen.

Zahlreiche Zeugen unterschrieben diese Urkunde. Pizarro und Almagro verpflichteten sich auch noch durch einen Eid auf die Hostie, sich an diese Abmachung zu halten. Dann las Pater Bartolomäus de Segovia eine Messe. Die beiden alten Kampfgefährten schienen durch die Bande der Religion wieder zueinander geführt worden zu sein.

DIE REBELLION DER INDIANER

Nach der Unterzeichnung dieses Vertrages kehrte Pizarro zur Küste zurück, wo die junge Hauptstadt mit ihren stattlichen Gebäuden und prachtvollen Gärten ihrer Vollendung entgegenging. An Arbeitern war nun kein Mangel mehr, da viele der Neuankömmlinge in der Stadt der Könige angesiedelt worden waren.

Pizarro gründete an der Küste weitere Ansiedlungen, wobei er stets Bedacht darauf nahm, daß die Siedlung Seehandel treiben konnte und in einer fruchtbaren Region lag. Einer dieser Städte gab er seinem Geburtsort zu Ehren den Namen Truxillo*.

Während also Pizarro damit beschäftigt war, Werke zu setzen, die dem Frieden dienten, erhoben sich völlig unerwartet die Indianer. Es mag sein, daß die Schuld daran ein kastilianischer Offizier trug, welcher eine der Lieblingsfrauen des Herrschers verführt hatte. Eher allerdings ist anzunehmen, daß die Peruaner und hier vor allem der Inka selbst und auch die Edelleute des Jochs der spanischen Eroberer überdrüssig geworden waren.

Die Uneinigkeit der Spanier, welche den Indianern nicht verborgen geblieben war, schien einen Aufstand zu begünstigen. Die peruanischen Häuptlinge hielten geheime Besprechungen ab, welchen stets der Oberpriester Villac Umu beiwohnte. Dieser war der Kopf der Empörung. Er riet zu einem allgemeinen Aufstand, nachdem Almagro mit seinem Heer die Stadt Cuzco verlassen haben würde. Die Truppen der verhaßten Eindringlinge, meinte er, seien über das ganze Land verstreut, und so würde es ein leichtes sein, sie zu überwältigen. Und man müsse jetzt zu-

* Heute Trujillo. Hauptstadt der peruanischen Provinz Libertad.

schlagen, mahnte er, bevor die Fremden neue Verstärkungen erhalten hätten.

Als Almagro aufgebrochen war, um das ihm von der Krone zugesprochene Land zu erobern, wurde von den indianischen Edelleuten eine letzte Versammlung abgehalten, welcher der Inka Manco beiwohnte. Ihm war schon bekannt, daß nun wieder Juan Pizarro den Oberbefehl über die Stadt erhalten würde, und das sah er für einen Vorteil an. Denn in seinen Augen war Juan Pizarro ein Schwächling und außerstande, ein Heer zu führen.

Zur Ausführung dieses Planes einer allgemeinen Erhebung war es notwendig, daß Manco die Stadt verließ und sich seinem Volke zeigte, um ihm Mut einzuflößen und um es aufzustacheln. Es fiel Manco nicht schwer, sich aus Cuzco zu entfernen, da sich die Spanier wenig um ihn kümmerten. Doch es war nun so, daß Manco auch Feinde hatte. Dazu gehörten vor allem die Angehörigen eines Stammes aus dem Norden, von welchen sich zu dieser Zeit etwa tausend in Cuzco aufhielten. Einer ihrer Häuptlinge erfuhr von der Flucht des Herrschers und meldete sie den Spaniern. Sofort machte sich Juan Pizarro mit einer kleinen Reiterschar auf den Weg, um des Flüchtlings habhaft zu werden. Die Spanier entdeckten ihn in einem Gebüsch nahe der Stadt, nahmen ihn fest und warfen ihn in ein scharf bewachtes Gefängnis. Damit schien das Ende der Verschwörung gekommen zu sein.

Während sich dies zutrug, wurde Francisco Pizarro eine neue Ehrung zuteil. Ein Gesandter überbrachte ihm eine Urkunde, die besagte, daß er vom Kaiser zum Marquis de los Atavillos* ernannt worden war. Damit war er in die Reihen des höchsten kastilianischen Adels aufgenommen worden.

Der Marquis hielt es nicht für richtig, wie sein Bruder Juan mit dem Inkaherrscher verfahren war. Er hielt es wohl für notwendig, Manco nun scharf zu bewachen, doch war er der Meinung, daß dem Prinzen eine seinem Range entsprechende Behausung zugewiesen werden sollte. Ihn in einem Gefängnis zu belassen, konnte der spanischen Sache nur abträglich sein. Um das alles wieder ins richtige Lot zu bringen, schickte er Hernando nach Cuzco. Juan Pizarro wurde zum zweitenmal abgesetzt.

Hernando Pizarro ließ den peruanischen Prinzen aus seiner

* Landschaft in Peru.

Gefangenschaft befreien und wies ihm ein würdiges Heim zu. In der Folge kam er oft mit ihm zusammen und begann eine Art Zuneigung für ihn zu hegen. Dies nutzte Manco, seinen Empörungsplan zur Reife zu bringen, wobei er so vorsichtig war, daß Hernando Pizarro gar nicht daran dachte, ihn zu verdächtigen. Dann offenbarte er dem Spanier das Vorhandensein mehrerer Schätze und die Orte, wo sie lagen. Als er so sein Vertrauen ganz gewonnen hatte, erzählte er ihm von einer Statue seines Vaters Huayna Capac, die, wie er versicherte, aus reinem Gold war und sich in einer im Gebirge gelegenen Höhle befand. Er erklärte sich bereit, sie nach Cuzco zu bringen.

Pizarro mißtraute dem Inka auch jetzt noch nicht und war mit diesem Vorschlag einverstanden. Er gab Manco zwei kräftige Soldaten mit, welche die Statue tragen sollten. Zwei Wochen vergingen, ohne daß Manco und seine Begleiter zurückkehrten. Nun wurde es Pizarro klar, daß er allzu vertrauensselig gewesen und in eine Falle gegangen war. Sofort schickte er seinen Bruder Juan an der Spitze von 60 Reitern aus, mit dem Auftrag, den peruanischen Prinzen gefangenzunehmen und in Fesseln nach der Hauptstadt zurückzubringen.

Juan Pizarro durchsuchte mit seiner Schar die ganze Umgebung von Cuzco, ohne eine Spur von dem Flüchtling zu entdekken. Das Land war seltsam still und wie entvölkert. Dann stieß Juan Pizarro in der Nähe der Bergkette am Ende des Tales von Yucay auf die beiden Spanier, die Manco begleitet hatten. Sie versicherten Pizarro, er könne den Inka nur mit dem Schwert in der Hand wiederbekommen. Und sie berichteten ferner, daß Manco entschlossen sei, an der Spitze eines gewaltigen Heeres die Hauptstadt anzugreifen.

***

Juan Pizarro fand diesen Bericht bestätigt, als er zu dem Fluß Yucay gekommen war. Auf dem gegenüberliegenden Ufer stand ein viele tausend Mann starker indianischer Schlachthaufen – an seiner Spitze war deutlich der Inka zu sehen –, der entschlossen zu sein schien, ihm den Übergang streitig zu machen. Doch die Spanier ließen sich durch dieses Hindernis nicht aufhalten. Sie sprangen in den Fluß, der zwar tief, aber nicht breit war, und ließen ihre Pferde hinüberschwimmen, in einem dichten Hagel von Steinen und Pfeilen, die auf ihre Harnische prasselten und keinen Schaden anrichten konnten.

Die Indianer wichen zurück, als die Spanier festen Boden erreicht hatten. Doch sie ließen ihnen keine Zeit, sich zu sammeln. Sie umringten sie vielmehr von allen Seiten, und es entspann sich ein Kampf auf Tod und Leben. Viele von den Indianern waren mit Lanzen bewaffnet, die kupferne Spitzen hatten, manche trugen Keulen und Streitäxte aus demselben Metall. Die Häuptlinge waren durch eine Art Wams geschützt, das aus Baumwolle verfertigt war, und durch ihre mit Häuten überzogenen und reich mit Gold und Edelsteinen besetzten Helme leicht zu erkennen. Der Inka kämpfte nicht. Er stand vor seinem Zelt, umgeben von seiner Leibwache.

Die kleine spanische Reiterschar war zuerst durch die Wucht des feindlichen Angriffs erschüttert worden. Doch bald vereinigten sie sich und griffen die Indianer mutig an. Diese wichen jetzt zum zweitenmal zurück, von den Lanzen der Reiter durchbohrt, von den Hufen der Pferde zertreten. Doch diese Flucht – das sahen die Spanier zum erstenmal – vollzog sich in einiger Ordnung. Offenbar machte es viel aus, daß die indianischen Krieger unter den Augen ihres Herrschers kämpften.

Inzwischen war der Abend angebrochen. Die Indianer hatten sich in den Schutz der hohen Berge zurückgezogen, Juan Pizarro lagerte mit seiner Schar in der Ebene am Fuße der Berge. Er hatte über eine ihm an Zahl weitaus überlegene Streitmacht den Sieg davongetragen, doch zum erstenmal um diesen Sieg schwer kämpfen müssen. Mehrere seiner Leute waren gefallen und viele verwundet. Auch sechs Pferde hatte er eingebüßt. Allerdings hoffte er, den Mut des Feindes zum Widerstand gebrochen zu haben.

Er hatte sich getäuscht. Denn am Morgen sah er, wohin immer er blickte, indianische Krieger: auf den Gipfeln der Berge, auf den Abhängen, ringsum auf den Wiesen. Wie eine braune Gewitterwolke waren diese indianischen Heerhaufen, und es war nur eine Frage der Zeit, wann sich diese Wolke in Bewegung setzen würde.

In diesem Augenblick erschien ein Bote im Lager Juan Pizarros. Hernando Pizarro hatte diesen Boten geschickt. Er teilte

Juan Pizarro mit, er müsse sofort nach Cuzco zurückkehren, das von allen Seiten vom Feinde belagert sei.

Nun begann der Rückzug der Spanier. Wieder durchschwammen sie den Yucay. Die Indianer folgten ihnen, ihr Jubelgeheul war weithin hörbar. Pizarro erreichte die Hauptstadt noch vor Einbruch der Nacht. Das, was er zu sehen bekam, erfüllte ihn und seine Reiter mit Schrecken. Cuzco war von einem Heer eingeschlossen, das an die 200000 Mann betrug. Bis dicht an den Fuß des Gebirges reichte dieser riesige indianische Schlachthaufen, und überall bot sich dasselbe Bild: Helmbüsche, wehende Fahnen, Lanzen und Streitäxte, die in den Strahlen der untergehenden Sonne blinkten und gleißten. Zum erstenmal stellte sich den Spaniern ein indianisches Heer in seiner ganzen Furchtbarkeit entgegen.

Juan Pizarro war entschlossen, sich trotz der Überzahl des Feindes nach Cuzco durchzukämpfen. Zu seiner Überraschung bildeten die Indianer eine Gasse und ließen ihn und seine Reiter durch. Es lag auf der Hand, weshalb sie jetzt ein Treffen vermieden. Sie wollten alle Schlachtopfer in der Stadt haben und mutmaßten, daß diese, je mehr sie waren, desto früher dem Hungertod preisgegeben sein würden.

DIE BELAGERUNG VON CUZCO

Hernando begrüßte seinen Bruder mit großer Freude, da dieser eine gewaltige Verstärkung mitgebracht hatte. Nun betrug das spanische Heer an die 200 Mann, wozu etwa 1000 Mann indianischer Hilfstruppen kamen. Das war viel und auch wenig, wenn man die unzählbare Menge bedachte, die da draußen zum Angriff bereitstand.

Es war anfangs Februar 1536, als die Belagerung von Cuzco begann. Es war eine denkwürdige Belagerung. Die Spanier fühlten sich von dem Inka Manco schmählich hintergangen, und die Indianer wollten wieder Herren in ihrem Land sein. So wurde mit großer Erbitterung gekämpft, und die Zahl der Opfer war groß.

Die Überzahl des Feindes offenbarte sich nach Sonnenuntergang noch mehr als bei Tageslicht. Weit und breit, sowohl in den Tälern als auch auf den Bergspitzen, leuchteten die Wachtfeuer der Indianer, sie lagen dichter beieinander als die Sterne. Kaum war die Sonne aufgegangen, begannen die Indianer mit Hohlmuscheln, Trompeten und Trommeln einen gräßlichen Lärm zu vollführen, in welchen sich ihr wildes Kriegsgeschrei mischte. Am zweiten Tag der Belagerung begannen sie dann damit, Geschosse aller Art in die Stadt zu werfen. Manche richteten keinen Schaden an, andere wieder waren verderblich. Diese bestanden aus brennenden Pfeilen und rotglühenden Steinen, die in mit Harz getränkte Baumwolle gewickelt waren. Sie bildeten in der Luft lange Lichtstreifen, fielen auf die Strohdächer und setzten sie in Brand. Allmählich brach das Feuer in allen Stadtteilen aus. Auch die Holzhäuser brannten wie Zunder, und hohe Flammen, mit Rauch vermischt, stiegen zum Himmel. Ein heftiger Wind fachte die Flammen noch an, und bald tobte eine einzige glühende Masse wie ein Vulkan. Die Hitze wurde unerträglich, und Rauchwolken breiteten sich wie ein schwarzer Mantel über die Stadt. Viele glaubten, ersticken zu müssen oder zu erblinden.

Die Spanier hatten sich auf der Plaza gelagert, teils in Zelten, teils in einer der großen Hallen. Dreimal fiel Feuer auf diese Halle, dreimal ging es von selbst wieder aus, ohne Schaden angerichtet zu haben. Auch hier wurde die Hitze allmählich arg, von den Rauchschwaden jedoch blieben die Spanier verschont. Man durfte glauben, daß der Wind auf ihrer Seite stand.

Das Feuer wütete mehrere Tage hindurch. Türme, Tempel, Hütten und Paläste – alles wurde ein Raub der Flammen. Aber zwei Gebäude blieben wie durch ein Wunder unversehrt: die Stiftskirche und das Unserer Heiligen Jungfrau geweihte Gotteshaus. Jenes Gebäude hingegen, in welchem früher die Sonnenjungfrauen gehaust hatten, brannte bis auf die Grundmauern ab.

Die Spanier unternahmen keinen Versuch, das Feuer zu löschen. Dies wäre nutzlos gewesen. Hingegen unternahmen sie ständig Ausfälle, um den Feind zu vertreiben. Dabei wurden die Reiter durch die herabgefallenen Balken und den überall verstreuten Schutt arg behindert. Als diese Hindernisse von den Fußsoldaten und den indianischen Verbündeten beseitigt worden waren, verrammelten die Indianer den Weg des Nachts durch Pfähle. Nun mußten wieder diese Hindernisse fortgeschafft werden. Dies war mit großer Gefahr verbunden, da die damit Beschäftigten den Pfeilen der feindlichen Bogenschützen ausgesetzt waren, die sicher zielten. Auch die Schleuder verstanden die Indianer gut zu gebrauchen. Des weiteren wurde von den Peruanern eine seltsame Waffe verwendet. Sie bestand aus einem langen Strick, an dessen Ende sich eine Schlinge befand. Diesen Strick warfen die indianischen Krieger geschickt über den Reiter und rissen ihn zu Boden. Selbst Pferde fingen sie auf diese Weise ein. Zwei Spanier, Opfer dieser Wurfschlinge, gerieten in Gefangenschaft. Sie wurden, was die Spanier später erfuhren, zuerst gemartert und dann verbrannt.

Als die Hindernisse beseitigt worden waren und der Reiterei der Weg offenstand, brach Hernando Pizzaro mit 40 Reitern aus der Stadt aus. Von Empörung getrieben, machten die Spanier alles nieder, was sich ihnen in den Weg stellte. In Stücke gehauen, von einer Lanze durchbohrt, sank Indianer um Indianer zu Boden. Doch was half dies? Dieses indianische Heer war ein Meer, und man hatte einen Tropfen beseitigt.

Unter Waffen schlafend, neben ihren aufgezäumten Pferden, zu jeder Stunde gezwungen, zum Kampf bereit zu sein, hatten die Spanier weder bei Tag noch bei Nacht Ruhe. Dazu kamen Gerüchte, die in einem fort in die Stadt drangen: die Indianer hätten sich im ganzen Lande erhoben; die in abgelegenen Anpflanzungen lebenden Spanier seien alle niedergemetzelt worden; die Stadt der Könige und Truxillo würden so wie Cuzco belagert; die Indianer hätten alle Gebirgspässe besetzt und dadurch das Landesinnere von der Küste abgeschnitten; die Schiffe der Spanier seien von den Indianern in Brand gesteckt worden. Diese Gerüchte wurden glaubhaft, nachdem die Indianer acht Menschenköpfe auf die Plaza geworfen hatten. Es waren, wie die Spanier entsetzt erkannten, die Köpfe von Siedlern, die auf ihren abseits gelegenen Gütern gelebt hatten.

In dieser traurigen Lage waren viele dafür, die Stellung aufzugeben und sich nach der Küste durchzuschlagen. Es wäre besser, meinten sie, kämpfend zu fallen, als gleich Füchsen zu sterben, welche der Jäger in ihren Bau gesperrt habe, um sie zu ersticken.

Hernando Pizarro sowie die Ritter Gabriel de Rojas und Hernando Ponce de Leon weigerten sich, dies zu tun. Sie sagten, Cuzco sei der große Preis gewesen, um den sie gekämpft hätten, und es würde alle mit Schmach bedecken, diesen Preis aufzugeben. Außerdem hätten die Indianer sicher alle Wege besetzt, auf welchen sie entkommen könnten. Des weiteren sei auf Hilfe zu hoffen. Francisco Pizarro würde sie nicht im Stich lassen.

Hernando Pizarro sah ein, daß in der gegenwärtigen Lage nicht mehr Verteidigung, sondern nur ein Angriff helfen konnte. Er selbst entwarf den Angriffsplan und teilte ihn seinen Offizieren mit. Seine kleine Schar wurde in drei Abteilungen gegliedert, von welchen die eine unter den Befehl seines Bruders Gonzalo, die zweite unter den Befehl des Gabriel de Rojas und die dritte unter das Kommando des Hernando Ponce de Leon gestellt wurde, eines Ritters, in den Pizarro großes Vertrauen setzte. Die indianischen Schanzgräber wurden vorausgesandt, um den Schutt aus dem Weg zu räumen, und dann rückten die drei Abteilungen gleichzeitig gegen die Belagerer vor. Sie überraschten die Indianer völlig und fanden vorerst wenig Widerstand. Gefangene machten sie keine mehr, alle, die sie mit ihren Lanzen und Schwertern erreichten, mußten sterben. Aber wieder sammelten sich die Indianer und begannen zu kämpfen. Sie kämpften Mann gegen Mann mit ihren kupferbeschlagenen Kriegskeulen und Streitäxten, während ein Hagel von Steinen, Wurfspießen und Pfeilen auf die gut geschützten Leiber der Christen herabprasselte. Auch der junge Inka kämpfte diesmal mit. Eine lange Lanze in der Hand, trieb er seine Krieger zum Angriff.

Das Gefecht war hitzig, dauerte aber nicht zu lange. Wiewohl sich die Indianer furchtlos auf die Reiter warfen und versuchten, sie von den Pferden zu reißen, mußten sie schließlich endgültig weichen. Viele wurden zertreten, andere niedergehauen. Die größten Verluste erlitten sie durch die Schützen der Spanier, die pausenlos feuerten und sie reihenweise niedermähten. Endlich zog sich Hernando Pizzaro mit seinen Truppen in die Hauptstadt zurück, davon überzeugt, daß es die Indianer nun lange nicht wagen würden, ihn anzugreifen.

Sein nächster Plan war es, sich der Festung, welche in die Hand des Feindes gefallen war, wieder zu bemächtigen. Dies war ein gefährliches Unternehmen. Diese Festung, welche den nördlichen Teil Cuzcos überschaute, stand auf einer hohen felsigen Anhöhe, die auf der einen Seite so steil abfiel, daß sie dort unzugänglich war. Gegen das offene Land zu war sie zu erreichen, aber hier wieder durch zwei halbrunde, etwa 1200 Fuß lange und sehr dicke Steinwälle geschützt, auf welchen sich Zinnen erhoben, so daß die Verteidiger ihre Pfeile auf Angreifer abschießen konnten, ohne selbst beschossen werden zu können. Hinter dem inneren Wall lag die Festung. Sie bestand aus drei Türmen, von welchen zwei, ein sehr hoher und ein niedrigerer, von einer indianischen Schar besetzt waren, die unter dem Befehl eines Inkaedelmannes stand, dem der Ruf besonderer Tapferkeit vorausging.

Die gefährliche Aufgabe, die Festung zu erobern, wurde Juan Pizarro übertragen. Da es besser war, wenn er sich der Festung von den Bergpässen her näherte, versuchte er, die Aufmerksamkeit des Feindes nach einer anderen Richtung hinzulenken. Er verließ kurz vor Sonnenuntergang mit einer stattlichen Reiterschar die Stadt und nahm eine der Festung entgegengesetzte Richtung, wodurch er die Belagerer glauben machte, er unternehme einen Plünderungszug. In der Nacht kehrte er um, fand die Pässe unbesetzt und gelangte bis zu dem Außenwall der Festung, ohne von der Besatzung bemerkt zu werden.

Der Eingang war jetzt durch große Steine verschlossen. Es kostete viel Zeit und Mühe, diese großen Massen zu beseitigen, ohne die Besatzung zu wecken. Die Indianer, welchen ein Angriff während der Nacht fremd war, hatten keine Schildwachen aufgestellt. So unerfahren waren sie noch in der Kriegskunst.

Nun ritten Pizarro und seine tapferen Reiter zu der zweiten Brustwehr. Plötzlich wieherte ein Pferd laut, und dadurch wurde die Besatzung geweckt. Im Nu war der Innenhof mit indianischen Kriegern angefüllt, die sich den Spaniern entgegenwarfen. Kurz entschlossen ließ Pizarro die Hälfte seiner Schar absitzen und nahm, das Schwert in der Hand, den Kampf mit den Indianern auf. Er war zwei Tage vorher an der Backe verwundet worden, und da ihm sein Helm Schmerz verursachte, warf er ihn rasch ab, dem Schutz seines Schildes vertrauend.

Trotz eines Hagels von Steinen, Wurfspießen und Pfeilen gelang es den Spaniern, eine Bresche in die feindliche Phalanx zu schlagen, und die nachfolgenden Reiter ritten alle nieder, die nicht die Flucht ergriffen. Nun zogen sich die Verteidiger auf die Plattform des niedrigeren Turmes zurück und schleuderten von dort

Felsbrocken und Balken auf die Spanier herab. Immer an der Spitze, sprang Pizarro auf die Plattform. In diesem Augenblick traf ein großer Stein seinen Kopf. Pizarro stürzte, feuerte aber auch liegend seine Leute weiter an. Die Plattform wurde erobert, die Indianer bis auf den letzten Mann niedergemacht. Hernach verlor Pizarro das Bewußtsein. Er wurde in die Stadt hinuntergebracht, wo er, trotz aller Mühe, die man sich gab, ihn zu retten, vierzehn Tage nach seiner Heldentat starb.

Hernando Pizarro wurde durch diesen Verlust schwer getroffen. Doch für Trauer war keine Zeit. Es galt nun, den gewonnenen Vorteil zu nutzen. So stellte sich Hernando, nachdem er seinem Bruder Gonzalo den Befehl über die Stadt übertragen hatte, an die Spitze der Angreifer und begann die beiden Festungstürme zu belagern. Einer ergab sich nach kurzem Widerstand. Der andere hielt sich unter dem erwähnten Inkaedelmann. Dieser, mit einem erbeuteten spanischen Schild bewaffnet, schwang seine mit kupferner Spitze versehene Keule und drohte jeden niederzustrecken, der die Plattform erklimmen wollte. Er verteidigte sie nahezu allein, da er alle, welche für eine Übergabe gewesen waren, erschlagen hatte. Sogar Pizarro bewunderte seinen Mut und gab den Befehl, ihn lebend zu fangen.

Nun legten die Spanier Leitern an den Turm und kamen von allen Seiten. Die Indianer wurden alle niedergemacht. Der Versuch, den Inkahäuptling zu fangen, mißlang allerdings. Dieser hüllte sich in seinen Mantel und sprang kopfüber in die Tiefe, wo er zerschmettert liegenblieb. Es muß zugegeben werden, daß er wie ein alter Römer starb.

Die Indianer wagten nun keinen Angriff mehr. Doch jetzt sahen sich die Spanier einem neuen Feind gegenüber. Es war der Hunger. Wasser hatten sie genug, doch keine Lebensmittel mehr. Sie mußten Streifzüge zu den Vorratshäusern unternehmen, wenn sie nicht verhungern wollten, und das kostete nahezu immer einigen Spaniern das Leben, da sie außerhalb der Stadt von den Indianern angegriffen wurden.

Monate vergingen nun, ohne daß sie eine Nachricht von ihren Landsleuten erhielten. Sie waren immer davon überzeugt gewesen, daß der Statthalter alles tun werde, sie aus ihrer verzweifelten Lage zu befreien. Daß dies nicht geschah, ließ nur den Schluß zu, daß auch er einen schweren Kampf gegen die Indianer zu beste-

Die Spanier erobern die Festung von Cuzco

hen hatte. Vielleicht war er samt seinen Leuten von den Peruanern hingemetzelt worden. Vielleicht gab es die Stadt der Könige nicht mehr.

* * *

Die Lage war traurig, doch nicht ganz so verzweifelt, wie man es in Cuzco vermutete. Die Indianer hatten sich allerdings im ganzen Land erhoben, nahezu gleichzeitig, und an die hundert Spanier, die allein auf ihren Besitzungen gelebt hatten, waren ermordet worden. Eine starke indianische Streitmacht hatte Xauxa angegriffen, eine zweite die Stadt der Könige belagert. Doch in diesen Regionen konnte sich die Reiterei voll entfalten. Die

Streitmacht, die Pizarro den Indianern entgegensandte, hatte den Angreifern eine solche Züchtigung erteilt, daß sie es nicht mehr wagten, sich zu zeigen. Den Weg nach dem Landesinneren versperrten sie den Spaniern allerdings.

Verworrene und beunruhigende Nachrichten über die Belagerung von Cuzco waren auch bis in das Tal von Rimac gedrungen. Pizarro bemühte sich mehrmals, die Hauptstadt zu befreien. Doch diese Versuche mißlangen, da auf den Gebirgspässen eine solche Überzahl an Indianern stand, daß es sinnlos war, sie anzugreifen. Solch ein Angriff hätte nur das nutzlose Dahinopfern von Menschen bedeutet.

Pizarro erkannte, daß er Hilfe von außen brauchte. Deshalb fertigte er alle im Hafen von Truxillo liegenden Schiffe mit dem Auftrag ab, den Statthaltern von Panama, Nicaragua, Guatemala und Mexiko Briefe zu überbringen, in welchen er seine traurige Lage schilderte und um Hilfe bat*.

***

Der August war gekommen, fünf Monate lang wurde Cuzco nun schon belagert. Diese den Indianern sonst fremde Ausdauer bewies, daß der Inka Manco entschlossen war, die weißen Männer zu vernichten. Doch auch vor seinem Heer machte der Hunger nicht halt. Es war kein leichtes, ein so großes Heer zu ernähren, denn die Kornvorräte, welche die Inkaherrscher einst sorgfältig

* Der Brief an Pedro de Alvarado befindet sich auch im Archiv von Simancas. Er lautet:

DEM TAPFEREN EROBERER UND STATTHALTER
DES LANDES GUATEMALA PEDRO DE ALVARADO.
WIR BEFINDEN UNS HIER IN MEINER STATTHALTERSCHAFT
NEU-KASTILIEN IN EINER VERZWEIFELTEN LAGE,
DA SICH DIE EINGEBORENEN ÜBERALL ERHOBEN HABEN UND DIE
HAUPTSTADT DES LANDES BELAGERN. MEINE STREITMACHT
IST ZU KLEIN, ALS DASS ICH DIE EMPÖRER VERNICHTEN
KÖNNTE. OHNE HILFE WÜRDE DIESES LAND DER KRONE
VERLORENGEHEN. DESHALB BESCHWÖRE ICH EUCH BEI EURER
EHRE UND EURER VATERLANDSLIEBE, MIR BEIZUSTEHEN, EHE ES ZU SPÄT IST. ICH VERPFLICHTE MICH,
ALLE EROBERUNGEN, DIE WIR GEMEINSAM MACHEN WERDEN,
MIT EUCH ZU TEILEN.
IM NAMEN DES KAISERS UND UNSERES HERRN JESUS CHRISTUS
MARQUIS FRANCISCO PIZARRO, VIZEKÖNIG.

angelegt hatten, waren von den Eroberern längst verbraucht worden. Außerdem war jetzt die Zeit zum Pflanzen gekommen. Der Inka wußte sehr wohl, daß sein Volk von einer furchtbareren Geißel heimgesucht werden würde, als es die Spanier waren, wenn die Pflanzzeit versäumt wurde. Deshalb löste er sein Heer auf und befahl den Kriegern, nach Hause zurückzukehren und nach getaner Feldarbeit die Belagerung von Cuzco wiederaufzunehmen. Eine ansehnliche Mannschaft blieb bei ihm. Mit ihr begab er sich nach Tambo, einem stark befestigten Platz südlich des Tales von Yucay, dem Lieblingsaufenthalt seiner Vorfahren. Einige Truppen blieben in der Nähe von Cuzco zurück. Ihre Aufgabe war es, die Bewegungen des Feindes zu beobachten und zu verhindern, daß er Zufuhren erhielt.

Die Spanier jubelten, als sie sahen, daß das gewaltige Heer, welches Cuzco so lange belagert und umringt hatte, immer kleiner wurde. Hernando Pizarro nutzte die Gelegenheit sofort und sandte Truppen nach allen Richtungen aus, mit dem Auftrag, Lebensmittel herbeizuschaffen. Bei einem dieser Streifzüge gelang es den Spaniern, 2000 peruanische Schafe zu fangen und nach der Hauptstadt zu bringen. Dadurch wurde das Gespenst des Hungers für lange Zeit gebannt.

Aber auch diese Streifzüge brachten den Spaniern Verluste. Wohl gab es keine Kämpfe mehr, es kam nur noch zu kleinen Scharmützeln, welche bisweilen die Form von Zweikämpfen annahmen. Auf der einen Seite das Schwert und der Panzer, auf der anderen Schleuder, Bogen und Lasso – das sorgte dafür, daß der Boden rings um Cuzco weiter von Blut gerötet wurde. Auch Hernando Pizarro bestand einen dieser Zweikämpfe. Dabei hieb er seinem Gegner beide Hände ab und rief: »Dies für meinen Bruder Juan!«

Diese Art von Kriegführung behagte Hernando Pizzaro jedoch nicht. Er sann vielmehr auf einen kühnen Streich, durch den er diesem Krieg für immer ein Ende bereiten konnte. Dies war die Gefangennahme des Inkas Manco, den er in seinem Wohnsitz in Tambo überraschen wollte.

Zu diesem Zweck wählte er seine besten achtzig Reiter und einige Fußsoldaten aus. Um seine Absicht zu verschleiern, machte er einen großen Umweg und kam so, unbemerkt vom Feinde, vor Tambo an. Zu seiner Überraschung – es war eine unangenehme Überraschung für ihn – fand er den Platz stärker befestigt, als er erwartet hatte.

Der Palast des Inkaherrschers stand auf einer Anhöhe, die auf der einen Seite stark abfiel und außerdem durch eine Steinmauer geschützt war. Hier war die Festung uneinnehmbar. Die entgegengesetzte Seite senkte sich allmählich gegen die Ebene, durch welche der Yucay floß. Nur von dort konnte ein Angriff gewagt werden.

Die Spanier setzten ohne Schwierigkeit über den Fluß und näherten sich auf dem sanft abfallenden Gelände noch vor Sonnenaufgang der Festung. Dort angelangt, stießen sie auf eine Brustwehr, die jener ähnlich war, welche die Festung von Cuzco abschirmte. Sie hofften, daß die Besatzung noch im Schlafe lag. Doch sie hatten sich getäuscht. Tausende Augen hatten sich längst auf sie gerichtet. Als sie in Bogenschußweite gekommen waren, erschienen plötzlich auf dem Wall dunkle Gestalten, und die Luft wurde durch einen Hagel von Wurfwaffen, Steinen, Speeren und Pfeilen verfinstert, der auf die Spanier herabfiel. Auch der Inka zeigte sich. Er hielt eine Lanze in der Hand und gab seinen Kriegern Befehle.

Die überraschten Spanier wankten kurze Zeit, sammelten sich aber dann wieder. Zweimal griffen sie an und zweimal wurden sie zurückgeschlagen, da sie außerstande waren, dem immer dichter werdenden Wurfhagel zu entkommen. Schließlich hielt Pizarro einen Kriegsrat ab, und es wurde beschlossen, dieses Unternehmen aufzugeben. Zwei Spanier hatten bei dem Angriff den Tod gefunden, mehrere waren verwundet worden. So war es erklärlich, daß sich Pizarro zur Rückkehr entschloß. Er wollte nicht noch mehr Leute opfern.

Auf dem Wege zu der Hauptstadt wurden die Spanier mehrmals angegriffen. Doch dieser Angriffe wurden sie Herr. Sie gelangten glücklich über die Bergpässe und waren froh, als sie das rauchgeschwärzte Cuzco erblickten.

Keiner von ihnen gestand sich ein, daß der Inka einen Sieg davongetragen hatte.

DIEGO DE ALMAGROS ZUG NACH CHILE

Für das UNTERNEHMEN NEU-TOLEDO hatten sich genug Spanier gemeldet. Sie alle hofften, dort noch mehr Schätze als in Peru zu finden. Paullo Topa, ein Bruder des Inkaherrschers Manco, wurde mit drei Spaniern vorausgesandt, um den Weg zu erkunden. Es folgte eine Schar von 150 Mann, die unter dem Befehl eines Offiziers namens Saavedra stand. Ihr wieder folgte Almagro mit seiner Truppe. Einige Verstärkungen sollten nachkommen.

Auf dem ersten Teil ihres Marsches benützten die Spanier die große Kriegsstraße der Inkas, die durch das Tafelland weit nach Süden führte. Dann aber begannen die Bergpässe, wo keine Spur einer Straße, ja eines Weges zu finden war. Hindernis um Hindernis türmte sich hier auf: tiefe und wilde Schluchten, um deren Wände sich ein Steig neben Abgründen zu schwindelnden Höhen hinaufwand; Bergbäche, welche über die Abhänge brausten und manchen mit sich in die Tiefe rissen; dunkle Fichtenwälder, die kein Ende zu haben schienen; ödes Tafelland, wo es weder einen Busch noch einen Strauch gab. Hier wehten eisige Winde, die durch Mark und Bein gingen.

Je höher die Spanier kamen, desto durchdringender wurde die Kälte. Manche verloren die Nägel, ja sogar ganze Gliedmaßen. Andere wieder erblindeten, nachdem sie Schneefelder überschritten hatten, viele glaubten, in der dünnen Luft ersticken zu müssen. Da es hier nichts gab, das als Nahrung dienen konnte, stellte sich auch noch der Hunger ein. Schließlich wurde die Hungersnot so groß, daß niemand mehr davor zurückscheute, Pferdefleisch zu essen. Schlachten mußte man die Tiere erst gar nicht, da die meisten erfroren.

Aus der wüsten Einöde des Gebirges gelangten die Spanier in das grüne, ungefähr 13 Grad südlicher Breite gelegene Tal von Coquimbo. Hier stießen sie endlich auf Dörfer. Doch wie groß war ihre Enttäuschung, als sie in den elenden Hütten nur gedörrte Ratten, übel schmeckende Beeren und in Töpfen eine breiartige Masse fanden, die von Maden durchsetzt war. Immerhin waren die Indianer als Lasttiere zu gebrauchen. Sie wurden je zehn zusammengekettet und mußten die Lasten der erschöpften Spanier tragen. Da die meisten vom Hunger ausgemergelt waren, hielten sie nicht lange durch und sanken tot zu Boden.

Im Heer Almagros befanden sich viele, die mit Alvarado nach Peru gekommen waren. Diese machten sich auf diesem Marsch vieler Grausamkeiten schuldig, die Francisco Pizarro niemals geduldet, ja streng geahndet hätte. Fray Antonio Velasco, der diesen Zug mitmachte und ihn mir beschrieb, versicherte, daß Saavedra einmal einen Häuptling, der außerstande gewesen war, Lebensmittel herbeizuschaffen, lebendig verbrennen ließ.

Im Tal von Coquimbo wurden Almagros Truppen von den Verstärkungen eingeholt. Diese standen unter dem Befehl des Rodigro de Orgonez, eines trefflichen Soldaten, der an der Erstürmung Roms teilgenommen hatte. Nun im Besitz eines stattlichen Heeres, sandte Almagro einen starken Trupp aus, das Land gegen Süden hin zu erkunden und, wenn möglich, Lebensmittel herbeizuschaffen.

Dieser Trupp kehrte nach zwei Monaten zurück und brachte wenig erfreuliche Nachrichten über die südlichen Gegenden von Chile mit. Sie waren hundert Leguas weit vorgedrungen, wobei sie nur auf elende Dörfer gestoßen waren. Lebensmittel gab es in diesem Lande nur wenig, Gold überhaupt keines. Selbst an Tieren herrschte in den undurchdringlichen Wäldern Mangel.

Nun fühlte sich Almagro abermals betrogen. In ein Land hatte man ihn gesandt, in dem es kein Gold gab, in ein Land, in welchem der Hunger regierte! Das war die ihm zugedachte Statthalterschaft! Wahrscheinlich war es die Hoffnung der Pizarros gewesen, daß er hier elend umkam. Zu diesen Überlegungen kam noch, daß die Soldaten zu murren begannen und die Rückkehr forderten. Saavedra und Orgonez stellten sich auf ihre Seite.

So gab Almagro den Befehl zur Rückkehr und wandte sich nach Norden. Er war jetzt entschlossen, sich sein Recht zu verschaffen, wenn es sein mußte, auch mit dem Schwert in der Hand. Sein Ziel war Cuzco.

SPANIER GEGEN SPANIER

Um den Gefahren der Bergpässe zu entgehen, nahm Almagro jetzt den Weg entlang der Küste und marschierte mit seinen Soldaten durch die schreckliche Wüste von Atacama, wo mehrere

Soldaten verdursteten. Nachdem die Leiden dieses Marsches überwunden waren, erreichte er die etwa 60 Leguas von Cuzco entfernte Stadt Arequipa. Hier erfuhr er von der Rebellion der Indianer, von der Belagerung der Hauptstadt und auch davon,

Diego de Almagro

daß sich noch immer ein stattliches indianisches Heer in der Nähe aufhielt.

Dieses Heer, das der Inka zurückgelassen hatte, um die Bewegungen der Spanier zu beobachten, war 15 000 Mann stark. Sein Häuptling, der meinte, die Spanier in Cuzco hätten Verstärkung erhalten, griff Almagro sofort an. Es kam zu einer hitzigen Schlacht, deren Ausgang furchtbar war. Nahezu das ganze indianische Heer wurde aufgerieben. Die Spanier verloren ein Pferd. Es war das Pferd des Rodigro de Orgonez.

Damit war der Weg nach Cuzco frei. Almagro sandte sofort zwei seiner Männer in die Stadt, mit dem Befehl, ihn als Statthalter anzuerkennen. Cuzco, erklärte er, gehöre zu seiner Statthalterschaft Neu-Toledo. Hernando Pizzaros Antwort lautete, daß es ihm nicht zustehe, dies zu entscheiden. Diese Entscheidung könne nur der Vizekönig treffen.

Trotz dieser Antwort zögerte Almagro jetzt plötzlich, in die Stadt einzumarschieren. Es wurde eine Art Waffenstillstand geschlossen, demzufolge sich beide Parteien feierlich verpflichteten, sich aller Feindseligkeiten zu enthalten und in ihren Stellungen zu bleiben.

Es wurde nun kalt, und gewaltige Wassermassen stürzten vom Himmel. Dadurch wurden Almagros Soldaten, die unter freiem Himmel lagern mußten, immer mißvergnügter und begannen neuerdings zu murren. Dazu kam noch, daß plötzlich bekannt wurde, daß eine unter dem Befehl Alonso de Alvarado stehende große Armee auf dem Wege nach Cuzco war, um die Stadt zu befreien. Nun fühlte sich Almagro abermals verraten und zögerte nicht mehr, in die Stadt einzumarschieren. Es geschah in der stürmischen, finsteren Nacht des 8. April 1537.

Almagros Truppen stießen auf keinen Widerstand. Sie besetzten die Hauptkirche und stellten große Reiterhaufen an den Zugängen auf, um gegen Überraschungen gefeit zu sein. Dann erhielt Orgonez den Befehl, in die Wohnung Hernando Pizarros einzudringen.

Hernando Pizarro bewohnte zusammen mit seinem Bruder Gonzalo einen Palast, der einem Inkaedelmann gehört hatte. Orgonez gab den Befehl, die Türen aufzubrechen, und als dies geschehen war, sah er sich der Leibwache Hernando Pizarros gegenüber, die aus 20 Mann bestand. Es kam zu einem erbitterten

Kampf, und zum erstenmal in der Geschichte des Landes Peru wurde spanisches Blut von Spaniern vergossen. Der Himmel sei jenen gnädig, welche die Schuld daran trugen! Sie waren den stärksten Waffen Satans erlegen, der Gier nach Gold und der Gier nach Macht.

Nun zündete Orgonez, durch den hartnäckigen Widerstand gereizt, das leicht brennbare Dach des Palastes an. Dieses stand sofort in Flammen, und die brennenden Balken fielen den Bewohnern auf die Köpfe. Pizarro blieb kein anderer Weg, als ins Freie zu stürzen. Dort wurde er samt seiner Leibwache gefangengenommen.

Nun war Almagro Herr von Cuzco. Er ernannte eine ihm genehme Obrigkeit, und dann schickte er eine Botschaft in das Lager Alvarados, in welcher er diesem mitteilte, daß er Cuzco eingenommen habe. Zugleich forderte er ihn auf, ihn als den rechtmäßigen Statthalter anzuerkennen.

Alvarado lag mit seinem Heer, das an die 500 Mann stark war, in dem 13 Leguas von der Hauptstadt entfernten Xauxa. Daß er Francisco Pizarro treu blieb, erwies sich, als Almagros Abgesandte in sein Lager gekommen waren. Er ließ sie in Ketten legen und benachrichtigte den Statthalter in Lima von dem Geschehen.

Diese Tat rief in Almagros Lager große Empörung hervor. Almagro schickte sich sofort an, gegen Alonso de Alvarado zu marschieren und ihn zur Unterwerfung zu zwingen. Sein Unterbefehlshaber Orgonez riet ihm, vor dem Aufbruch den Pizarros die Köpfe abschlagen zu lassen. »Solange sie leben, werden wir alle unseres Lebens nicht sicher sein«, sagte er und schloß mit dem spanischen Sprichwort: »Ein Toter beißt nicht*.« Doch davor schreckte Almagro zurück, obwohl er Hernando Pizarro haßte. Außerdem fühlte er sich dem Francisco Pizarro noch immer verbunden und wollte das Band zwischen ihnen nicht für immer lösen. Daher begnügte er sich damit, seine Gefangenen in einen Kerker werfen zu lassen.

Nach wenigen Tagen hatte er Alvarados Standort erreicht. Alvarado hatte eine starke Stellung auf der gegenüberliegenden Seite des Rio de Abancay, wo er mit dem größten Teil seines Heeres einer Brücke gegenüber postiert war, die über diesen rei-

* El muerto no mordia.

ßenden Strom führte, während eine zweite Abteilung eine weiter unten gelegene Furt beherrschte. Diese Abteilung stand unter dem Befehl des Pedro le Lerma, der seinem Befehlshaber nicht wohlgesinnt war. Lerma nahm nun mit Almagro durch einen Boten heimlich Verbindung auf und riet ihm zu einem Schlachtplan, der in der folgenden Nacht durchgeführt wurde.

Almagro stellte eine große Truppe gegenüber der Brücke auf, so daß Alvarado glauben mußte, der Feind wolle dort den Übergang erzwingen. Gleichzeitig aber setzte eine zweite Truppe unter Orgonez durch die Furt und vereinigte sich mit de Lermas Soldaten. Als nun Alvarado das Geschrei hörte, das sich dort erhoben hatte, verließ er seinen Standort, um de Lerma, den er für bedrängt hielt, zu Hilfe zu eilen. Sofort überschritt Almagro mit seiner Truppe die Brücke und geriet so Alvarado in den Rücken. Der Kampf währte nicht lange, dann ergab sich Alvarado mit seiner ganzen Mannschaft. Es war dies die Schlacht von Abancay. Sie wurde am 12. Juli 1537 geschlagen. Es gab nur drei Tote, die jedoch nicht durch Feindeshand gefallen, sondern in dem Fluß ertrunken waren.

***

Francisco Pizarro hatte inzwischen bedeutende Verstärkungen erhalten, darunter ein mit Lebensmitteln, Kriegsgerät und reichem Kleidervorrat beladenes Schiff. Das Kriegsgerät war ein Geschenk des Hernando Cortez. Mit der neuen Truppe war der Licentiat* Gaspar de Espinosa nach Peru gekommen, ein rechtskundiger Beamter, dessen Aufgabe es war, den Spaniern in ihrem Kampf gegen die Indianer beizustehen und Streitigkeiten zwischen ihnen zu schlichten.

Knapp vor seinem Aufbruch nach Cuzco erfuhr Pizarro, was geschehen war. Daraufhin blieb er in Lima und versetzte die Stadt in den besten Verteidigungszustand. Er hielt es für möglich, daß Almagro auch Lima angreifen werde. Daran dachte dieser noch nicht. Er war mit seinem siegreichen Heer und den Gefangenen nach Cuzco zurückgekehrt.

* Akademischer Grad, der heute in Deutschland auch nur noch von theologischen Fakultäten verliehen wird.

Bald darauf traf Gaspar de Espinosa dort ein. Alle seine Mahnungen, die Eintracht der Spanier nicht weiter zu gefährden, prallten an Almagro ab. Es kam zu einer harten Auseinandersetzung, an deren Ende Espinosa erklärte: »Ich stehe im Namen des Kaisers vor Euch. Deshalb habt Ihr Euch mir zu fügen. Ihr seid mein Gefangener und werdet Euch in Spanien zu verantworten haben.«

Almagro versicherte, sich nicht zu widersetzen. Am nächsten Morgen wurde Espinosa tot aufgefunden. Es liegt der Verdacht nahe, daß er vergiftet wurde.

***

Nun wurden keine Verhandlungen mehr geführt. Almagro traf Vorbereitungen, zur Küste zu marschieren und dort eine Stadt zu gründen, welche ihm die Verbindung mit dem Mutterland sichern sollte. Bevor er aufbrach, sandte er, um zu verhindern, daß Cuzco während seiner Abwesenheit angegriffen wurde, eine starke Streitmacht gegen den Inka. Doch Manco hatte allen Mut zum Kampf verloren und floh aus der Festung in Tambo. Orgonez verfolgte ihn über Berg und Tal, bis der königliche Flüchtling, von allen seinen Gefolgsleuten verlassen, im Gebirge Schutz suchte.

Bevor Orgonez die Hauptstadt verließ, forderte er seinen Befehlshaber abermals auf, den Pizarros die Köpfe abschlagen zu lassen. Wieder lehnte der Marschall diesen Vorschlag ab. Er hatte Angst, durch solch eine Maßnahme selbst seine treuesten Anhänger zu empören, und noch mehr Angst hatte er vor dem Kaiser, dessen strafende Hand auch bis Peru reichen würde.

Gonzalo Pizarro, Alonso de Alvarado und die übrigen Gefangenen blieben in ihrem Gefängnis. Den Hernando Pizarro hingegen nahm Almagro auf seinem Zug zur Küste mit. Ende August gelangte er in das freundliche Tal von Chincha. Hier legte er den Grundstein zu einer Stadt, welche seinen Namen tragen und eine Rivalin der Stadt der Könige werden sollte. Hiedurch forderte er den Vizekönig in seinem eigenen Lande zum Kampf heraus. Kaum daß der Grundstein gelegt war, erfuhr Almagro, daß Gonzalo Pizarro, Alonso de Alvarado und die anderen Gefangenen ihre Wärter bestochen hatten und aus Cuzco geflohen waren. Etwas später empfing er dann auch noch die Nachricht, daß sich die Flüchtlinge wohlbehalten in Lima eingefunden hatten.

Nun hing Hernando Pizarros Leben an einem seidenen Faden, und Almagro begann sich mit dem Gedanken zu tragen, Pizarro hinrichten zu lassen. In diesem Augenblick traf in seinem Lager der Bruder Francisco de Bovadilla, ein Mönch des Gnadenordens, ein. Dieser Mönch, dem der Ruf großer Redlichkeit vorausging, forderte ihn auf, unverzüglich mit dem Vizekönig zusammenzutreffen und einem Streit ein Ende zu setzen, welcher sowohl der Kirche Christi als auch der Krone nur Schaden bringe.

Obwohl ihm Orgonez zum Gegenteil riet, wagte es Almagro nicht, sich zu widersetzen. Die Zusammenkunft der beiden Nebenbuhler fand am 13. November 1537 in einem kleinen Flecken namens Mala statt. Nach einer herzlichen Begrüßung kam es zu einem gereizten Wortwechsel, der in Tätlichkeiten auszuarten drohte. Schließlich bestieg Almagro sein Pferd und ritt nach Chincha zurück. Der Bruch, der geheilt werden sollte, war nur noch größer geworden.

Hierauf traf Fray Francisco de Bovadilla die Entscheidung allein. Sein Dekret wurde sowohl in Cuzco als auch in Lima auf dem Portal der Hauptkirche angeschlagen. Es hatte folgenden Wortlaut:

Den streitenden Parteien
des Vizekönigs Francisco Pizarro
und
des Marschalls Diego de Almagro
wird folgende bindende
Verpflichtung auferlegt:

1. Die Stadt Cuzco bleibt so lange im Besitz des Marschalls, bis der Rat von Indien entschieden hat, ob diese Stadt zum Pflanzstaat Neu-Kastilien oder zum Pflanzstaat Neu-Toledo gehört.
2. Bis zum Eintreffen dieser Entscheidung enthalten sich beide Parteien aller Feindseligkeiten.
3. Hernando Pizarro ist unverzüglich aus der Gefangenschaft zu entlassen und darf sich ungehindert nach der Stadt der Könige begeben.

4. Hernando Pizarro gibt seine ritterliche Ehre zum Pfand, dass er binnen sechs Wochen das Land Neu-Kastilien verlassen und nach Spanien zurückkehren wird.

In Nomine Domini Jesu Christi!
Ciudad de los Reyes
20. November 1537
Francisco de Bovadilla
pro Ecclesia et Rege.

Das Dekret war in lateinischer Sprache abgefaßt. Hernando Pizarro schwor einen feierlichen Eid, daß er seiner Verpflichtung nachkommen werde. Hierauf begab sich Almagro selbst zu ihm in sein Gefängnis und teilte ihm mit, daß er nun frei sei. Anschließend führte er ihn zu einem Festmahl, an dem alle hohen Offiziere teilnahmen. Diego de Almagro, der Sohn des Marschalls, brachte ihn zu seinem Bruder. Es schien so, daß nun Friede herrschen würde.

LAS SALINAS

Der Vizekönig berief, kaum daß ihn Diego de Almagro und seine Schar verlassen hatten, einen Kriegsrat ein. Er sprach von dem mannigfaltigen Leid, das ihm der Marschall zugefügt hatte, von der Einnahme Cuzcos und der Einkerkerung seiner Brüder. Als er seine Rede mit den Worten: »Jetzt ist die Zeit der Rache gekommen!« schloß, jubelten ihm alle zu.

Pizarro hatte schon zur Zeit der Verhandlungen kriegerische Vorbereitungen getroffen. Sein Heer war größer als das Almagros und auch besser ausgerüstet. Viele trugen Büchsen, die aus Flandern eingeführt worden waren. Diese hatten eine sehr weite Mündung und konnten doppelt wirksame Ladungen abfeuern, die aus mit einer eisernen Kette verbundenen Kugel bestanden. Außerdem kämpften jetzt Alvarados Soldaten für Pizarro. Sie waren durch unzählige Kämpfe auf den blutigen Schlachtfeldern Guatemalas abgehärtet worden.

Pizarro erklärte, er sei zu alt, den bevorstehenden Feldzug selbst zu leiten, und übertrug das Kommando seinen Brüdern. Hernando erklärte, daß er nach Spanien zurückkehren müsse. Daraufhin befreite ihn der Vizekönig von allen Verpflichtungen. Er tat dies kraft seines hohen Amtes und, wie er sagte, zum Nutzen der Krone.

Der nächste Schritt, den der Vizekönig tat, war, Almagro anzuzeigen, daß der mit ihm geschlossene Vertrag null und nichtig geworden sei. Zugleich forderte er ihn auf, Cuzco zu räumen und sich nach Neu-Toledo zurückzuziehen. Almagro war, als Pizarros Bote mit dieser gebieterischen Forderung eintraf, schwer krank. Er hatte früher ein ausschweifendes Leben geführt, und das rächte sich jetzt.

In dieser trostlosen Lage übergab Almagro den Oberbefehl über seine Truppen dem Rodigro de Orgonez, auf dessen Mut und Treue er, wie er wußte, bauen konnte. Was vorerst geschehen mußte, war klar. Man mußte sich der Pässe über den Guaitara versichern, einen langgestreckten Berg, der auf dem Wege Pizarros nach Cuzco lag. Doch hier kam Orgonez zu spät. Pizarros Streitmacht hatte die Pässe schon überwunden. Almagros Glücksstern sank.

Nun dachte Almagro nur noch an Cuzco. Er mußte, was immer es kostete, vor dem Feind in Cuzco sein. Zu schwach, auf einem Pferd zu sitzen, mußte er sich in einer Sänfte tragen lassen, und als er die alte Stadt Bilcas erreicht hatte, wurde er von seiner Krankheit so sehr geplagt, daß er gezwungen war, hier drei Wochen zu bleiben. Erst dann konnte er seinen Marsch fortsetzen.

Der Statthalter und seine Brüder marschierten indes, nachdem sie die Pässe des Guaitara überwunden hatten, in das Tal von Ica hinunter. Hier blieb Pizarro eine kurze Zeit, um seine Truppen zu ordnen. Dann kehrte er nach der Stadt der Könige zurück und überließ, wie er es vorher angekündigt hatte, die Fortsetzung des Feldzuges seinen jüngeren und rüstigeren Brüdern.

Hernando verließ bald darauf Ica und marschierte entlang der Küste bis Nasca. Ohne auf Widerstand zu stoßen – die Indianer wagten es nicht mehr, die weißen Männer anzugreifen –, traf er am 28. April 1538 in der Nähe von Cuzco ein.

Almagro hatte die Hauptstadt sieben Tage vorher erreicht. Dort angekommen, hielt er einen Kriegsrat. Einige schlugen vor,

Cuzco zu verteidigen. Almagro meinte, es wäre besser, zu verhandeln. Orgonez' Stimme gab den Ausschlag. »Dazu ist es zu spät«, sagte er. »Hernando Pizarro wurde freigelassen. Nun muß er bekämpft werden, und ich selber werde ihn töten. Wir werden dem Feind in der Ebene die Entscheidungsschlacht liefern, aus welcher wir als Sieger hervorgehen werden.«

Das ganze Heer verließ nun die Hauptstadt und stellte sich in der Ebene von Las Salinas auf. Diese Ebene hieß so, weil man hier aus Brunnen Salz gewann. Diese Stellung war für Almagro ungünstig, da sie infolge der Unebenheit des Bodens für die Reiter – Almagro besaß mehr Reiter als Hernando Pizarro – hinderlich war. Doch Orgonez beharrte auf dieser Stellung. Seine Mannschaft bestand aus 250 Reitern und 250 Fußsoldaten. Dem Fußvolk mangelte es an Feuerwaffen, dafür standen ihm sechs Feldschlangen zur Verfügung. Das ganze Heer war durch einen kleinen Fluß und einen Sumpf geschützt.

Kaum hatten Almagros Truppen ihre Stellung bezogen, als auch schon die glänzenden Waffen und Banner der Spanier unter Hernando Pizarro sichtbar wurden. Das Heer rückte in guter Ordnung vor, und man sah ihm an, daß es auf dem Marsch geschont worden war. Langsam marschierten die Soldaten vor und machten auf dem gegenüberliegenden Ufer des Flusses halt, der die Vorderhut des Orgonez deckte.

Hier schlug Hernando Pizarro, als die Sonne untergegangen war, sein Lager auf.

Die Nachricht von der bevorstehenden Schlacht hatte sich im ganzen Land Peru verbreitet. Überall, vor allem auf den Bergen und Felsen, drängte sich die Menge der Eingeborenen, begierig, ein Schauspiel ohnegleichen zu erleben. Sogar Frauen und Kinder waren zu sehen.

Die Schlacht fand an einem strahlend schönen Tag, am 26. April, statt. Ehe die Sonne aufgegangen war, hatte Trompetenschall Hernando Pizarros Soldaten schon zu den Waffen gerufen. Seine Streitmacht war etwa 700 Mann stark. Sie bestand aus den erfahrenen Kriegern Francisco Pizarros, den kühnen Kämpfern des Alonso de Alvarado und aus jenen, die vor kurzem als Verstärkung angekommen waren. Unter ihnen war keiner, der zum erstenmal in einer Schlacht stand.

Hernando Pizarro hatte seine Schlachtordnung schon vor dem

Kampf festgelegt. Das Fußvolk befand sich in der Mitte, die Reiter waren links und rechts davon aufgestellt. Den Befehl über die linke Flanke führte Alonso de Alvarado, den über die rechte er selbst. Das Fußvolk wurde von Gonzalo Pizarro und Pedro de Valdivia* befehligt.

Nachdem eine Messe gelesen worden war, hielt Hernando Pizarro eine Ansprache an seine Soldaten. Er verwies auf die Beleidigungen, welchen seine Familie und er ausgesetzt gewesen waren; er erinnerte die alten Krieger an den Verlust Cuzcos; er sprach zu Alvarados Kämpfern von der Flucht bei Abancay. Dann zeigte er auf die Hauptstadt, die in der strahlenden Morgensonne lag. »Dort ist der Siegespreis!« rief er aus, während ihm sein Heer laut zujubelte.

Unter Trompetenschall führte hierauf Gonzalo Pizarro das Fußvolk über den Strom. Das Wasser war weder breit noch tief, so daß es den Soldaten keine Mühe bereitete, festen Fuß zu fassen, während die feindliche Reiterei durch den sumpfigen Boden daran gehindert wurde, sich dem Ufer zu nähern. Dafür arbeitete Orgonez' schweres Geschütz mit Erfolg und brachte die vorderen Reihen in Unordnung. Sofort warfen sich Gonzalo Pizarro und Valdivia unter die Soldaten und führten sie auf festen Boden. Hier trennten sich die Büchsenschützen vom übrigen Fußvolk. Sie gewannen eine kleine Anhöhe und eröffneten von dort ein heftiges Feuer, das die feindlichen Lanzenträger auseinandertrieb und der Reiterei arg zusetzte.

Inzwischen hatte Hernando aus seinen beiden Reiterscharen eine Kolonne gebildet und rückte unter dem Feuerschutz der Büchsenschützen vor. Als er festen Boden erreicht hatte, stürmte er geradenwegs auf den Feind zu. Orgonez, dessen Fußvolk schon sehr geschwächt war, zog, wie sein Gegner, seine beiden Schwadronen in eine zusammen und sprengte in vollem Galopp den Angreifenden entgegen. Der Zusammenprall war so fürchterlich, daß die auf den Höhen versammelten Indianer in ein lautes Geheul ausbrachen.

Es war ein erbittertes Ringen. Denn hier kämpften nicht Spanier gegen Indianer, sondern in vielen Schlachten gestählte Spa-

* Valdivia löste die Aufgabe, an der Almagro gescheitert war, und eroberte 1540 Chile. Er war dort der erste Statthalter.

nier gegen Spanier. Unter dem Ruf »El Rey y Pizarro!« oder »El Rey y Almagro!« feuerten sie einander an, und es war scheußlich, zu sehen, mit welchem Haß und mit welcher Erbitterung sie fochten. Ich konnte so wie andere Augenzeugen für diese armen Sünder nur beten.

Auf diesem blutigen Schlachtfeld tat Orgonez seine Schuldigkeit. Er kämpfte wie einer, dessen Element die Schlacht ist. Als er einen Ritter erblickte, den er für Hernando Pizarro hielt, sprengte er in vollem Lauf auf ihn zu und stieß ihn mit seiner Lanze nieder. Einen anderen durchbohrte er auf dieselbe Weise, und einen dritten streckte er mit dem Schwert nieder. Dann rief er laut: »Sieg! Sieg! Sieg!«

Doch er hatte zu früh gejubelt. Er wurde von einer Kettenkugel getroffen, die durch das Gitter seines Visiers drang und seine Stirn streifte, wodurch er für kurze Zeit das Bewußtsein verlor. Noch ehe er wieder zu sich kam, war sein Pferd getötet worden. Obgleich es ihm gelang, die Steigbügel abzustreifen, wurde er von der Überzahl, die ihn umringt hatte, überwältigt. Ein Diener Pizarros erstach ihn, und dann wurde ihm der Kopf abgeschlagen und als blutiges Siegeszeichen auf eine Pike gesteckt. Später, nach Beendigung der Schlacht, stellte man dieses Siegeszeichen auf der Plaza von Cuzco auf.

Nun neigte sich das Kriegsglück ganz auf die Seite Pizarros. Nach Orgonez' Fall begann das Heer Almagros zu wanken. Das Fußvolk, dem Feuer der Schützen hilflos preisgegeben, suchte hinter Felsbrocken Deckung, die da und dort umherlagen. Pedro de Lerma bemühte sich vergebens, seine Reiter wieder zu sammeln. In der Hoffnung, dem Kampf doch noch eine andere Wendung geben zu können, spornte er sein Pferd gegen Hernando Pizarro an. Dieser wich nicht zurück, und die Lanzen beider Ritter trafen ihr Ziel. Hernando durchbohrte seinem Gegner die Hüfte, de Lerma traf Hernandos Oberschenkel. Durch die Hitze des Gefechtes wurden die zwei aber bald wieder getrennt. Wenig später wurde de Lerma von seinem Pferd gerissen und blieb schwer verwundet liegen.

Almagro, zu schwach, lange auf einem Pferd zu sitzen, beobachtete von einer Anhöhe aus die Schlacht. Er wußte, daß von ihrem Ausgang alles für ihn abhing. Mit Entsetzen mußte er dann sehen, wie seine Soldaten die Flucht ergriffen. Nun bestieg er ein

Maultier, mit der Absicht, nach Cuzco zu reiten. Doch er wurde auf halbem Wege eingeholt und gefangengenommen. Dann brachte man ihn in die Hauptstadt und warf ihn in denselben Kerker, in welchen vorher die Pizarros gesperrt worden waren.

Die Schlacht von Las Salinas währte nicht ganz zwei Stunden. Die Zahl der Toten betrug an die zweihundert, die der Verwundeten war viel größer. Pedro de Lerma hatte nicht weniger als 17 Wunden davongetragen. Dennoch erreichte er Cuzco, wo er sich in der Wohnung eines Freundes verbarg. Hier spürte ihn ein Soldat namens Samaniego auf, den er einmal geschlagen hatte, und erstach ihn. Als Hernando Pizarro davon erfuhr, ließ er Samaniego festnehmen und dem Henker übergeben.

Das Schlachtfeld war bald leer geworden, da alle, sowohl die Fliehenden als auch ihre Verfolger, nach Cuzco strömten. Nun kamen die Indianer gleich Geiern von den Bergen herunter und plünderten die Leichen. Da fanden sie eine zerbrochene Lanze, dort ein Schwert. Sie waren auch damit zufrieden.

Am nächsten Tag wurden die Toten begraben. Hernando Pizarro ließ auf dem Schlachtfeld eine Kapelle errichten, die dem heiligen Lazarus geweiht wurde.

DIE HINRICHTUNG ALMAGROS

Unter den Gefangenen befand sich auch Diego, der Sohn des Marschalls. Da ihn Hernando Pizarro in den nächsten Tagen nicht in seiner Nähe haben wollte, schickte er ihn nach Lima zu seinem Bruder. Francisco Pizarro nahm ihn freundlich auf, sorgte aber dafür, daß ihm jede Möglichkeit zu einer Flucht genommen wurde.

Der Marschall kränkelte immer mehr. Dennoch ließ ihn Hernando Pizarro im Gefängnis. Allerdings besuchte er ihn oft und versuchte, ihn zu trösten. Außerdem schickte er ihm fortwährend Leckerbissen von seiner Tafel. Schließlich wagte es Almagro, zu fragen, wann er seine Freiheit wiedererlangen würde. Hernando soll geantwortet haben: »Mir steht es nicht zu, Euch freizulassen. Dies wird der Vizekönig tun, sobald er nach Cuzco gekommen ist. Seid sicher, daß er Euch, seinen alten Waffengefährten, in die Arme schließen und begnadigen wird.«

Niemand wird jemals wissen, ob Almagro dies glaubte oder nicht. Sicher aber ist wohl, daß er nicht einmal ahnte, daß ein Prozeß gegen ihn vorbereitet wurde. Damit hatte man sofort nach der Schlacht von Las Salinas begonnen. Jeder, der irgendeine Klage gegen den Marschall vorzubringen hatte, konnte sich melden. Auf diese Weise kam eine Anklageschrift zusammen, die mehr als tausend Folioseiten umfaßte.

Die Verhandlung fand am 8. Juli 1538 statt. Die Hauptanklagepunkte waren:

> Diego de Almagro hat einen Krieg gegen die Krone geführt;
> er hat dadurch den Tod vieler Untertanen verschuldet;
> er hat sich widerrechtlich in den Besitz der Stadt Cuzco gesetzt.

Almagro wurde in diesen drei Punkten und einigen anderen für schuldig befunden. Da das Urteil auf Hochverrat lautete, wurde über ihn die Todesstrafe verhängt. Er ist auf dem Hauptplatz öffentlich zu enthaupten, hieß es in dem Urteil, das überall bekanntgemacht wurde.

Die undankbare Aufgabe, dem Marschall den Urteilsspruch mitzuteilen, fiel mir zu. Er begriff erst gar nicht, was ich gesagt hatte. Dann, nachdem er sich von seinem Schrecken erholt hatte, murmelte er: »Es ist nicht möglich, daß mir ein solches Unrecht widerfährt. Ich kann es nicht glauben.«

Ehe ich antworten konnte, trat Hernando Pizarro ein. Ich wollte das Gefängnis verlassen, doch Pizarro zeigte mir durch eine Handbewegung an, daß ich bleiben sollte. Almagro bat nun in den flehentlichsten Ausdrücken um sein Leben. Er erinnerte Hernando an die frühere Freundschaft mit seinem Bruder und an die guten Dienste, die er ihm und seiner Familie lange Zeit hindurch geleistet hatte. Außerdem wies er auf seine großen Verdienste um Spanien hin. »Schont meine grauen Haare«, schloß er. »Von mir habt Ihr doch jetzt nichts mehr zu fürchten.« Hernando erwiderte: »Ich bin erstaunt, zu sehen, daß Ihr Euch benehmt, wie es eines tapferen Ritters nicht würdig ist. Euer Schicksal ist nicht härter als das so manchen Kriegers vor Euch. Da Euch Gott die Gnade erwiesen hat, daß Ihr ein Christ seid, nutzt den kurzen Rest Eures Lebens, Eure Rechnung mit dem Himmel abzuschließen.«

Der Marschall war durch diese Worte noch nicht zum Schweigen zu bringen. »Das ist eine schlechte Vergeltung dafür, daß ich Euch vor kurzem das Leben geschenkt habe, obwohl mir alle rieten, es Euch zu nehmen«, fuhr er auf. »Der Kaiser wird Euch bestrafen, wenn Ihr einen um die Krone so hochverdienten Mann wie mich dem Henker übergebt.«

Doch es war alles umsonst. Hernando brach die Unterredung ab, indem er sagte: »Das Urteil ist unabänderlich. Haltet Euch bereit.«

* * *

Als Almagro eingesehen hatte, daß sein Leben verwirkt war, ordnete er seine Angelegenheiten. Gemäß seinem Vertrag mit der Krone war er berechtigt, seinen Nachfolger zu bestimmen. Er ernannte hierzu seinen Sohn Diego. Sein gesamtes Eigentum und alle seine Besitzungen stellte er seinem obersten Gebieter, dem Kaiser, zur Verfügung, wobei er darauf verwies, daß er bei Pizarro noch ein großes Guthaben hatte. Er hoffte, durch dieses Vermächtnis Schutz für seinen Sohn von seiten des Kaisers zu erlangen und außerdem zu erreichen, daß in Kastilien untersucht wurde, ob seine Verurteilung zum Tode gerechtfertigt gewesen sei.

Nicht alle in Cuzco waren mit dem Todesurteil einverstanden. Einige versuchten sogar, Hernando Pizarro zur Milde zu bewegen. Doch sie baten vergebens. Der Befehlshaber ließ sich nur dazu herbei, die Form der Hinrichtung abzuändern. Nun sollte der Marschall nicht auf einem öffentlichen Platz, sondern im Gefängnis enthauptet werden.

Am Tage der Hinrichtung wurde eine starke Abteilung Büchsenschützen auf der Plaza aufgestellt, und vor den Häusern, in welchen Almagros Anhänger wohnten, wurden die Wachen verdoppelt. Um neun Uhr am Vormittag begab sich der Scharfrichter, von einem Priester begleitet, in das Gefängnis. Almagro beichtete und nahm das Abendmahl. Dann überließ er sich der Garrotte.

Sein Leichnam wurde an demselben Tag auf die Plaza gebracht, wo, dem Urteil gemäß, der Kopf vom Körper getrennt wurde. Ein Herold verkündete laut, weshalb Almagro den Tod erlitten hatte. Seine sterblichen Überreste wurden in ein Tuch geschlagen und in ein unbewohntes Haus gebracht, vor dem sofort eine Wache aufzog.

Am folgenden Tag wurde der tote Marschall unter Einhaltung aller Feierlichkeiten, die ihm nach seinem hohen Rang gebührten, in der Kirche Unserer gnadenreichen Jungfrau beigesetzt. An der Spitze des langen Leichenzuges gingen Hernando und Gonzalo Pizarro. Man flüsterte sich zu, daß Francisco Pizarro dem Inkaherrscher Atahuallpa dieselbe Ehre erwiesen hatte.

3. TEIL

DAS ENDE DER PIZARROS

HERNANDO PIZARRO IN SPANIEN

Nachdem er die Nachricht vom Ausgang der Schlacht in Las Salinas erhalten hatte, begab sich Francisco Pizarro nach Xauxa, um von dort den Marsch nach der Hauptstadt anzutreten. Dort traf er mit dem jungen Almagro zusammen, der sich, von drei Reitern begleitet, auf dem Wege nach der Stadt der Könige befand. Almagro war wegen des zukünftigen Schicksals seines Vaters von größter Besorgnis erfüllt und bat den Marquis, Hernando Pizarro die Anwendung von Gewalt zu verbieten. Pizarro versprach, daß dem Marschall kein Leid zugefügt werden würde. Dadurch beruhigt, setzte Diego seinen Weg nach Lima fort, wo er im Palast des Vizekönigs aufgenommen und wie ein Sohn behandelt wurde.

Als Pizarro zum Rio de Abancay gekommen war, erhielt er die Nachricht von der Hinrichtung Almagros. Zuerst starrte er den Mönch, der ihm die Nachricht überbracht hatte, wild an, dann schlug er die Hände vors Gesicht und begann leise zu weinen. Immer wieder murmelte er vor sich hin: »Das darf nicht sein, oh, das darf nicht sein.«

Er war in den folgenden Tagen verschlossen, und niemand durfte es wagen, das Wort an ihn zu richten. Auch als er dann in Cuzco einzog, unter Trompetenschall und in dem prunkvollen Kleid, das ihm Hernando Cortez geschenkt hatte, konnte man glauben, auf dem Pferd sitze eine stolze, unnahbare Statue. Daß er seinen Bruder Hernando wegen der Hinrichtung Almagros zur Rechenschaft zog, wurde bekannt. Doch konnte niemand erfahren und wird niemand erfahren, was bei dieser Unterredung gesprochen wurde.

In den folgenden Monaten legte Pizarro eine Härte an den Tag, unter welcher alle, auch seine Freunde, zu leiden hatten. Er setzte Benalcazar, den Befehlshaber von Quito, den er selbst eingesetzt hatte, ab, mit der Begründung, Benalcazar strebe eine unabhängige Statthalterschaft an. Er lehnte es ab, dem jungen Almagro die Statthalterschaft über die südlichen Landschaften zu verleihen, und weigerte sich mehrmals, seinen Bruder Hernando zu empfangen. Auch für die Klagen der Eingeborenen, die ihn um Schutz baten, hatte er taube Ohren. Am schlechtesten erging es den Anhängern Almagros. Ihre Besitzungen wurden beschlagnahmt, und manche versanken in so tiefe Armut, daß sie Cuzco verließen und ihre Zuflucht in den Bergen suchten, wo sie wenigstens dem Spott der Sieger nicht preisgegeben waren.

Gonzalo Pizarro unternahm zu dieser Zeit einen Feldzug gegen die Chaucas, ein kriegerisches Volk, das in dem Gebiet zu Hause war, das die Krone Almagro zugewiesen hatte. Nachdem er anfangs auf erbitterten Widerstand gestoßen war, konnte die Landschaft dann doch zum Gehorsam gebracht werden. Als Lohn hierfür wies ihm der Vizekönig die ergiebigen Silberbergwerke in der Nähe von Porco* zu, die schon unter den Inkas zum Teil bearbeitet worden waren. Gonzalo begann damit, die Gruben durch Indianer in ausgedehnterem Maßstab als bisher ausbeuten zu lassen.

Als ein Jahr seit der Hinrichtung Almagros vergangen war, entschloß sich Hernando Pizarro, einen Rat des Vizekönigs befolgend, sich mit einem hinreichend großen Schatz nach Spanien zu begeben. Es war in Cuzco bekanntgeworden, daß der junge Almagro in Spanien viele Freunde besaß, die sich bemühten, seine Ansprüche bei Hofe durchzusetzen, und daß es ferner einige gab, die erklärten, man müsse für das seinem Vater widerfahrene Unrecht Vergeltung fordern.

Hernando Pizarro fürchtete die Fahrt nach Spanien nicht, denn er vertraute der Kraft des Goldes, das im Bauch seines Schiffes lag. Er schiffte sich im Sommer 1539 in Lima ein und nahm den Weg nicht über Panama, weil er gehört hatte, die dortigen Behörden seien ihm nicht gewogen. Daher machte er den weiten Umweg über Mexiko und landete in der Bucht von Tecoantepec. Als er seine Reise über den schmalen Landstrich, der die großen Meere trennt, fortsetzen wollte, wurde er festgenommen und nach der Hauptstadt gebracht. Doch Mendoza, der Vizekönig, maßte sich nicht das Recht an, ihn zurückzuhalten, und erlaubte ihm, sich zur Fortsetzung seiner Reise in Vera Cruz einzuschiffen.

Nun hielt es Pizarro nicht mehr für ratsam, sich auf der Stelle nach Spanien zu begeben. Er verließ das Schiff im Hafen von Santa Maria**, wo er blieb, bis er Nachrichten aus dem Mutter-

* Im heutigen Bolivien gelegen.
** Eine Insel der Azoren.

Indianer beuten die Silberminen aus

lande erhalten hatte. Er besaß einflußreiche Freunde am Hofe, und diese ermutigten ihn, sich, wie schon einmal, dem Kaiser selbst vorzustellen. Pizarro befolgte diesen Rat und erreichte kurz darauf die spanische Küste.

Der Hof befand sich in Valladolid. Hernando, der mit großem Prunk und unter Schaustellung der mitgebrachten Schätze seinen Einzug hielt, wurde kälter empfangen, als er es erwartet hatte. Dann jedoch, nachdem er die Gründe für die Hinrichtung Almagros bekanntgegeben hatte, Gründe, die er einleuchtend darzustellen wußte, blieb eine Zeitlang ungewiß, was mit ihm geschehen würde. Doch nun griff der Kaiser ein. Für ihn hatte Pizarro zu eigenmächtig gehandelt und heilige Gefühle allzusehr verletzt. Karl V. sprach kein Urteil aus. Aber Hernando Pizarro wurde in die Festung Medina del Campo gebracht, ohne daß man ihm mitteilte, wie lange er dort bleiben mußte*.

DER INKA LEBT NOCH

Der Kaiser war entschlossen, nun in Peru selbst nach dem Rechten zu sehen. Der Zustand des Pflanzstaates war derart, daß er das sofortige Eingreifen der Regierung erheischte. Sowohl die Rechte der Spanier als auch die der Indianer wurden mit Füßen getreten. Doch es war nicht leicht, in Peru einzugreifen. Pizarros Macht war fest in einem Land begründet, das weit von Kastilien entfernt war. Und Pizarro war ein Mann, dem nicht so ohne weiteres beizukommen war. Er, der vor kurzem ausgerufen hatte: »Mein Reich umfaßt alles diesseits Flandern!«, mochte imstande sein, seine Untertanenpflicht aufzugeben und eine von Spanien unabhängige Regierung zu gründen, wenn die Krone seine Macht aufhob oder auch nur beschnitt.

* Hernando Pizarro wurde im Jahre 1560 begnadigt. Er verließ das Gefängnis als bejahrter Mann, krank und gebrechlich. Die lange Gefangenschaft hatte er mit einem Gleichmut ertragen, der unfaßbar war. Er lebte nachher noch einige Jahre und erreichte das hohe Alter von 74 Jahren. Jedenfalls lebte er länger als alle seine Freunde, Feinde und Nebenbuhler. Er starb im Jahre 1578, seine Brüder Francisco und Gonzalo wurden 1541 bzw. 1548 (Gonzalo als Rebell enthauptet) abberufen. Karl V. schloß 1558 die Augen.

Es war daher notwendig, einen Mann abzusenden, der mit derselben Macht wie Pizarro ausgestattet war, ohne diese Macht zu zeigen. Im Gegenteil, dieser Mann sollte sich verhalten wie einer, der dem gefährlichen Vizekönig untergeordnet war. Der für diese schwierige Aufgabe Erwählte war der Licentiat Vaca de Castro, ein Mitglied der königlichen Audiencia* von Valladolid. De Castro war gelehrt, rechtskundig und von großer Redlichkeit. Außerdem besaß er viel Gewandtheit und Menschenkenntnis, und man hoffte, daß er es verstehen würde, die maßgeblichsten Männer in Peru auf seine Seite zu ziehen.

Vaca de Castros Vollmacht bewies, in welcher Verlegenheit sich die Regierung befand. Vor Pizarro sollte er als königlicher Richter erscheinen, dem die Aufgabe zugewiesen worden war, mit ihm über Beschwerden vor allem von seiten der Eingeborenen zu beraten. Für den Fall von Pizarros Tod hatte er eine zweite Vollmacht, durch die er seine Ernennung zum Statthalter von Peru ausweisen konnte. Außerdem war ihm aufgetragen worden, die Regierung durch Geheimboten vom Zustand des Pflanzstaates und allen Geschehnissen zu unterrichten.

Vaca de Castro schiffte sich im Herbst 1540 in Sevilla ein und überschritt, nachdem er eine beschwerliche Fahrt überstanden hatte, die Landenge. Auch auf dem Stillen Meer waren ihm die Winde nicht günstig gesinnt. Sein Schiff war nur noch ein Wrack, als es in den Hafen von Buenaventura einlief. Hier hörte er, daß sich die Indianer abermals erhoben hatten.

Die Indianer waren mehr und mehr Sklaven der Spanier geworden. Sie besaßen kein Eigentum mehr und wurden ausgepeitscht, wenn sie den Arbeiten nicht nachkamen, welche für sie viel zu schwer waren. Manche verhungerten, andere wurden erschlagen. Ihre Frauen waren Freiwild für die weißen Männer.

Diese Mißstände glaubte der Inka Manco für sich nützen zu können. Er verließ sein Versteck im Gebirge und wurde von den Indianern, die geglaubt hatten, er sei tot, jubelnd begrüßt. Tausende strömten ihm zu, und in kurzer Zeit war er Herr über ein großes Heer, das in der Region zwischen Cuzco und der Küste Pflanzungen zerstörte, Häuser in Brand steckte, das Vieh entführte und Spanier niedermachte. Er überfiel Reisende, die allein

* Gerichtshof.

waren, oder kleine Trupps. Wer in die Hände der Indianer fiel, starb, nachdem er auf grausame Weise gemartert worden war.

Pizarro sandte von Zeit zu Zeit kleine Abteilungen gegen Manco, doch ohne Erfolg. Waren diese Abteilungen für ihn zu groß, setzte er sich mit seinen Kriegern ab. Glaubte er, ihnen gewachsen zu sein, stellte er sich zum Kampf. Einmal wurde ein Trupp von dreißig Reitern bis auf den letzten Mann niedergemacht.

Endlich fand es der Vizekönig nötig, eine bedeutende Streitmacht, die Gonzalo Pizarro unterstellt war, gegen den Inka zu senden. Es kam zu hitzigen Gefechten in den Bergen, bei welchen die Soldaten des Inkas nahezu immer geschlagen wurden und schwere Verluste erlitten. Doch es gelang Manco stets von neuem, die Lücken zu schließen, und ihn selbst konnten die Spanier nicht fangen. Er kannte die Verstecke im Gebirge besser als sie.

Nun versuchte es Pizarro mit Verhandlungen. Er sandte einen Boten zu Manco, mit dem Auftrag, den Inkaherrscher zu einer Zusammenkunft einzuladen. Manco willigte ein und ließ Pizarro wissen, daß er im Tal von Yucay auf ihn warten werde. Der Vizekönig begab sich dorthin und sandte, um Manco für sich zu gewinnen, einen afrikanischen Sklaven mit reichen Geschenken voraus. Dieser Sklave wurde auf Mancos Befehl, nachdem er gemartert worden war, ermordet. Die Geschenke behielt Manco.

Pizarro rächte diese Schmach mit einer noch grausameren. Unter den indianischen Gefangenen befand sich eines von den Weibern des Inkas, eine junge, schöne Frau, an der Manco besonders hing. Der Vizekönig befahl nun, sie nackend an einen Baum zu binden und in Gegenwart des ganzen Lagers zuerst mit Ruten zu peitschen und dann mit Pfeilen totzuschießen. Die Unglückliche ertrug die Vollziehung des Urteils mit unwahrscheinlichem Gleichmut. Sie bat nicht um Gnade, wo keine zu finden war, keine Klage, kein Seufzer entschlüpfte ihr. Sie starb wie ein Held.

Dieses grausame Urteil schadete dem Marquis mehr, als er ahnte. Hätte er selbst hundert Indianer auf diese Weise zum Tode bringen lassen, würde ihm das niemand übelgenommen haben. Doch eine Frau auf so schreckliche Art zu töten – dagegen sträubte sich das Herz der meisten Spanier. Niemand wagte es, Pizarro zur Rede zu stellen, aber viele verdammten, wenn sie untereinander waren, seine Grausamkeit. Damals hörte ich zum erstenmal, daß er »der Tyrann« oder sogar »der Antichrist« genannt wurde.

Pizarro griff nun zu dem wirksamsten Mittel, der Rebellion der Indianer Einhalt zu gebieten. Er gründete in der Mitte des Landes Niederlassungen. Diese Niederlassungen, welche als Städte bezeichnet wurden, waren Soldatensiedlungen. Die Häuser waren aus Stein, eine Festung bewachte den Ort. Die Ansiedler erhielten Ländereien und Indianer als Arbeitskräfte zugewiesen. So wurde es den Truppen des Inkas immer schwerer gemacht, zu plündern und zu brandschatzen.

Die bedeutendsten und größten Siedlungen waren das auf halbem Wege zwischen Cuzco und Lima gelegene Guamanga, dessen Siedler die Verbindung mit der Küste bewachten, die im Bergwerksbezirk erbaute Villa de la Plata* und Arequipa**, das sich zu beiden Seiten eines Flusses erhob, der ins Meer mündete.

Wieder nach Lima, seiner Lieblingsstadt, zurückgekehrt, widmete sich Pizarro zur Gänze dem Ausbau des von ihm eroberten Landes. Er ließ Straßen bauen und förderte den Handel, er sorgte dafür, daß die rasch anwachsende Bevölkerung gute Unterkünfte hatte, und förderte alle Zweige des Gewerbefleißes. Des weiteren führte er zahlreiche europäische Getreidearten ein und hatte die Freude, zu sehen, daß das Getreide hier üppiger als in der Heimat gedieh.

Am meisten kümmerte sich Pizarro um die Bearbeitung der Bergwerke. Bald lieferten diese so große Erträge, daß der Wert des Silbers immer mehr fiel. Nur noch Gold büßte seinen Wert nicht ein. Endlich hatten die Spanier das Land gefunden, das sie so lange gesucht hatten, das Land des Goldes, des Silbers und der Smaragde, das Land des Reichtums, das Land Ophir. So war es nicht verwunderlich, daß aus Spanien ganze Scharen von Einwanderern kamen. Da unter ihnen viele Soldaten waren, richtete Pizarro nun sein Augenmerk auf die entfernteren Gegenden des Landes. Pedro de Valdivia wurde nach Chile gesandt, und Gonzalo Pizarro erhielt den Auftrag, das Gebiet von Quito in östlicher Richtung zu durchforschen. Dort sollte, wie die Indianer behaupteten, der Zimmetbaum wachsen.

* Silberstadt.
** Heute Hauptstadt des Bezirkes Arequipa in Süd-Peru, eines der bedeutendsten Handelszentren des Landes.

GONZALO PIZARROS ZUG ZUM AMAZONENSTROM

Gonzalo Pizarro empfing die Nachricht von seiner Ernennung zum Statthalter von Quito mit unverhohlener Freude. Er freute sich nicht nur deshalb, weil er nun in den Besitz dieser alten indianischen Landschaft kommen sollte, es gab für seine Freude auch noch einen anderen Grund: nun war für ihn der Weg nach dem Osten offen, zu den Ländern, in welchen die morgenländischen Gewürze wuchsen.

Gonzalo begab sich unverzüglich in seine Statthalterschaft, und es fiel ihm nicht schwer, begeisterte Gefährten zu finden, die an seinem Entdeckungszug teilnehmen wollten. In kurzer Zeit hatte er 350 Spanier und 4000 Indianer zusammengebracht. Die Spanier waren alle beritten und sehr gut ausgerüstet. Um gegen Hunger gewappnet zu sein, nahm er einen reichlichen Vorrat an Lebensmitteln und eine ungeheure Anzahl von Schweinen mit, die in der Nachhut folgten.

Der Zug setzte sich am Beginn des Jahres 1540 in Bewegung. Der erste Teil der Reise machte den Spaniern wenig Schwierigkeiten, da sie sich noch im Lande der Inkas befanden. Hier, in dieser entlegenen Region, lebten die Eingeborenen noch so, wie sie unter der Herrschaft der Inkas gelebt hatten, und viele wußten nicht, was sich in Peru in den letzten Jahren ereignet hatte.

Dies änderte sich, als sie das Gebiet von Quixos betreten hatten, ein Gebirgsland, auf dessen Pässen kriegerische Eingeborene lauerten, um sie zu überfallen. Aus diesen Gefechten gingen sie immer als Sieger hervor, der Kampf mit der Natur machte ihnen bald mehr zu schaffen.

Als sie in die höher gelegenen Regionen hinaufkamen, wurden sie von Winden überfallen, welche von den eisigen Wänden des Gebirges herabkamen, und ihre Glieder erstarrten so sehr, daß sie kaum noch die Zügel halten konnten. Ein Großteil der Indianer starb hier. Um ihre Not zu vergrößern, mußten sie auch noch ein furchtbares Erdbeben erleben. Die Erde wurde auseinandergerissen, und riesige Wolken von Schwefeldünsten stiegen aus den Spalten, die sich in wenigen Augenblicken gebildet hatten. Ein Dorf mit etwa hundert Hütten stürzte in den Abgrund.

Das Klima änderte sich, als sie über die östlichen Abhänge der

Sierra in die Tiefe stiegen. Der strengen Kälte folgte nun eine erstickende Hitze. Donner und Blitz wurden ihre ständigen Reisegefährten, und der Regen strömte unaufhörlich vom Himmel. Sechs Wochen lang dauerten die Regengüsse, und die durchnäßten und erschöpften Spanier waren kaum noch imstande, sich auf dem zerklüfteten und durch die Nässe aufgeweichten Boden fortzuschleppen. Endlich, nach Monaten, erreichten sie Canelas*, das Land des Zimmets.

Sie erblickten große Wälder, in welchen die Bäume mit der kostbaren Rinde standen. Doch dieser Anblick bedeutete ihnen jetzt nichts. Hingegen erfuhren sie von wandernden wilden Horden, welchen sie bisweilen begegneten, daß zehn Tagereisen weiter ein reiches, fruchtbares, dichtbesiedeltes Land liege, in dem es Überfluß an Gold gab. Gonzalo Pizarro war schon bis an die Grenze gelangt, die er ursprünglich hatte erreichen wollen. Jetzt entschloß er sich, noch weiter vorzudringen.

Nun gelangte die kühne Truppe in Ebenen, welche von Wäldern gesäumt wurden, die, als sie näher gekommen waren, kein Ende zu nehmen schienen. Hier sahen die Spanier zum erstenmal jene gewaltigen Bäume, die es nur in den Gegenden des Äquators gibt. Manche Stämme waren so dick, daß sie von 16 Männern, welche die Arme ausgebreitet hatten, gerade noch umspannt werden konnten. Das Holz war von Kriechpflanzen und Schmarotzerreben, die in bunten Gewinden herabhingen, dicht bedeckt. Das war ein schöner Anblick, aber zugleich auch ein undurchdringliches Netzwerk, das viel Mühe verursachte. Jeden Schritt ihres Weges mußten sich nun die Spanier mit Äxten bahnen. Dabei wurde ihre durch den langen Regen aufgeweichte Kleidung in Lumpen zerrissen, da sie an den Bäumen und Sträuchern hängenblieb. Mein Bruder in Christo, Fray Gaspar de Carvajal, schrieb nieder, die Spanier hätten damals wie Bettler ausgesehen.

Ihre Nahrungsmittel waren durch das Wetter verdorben, die Schweine, welche sie mitgenommen hatten, verzehrt. So nährten sie sich jetzt kümmerlich von Kräutern und Wurzeln, die sie in den Wäldern fanden. Zwei aßen giftige Beeren und starben unter schrecklichen Schmerzen.

* Canela ist das indianische Wort für Zimt.

Endlich kamen sie zu einer breiten Wasserfläche. Dieser Anblick erfüllte sie mit Freude, da sie hofften, einen Weg zu finden, wenn sie sich entlang dem Ufer vorwärts bewegten. Wieder bahnten sie sich den Weg durch Waldungen und dichtes Gestrüpp, und dann vernahmen sie eines Tages in der Ferne ein dem Donner ähnliches Geräusch, das allmählich näher kam. Es stammte von einem riesigen Wasserfall, den der Fluß selbst bildete, indem er in eine Tiefe von 1200 Fuß hinabrauschte. Ein schauriger Anblick war das, und das Dröhnen klang unheimlich. Es war unheimlich wie dieses ganze Land mit seinen schweigenden Wäldern, in welchen keine Menschen zu leben schienen.

Bald nach dem Wasserfall verengte sich das Bett des Stromes so sehr, daß seine Breite nicht mehr als 20 Fuß betrug. Quälender Hunger trieb die kleine Schar zu dem Entschluß, auf das andere Ufer überzusetzen, vielleicht lebten dort Menschen, vielleicht gab es dort Nahrungsmittel. Sie bauten eine gebrechliche Brücke, indem sie ungeheure Baumstämme über das Wasser legten, und wagten vorsichtig den Übergang. Nur einer glitt aus, fiel ins Wasser und ertrank. Daß keines der Pferde verlorenging, grenzte an ein Wunder.

Hier stießen sie nach drei Tagen endlich auf ein Dorf, das aus ein paar elenden Hütten bestand. Die Männer waren davongelaufen, und die Frauen hatten an Nahrungsmitteln nichts zu bieten als getrocknete Fische und abscheulich schmeckende Brotfladen. Von den Frauen erfuhren sie, daß sich in einer Entfernung von nur wenigen Tagereisen ein fruchtbares Land ausdehnte, das dicht besiedelt sei.

Sie setzten ihren beschwerlichen Weg fort und warteten vergeblich auf das verheißene Land. Nun beschloß Pizarro, einen Kahn von hinreichender Größe zusammensetzen zu lassen, auf dem das Gepäck und der schwächere Teil der Truppe fortgeschafft werden konnte. Das Holz hierzu lieferten die Wälder, die Hufeisen der Pferde, die geschlachtet worden waren, wurden in Nägel verwandelt. Gummi, der aus den Bäumen quoll, ersetzte das Pech, und zerfetzte Kleider dienten als Werg. Es war eine schwierige Aufgabe, dieses Schiff zu bauen. Nach zwei Monaten war es fertig und stark und geräumig genug, die Hälfte der Schar zu tragen.

Pizarro übertrug den Befehl über das Fahrzeug dem Francisco

de Orellana, einem Ritter aus Truxillo, auf dessen Mut und Ergebenheit er rechnen zu können glaubte. Nun bewegten sich die Truppen vorwärts, indem sie dem Lauf des Flusses abwärts folgten, während das Schiff ihnen zur Seite blieb. Wurde der Weg beschwerlich, stiegen sie auf das Schiff. Konnten sie wieder marschieren, verließen sie es. So zogen sie Woche um Woche durch diese traurige Wildnis.

Um ihren Hunger zu stillen, verschmähten sie selbst das Leder ihrer Sättel und Gürtel nicht. Die Wälder lieferten ihnen nur dürftigen Unterhalt, und sie verzehrten gierig Kröten, Schlangen und Würmer.

Jetzt hörten sie, nachdem sie wieder auf ein Dorf gestoßen waren, von einem reichen, stark bevölkerten Land, das dort liegen sollte, wo sich der Fluß, auf dem sich ihr Schiff befand, in einen noch größeren ergoß. Diese Kunde war erfreulich, und Gonzalo Pizarro beschloß, dort haltzumachen, wo sie waren, und Orellana bis zu der Vereinigung der beiden Flüsse vorauszusenden. Orellana sollte dort Lebensmittel aufbringen und damit zurückkommen. Der Befehlshaber hoffte, seinen Marsch dann fortsetzen zu können.

Orellana nahm 50 Soldaten mit und steuerte in die Mitte des Flusses, wo dieser eine so starke Strömung hatte, daß das Fahrzeug mit der Schnelligkeit eines Pfeiles fortschoß und bald nicht mehr zu sehen war.

Tage und Wochen vergingen, doch das Schiff kehrte nicht zurück. So blieb Pizarro kein anderer Weg, als den Marsch wieder fortzusetzen, um dorthin zu gelangen, wo sich die zwei Flüsse miteinander vereinigten. Sie brauchten zwei Monate für diesen schrecklichen Marsch, obwohl die Entfernung kaum 200 Leguas betrug.

Endlich erreichten sie die ersehnte Stelle* und sahen einen mächtigen Strom vor sich, auf dessen Schlammbänken sich unzählige Kaimane sonnten.

Auch hier erhielten sie keine Nachricht von Orellana. Nun gaben sie die Hoffnung auf, ihre Gefährten und das Schiff wiederzusehen, sie nahmen an, daß Orellana und seine Schar Hungers gestorben oder von den Eingeborenen ermordet worden war.

* Es war der Zusammenfluß des Napo und des Amazonas.

Ihre Ungewißheit schwand bald. Denn sie stießen im Wald auf einen völlig nackten Weißen, dessen Körper von Dornen zerkratzt und dessen Gesicht vom Hunger entstellt war. Zu ihrem Entsetzen erkannten sie, daß sie Sanchez de Vargas vor sich hatten, einen edlen, im Heer sehr geachteten Ritter. Dieser hatte eine traurige Geschichte zu erzählen.

Orellana hatte den Platz, wo sich die beiden Flüsse miteinander vereinigten, in schneller Fahrt in drei Tagen erreicht. Zu seiner Enttäuschung war er dort nur auf einige elende Hütten und hungernde Indianer gestoßen. Weit davon entfernt, Lebensmittel für seine Leute, geschweige denn für Pizarros Heer aufbringen zu können, hatte er den Entschluß gefaßt, sein Schiff in die Mitte des Stromes zu bringen und dann bis zur Mündung ins Meer hinabzufahren. Dieses Vorhaben war bei seinen Gefährten auf begeisterte Zustimmung gestoßen.

Ein einziger hatte sich dem Entschluß widersetzt: das war Sanchez de Vargas gewesen. Daraufhin war er von dem grausamen Anführer an Land gesetzt und seinem Schicksal überlassen worden. Sanchez de Vargas erzählte auch noch, Orellana hätte dem mächtigen Gewässer den Namen Amazonenstrom gegeben, da an seinen Ufern kriegerische Weiber wohnten, die keinen Mann bei sich duldeten und mit Pfeil und Bogen gut umzugehen wußten.

Nun blieb Pizarro keine andere Wahl, als nach Quito zurückzumarschieren. Er schlug mit seiner Schar einen mehr nördlichen Weg ein, der weniger beschwerlich war. Aber auch hier fanden sie keine Nahrungsmittel. So starben viele allein und ohne Hilfe in dieser schrecklichen Wildnis.

Endlich, im Juni 1542, gelangten sie auf die Hochebene in der Nähe von Quito. Zweieinhalb Jahre waren sie fortgewesen, und mehr als ein Jahr hatten sie für den Rückmarsch gebraucht. Und nur achtzig kehrten zurück, ohne Pferde, mit zerbrochenen Waffen, anstatt mit Kleidern mit Häuten wilder Tiere bedeckt, die Körper vom Hunger zerstört und durch Narben entstellt. Man konnte glauben, ein Beinhaus hätte seine Toten herausgegeben, und wie sie so dahinwankten, glichen sie einer Schar von Gespenstern.

Die wenigen christlichen Einwohner von Quito kamen ihnen mit ihren Weibern und Kindern entgegen, um sie zu bewillkommnen. Sie versorgten sie mit allen ihnen zu Gebote stehenden Erfrischungen, und als sie die traurige Schilderung ihrer Leiden hörten, vermischten sich ihre Tränen mit denen der Angekommenen. Dann begab sich Pizarro mit seiner Schar in die Kirche, um dem Allmächtigen ein Dankgebet für ihre wunderbare Erhaltung auf ihrer langen und gefahrvollen Wanderung darzubringen.

DER TYRANN IST TOT!

Obwohl die Indianer es nun kaum noch wagten, sich zu erheben, wuchs in der ganzen Statthalterschaft die Unzufriedenheit immer mehr. Dies galt besonders für Lima. Schuld daran war, daß es zwei Parteien gab. Die eine bestand aus Anhängern des Vizekönigs, der anderen gehörten die früheren Gefolgsleute Almagros an, die man spöttisch »die Leute von Chile« nannte. Letztere versammelten sich von Zeit zu Zeit im Hause des jungen Almagro und berieten, wie sie ihre Lage ändern könnten. Da ihnen ein Zug nach Neu-Toledo verwehrt war und da sie von allen Ämtern und Anstellungen ausgeschlossen waren, lebten sie in größter Dürftigkeit. So arm waren sie, daß, um nur ein Beispiel zu nennen, zwölf in einem Hause wohnende Ritter nur einen Mantel besaßen. Sie trugen diesen Mantel der Reihe nach, so daß jene, die nicht an der Reihe waren, daheim bleiben mußten. Die Gefolgsleute Pizarros hingegen waren reich und trugen ihren Reichtum öffentlich zur Schau.

Pizarro erhielt mehrmals Andeutungen, daß Diego Almagro und seine Anhänger gefährlich werden könnten, doch er achtete nicht darauf. Ich hörte, wie er einmal sagte: »Diese armen Menschen haben schon genug Unglück gehabt, wir wollen sie nicht auch noch beunruhigen.« Ohne sich also um Warnungen zu kümmern, ging er allein in der Stadt umher oder ritt sogar ohne Gefolge in die nächste Umgebung.

Nun wurde in Lima bekannt, daß ein königlicher Richter namens Vaca de Castro nach Peru kommen werde, der sich auf Befehl des Kaisers über die Zustände in der Statthalterschaft unterrichten solle. Pizarro wurde durch diese Nachricht sehr beunruhigt, befahl aber, den Richter bei seiner Landung gebührend zu empfangen und für seine Bequemlichkeit auf der Reise nach Lima zu sorgen. Almagros Anhänger hingegen brachen in Jubel aus, als sie diese Nachricht vernommen hatten. Sie blickten diesem hohen Beamten mit Zuversicht entgegen und hofften, daß er das an ihnen begangene Unrecht gutmachen werde. Doch es verstrichen Monate, und man hörte nichts von de Castros Ankunft, bis endlich ein Schiff, das in den Hafen von Lima einlief, die Nachricht brachte, de Castros Schiff sei untergegangen und der Richter wahrscheinlich mit der übrigen Mannschaft ertrunken. Dies war eine niederschmetternde Botschaft für die Leute von Chile. Nun glaubten sie, ihr Elend nicht länger ertragen zu können.

Sie wagten es jetzt, ihre Unzufriedenheit öffentlich kundzugeben. Wenn sie dem Statthalter begegneten, lüfteten sie ihre Mützen nicht mehr. Einmal wurde des Nachts vor der Stiftskirche ein Galgen errichtet, von dem drei Stricke herabhingen. An den Stricken befanden sich drei Zettel, auf welchen die Namen Pizarros, des Oberrichters Velasquez und des Sekretärs des Vizekönigs zu lesen waren. Dieser Sekretär – er hieß Picado – war den Anhängern Almagros besonders verhaßt. Da sein Herr weder lesen noch schreiben konnte, gelangte jedes an den Statthalter gerichtete Schreiben vorerst in seine Hände, und so konnte letzten Endes er wichtige Entscheidungen treffen. Nun, nachdem man ihm zu verstehen gegeben hatte, daß ihm der Galgen gebührte, rächte er sich auf seine Weise. Er warf dann und wann einem Anhänger Almagros, wenn er ihm auf der Straße begegnete, ein Goldstück vor die Füße.

Als nun eine zweite Nachricht eintraf, daß Vaca de Castro tatsächlich ertrunken sei, kamen Almagro und seine Leute zu dem verzweifelten Entschluß, den Statthalter zu ermorden. Der Tag für die Tat wurde festgesetzt. Es war der 26. Juni 1541, ein Sonntag. Die Verschwörer, zwanzig an der Zahl, sollten sich in Diego de Almagros Haus versammeln, das auf dem großen Platz nahe der Stiftskirche stand, und über den Statthalter herfallen, sobald er die Kirche verlassen hatte. Zur gleichen Zeit sollte eine weiße Fahne geschwungen werden, als Signal für die anderen Anhänger Almagros, zu Hilfe zu eilen, falls es zu einem Kampf kam.

Die Rolle des Anführers fiel einem Ritter namens Juan de Herrada und nicht Diego de Almagro zu. Almagro, der Sohn eines indianischen Frauenzimmers aus Panama, hatte zwar von früher Jugend an das bewegte Leben seines Vaters geteilt, besaß aber nicht die Fähigkeit, als Führer aufzutreten. Er war vielmehr fast immer ein Spielzeug in den Händen anderer. Herrada hingegen besaß genug Entschlußkraft, solch eine Tat auszuführen. Er brannte vor Begierde, das seinem ehemaligen Befehlshaber zugefügte Unrecht zu rächen, und hatte die Anhänglichkeit für den älteren Almagro auf dessen Sohn übertragen. Er war es also, der diese kühne Verschwörung geplant und die Leitung ihrer Ausführung übernommen hatte.

Unter den Verschworenen war einer, den plötzlich wegen der Rolle, die er spielen sollte, sein Gewissen zu plagen begann, und er erleichterte sein Herz dadurch, daß er seinem Beichtvater den ganzen Plan mitteilte. Dieser lief sofort zu Picado und berichtete ihm von dem geplanten Mordanschlag. Der Sekretär gab das, was er gehört hatte, sogleich an Pizarro weiter. Doch Pizarro sagte: »Der Priester lügt. Er wünscht sich eine Bischofsmütze.«

Immerhin forderte er den Richter Velasquez auf, zu ergründen, ob an dieser Behauptung etwas Wahres sei. Velasquez ließ sich damit Zeit. Auch er glaubte, daß der Priester gelogen hatte. Um einer möglichen Gefahr vorzubeugen, beschloß Pizarro, von seinem Sekretär bedrängt, am Sonntag nicht in die Messe zu gehen und unter dem Vorwand einer Erkrankung zu Hause zu bleiben. Picado war der einzige, der einen Anschlag für möglich hielt, doch auch er tat nichts, ihn zu verhindern.

An dem verabredeten Tag fanden sich Herrada und die zwanzig anderen in Almagros Haus ein und warteten darauf, daß der Vizekönig die Kirche verlassen würde. Dann erfuhren sie, daß Pizarro sein Haus nicht verlassen hatte. Sie bezweifelten kaum, daß ihr Plan entdeckt worden und die Stunde ihres Verderbens gekommen war. Bestürzt, wie sie es waren, waren einige dafür, die Flucht zu ergreifen, die anderen wieder schlugen vor, Pizarro sofort in seinem Haus zu überfallen. Herrada traf die Entscheidung, indem er die Tür aufriß und unter dem Ruf: »Lang lebe der König! Tod dem Tyrannen!« auf die Straße stürzte.

Alle anderen folgten ihm.

Es war zwölf Uhr mittags, also die Zeit, da die meisten beim Essen saßen. Dennoch liefen einige auf den Platz hinaus und

Francisco Pizarro im Alter

fragten, was geschehen sei. »Wir sind auf dem Wege zu dem Tyrannen, um ihn zu töten«, antworteten die Verschwörer. Auch jetzt versuchte niemand, Pizarros Ermordung zu verhindern. Seine harte Hand hatte ihn allzu vielen verhaßt gemacht.

Als sich die Verschwörer dem Palast des Vizekönigs näherten, machte einer einen kleinen Umweg, um einem Wasserpfuhl auszuweichen. »Was?« schrie Herrada. »Du fürchtest dich, deine Füße naß zu machen, wenn du bis an die Knie in Blut waten willst?« Und er befahl dem Mann, sich auf der Stelle nach Hause zu begeben.

Der Palast des Statthalters stand auf der gegenüberliegenden Seite der Plaza. Er hatte zwei Höfe. Der Eingang zu dem äußeren Hof konnte durch ein festes Tor verschlossen werden, das sich gegen hundert Mann und mehr verteidigen ließ. Doch dieses Tor stand jetzt offen. Als die Verschwörer so ungehindert dem inneren Hof zueilen konnten, stießen sie auf zwei Diener. Den einen schlugen sie nieder, dem anderen gelang es, in das Haus zu entfliehen. Dort rief er laut: »Hilfe! Hilfe! Die Leute von Chile sind gekommen, den Marquis zu ermorden!«

Pizarro hatte seine Mittagsmahlzeit beendet. Es waren einige seiner Freunde bei ihm, darunter Don Martinez de Alcantara, sein Halbbruder von mütterlicher Seite, der Richter Velasquez, der Bischof von Quito und 15 vornehme Ritter der Stadt. Zwei von ihnen verließen den Saal und fragten, was geschehen sei. Dies erfuhren sie von dem entflohenen Diener.

Nun liefen sie in das Haus zurück, um sich zu bewaffnen. Jene, die keine Waffen trugen, sprangen über einen Altan in den Garten hinunter und eilten zu ihren Häusern. Inzwischen hatte auch der Marquis den Grund des Lärms erfahren. Er rief dem Francisco de Chaves, einem bei ihm in hohem Vertrauen stehenden Offizier, den Befehl zu, die Tür abzuschließen. Doch de Chaves öffnete die Tür einen Spalt breit und versuchte, mit den Verschwörern zu verhandeln. Deren Antwort bestand darin, daß sie Chaves ergriffen, niederstießen und über die Treppe hinunterwarfen. Nun drangen sie in den Saal ein und riefen: »Wo ist der Marquis? Tod dem Tyrannen!«

Martinez de Alcantara, der in dem Raum nebenan seinem Bruder beim Anlegen des Panzers half, stürzte, als er sah, daß die Verschwörer schon eingedrungen waren, vor die Tür des Zimmers und versuchte, unterstützt von zwei anderen Rittern, den Angriff abzuwehren. Nun entspann sich ein verzweifelter Kampf. Zwei von Herradas Schar wurden getötet, Alcantara und seine Gefährten schwer verwundet.

Pizarro war außerstande, seinen Panzer allein anzulegen. So warf er ihn fort, umhüllte den einen Arm mit seinem Mantel, ergriff mit der anderen Hand das Schwert und eilte seinem Bruder zu Hilfe. Doch es war zu spät. Alcantara, durch den Blutverlust geschwächt, stürzte und wurde durch einen Stich in die Kehle getötet.

Rasend vor Wut, stürzte sich Pizarro nun auf seine Feinde und teilte seine Hiebe mit solcher Kraft und Schnelligkeit aus, daß man glauben konnte, hier kämpfe die Jugend und nicht das Alter. »Verräter!« rief er aus. »Seid ihr gekommen, mich in meinem eigenen Haus zu töten? Euer nächster Weg wird der zum Galgen sein!« Die Verschworenen wichen für einen Augenblick zurück, nachdem zwei von ihnen gefallen waren. Dann aber sammelten sie sich wieder und drangen auf Pizarro ein. Wieder erschlug Pizarro zwei der Angreifer. Nun nahm Herrada einen seiner Gefährten, Juan de Navarez, in die Arme und warf ihn auf den Marquis. Dieser durchbohrte Navarez sofort mit seinem Schwert, erhielt aber in demselben Augenblick eine Wunde am Hals. Taumelnd sank er zu Boden, und die Schwerter der Verschwörer durchstachen ihn. »Jesus!« rief der Sterbende und zeichnete mit dem Finger ein blutiges Kreuz auf den Boden. Dann beugte er den Kopf und küßte das Kreuz. Gleich darauf gab ihm Herrada den Gnadenstoß.

Nun, nach vollbrachter Tat, stürmten die Verschwörer auf die Straße und riefen, ihre noch von Blut triefenden Schwerter schwingend: »Der Tyrann ist tot! Die Gerechtigkeit ist wiederhergestellt! Lang lebe unser Herr, der Kaiser, und sein Statthalter Almagro!« Erst jetzt strömten die Leute von Chile von allen Seiten herbei, und Herrada sah sich bald an der Spitze einer Schar von 300 Männern, die alle bewaffnet und bereit waren, seine Macht zu unterstützen. Die meisten Anhänger des toten Statthalters wurden festgenommen und in einen Kerker geworfen.

Die Verwirrung wuchs nun von Stunde zu Stunde. Bewaffnete Haufen zogen durch die Stadt. Gefangene wurden fortgeschleppt, ein Haus geriet in Brand. Schließlich versammelten sich alle Mönche und Priester und zogen mit hocherhobenem Kruzifix von Straße zu Straße, weil sie hofften, die Erscheinung des Gekreuzigten werde die Menge besänftigen.

Herrada und seine Anhänger übten keine allzu große Gewalt. Nachdem sie die meisten Anhänger Pizarros in Gefängnisse gebracht hatten, bemächtigten sie sich aller Waffen und Pferde, die sie finden konnten. Dann forderten sie die Obrigkeit auf, Almagros Herrschaft anzuerkennen. Wer sich widersetzte, wurde seines Amtes enthoben. Und am Abend dieses denkwürdigen Tages ritt der junge Almagro, prunkvoll gekleidet, durch die Straßen und wurde unter Trompetenschall zum Statthalter und Oberfeldherrn von Neu-Kastilien ausgerufen.

Die Leichen Pizarros und seiner Anhänger hatte man bis dahin in ihrem Blut liegengelassen. Herrada schlug vor, die Leiche Pizarros auf den Hauptplatz zu tragen und seinen Kopf auf einem Galgen auszustellen. Doch diesem Vorschlag widersetzte sich Almagro und ordnete ein Begräbnis an. Dieses fand heimlich und rasch statt. Ein Diener Pizarros und zwei schwarze Hausbedienstete hüllten den Leichnam in ein baumwollenes Tuch und brachten ihn zur Stiftskirche. Dort wurde in einem dunklen Winkel schnell ein Grab ausgehoben, die Totenandacht wurde ebenso rasch verrichtet. Nur der Schein einiger Wachskerzen beleuchtete die Zeremonie. So fand Pizarro den Tod eines Ausgestoßenen*.

* Pizarros Gebeine wurden im Jahre 1607 in die neue Stiftskirche gebracht und in einem prachtvollen Sarg beigesetzt.

Die Standarte Pizarros

Pizarro war ein Greis, als sein Leben von den Schwertern der Anhänger Almagros ausgelöscht wurde. Er hatte sich niemals verehelicht, aber von einer indianischen Prinzessin zwei Kinder, einen Sohn und eine Tochter, die ihn beide überlebten. Von ihrem weiteren Schicksal wurde nichts bekannt*.

Pizarro war groß, gut gebaut und besaß ein gut geformtes Gesicht. Da er in Lagern aufgewachsen war, fehlte es ihm an Bildung. Aber er benahm sich niemals bäurisch, und man sah ihm an, daß er daran gewöhnt war, Befehle zu erteilen. Im Gegensatz zu den meisten seiner Landsleute machte er sich nichts aus prunkvoller Kleidung. Am liebsten trug er einen schwarzen Mantel, einen weißen Hut und weiße Schuhe. Seine Feinde spotteten deshalb über ihn und behaupteten, er ahme Julius Caesar nach.

Er war mäßig im Essen, trank wenig und stand immer eine Stunde vor Tagesanbruch auf. Seine Pünktlichkeit war berühmt. Leiden ertrug er mit größter Geduld. Wie die meisten Spanier liebte er das Spiel, wobei er bei der Wahl der Personen, mit welchen er spielte, nicht wählerisch war. Oft genug konnte man sehen, wie er mit einfachen Soldaten würfelte.

Er war habsüchtig, sammelte aber den erworbenen Reichtum nicht an. Alles Gold und Silber, das ihm zufiel wie keinem Abenteurer zuvor, verwendete er für Bauten und die Gründung von Städten. Hier duldete er keinen Widerspruch, da er ganz Neu-Kastilien für sein Eigentum ansah.

Nichts haßte er mehr als Untätigkeit. Er bemühte sich mehr-

* Diese indianische Prinzessin, eine Tochter Atahuallpas und Enkelin Huayna Capacs, heiratete nach Pizarros Tod einen spanischen Ritter namens Ampuero, mit dem sie nach Spanien ging. Ihre Tochter Franziska begleitete sie und heiratete ihren Oheim Hernando Pizarro, nachdem dieser aus dem Gefängnis entlassen worden war. Weder der Titel noch die Güter Pizarros gingen auf seine unehelichen Nachkommen über. In der dritten Geschlechtslinie, unter Philipp IV. (1605–1665), wurde der Titel wieder ins Leben gerufen, und zwar zugunsten des Don Juan Hernando Pizarro, der, zum Dank für die von seinem Vorfahren geleisteten Dienste, zum Marques de la Conquista (Ritter der Eroberung) ernannt wurde. Zugleich wurde ihm ein ansehnliches Jahresgehalt zuerkannt.
Nachkommen Pizarros, die denselben Adelstitel führen, leben heute noch in Truxillo (Provinz Estremadura), dem Geburtsort der Pizarros.

mals, lesen und schreiben zu lernen, doch war er viel zu ungeduldig, diesen Vorsatz in die Tat umzusetzen. Die meisten Dokumente unterschrieb Picado für ihn, später unterschrieb er einige selbst. Ich sah mit eigenen Augen zwei Schriftstücke, die er mit »F. P., Marques« unterschrieben hatte.

Es darf nicht unterlassen werden, zu erwähnen, daß Pizarro ein guter Christ war. Wenn er die Möglichkeit hierzu besaß, kniete er oft eine Stunde lang in der Kirche und betete. Eines seiner vornehmsten Anliegen war es, zu erreichen, daß wenigstens schwache Strahlen des wahren Glaubens in die umnachteten Seelen der Peruaner drangen. Wenn ihm dies auch nicht gelang, säte er doch den Samen für jene, die nach ihm kamen und das Christentum an die Stelle rohen Aberglaubens setzten.

ES FLIESST WEITERHIN BLUT

Nachdem sie sich den Besitz der Hauptstadt gesichert hatten, sandten die Verschwörer Abordnungen in die großen Städte, welche die Staatsumwälzung verkünden und verlangen sollten, daß Diego de Almagro als Statthalter von Peru anerkannt werde. Wo diese Abordnungen, unterstützt von Bewaffneten, erschienen, gab es keinen Widerstand. In einigen Städten jedoch wurden Almagros Abgesandte mit Verachtung aufgenommen. Den größten Widerstand leisteten die Bewohner von Cuzco. Sie sandten heimlich einen Boten zu einem Hauptmann Pizarros namens Alvarez de Holquin, der sich mit einer beträchtlichen Mannschaft in der Nähe befand. Holquin marschierte sofort in Cuzco ein, enthob die von Almagro eingesetzte Obrigkeit ihres Amtes und stellte die alte Ordnung wieder her.

Den größten Widerstand aber setzte den neuen Herren von Peru Alonso de Alvarado entgegen. Er hatte nicht vergessen, daß er von dem älteren Almagro bei der Brücke von Abancay geschlagen und gefangengenommen worden war. Er stand jetzt mit einer ungefähr 200 Mann starken Truppe, die bestens ausgerüstet war, im Norden des Landes. Als er erfahren hatte, daß Francisco Pizarro ermordet worden war, sandte er sofort eine Botschaft an den Licentiaten Vaca de Castro, in welcher dieser von allen Geschehnissen unterrichtet wurde. Zugleich forderte er ihn auf, seinen Weg nach dem Süden zu beschleunigen.

Vaca de Castro war, wie erinnerlich, nach einer langen und gefährlichen Fahrt im Hafen von Buena Ventura gelandet, wo er es, der Seefahrt überdrüssig, vorzog, seine Reise auf dem Landweg fortzusetzen. Aber er war durch die erlittenen Widerwärtigkeiten so geschwächt, daß drei Monate vergingen, ehe er Popayan erreichte, wo er die überraschende Nachricht von der Ermordung des Statthalters erhielt. Dieses unvorhergesehene Ereignis versetzte ihn in nicht geringe Verlegenheit. Obwohl er nun gemäß der ihm von der Krone ausgestellten Vollmacht Statthalter von Peru war, war er doch in einem ihm unbekannten Land ein Fremder und auf sich allein gestellt. Außerdem wußte er nicht, wie groß Almagros Einfluß war und welche Teile des Reiches noch immer dem Pizarro anhingen.

Auch in Popayan war Almagro nicht anerkannt worden. Der dortige Befehlshaber riet Vaca de Castro, nach Panama zurückzukehren und dort eine Streitmacht aufzustellen, die hinreichend war, gegen die Empörer zu Felde zu ziehen. Dies lehnte Vaca de Castro ab. Er vertraute vollauf seiner eigenen Kraft und der Kraft seiner Vollmacht. Nach reiflicher Überlegung beschloß er daher, seine Reise fortzusetzen. Sein Ziel war zunächst Quito.

Hier wurde er von einer jubelnden Bevölkerung begrüßt, und alle erklärten sich bereit, ihn zu unterstützen. Darauf zeigte der königliche Richter seine Vollmacht und gab bekannt, daß er bereit sei, an Pizarros Stelle zu treten und das Amt des Statthalters zu übernehmen. Er sandte nun Abgeordnete nach den bedeutendsten Städten, um Gehorsam für sich als den rechtmäßigen Vertreter der Krone zu fordern. Dann setzte er seinen Weg nach Süden langsam fort.

Während sich dies im Norden ereignete, gewann Almagro in Lima immer mehr Macht. Zu seiner stattlichen Anhängerschar gesellten sich nun auch jene, welche den Pizarros nicht wohlgesinnt gewesen waren. Herrada sorgte für die notwendige Ausrüstung des Heeres, nachdem er sich des Goldes bemächtigt hatte, das der Krone gehörte. Da er annahm, Pizarro hätte irgendwo Gold verborgen, ließ er Picado peinlich befragen. Doch der Sekretär gab keine Auskunft. Daraufhin wurde er auf der Plaza öffentlich enthauptet. Valverde, der Bischof von Cuzco, verwendete sich vergebens für ihn.

Bald nachher erlaubte man ihm und dem Richter Velasquez, sich im Hafen von Lima einzuschiffen. Doch das Schiff geriet in die Hände der Indianer, und alle Christen, die sich darauf befanden, wurden ermordet.

Valverde, ein Dominikanermönch, war Francisco Pizarro nie von der Seite gewichen. Er war kein milder Streiter im Dienste Unseres Herrn und hatte für Heiden kein Mitgefühl. Aber er wäre sicher bereit gewesen, für seinen Glauben zu kämpfen und zu sterben.

Bald nach Picados Hinrichtung erhielt Almagro die Nachricht, daß Holquin mit einem 300 Mann starken Heer Cuzco verlassen hatte, um sich mit Alvarado zu vereinigen. Diese Vereinigung mußte nach seiner Meinung unter allen Umständen verhindert werden. Deshalb faßte er den Entschluß, rasch zu handeln und gegen Holquin vorzurücken. Schon jetzt war ihm und seinen Anhängern klargeworden, daß er von der Krone nach alldem, was geschehen war, keine Verzeihung erhoffen durfte. Vernichtete er aber zuerst Holquins Heer und dann das Alvarados, würde er so stark sein, daß ihn auch Vaca de Castro fürchten mußte.

Kaum hatte Almagro seinen Marsch nach Xauxa angetreten, wo er dem Feind eine Schlacht liefern wollte, als ihn ein arges Mißgeschick traf. Juan de Herrada erkrankte an einem heimtükkischen Fieber und starb nach wenigen Tagen. Herrada hatte all jene Erfahrung besessen, die dem jungen Almagro fehlte. Außerdem war er ein guter Ratgeber gewesen, wenn es ein guter Rat gewesen war, Pizarro zu ermorden.

An Herradas Stelle traten nun Christobal de Sotello und Garcia de Alvaro. Beide besaßen bedeutende kriegerische Fähigkeiten, und beide waren von großem Ehrgeiz erfüllt. Letzteres führte zu Streitigkeiten und Eifersucht, was der Sache Almagros sehr schadete. Denn nun wußte der junge Anführer nicht, wessen Ratschlag er befolgen sollte.

Infolge dieser Zwistigkeiten erreichte Almagros Heer das Tal von Xauxa erst, nachdem es der Feind verlassen hatte. Eine günstige Gelegenheit war also verlorengegangen. Den Feind zu verfolgen war unmöglich, da die Flüsse durch den Herbstregen stark angeschwollen waren. Holquin jedoch gelang es, seine Truppen über die gefährlichen Bergpässe zu führen und nahe dem Seehafen von Huaura mit jenen Alvarados zu vereinigen.

Nachdem sein Plan gescheitert war, schickte sich Almagro an, nach Cuzco zu marschieren, die Stadt zu besetzen und dort alle Vorbereitungen für eine Feldschlacht zu treffen. Cuzcos Bürger leisteten, wehrlos, wie sie es waren, keinen Widerstand. Der Befehl über die Stadt ging also wieder in die Hände der Leute von Chile über. In Cuzco schlug Almagro sein Winterquartier auf.

Hier artete die Eifersucht der beiden nebenbuhlerischen Hauptleute in offenen Streit aus, und Sotello wurde von Garcia de Alvaro in seinem Zimmer ermordet. Diese Schandtat empörte Almagro aufs höchste, doch er wagte es nicht, den Verbrecher zu bestrafen. Deshalb verbarg er vorerst seinen Groll und überhäufte den gefährlichen Offizier mit allen erdenklichen Ehren. Doch Alvaro ließ sich nicht täuschen. Er ahnte, daß er das Vertrauen seines Befehlshabers verloren hatte, und sann auf Verrat. Es war seine Absicht, mit seinen Truppen zum Feind überzugehen. Dies erfuhr Almagro, und nun zögerte er nicht mehr. An der Spitze mehrerer ihm treu ergebener Soldaten drang er in Alvaros Haus ein, und der Mörder wurde erschlagen.

Seit dieser Stunde änderte sich Almagros Verhalten. Er verließ sich fortan auf sich selbst und entwickelte Eigenschaften, die man von ihm nicht erwarten durfte. Denn er hatte soeben erst das zweiundzwanzigste Lebensjahr erreicht.

***

Nun setzte Almagro seine ganze Kraft ein, sein Heer für den bevorstehenden Feldzug schlagfertig zu machen. Er füllte zwei große Vorratshäuser mit Silber, das er aus den Bergwerken von La Plata mit Hilfe der Indianer gewann. Salpeter, der in der Nähe von Cuzco in großen Mengen lagerte, diente als Schießpulver. Unter der Anleitung des Griechen Pedro de Candia, der mit Pizarro in das Land gekommen war, wurden Kanonen gegossen. Des weiteren wurden Feuerwaffen sowie Panzer und Helme verfertigt, wozu Silber mit Kupfer vermischt wurde.

Bevor Almagro einen letzten Aufruf zu den Waffen ergehen ließ, versuchte er, mit dem neuen Statthalter zu verhandeln. Zu diesem Zweck sandte er eine Botschaft nach Lima, in welcher er vorschlag, abzuwarten, bis der Kaiser entschieden habe, wem das Recht zustehe, sich als Statthalter von Peru zu bezeichnen. Auf diese Botschaft erhielt er keine Antwort.

Nun sah Almagro ein, daß ihm nichts außer einer Entscheidung durch die Waffen übrigblieb. Bevor er Cuzco verließ, hielt er eine kurze Ansprache an seine Soldaten. Er sagte: »Der Schritt, den zu tun wir im Begriff sind, ist keine aufrührerische Haltung gegen die Krone. Wir sind dazu durch das Verhalten Vaca de Castros gezwungen worden. Und wenn uns dieser Richter die Ermordung Pizarros vorwirft, kann ich nur aussprechen, daß wir selbst die Gerechtigkeit geübt haben, die uns anderswo versagt wurde. Wir waren und sind treue und ergebene Untertanen des Kaisers.«

Nach dieser Ansprache wurde eine Messe gelesen, und die Soldaten leisteten einen feierlichen Eid, mit Almagro jeder Gefahr zu trotzen und ihm bis ans Ende treu zu bleiben.

Almagros Heer war 500 Mann stark. Die Hälfte bestand aus Fußsoldaten, die andere Hälfte aus Reitern. Alle waren erfahrene, durch viele Feldzüge gestählte Krieger. Auch ihre Ausrüstung war vortrefflich. Almagros größte Stärke aber war sein schweres Geschütz, bestehend aus 16 Kanonen. Kurz, das kleine Heer, wohl nicht furchtbar durch die Anzahl seiner Soldaten, zeichnete sich durch gute Ausrüstung und treffliche Kriegszucht aus.

In der Mitte des Sommers 1542 verließ Diego de Almagro an der Spitze seiner tapferen Schar die alte Inkahauptstadt und nahm seine Richtung gegen die Küste, weil er hoffte, dort auf den Feind zu stoßen.

Inzwischen war Vaca de Castro langsam nach Süden vorgerückt. Überall wurde er vom Volk gut aufgenommen und freudig begrüßt. Alle anerkannten seine Macht, doch nur wenige erklärten sich bereit, an dem bevorstehenden Kampf teilzunehmen. In Truxillo und San Miguel wurde der königliche Richter besonders herzlich empfangen. Alle hingen dort noch an Francisco Pizarro, und der junge Almagro war ihr erklärter Feind.

Vaca de Castro hielt sich lange in diesen beiden Städten auf. Dann trat er seinen Marsch wieder an und erreichte das Lager von Alonso de Alvarado am Beginn des Jahres 1542. Holquin lagerte mit seiner Truppe ganz in der Nähe. Der Statthalter suchte beide Lager auf und wurde sowohl da als auch dort mit Freudenschüssen und dem Ruf »Viva el Rey!« begrüßt. Von einem mit Samt verkleideten Gerüst hielt er eine zündende Ansprache an die Soldaten, in welcher er sie ermahnte, der Krone die Treue zu halten und Verräter hart zu bestrafen. Hierauf wurde von seinem Sekretär die ihm vom Kaiser ausgestellte Vollmacht vorgelesen, und die Truppen huldigten ihm als dem neuen Vizekönig.

Vaca de Castro sandte nun zunächst den größten Teil seines Heeres nach Xauxa, während er, nur von einer kleinen Schar begleitet, den Weg nach der Stadt der Könige einschlug. Hier, in einer Ansiedlung, die Francisco Pizarro gegründet und zum Juwel des Reiches gemacht hatte, wurde er von den Bürgern mit lebhaften Freudenbezeigungen empfangen. Die Obrigkeit, die nach Almagros Abgang neu eingesetzt worden war, weigerte sich auch nicht, ihm einen größeren Geldbetrag zu leihen. Des weiteren stellte man ihm Pferde, Waffen und Schießbedarf zur Verfügung. Viele meldeten sich freiwillig, gegen Almagro ins Feld zu ziehen, gegen Almagro, der für sie nichts als ein Meuchelmörder war. Es waren dies Spanier, die nicht vergessen konnten, daß Francisco Pizarro auf heimtückische Weise erschlagen worden war. Für sie war Pizarro, obwohl er tot war, noch immer der Vizekönig von Neu-Kastilien. In Lima erhielt Vaca de Castro die Nachricht, daß der Feind Cuzco verlassen habe und sich auf dem Marsch zur Küste befinde. Daher trennte er sich von seinem zuverlässigen Aufenthaltsort und brach nach Xauxa auf. Hier musterte er sein Heer. Es war etwa 700 Mann stark*, 500 davon waren beritten. Was die Reiterei betraf, war es dem Almagros also überlegen. Die Fußsoldaten waren außer mit Piken auch gut mit Feuerwaffen versehen. Dafür mangelte es in Vaca de Castros Heer an Kanonen. Es standen ihm nur drei, noch dazu schlechte Feldschlangen zur Verfügung.

Noch während seines Aufenthaltes in Xauxa erhielt Vaca de Castro eine Botschaft von Gonzalo Pizarro, der inzwischen vom

* Der Verfasser nennt häufig 500 oder 700 Mann ein Heer. 700 Mann waren damals auch in Europa eine gewaltige Streitmacht. Bis zu diesem Zeitpunkt hatte es auf keinem Kriegsschauplatz ein Heer von mehr als 1000 Mann gegeben. Als Karl V. im Jahr 1525 bei Pavia über Franz I. siegte, kämpften auf spanischer Seite 600 und für Frankreich 500 Mann.

Amazonenstrom zurückgekehrt war. Gonzalo Pizarro bot Vaca de Castro seine Hilfe in dem bevorstehenden Kampf an. Vaca de Castros Antwort bestand darin, daß er Gonzalo Pizarro für sein Anerbieten dankte. Zugleich riet er ihm, sich nach den Anstrengungen seiner beschwerlichen Reise zu erholen. Er wollte keine Hilfe von einem unruhigen Geist, den er für gefährlich hielt. Was er nicht ahnte, war, daß Gonzalo Pizarro diese Ablehnung als tödliche Beleidigung empfand.

Nun empfing Vaca de Castro die Nachricht, daß Almagro die Absicht hatte, Guamanga zu besetzen, einen Flecken von ansehnlicher Stärke, der etwa 30 Leguas von Xauxa entfernt war. Da ihm daran lag, sich diese Stellung zu sichern, brach er sein Lager ab, und durch Eilmärsche gelang es ihm, Almagro zuvorzukommen. Er erreichte Guamanga, als Almagro in Bilcas einmarschiert war. Bilcas war 10 Leguas von Guamanga entfernt.

In Guamanga erhielt Vaca de Castro eine zweite Botschaft von Almagro. Sie hatte denselben Inhalt wie die erste. Nun sah sich der Statthalter zu einer Erwiderung bewogen. Er antwortete, daß er mit der Jugend und Unerfahrenheit Almagros Mitleid habe und daher geneigt sei, zwischen ihm und den Hauptverschworenen einen Unterschied zu machen, vorausgesetzt, daß er sich von ihnen trennen könne. Abschließend bemerkte er, daß er Almagro keine andere Wahl lasse.

Vaca de Castros Antwort rief in Almagros Lager größte Entrüstung hervor. Almagro dachte nicht daran, sich von seinen Gefährten zu trennen, denn eine Trennung hätte ihre Preisgabe bedeutet, die Preisgabe an den Henker. Es gab also nur noch den Kampf.

Inzwischen zog der Statthalter, da er meinte, der unebene Boden rings um Guamanga sei für seine Reiterei ungünstig, mit seinem Heer in die benachbarten Ebenen von Chupas. Es war gerade die stürmische Jahreszeit, Stürme tobten, Regen, Hagel und Schnee strömten auf die elenden Lagerstätten der Soldaten herab. Alle waren bald bis auf die Haut durchnäßt und durch die grimmige Kälte fast erstarrt. Endlich, am 16. September 1542, brachten Kundschafter die Nachricht, daß Almagros Truppen vorzurücken begannen, wahrscheinlich mit der Absicht, die Höhen rings um Chupas zu besetzen. Dies konnte für Vaca de Castro gefährlich werden, da man imstande war, von diesen Höhen her das ganze Tal zu beherrschen. Deshalb schickte Vaca de Castro eine Anzahl Bogenschützen und einen Teil der Reiterei dorthin. Doch dann traf die Nachricht ein, daß der Feind haltgemacht und in einer Entfernung von etwa einer Legua eine feste Stellung bezogen habe.

Es war schon spät am Nachmittag, zwei Stunden fehlten noch bis zum Sonnenuntergang. Deshalb wollte der Statthalter die Schlacht nicht mehr beginnen. Doch Alvarado riet ihm zum sofortigen Kampf. Die Soldaten brennten vor Begierde, zu kämpfen, sagte er, und man müsse ihren Ehrgeiz nutzen, morgen könnte dieser Ehrgeiz schon erkaltet sein. Nach kurzer Überlegung willigte der Statthalter ein. Er rief aus: »Oh, besäße ich doch Josuas Macht, dem Lauf der Sonne Stillstand zu gebieten!« Dann stellte er sein Heer in Schlachtordnung auf und traf seine Anstalten zum Angriff.

In die Mitte stellte er sein Fußvolk, das aus Bogenschützen und Pikenmännern bestand. Die Reiterei bezog die Flanken, wobei der rechte Flügel, der die königliche Fahne trug, unter dem Befehl von Alonso de Alvarado stand. Den linken Flügel befehligte Holquin. Die Geschütze wurden in der Mitte aufgestellt.

Es war Vaca de Castros Absicht, die Vorhut selbst anzuführen und die erste Lanze mit dem Feind zu brechen, doch rieten ihm seine Offiziere hiervon ab. Sein Leben sei zu kostbar, als daß er es aufs Spiel setzen dürfe, meinten sie. Daher begnügte er sich mit einer aus 40 Reitern bestehenden Schar, die einmal da, einmal dort eingesetzt werden sollte. Er ritt ein kohlschwarzes Pferd und trug über seinem Panzer einen bunten Überwurf aus Brokat. Auch sein Pferd war reich geschmückt.

Bevor er mit dem Angriff begann, hielt Vaca de Castro noch eine kurze Ansprache. Er sagte: »Unsere Feinde sind Empörer. Sie haben gegen mich, den Vertreter der Krone, die Waffen ergriffen, und es ist daher unsere Pflicht, sie zu bestrafen. Das Gesetz schreibt vor, daß Almagro und seine Anhänger ihr Leben und ihr Eigentum verwirkt haben. Dieses Eigentum gehört jetzt schon euch. Kämpft tapfer, Gott und der Kaiser stehen auf unserer Seite.«

Als Vaca de Castro seine Ansprache beendet hatte, wurde das feindliche Heer sichtbar, wie es langsam, mit wehenden weißen Bannern, hinter einem Hügel hervorkam. Die Aufstellung der

Truppen Almagros war der seines Gegners ähnlich. Die Reiterei deckte die Flanken, das Fußvolk und die Kanonen befanden sich in der Mitte. Almagro führte den linken Flügel. Auch er trug über seinem Panzer einen Überwurf aus Brokat.

Als die beiden Heere nicht mehr weit voneinander entfernt waren, ließ Almagro das Geschützfeuer eröffnen. Dieses wäre für Vaca de Castros Truppen verderblich gewesen, wären die Geschosse nicht über ihre Köpfe hinweggeflogen. Die Geschütze waren nämlich in einem solchen Winkel gerichtet, daß sie gar nicht treffen konnten.

Die Geschütze waren dem Befehl des griechischen Ritters Pedro de Candia anvertraut. Als ihn Almagro zur Rede stellte und aufforderte, die Richtung der Geschütze zu ändern, weigerte er sich. Es kam zu einem Zweikampf, bei dem der Grieche das Leben ließ. Nun sprang Almagro zu einer der Kanonen und gab ihr eine andere Richtung. Die Folge davon war, daß mehrere Reiter Vaca de Castros niedergestreckt wurden.

Später, nach dem Ende der Schlacht, sprach man viel über den Verrat des griechischen Ritters. Alle nahmen an, daß er dies in der Hoffnung getan hatte, von Vaca de Castro begnadigt zu werden. Das bedeutete, daß er niemals erwogen hatte, Almagro könnte aus dem Kampf als Sieger hervorgehen.

Das Feuer hatte nun eine bessere Wirkung. Eine einzige Ladung metzelte eine ganze Reihe des königlichen Fußvolkes nieder, und obgleich sofort andere einsprangen, um die Reihen wieder zu füllen, wurde die Lage für Vaca de Castro gefährlich. Nur die Reiterei konnte eine Änderung herbeiführen. Die Trompeten erklangen, und die kühnen Ritter setzten unter Kriegsgeschrei ihren Pferden die Sporen in die Seite und jagten in vollem Lauf auf den Feind los.

Almagro hätte gut getan, wenn er fest in der Stellung geblieben wäre, die ihm so viel Vorteil bot. Doch er war der Meinung, es sei eines tapferen Ritters unwürdig, den Angriff ruhig abzuwarten. Daher befahl er seinen Leuten, anzugreifen. Die feindlichen Scharen prallten auf halbem Wege in der Ebene aufeinander. Der Zusammenstoß war fürchterlich. Roß und Reiter sanken zusammen, die Splitter von Speeren flogen in der Luft umher, und die Ritter zogen ihre Schwerter oder schwangen ihre Keulen und Streitäxte. Es war ein erbitterter Kampf, Mann gegen Mann, oft

Freund gegen Freund, ja sogar manchmal Bruder gegen Bruder.

Gleichzeitig schossen die Fußsoldaten ihre Hakenbüchsen ab. Auch die schweren Geschütze Almagros spien wieder ihre Kugeln aus. Dadurch begann das königliche Fußvolk zu wanken und zurückzuweichen. Doch einer der Anführer, Francisco de Carbajal, warf sich den Soldaten in den Weg und rief: »Schämt euch, Männer, jetzt zurückzuweichen. Der Feind kann mich genausogut treffen wie euch.« Dann warf er seinen stählernen Helm und seinen Panzer ab, um vor seinen Gefährten keinen Vorzug zu haben, und stürzte, nur mit einem baumwollenen Wams bekleidet, die Partisane über dem Kopf schwingend, durch Rauchwolken und einen Hagel von Büchsenkugeln kühn vorwärts. Mit Hilfe seiner tapfersten Leute überwältigte er die Mannschaft, welche die Geschütze bediente, und richtete das Feuer auf den Feind.

Es war inzwischen dunkel geworden. Aber der Kampf auf Leben und Tod wurde auch im Finstern fortgesetzt, die Schlachtrufe »Vaca de Castro y el Rey!« und »Almagro y el Rey!« übertönten den Waffenlärm. Nun fiel Holquin, von zwei Büchsenkugeln getroffen. Dennoch wichen seine Soldaten nicht, sie kämpften so tapfer weiter, daß Almagros Schar nur mit Mühe ihre Stellung behaupten konnte.

Auf dem rechten Flügel hingegen, wo Alonso de Alvarado den Oberbefehl innehatte, neigte sich das Kriegsglück dem jungen Almagro zu. Wohl leistete Alvarado erbittert Widerstand, doch seine Reihen wurden immer mehr gelichtet. In diesem entscheidenden Augenblick erkannte Vaca de Castro, der mit seiner Reiterschar eine Anhöhe besetzt hatte, daß für ihn die Zeit gekommen war, an dem Kampf teilzunehmen. Trotz der Dunkelheit hatte er die Bewegungen der Truppen beobachten können, außerdem hatte man ihm mehrmals Nachrichten über den Verlauf der Schlacht gebracht. Nun zögerte er nicht länger und forderte seine Reiter auf, ihm zu folgen. Er führte sie in das dichteste Kampfgewühl, um Alvarado zu unterstützen. Diese Tat verdiente Bewunderung. Denn sie war von einem Rechtsgelehrten nicht zu erwarten gewesen.

Durch die Ankunft einer neuen schlagfertigen Schar auf dem Schlachtfeld wandte sich das Kriegsglück jetzt Vaca de Castro zu. Alvarados Soldaten ermannten und sammelten sich und warfen den Feind zurück. Dreizehn von ihnen fielen tot von den Sätteln herab, doch das änderte nicht mehr, daß Almagros Leute nach allen Seiten hin zurückzuweichen begannen. Sie traten einander nieder, nur noch bestrebt, ihren Verfolgern zu entkommen. Almagro tat alles, sie aufzuhalten. Er verrichtete wahre Wunder an Tapferkeit, doch er wurde von dem Strom der Flüchtenden mitgerissen. Er kam ohne Wunden davon, obwohl er jetzt den Tod suchte.

Es war neun Uhr, als die Schlacht beendet war. Vaca de Castro rief nun, indem er die Trompeten blasen ließ, seine zerstreuten Soldaten unter die Fahne zurück. Sie blieben die ganze Nacht hindurch auf dem Schlachtfeld, wo jetzt nur noch die Seufzer der Verwundeten und Sterbenden zu hören waren. Wie immer kamen die Indianer von den Bergen herab und eigneten sich alles an, was sie finden konnten.

Am folgenden Morgen gab Vaca de Castro den Befehl, die Verwundeten zu pflegen und den Sterben durch die heilige Beichte und Sündenerlaß den Weg ins Jenseits zu ebnen. Dann wurden vier große Gruben ausgehoben, in welchen die Leichen der Erschlagenen, sowohl die der Sieger als auch die der Besiegten, aufeinandergehäuft wurden. Der Leichnam des Alvarez de Holquin wurde nach Guamanga gebracht und dort beigesetzt.

Die Anzahl der Gefallenen betrug etwa dreihundert. Vaca de Castro hatte die größeren Verluste erlitten. Die Überlebenden von Almagros Partei wurden zu Gefangenen gemacht. Diego de Almagro, der mit wenigen Leuten nach Cuzco geflohen war, wurde von der Obrigkeit, die er eingesetzt hatte, ergriffen und in ein Gefängnis geworfen.

STRAFGERICHT

Nach Guamanga zurückgekehrt, ernannte Vaca de Castro einen Ausschuß, dessen Aufgabe es war, die Gefangenen zu verhören und über sie das Urteil zu sprechen. Vierzig von ihnen wurden zum Tode verurteilt, dreißig zum Verlust einer Hand oder eines Beines, der Rest wurde in die Verbannung geschickt. Die zum Tode Verurteilten wurden ausnahmslos gevierteilt.

Von Guamanga begab sich der Statthalter nach Cuzco, wo er

an der Spitze seines siegreichen Heeres mit dem ganzen Prunk und dem kriegerischen Glanz eines Eroberers einzog. Er war ein Mann, der sich aus Prunk nichts machte, doch er kannte die Wirkung dieses Glanzes auf das einfache Volk. Außerdem verschmähte er kein Mittel, seiner Stellung Ansehen zu verschaffen.

Gleich nach seiner Ankunft versammelte er einen Kriegsrat, mit dem er das Schicksal Almagros besprach. Einige schlugen vor, den unglücklichen Anführer in Anbetracht seiner Jugend zu schonen. Doch die Mehrzahl war der Meinung, daß Almagros Tod für die dauernde Ruhe des Landes notwendig sei.

Als Almagro auf den großen Platz geführt wurde, wo wenige Jahre zuvor sein Vater hingerichtet worden war, zeigte er sich vollkommen gefaßt. Erst als ein Herold verlas, daß er wegen Hochverrats zum Tode verurteilt worden sei, erwachte er aus seiner Erstarrung und rief mehrmals aus: »Ich bin kein Verräter!« Dann bat er seine Richter, seine Gebeine neben die seines Vaters zu legen.

Dies wurde ihm gewährt.

Er lehnte es ab, sich die Augen verbinden zu lassen, und nachdem er gebeichtet hatte, umarmte er das Kreuz und bot seinen Hals dem Henker dar. Seine Gebeine wurden, gemäß seinem Wunsch, in das Kloster La Merced gebracht und dort in den Sarg seines Vaters gelegt. Mit ihm erlosch der Name Almagro, und die Partei der Leute von Chile hatte aufgehört zu bestehen.

Zu dieser Zeit kam Gonzalo Pizarro in Lima an. Dort beklagte er sich laut darüber, daß die Statthalterschaft nach der Ermordung seines Bruders nicht in seine Hände übergegangen sei, und ließ auch hören, daß er die Absicht habe, die Macht mit Gewalt an sich zu reißen. Dies wurde Vaca de Castro hinterbracht. Um den Funken der Empörung zu verlöschen, bevor er zur Flamme angefacht worden war, sandte er sofort eine starke Mannschaft nach Lima, um sich die Hauptstadt zu sichern. Gleichzeitig erteilte er Gonzalo Pizarro den Befehl, nach Cuzco zu kommen.

Pizarro leistete der Aufforderung wohl Folge, zog aber an der Spitze einer großen und gut bewaffneten Reiterschar in die Inkahauptstadt ein. Er wurde von Vaca de Castro sofort empfangen. Der Statthalter, der seine Leibwache mit dem Bemerken weggeschickt hatte, von einem so ergebenen Ritter wie Pizarro habe er nichts zu fürchten, stellte zuerst viele Fragen, die das Zimmetland betrafen, dann lobte er Pizarro wegen seines Mutes und seiner Entschlossenheit. Schließlich riet er ihm, sich nach Charcas zu seinen reichen Besitzungen zurückzuziehen. Pizarro befolgte diesen Rat. Der Statthalter hatte ihm keinen Grund zu einem Streit gegeben. Dazu jedoch, einen Streit mit Gewalt vom Zaun zu brechen, fühlte er sich noch nicht stark genug.

Nachdem er sich dieses gefährlichen Ritters auf kluge Weise entledigt hatte, löste Vaca de Castro zum Teil das Heer auf. Aber da waren viele, die beträchtliche Forderungen an ihn stellten und die ihm geleisteten Dienste nicht gering veranschlagten. Um eine Meuterei zu vermeiden, schickte er diese Leute in die vom Rio de la Plata bewässerte Gegend, wo, wie er ihnen versicherte, Gold in Hülle und Fülle zu finden sei.

Als seine nächste Aufgabe sah es der Statthalter an, die Lage der Indianer zu verbessern. Er ließ für sie Schulen erbauen, in welchen sie im Christentum unterrichtet wurden, er munterte sie auf, ihre Wohnsitze in die Gemeinwesen der weißen Männer zu verlegen, er schützte sie durch mehrere Gesetze vor den Räubereien und Erpressungen der Spanier. Dadurch zog er sich den Haß der Ansiedler zu. Man begann ihn den »Freund der Indianer und Feind seiner eigenen Landsleute« zu nennen, und der Funke der Empörung glimmte von neuem in Neu-Kastilien.

ZWEI DENKSCHRIFTEN

Am Ende des Jahres 1541 sandte der Bakkalaureus* Luis de Morales, der seit langem in Cuzco lebte, eine umfangreiche Denkschrift an den kaiserlichen Hof. Darin prangerte er die Mißstände an, die in Neu-Kastilien herrschten. Diese Schrift wurde kaum beachtet, da der Kaiser noch immer mit seinen Unternehmungen in Europa beschäftigt war. Am Ende des Jahres 1542 wurde dem Kaiser eine zweite Denkschrift über Peru übergeben. Ihr Verfasser war der Dominikanermönch Bartolomé de Las Casas. Der Inhalt dieser Schrift war:

Im Lande Neu-Kastilien werden täglich Greuel verübt, bei

* Unterster akademischer Grad.

deren Anblick die christliche Menschheit mit Schauder erfüllt wird. Die Strafe des Himmels wird auf jene herabfallen, welche die Schuld daran tragen. Unser Herr Jesus Christus wird in Neu-Kastilien Stunde für Stunde gekreuzigt.

Berauscht von ihrer Macht und ohne jedwedes Verantwortungsgefühl, frönen die neuen Herren des Pflanzstaates nur der Befriedigung ihrer Launen. Es ist mir zu Ohren gekommen, daß Spanier Bluthunde auf die Indianer hetzen, teils weil ihnen diese Jagd Vergnügen bereitet, teils weil sie die Hunde so an diese Art Jagd gewöhnen wollen.

Junge Indianerinnen werden aus den Armen ihrer Familien gerissen und gezwungen, den Lüsten der Spanier zu dienen. Manche spanischen Offiziere halten einen Harem, und ich spreche aus, daß dies besser zum Halbmond als zum unbefleckten Kreuz passen würde.

Die Indianer wurden von den Spaniern zu Sklaven erniedrigt. In den Metallgruben sterben Tausende. Man verscharrt ihre Leichen, und niemand kümmert sich um ihre Familien. Längst kümmert sich auch niemand mehr darum, den Indianern das Heil des Christentums zu bringen.

Die Kornspeicher sind geleert, die Herden des indianischen Kamels wurden vernichtet. Tausende dieser Kamele wurden geschlachtet, um die üppigen Gelüste von Feinschmeckern zu befriedigen. Manche Spanier essen nur das Gehirn dieses Tieres, das sie als köstlichen Leckerbissen bezeichnen. Aber sie denken nicht daran, das Fleisch den Indianern zu überlassen, sie werfen es vielmehr den Hunden vor. In den letzten vier Jahren wurden mehr indianische Kamele geschlachtet als in den 400 vorher. Da die Kamele erkannt haben, daß die Spanier ihre Feinde sind, haben sich die meisten in den Schutz der Gebirge zurückgezogen. Nun ziehen die Indianer ohne Nahrung, ohne das warme Vlies, das ihnen Schutz gegen die Kälte gewährte, über die Hochebenen, und es gibt da keinen Unterschied. Auch jene, die für Kastilien gekämpft haben, erleiden dieses Los. So mancher Inkaedelmann schleppt sich nun als Bettler durch das Land, in dem er einst geherrscht hat, und wenn ihn der Hunger dazu zwingt, etwas von dem Überfluß der Eroberer zu stehlen, muß er dies, wird er ertappt, damit bezahlen, daß man ihn zu Tode prügelt.

Manche Männer, so die Heidenbekehrer, tun Gutes für die Indianer. Viele würden sich sogar als Beschützer des versklavten Volkes aufopfern, doch fehlt ihnen die Macht hiezu. Die Macht liegt in den Händen jener, die nur auf ihren Vorteil bedacht sind.

Der Heilige Vater hat den spanischen Herrschern das Eroberungsrecht unter der ausdrücklichen Bedingung zugestanden, die Heiden zu bekehren. Diese Bedingung wird nicht erfüllt. So wird der Allmächtige jene zur Rechenschaft ziehen, welche die Schuld daran tragen, daß dieser heilige Auftrag mit Füßen getreten wird.

Anno domini 1542 *Bartolomé de Las Casas*

Diese Denkschrift las der Kaiser. Sofort wurde in Valladolid ein aus Gottes- und Rechtsgelehrten bestehender Rat einberufen, um Gesetze zu schaffen, durch welche den Mißständen in Neu-Kastilien gesteuert werden sollte. Bartolomé de Las Casas erschien vor der Versammlung und hielt folgende kurze, eindringliche Rede:

»Die Indianer sind von Rechts wegen frei wie alle Menschen auf Gottes Erde. Als Vasallen der Krone steht ihnen auch das Recht auf Schutz durch die Krone zu. Außerdem wäre es nicht zweckmäßig, ihnen diesen Schutz zu verwehren, da sie durch die spanischen Eroberer sonst ausgerottet werden würden. Man gibt vor, daß die Indianer nicht arbeiten wollen, wenn sie hierzu nicht gezwungen werden. Dann sollen die Spanier den Boden bebauen. Können sie das nicht, haben sie noch lange kein Recht über die Indianer. Gott will nicht, daß Böses geschehe, damit Gutes daraus erwachse.«*

Diese Ausführungen stießen auf Widerspruch. Nicht nur ein Angehöriger des Rates war der Meinung, daß an die Stelle des kleineren Übels ein größeres treten würde, wenn man den Indianern die Freiheit schenkte. Wochenlange Beratschlagungen folg-

* Es soll nicht unerwähnt bleiben, daß diese Worte von dem Angehörigen eines Ordens stammten, der die Inquisition ins Leben rief.

ten. Ihr Ergebnis war die »Carta del Emperador«. Sie hatte folgenden Wortlaut:

1. Die Indianer werden zu wahren und treuen Vasallen erklärt. Ihre Freiheit wird vollständig anerkannt.
2. Damit die den Eroberern von der Regierung zugesicherte Bürgschaft aufrechterhalten werde, wird bestimmt, dass alle jene, die sich im rechtmässigen Besitz von Sklaven befinden, diese behalten dürfen.
3. Sterben die Eigentümer der Sklaven, werden diese Kigentum der Krone.
4. Wer sich des Besitzes von Sklaven durch deren Vernachlässigung oder durch deren schlechte Behandlung unwürdig gezeigt hat, geht des Rechtes, Sklaven zu halten, für immer verlustig.
5. Dieses Rechtes gehen auch alle jene verlustig, die an den Streitigkeiten zwischen Diego de Almagro und Francisco Pizarro strafbaren Anteil genommen haben.
6. Die Indianer dürfen nur mässig besteuert werden.
7. Die Indianer dürfen gegen ihren Willen nicht zur Arbeit gezwungen werden. Wenn dies unumgänglich notwendig ist, ist ihnen eine angemessene Entschädigung zu gewähren.
8. Allen jenen, die sich eines offenkundlichen Missbrauchs ihrer Sklaven schuldig gemacht haben, werden ihre Ländereien entzogen.
9. Unserer heiligen Aufgabe, die Indianer zum Christentum zu bekehren, ist in Zukunft weit mehr Aufmerksamkeit als bisher zuzuwenden. Dies empfehlen wir vor allem den geistlichen Körperschaften.
10. Wir haben beschlossen, einen Vizekönig nach Neu-Kastilien zu entsenden, der einen äusseren Prunk entfalten, mit Vollmachten ausgerüstet und dort unser würdiger Vertreter sein soll.
11. Diesem Vizekönig wird ein Gerichtshof beigegeben, der aus vier Richtern mit ausgedehnter Rechtsbefugnis besteht. Dieser Gerichtshof darf sowohl peinliche als auch bürgerliche Rechtsfälle entscheiden,

ohne dass irgendwem das Recht zusteht, gegen seine Entscheidungen Widerspruch zu erheben. Ausserdem soll der von uns ernannte Gerichtshof dem Vizekönig mit Ratschlägen zur Seite stehen.

12. Der Gerichtshof von Panama wird aufgelöst. An seine Stelle tritt der von uns ernannte. Dieser wird samt dem Hofe des Vizekönigs seinen Sitz in Los Reyes haben.

Madrid, 11. November 1543 Für den Kaiser:

Antonio Condamine, Antonio Condamin, Helenio Sarmiento, Diego de Orellana, Gaspar de Fernandez, Cieza de Acosta.

AUS RÜCKSICHT FÜR DEN KAISER

Der Inhalt der Carta verbreitete sich nach ihrer Bekanntmachung wie ein Flugfeuer in ganz Peru, und alle waren über den Inhalt entsetzt. Es gab kaum einen, der an den Streitigkeiten zwischen Pizarro und Almagro nicht teilgenommen hatte, und viele andere sahen sich in einem der übrigen Punkte wie in einem Netz gefangen.

Das ganze Land geriet in Aufruhr. Die Menschen versammelten sich in den Straßen und auf den öffentlichen Plätzen und stießen Schmährufe gegen jene aus, welche die Carta abgefaßt hatten. Ein alter Soldat, der nahezu an allen Feldzügen teilgenommen hatte, hielt in Lima folgende Rede:

»Ist das die Frucht aller unserer Mühen? Haben wir dafür unser Blut wie Wasser vergossen? Sollen wir jetzt arm werden wie am Beginn dieses Feldzugs? Ist dies die Art, wie uns die Regierung dafür belohnt, daß wir für sie ein mächtiges Reich erobert haben? Die Regierung hat uns bei der Eroberung wenig Hilfe geleistet, und alles, was wir besitzen, verdanken wir unseren guten Schwertern. Mit denselben Schwertern werden wir unseren Besitz zu verteidigen wissen. Laßt nicht zu, daß das Land durch diese Carta an den Bettelstab gebracht wird! Wir brauchen die Indianer, und wir werden sie uns nicht nehmen lassen.«

Ähnliche Reden wurden anderswo gehalten. Vaca de Castro sah dem sich von allen Seiten zusammenziehenden Ungewitter mit tiefer Besorgnis entgegen. Er befand sich zu dieser Zeit in Cuzco, wo die Empörung am größten war. Das Volk verlangte von ihm, daß er es vor der Tyrannei des Hofes schütze, er jedoch versuchte die aufgebrachte Menge dadurch zu beschwichtigen, daß er den Leuten vorhielt, durch Empörung würden sie nichts erreichen. Er riet ihnen, eine Gesandtschaft nach Spanien zu entsenden, die dort ihre Beschwerden vorbringen sollte. Der Kaiser, meinte er, würde die Carta sicherlich verbessern, ja vielleicht sogar widerrufen lassen.

Doch das Feuer der Empörung war nicht mehr zu löschen. Das Volk sah sich nun nach einem Mann um, der imstande war, es vor den Auswirkungen der Carta zu beschützen. Der Mann, dem allein man dies zutraute, war Gonzalo Pizarro. Man bestürmte ihn, sich an die Spitze des Reiches zu stellen und die Carta für null und nichtig zu erklären.

Gonzalo Pizarro befand sich damals in Charcas, wo er mit der Ausbeutung der Silbergruben beschäftigt war, was ihm reichen Ertrag brachte. Er fühlte sich durch die Aufforderung, das Steuer des Schiffes in die Hand zu nehmen, wohl sehr geschmeichelt, war aber doch zu vorsichtig, sich in ein Abenteuer zu stürzen, dessen Ausgang ihm ungewiß zu sein schien. Doch er tat im stillen das Seine, das Feuer noch zu schüren, indem er den Unzufriedenen riet, sich dem Vizekönig zu widersetzen und die Bestimmungen der Carta zu mißachten.

Alles wartete nun, obwohl man sich von ihm nichts erhoffte, auf den neuen Vizekönig. Der für dieses schwierige Amt ernannte Mann war ein Ritter aus Avila namens Blasco Nuñez Vela. Vela stammte aus einer Familie, deren Adel weit zurückreichte, und genoß den Ruf eines tapferen und frommen Mannes. Er hatte schon viele Stellungen zur Zufriedenheit Karls V. bekleidet und besaß, obwohl schon von vorgerücktem Alter, ein achtunggebietendes Äußeres.

Blasco Nuñez Vela schiffte sich am 5. November 1543 in San Lucar ein. In seiner Begleitung befanden sich die vier Richter der Audiencia und ein zahlreiches Gefolge. Etwa zu derselben Zeit erhielt Vaca de Castro einen eigenhändigen Brief Karls V., in welchem ihm der Kaiser für die geleisteten Dienste dankte und ihn aufforderte, nach Kastilien zurückzukehren und seinen Sitz im kaiserlichen Rat wieder einzunehmen.

Der neue Vizekönig landete im Januar 1544 in Nombre de Dios. Dort fand er im Hafen ein mit Silber beladenes Schiff, das im Begriff war, nach Spanien abzusegeln. Ohne zu zögern, beschlagnahmte er es für die Regierung mit der Begründung, das Silber sei von Indianersklaven zutage gefördert worden. Die vier Richter rieten ihm von dieser Maßregel ab, doch er kümmerte sich nicht um sie.

Hierauf ging der Vizekönig über die Landenge nach Panama. Dort ließ er abermals erkennen, daß er entschlossen war, die Bedingungen der Carta rückhaltlos durchzuführen. Er befahl, 300 Indianer, welche von ihren Eigentümern von Peru nach Panama gebracht worden waren, in Freiheit zu setzen und in ihre Heimat zurückzuschicken. Die Kunde von dieser Tat, welcher sich die Richter abermals widersetzten, drang rascher als ein Lauffeuer in alle Regionen Perus.

Weiteres Aufsehen erregte es, daß Blasco Nuñez Vela die vier Richter in Panama zurückließ. Er schien sie, die ihm widersprochen und zur Mäßigung geraten hatten, als Hemmschuh zu empfinden. Auch der Ausspruch, den er in Panama tat, drang bis in die äußersten Winkel Perus.

»Ich bin nicht gekommen, die Carta zu verbessern«, sagte er, »noch auch mich in Erörterungen über sie einzulassen. Ich bin gekommen, ihre Bestimmungen buchstabengetreu auszuführen.«

Der weitere Weg führte den Vizekönig entlang der Küste des Stillen Meeres bis Tumbez. Dort schiffte er sich aus. Die Bewohner der Stadt nahmen ihn freundlich auf und jubeltem ihm sogar zu, als seine Vollmacht öffentlich verlesen wurde. Um zu beweisen, daß er entschlossen war, die Bestimmungen der Carta überall in die Tat umzusetzen, entließ er auch hier zahlreiche indianische Sklaven in die Freiheit.

Je näher Blasco Nuñez Vela Peru kam, desto mehr wuchsen dort Bestürzung, Haß und Empörung. Man berief in den Städten immer wieder Volksversammlungen ein und beriet, wie man sich dem Vizekönig und der Carta widersetzen könnte. In Cuzco wurde bereits das königliche Banner öffentlich verbrannt, und man faßte den Entschluß, Blasco Nuñez Vela den Eintritt in die

Stadt zu verwehren, wenn es sein mußte, auch mit Gewalt. Vaca de Castro bemühte sich vergebens, die Einwohner an ihre Untertanentreue zu erinnern. Niemand hörte mehr auf ihn, den Freund der Indianer und einen Mann, der bereit war, seine Macht ohne Widerstand an einen anderen abzugeben.

Nun wendeten sich die Spanier mehr denn je an Gonzalo Pizarro. Aus allen Regionen des Landes strömten ihm Briefe und Bittschriften zu, in welchen er aufgefordert wurde, Beschützer der Bürger von Neu-Kastilien zu werden. Man sah in Gonzalo Pizarro den einzigen Ritter im Reich, der sich dem neuen Vizekönig, der ein Feind war, widersetzen konnte.

Nun sah Gonzalo Pizarro seine Zeit gekommen. Seiner Familie verdankte die Krone die Eroberung von Peru, seiner Familie verdankte die Krone die Niederwerfung der Indianer und das Gold, das nach Spanien geflossen war. Als Dank dafür hatte man seinen Bruder Hernando ins Gefängnis gesteckt, wo er noch schmachtete, als Dank dafür hatte man einen Mann wie Vaca de Castro und jetzt diesen Blasco Nuñez Vela nach Peru entsandt. Und dieser Blasco Nuñez Vela hatte angedeutet, er würde in Peru für das Ende des letzten Sprosses der Familie Pizarro sorgen. Dem mußte vorgebeugt werden.

Gonzalo Pizarro versammelte zwanzig Ritter um sich, in welche er das meiste Vertrauen setzte, versah sie mit einer großen Menge Silbers, das er in den Bergwerken gewonnen hatte, und nahm die Einladung an, sich nach Cuzco zu begeben. Als er sich der Stadt näherte, kam ihm eine große Anzahl von Bürgern entgegen, um ihn willkommen zu heißen. Zugleich rief man ihm zu: »Du bist der neue Statthalter von Peru!« Dieser Titel wurde von der Obrigkeit sofort bestätigt. Besonnenere Bürger rieten Pizarro, sich nach Lima zu begeben und Blasco Nuñez Vela die Beschwerden des Volkes vorzutragen und die Aufhebung der Carta zu fordern.

Den Weg nach Lima lehnte Pizarro ab. Er sagte, es würde dem Wohl des Volkes wenig nützen, wenn er sich dorthin begäbe. Außerdem erklärte er, der Titel eines Statthalters stünde ihm nicht zu, wohl aber der eines Oberfeldherrn. Diesen Titel gestand ihm die Obrigkeit von Cuzco gerne zu. Mehr hatte Pizarro nicht gewollt.

Nun hob er eine bewaffnete Macht aus, die, wie er sagte, notwendig war, um das Land von einem alten Feind, dem Inka Manco, zu befreien, der in den Bergen lauerte, um bei der ersten Gelegenheit über die Spanier herzufallen.

Binnen weniger Wochen hatte er eine Streitmacht um sich versammelt, wie es eine größere in Peru noch nie gegeben hatte. Gonzalo Pizarro übernahm den Oberbefehl, wobei er versicherte, er tue dies nur aus Rücksicht für den Kaiser und vor allem für Peru.

WIEDER EIN NEUER VIZEKÖNIG

Während sich dies ereignete, befand sich Blasco Nuñez Vela auf dem Wege nach Lima. Nun wurde er nicht mehr mit Jubel empfangen, man nahm ihn vielmehr mit einer Kälte auf, die nicht mehr zu überbieten war. Auch traf man keinerlei Anstalten, für seine Bequemlichkeit und die seines Gefolges zu sorgen. In einer Stadt, in der er kurz verweilte, fand er über dem Eingang des Hauses, das er für sich in Anspruch genommen hatte, folgende Inschrift:

> Wer mein Eigentum auch nur berührt,
> kann sicher sein, dass er dies mit
> seinem Leben bezahlen wird.

Solche Drohungen schüchterten Blasco Nuñez Vela nicht ein. Er war entschlossen, den von ihm bisher beschrittenen Weg ohne Abweichungen fortzusetzen. Als er Lima erreicht hatte, kam ihm trotz allem Haß, der ihm entgegenschlug, die Obrigkeit entgegen, um ihn willkommen zu heißen. Er hielt seinen Einzug mit großem Prunk, unter einem mit dem spanischen Wappen bestickten und auf starken Stäben aus schwerem Silber gestützten Thronhimmel aus Scharlach, den Männer seines Gefolges trugen. Ein Ritter mit einem Stab – dem Sinnbild der Macht – ritt vor ihm her. Der Zug bewegte sich vorerst nach der Stiftskirche, wo ein Tedeum gesungen und Blasco Nuñez Vela in seine Würde als Vizekönig von Peru eingesetzt wurde. Als er die Kirche verließ, rief eine kleine Schar: »Unser Vizekönig heißt Gonzalo Pizarro! Tod der Carta!«

Auch dies änderte die Entschlüsse von Blasco Nuñez Vela nicht. Er ließ auf der Plaza eine Balustrade errichten, von der aus er folgende Rede hielt:

»Ich habe keine Befugnis, die vom Kaiser anbefohlene Carta abzuändern. Ich bin vielmehr nach Peru gekommen, um sie durchzuführen, trotz des Widerspruchs, den sie hier erfährt. Die Carta ist gerecht, denn was immer der Kaiser befiehlt, ist gerecht. Was bisher geschehen ist, widerspricht den Wünschen des Kaisers und vor allem dem Christentum. Die Indianer sind, sobald sie bekehrt wurden, nicht unsere Sklaven, sondern unsere Brüder. ›Liebet einander‹, hat Christus befohlen. Für euch gilt dasselbe. Und dies sei deutlich ausgesprochen: Wer sich mir widersetzt, widersetzt sich dem Kaiser und wird wegen Hochverrates angeklagt und bestraft werden.«

Diese Rede trug nicht dazu bei, den Funken der Empörung zu dämpfen. Es bildeten sich vielmehr Verschwörergruppen, die Botschaften nach allen Städten des Landes entsandten. Dies geschah so geheim, daß Blasco Nuñez Vela nichts davon wußte. Er hegte überhaupt keinen Argwohn, und als er von dem Heer erfahren hatte, das von Gonzalo Pizarro aufgestellt worden war, sandte er sofort folgende kurze Botschaft an ihn:

> Ich, der vom Kaiser bevollmächtigte Vizekönig von Peru, fordere Euch kraft meines Amtes auf, Eure Truppen sofort zu entlassen. Die Sorge für Neu-Kastilien obliegt allein mir. Sollte der Inka Manco es wagen, die Sicherheit des Pflanzstaates noch einmal zu bedrohen, wird es meine Aufgabe sein, ihn in die Schranken zu weisen.
>
> Blasco Nunez Vela
> Vizekönig von Peru

Gonzalo Pizarro kümmerte sich wenig um diese Aufforderung. Er bemühte sich vielmehr, sein Heer möglichst schlagkräftig zu machen. Zuerst ließ er 16 Kanonen aus Guamanga holen, die Vaca de Castro dorthin gesandt hatte, aus Angst, die aufrührerische Menge könnte sie sich aneignen und damit Unheil anrichten. Die

Geschütze wurden von 6000 Indianern über das Gebirge geführt. Allmählich brachte Pizarro eine Streitmacht von 400 Mann zusammen. Das war nicht viel, doch er hoffte, auf dem Marsch zur Küste gewaltigen Zustrom zu erhalten. Zur Deckung der Kosten verwendete er seine eigenen Geldmittel und die Gelder des königlichen Schatzes, die er sich bedenkenlos aneignete. Dies, sagte er, geschehe zum allgemeinen Besten. Des weiteren betonte er immer wieder, er wolle nur den Frieden.

Tatsächlich strömten Pizarro auf dem Wege zur Küste zahlreiche Freiwillige zu, die bereit waren, unter seinem Banner gegen die verhaßte Carta zu kämpfen. Überall wurde er mit großem Jubel empfangen, und in Guanuco ging ein Offizier namens Puelles mit seiner gesamten Reiterschar, die vom Vizekönig aufgestellt worden war, zu ihm über. Andere Offiziere folgten diesem Beispiel. So kam es, daß Pizarro, als er vom Tafelland in die Ebene hinabstieg, über ein Heer von mehr als 800 Mann verfügte.

Auch in Guamanga wurde Gonzalo Pizarro von den Bewohnern mit offenen Armen empfangen, man hob ihn von seinem Pferd und trug ihn auf Schultern durch die Stadt. Rufe wie »Tod dem Blasco Nuñez de Vela!« wurden laut. Hier stießen abermals 50 Mann zu Pizarros Armee, darunter viele schlachterprobte Krieger, die an dem Feldzug von allem Anfang an teilgenommen hatten.

Blasco Nuñez Vela begann nun endlich zu erkennen, daß er sich in einer schwierigen Lage befand. Er beriet sich mit einem Offizier namens Diaz, dem er am meisten traute, und Diaz machte sich erbötig, mit einer Reiterschar dem Gonzalo Pizarro entgegenzuziehen. Er werde ihn zur Umkehr bewegen, versicherte er. Blasco Nuñez Vela willigte ein, aber Diaz ging mit seiner gesamten Mannschaft zu Pizarro über.

So von seinen Leuten verraten, schöpfte Vela Argwohn gegen seine ganze Umgebung, sogar gegen jene, die ihm am meisten zugetan waren. Dazu gehörte Vaca de Castro, sein Vorgänger, der sich keiner einzigen Unehrenhaftigkeit schuldig gemacht und stets auf der Seite der Krone gestanden hatte. Aber Vela argwöhnte, Vaca de Castro stünde mit den Empörern in Cuzco in einem geheimen Briefwechsel. Obwohl es hierfür keinen Beweis gab, ließ er Vaca de Castro festnehmen und an Bord eines im Hafen liegenden Schiffes gefangensetzen.

Jetzt hoffte Vela, durch Verhandlungen zu einem Erfolg zu kommen. Zu diesem Zweck sandte er eine Abordnung, an deren Spitze Juan Loaysa, der Bischof von Lima, stand, in das Lager Gonzalo Pizarros. Doch der Bischof wurde nicht vorgelassen, man nahm ihm den Brief ab, den Vela an Pizarro gerichtet hatte, und schickte ihn dann zurück. Dieser Brief beweist, daß Blasco Nuñez Vela noch immer nicht ganz erkannt hatte, welchem Gegner er gegenüberstand.

> Ihr habt Euch gegen mich und damit gegen die Krone empört, also des Hochverrates schuldig gemacht. Gleichwohl bin ich bereit, Gnade für Recht ergehen zu lassen und Euch zu verzeihen, was bedeutet, dass ich Euch das leben schenke. Die Bedingungen, die ich Euch stelle, sind: Ihr löst sofort Euer Heer auf. Ihr begebt Euch sofort nach Lima und seid damit einverstanden, dass ich Euch auf einem Schiff nach Spanien schicke. Ihr liefert mir alle jene aus, die auf verräterische Weise zu Euch übergegangen sind.
>
> Blasco Nunez Vela
> Vizekönig

Nach der Rückkehr des Bischofs wurde es Blasco Nuñez Vela klar, daß er gezwungen war, gegen Pizarro Krieg zu führen. Er begann sofort kräftig zu rüsten. Seine erste Sorge war, die Hauptstadt in Verteidigungszustand zu setzen. Die Befestigungswerke wurden verstärkt, in den Straßen wurden Schutzwehren errichtet. Dann befahl der Vizekönig die allgemeine Bewaffnung der Bürger, außerdem berief er Mannschaften aus den benachbarten Städten ein. Diesem Aufruf wurde nur wenig Folge geleistet. Schließlich wurde im Hafen ein Geschwader von zehn Schiffen in Bereitschaft gesetzt, um gemeinsam mit den Landtruppen in Tätigkeit treten zu können, des weiteren wurden die Glocken aus den Kirchen genommen, weil man das Metall zur Anfertigung von Geschützen benötigte. Binnen kurzer Zeit brachte Blasco Nuñez Vela so eine Streitmacht zusammen, die der seines Gegners weit überlegen war.

Während diese Vorbereitungen für den Krieg getroffen wurden, trafen die Richter der Audiencia in der Stadt der Könige ein. Wie schon seinerzeit mißbilligten sie alles, was der Vizekönig getan hatte, vor allem aber kreideten sie ihm die Einkerkerung Vaca de Castros an, die sie als Willkürakt bezeichneten. Einer der Rechtsgelehrten – er hieß Cepeda – warf Vela sogar vor, er hätte seine Machtbefugnis überschritten. Dies wurde bald in der ganzen Stadt bekannt, und Cepeda verstand es geschickt, das Volk für sich zu gewinnen, indem er ausstreuen ließ, die Carta würde von der Audiencia aufgehoben werden.

Nun beging Blasco Nuñez Vela den nächsten Fehler. Er warf einem ihm besonders ergebenen Ritter namens Juarez de Carbajal vor, er stünde in geheimer Verbindung mit den Empörern. Carbajal wies diese Beschuldigung zurück, wobei er denselben hochmütigen Ton wie sein Ankläger gebrauchte. Der Wortwechsel, der im königlichen Palast stattfand, wurde schließlich so heftig, daß sich Blasco Nuñez Vela auf seinen vermeintlichen Gegner stürzte und ihm seinen Dolch in die Brust stieß. Dann fiel auch noch Velas Gefolge über den Ritter her und zerfleischte ihn mit den Schwertern.

Sehr besorgt wegen der Folgen seiner unbedachten Tat – denn Juarez de Carbajal war in Lima sehr beliebt gewesen –, befahl Blasco Nuñez Vela, den Leichnam des Ermordeten über eine geheime Treppe aus dem Palast zu entfernen und nach der Stiftskirche zu bringen. Dort wurde der Tote in seinen blutigen Mantel gehüllt und in ein eiligst ausgehobenes Grab gelegt. Doch eine solche Schreckenstat konnte nicht lange geheimgehalten werden. Gerüchte über das geheimnisvolle Verschwinden Carbajals schwirrten durch die Stadt, und am Ende wurde das Grab geöffnet. Die verstümmelten Überreste des Erschlagenen waren ein nicht aus der Welt zu schaffender Beweis für die Schuld des Vizekönigs.

Von dieser Stunde an wurde Blasco Nuñez Vela allgemein verabscheut. Man bezeichnete ihn als Verbrecher und grüßte ihn nicht mehr, wenn er die Straße betrat. Am meisten kreidete man ihm an, daß er einen seiner treuesten Anhänger ermordet hatte. Niemand wußte nun mehr, ob nicht ihn der nächste Schlag treffen würde, und einige setzten ihre Hoffnung in die vier Richter, die meisten jedoch sahen nur noch in Gonzalo Pizarro den Mann, der Peru den Frieden bringen und die Carta beseitigen konnte.

***

Gonzalo Pizarro rückte indes langsam gegen Lima vor und war von der Hauptstadt bald nur noch wenige Tagesmärsche entfernt. Nun sah Blasco Nuñez Vela die Hoffnungslosigkeit seiner Lage ein. Von den meisten verabscheut und verachtet, mit der Audiencia verfeindet, von seinen Soldaten verraten, begriff er endlich, daß er einen falschen Weg beschritten hatte. Doch es blieb ihm keine andere Wahl, als entweder auszurücken und sich mit dem Feind zu messen oder in Lima zu bleiben, um es zu verteidigen. Schließlich entschied er sich weder für die eine noch für die andere Möglichkeit, sondern für eine dritte, die völlig überraschend war.

Diese bestand darin, die Hauptstadt aufzugeben und sich nach dem etwa 80 Leguas entfernten Truxillo zurückzuziehen. Die Frauen sollten sich an Bord des Geschwaders begeben und mit den Habseligkeiten der Bürger zu Wasser fortgeschafft werden. Die Truppen sollten zu Fuß marschieren und das Land bei ihrem Durchmarsch verwüsten. Dann würde Pizarro ein leeres Lima, vor allem aber ein Lima ohne Lebensmittel, vorfinden und somit außerstande sein, den Feind zu verfolgen.

Dieser Plan stieß auf den entschiedenen Widerstand der Richter. Sie behaupteten, daß Blasco Nuñez Vela zu solch einem schmählichen Unternehmen nicht berechtigt sei und daß sie außerdem ihre Sitzungen nur in der Hauptstadt abhalten könnten. Blasco Nuñez Vela beharrte bei seinem Entschluß und drohte, die Richter ins Gefängnis zu werfen. Daraufhin wandte sich Cepeda an die Bürger Limas und forderte sie auf, Blasco Nuñez Vela ab sofort den Gehorsam zu verweigern.

Zugleich erteilte er den Befehl, den Vizekönig festzunehmen und in ein Gefängnis zu werfen.

Es war Nacht, als Vela die Nachricht von den feindlichen Anstalten der Richter erhielt. Er rief sofort seine Truppen zusammen, legte seine Rüstung an und schickte sich an, gegen die Audiencia auszurücken. Im letzten Augenblick blieb er aber dann zurück, in der Meinung, er dürfe sein Leben nicht aufs Spiel setzen. Dies legte man ihm als Feigheit aus, und seine Truppen zerstreuten sich in alle Winde.

Was Blasco Nuñez Vela zu tun verabsäumt hatte, geschah von seiten der Richter. Sie brachen an der Spitze ihrer Anhänger auf und stürzten sich unter dem Ausruf: »Freiheit! Freiheit! Lang lebe der Kaiser und die Audiencia!« auf die Straße. Es war die Zeit der ersten Morgendämmerung. Die aus dem Schlaf gerissenen Einwohner eilten an die Fenster und auf die Altane, und als sie hörten, was die Richter vorhatten, griffen viele zu ihren Waffen und schlossen sich an, während die Frauen, ihre Tücher und Schärpen schwenkend, die Angreifer ermunterten.

Als der Haufe vor dem Palast angelangt war, empfingen ihn Ladungen, die aus den Fenstern abgefeuert wurden. Verletzt wurde niemand, da die Kugeln über ihre Köpfe hinwegflogen. Und dann mußte Blasco Nuñez Vela einsehen, daß er allein war. Die meisten seiner Soldaten stürzten auf die Straße und schlossen sich dem Volkshaufen an. Nur einige wenige Getreue blieben bei ihm.

Nun drangen die vier Richter, gefolgt von der ganzen Menge, in den Palast ein und gaben ihn der Plünderung preis. Blasco Nuñez Vela leistete keinen Widerstand, sondern ergab sich den vier Richtern mit den Worten: »Das ist Hochverrat.« Er wurde sofort in einen Kerker geworfen. Die Bürger von Lima bewirteten die Soldaten die ganze Nacht hindurch. Es war dies die unblutigste Umwälzung, die in Peru stattgefunden hatte. Kein einziges Menschenleben war zu beklagen.

***

Schon am nächsten Tage wurde Blasco Nuñez Vela unter starker Bewachung auf eine in der Nähe gelegene Insel gebracht. Man ließ ihn wissen, daß er hier zu warten habe, bis über sein Schicksal entschieden sei. Cepeda warf ihm vor, daß er sein Amt mißbraucht habe. »Weit mehr als die Pizarros«, sagte er.

Zugleich setzten die vier Richter eine vorläufige Regierung ein, die aus ihnen selbst bestand. Zum Vorsitzenden wurde Cepeda ernannt. Sie berieten lange, was mit Vela geschehen solle, schließlich einigten sie sich, ihn nach Spanien zurückzuschicken, nicht allein, sondern in Begleitung des Licentiaten Alvarez, welcher das Vorgehen der Audiencia erklären und rechtfertigen sollte. Dieser Plan wurde in die Tat umgesetzt, Blasco Nuñez Vela wurde auf ein Schiff gebracht und nach Panama geschickt.

Cepeda, ein schlauer, ehrgeiziger Mann, hoffte, daß das Amt

des Vizekönigs nun früher oder später ihm zufallen würde. Er übersah wie Blasco Nuñez Vela, welch furchtbarer Gegner ihm gegenüberstand.

***

Gonzalo Pizarro war inzwischen bis Xauxa vorgerückt. Hier machte er halt und hatte die Genugtuung, daß ihm auch hier unzählige Freiwillige zuströmten, die lieber ihm als der Audiencia dienen wollten. Die Richter, welche die Süßigkeit der Macht zu kurz genossen hatten, um sie freiwillig aufzugeben, sandten nach langem Zögern diese Botschaft an ihn:

Wir haben den Vizekönig Blasco Nuñez Vela seines Amts enthoben und die Regierungsgewalt übernommen, bis weitere Weisungen vom spanischen Hofe eintreffen. Zugleich haben wir die dem Lande Neu-Kastilien schädlichen Bbestimmungen der königlichen Carta ausser Kraft gesetzt. Somit ist der Hauptzweck Eurer Sendung erfüllt worden.
Wir fordern Euch auf, uns Euren Gehorsam dadurch zu beweisen, dass Ihr Eure Truppen auseinandergehen lasst und dass Ihr Euch auf Eure Besitzungen zurückzieht. Wir werden nichts dagegen einzuwenden haben, wenn Ihr dort aus den Silberbergwerken weiterhin Gewinn habt. Wir befehlen Euch allerdings, in Zukunft sowohl die Stadt der Könige als auch Cuzco zu meiden.

Dieses von drei Richtern – der vierte war mit Blasco Nuñez Vela nach Panama gereist – unterzeichnete Schreiben empfand Gonzalo Pizarro als dreiste Herausforderung. Er war seinem Ziel nahe. Jeder seiner Schritte war bisher von Erfolg gekrönt gewesen. Er brauchte nur die Hand auszustrecken, um sich der Statthalterschaft zu bemächtigen. So sagte er zu dem Abgesandten der Audiencia: »Das Volk von Neu-Kastilien wünscht, daß mir, Gonzalo Pizarro, die Statthalterschaft übertragen wird. Geschieht dies nicht sofort, werde ich Lima der Plünderung preisgeben und die Unterzeichner dieses unverschämten Schreibens dem Henker überantworten.«

Diese Antwort versetzte die Richter in Schrecken. Sie wollten nicht abdanken, wußten aber auch nicht, wie sie sich verhalten sollten. In ihrer Unentschlossenheit wandten sie sich an Vaca de Castro, der sich noch an Bord eines der Schiffe befand. Doch der frühere Vizekönig war klug genug, ihnen keinen Rat zu erteilen. Außerdem befürchtete er, sein Leben zu verlieren, wenn er die Pläne Gonzalo Pizarros vereitelte.

Die Richter mußten nicht lange überlegen. Denn Gonzalo Pizarro sandte einen seiner Offiziere in die Stadt, den nur zwanzig Reiter begleiteten. Dies tat er, um den Machthabern vor Augen zu führen, wie gering er sie schätzte. Dieser Offizier holte einige Vornehme aus den Betten, die als Feinde Pizarros galten, führte sie in die Vorstadt hinaus und ließ sie dort aufknüpfen, nachdem er ihnen kurze Zeit zur Beichte gelassen hatte. Dabei ließ er den Opfern die Wahl, sich den Ast auszusuchen, an welchen sie gehängt wurden.

Nun wußten die Richter, was zu tun war. Außerdem waren sie zu der Einsicht gelangt, daß ihr Leben an einem seidenen Faden hing. So sandten sie ohne Verzug eine neue Botschaft an Pizarro, in der sie ihn baten, nach Lima zu kommen und die Statthalterschaft zu übernehmen. Das Wohl und die Sicherheit des Landes erforderten dies, teilten sie ihm mit.

Am 28. Oktober 1544 zog Gonzalo Pizarro in voller Schlachtordnung in die von seinem Bruder Francisco gegründete Stadt der Könige ein. Seine Streitmacht bestand aus 1200 Spaniern und 4000 Indianern, welche die Geschütze zogen. Nach den Indianern kamen die Reihen der Büchsenschützen und Speerträger, eine furchtbare Menge. Ihnen folgten die Reiter, an deren Spitze Pizarro einherritt. Er saß auf einem prächtig geschmückten Rappen und trug seine volle Rüstung, mit einem reichgestickten Oberkleid darüber. Sein Kopf bedeckte eine scharlachrote Mütze, die einer Borla nicht unähnlich war. Vor ihm wurde die Fahne Kastiliens getragen.

Als diese prunkvolle Schar durch die Straßen von Lima zog, erscholl die Luft vom Freudengeschrei des Volkes und der Zuschauer auf den Altanen. Kanonen wurden abgefeuert, die Kirchenglocken, welche der Vizekönig verschont hatte, läuteten. Es war, als ob ein großer Sieg gefeiert würde.

Die drei Richter selbst ernannten Gonzalo Pizarro zum Vizekönig und Statthalter von Peru. Dann zog Gonzalo Pizarro in den Palast ein, den sein Bruder erbaut hatte. An den folgenden Tagen wurden Feste und Stierkämpfe veranstaltet. Das Volk glaubte, daß in Peru endlich der Friede eingezogen war.

DIE RÜCKKEHR DES BLASCO NUÑEZ VELA

Zunächst ließ Gonzalo Pizarro alle jene festnehmen, die ihm feindlich gesinnt gewesen waren. Einige verurteilte er zum Tode, doch hielt er es für klug, die Strafe später in Verbannung und Beschlagnahme der Güter umzuwandeln. Dann war er darauf bedacht, seine Macht zu festigen. Alle maßgeblichen Stellen in Lima wurden von seinen Anhängern besetzt. Schließlich ließ er in Arequipa Galeeren erbauen, um sich auch die Herrschaft zur See zu sichern.

Die königliche Audiencia bestand nun nur noch dem Namen nach. Alvarez war mit dem Vizekönig nach Panama gesandt worden. Cepeda, dessen ehrgeizige Pläne gescheitert waren, war froh, ein Werkzeug in den Händen Gonzalo Pizarros sein zu dürfen. Er hatte erwartet, den Kopf zu verlieren. Tepeda und Zarate, die übrigen Mitglieder der Audiencia, wurden durch schwere Krankheiten ans Bett gefesselt.

Nun trat etwas ein, das niemand vorausgesehen hatte. Das Schiff, mit dem Alvarez in See stechen sollte, war plötzlich verschwunden. Es war dies das Schiff, auf dem Vaca de Castro gefangengehalten wurde. Der frühere Vizekönig hatte erkannt, daß es für ihn sinnlos geworden war, sich in einem Lande aufzuhalten, in dem er keine gesetzliche Macht mehr besaß, und deshalb hatte er den Schiffskapitän bewogen, ihn nach Panama zu bringen. Von dort ging er über die Landenge und schiffte sich nach Spanien ein.

Dort nahm man ihn sofort fest und erhob Anklage gegen ihn. Man beschuldigte ihn, eigenmächtige Maßregeln getroffen, sowohl die Rechte der Ansiedler als auch die der Indianer verletzt und öffentliche Gelder verschwendet zu haben. Außerdem beschuldigte man ihn, er hätte sich auf Kosten der Krone bereichert. Das Urteil lautete auf zwölf Jahre Kerker.

Dies war für Gonzalo Pizarro bedeutungslos. Viel Ärger hingegen bereitete ihm die Rückkehr des Blasco Nuñez Vela, dem es gelungen war, seinen Bewacher, den Richter Alvarez, davon zu überzeugen, daß er sich des Hochverrats schuldig machte, wenn er den vom Kaiser ernannten Vizekönig als Gefangenen nach Spanien brachte. Velas stolzer Sinn sträubte sich gegen den Gedanken, seine Sendung nicht erfüllt zu haben, und er beschloß, sein Glück noch einmal zu versuchen. Unklar war ihm nur, in welchem Teil des Landes er Anhänger gewinnen konnte. Schließlich beschloß er, seinen Weg nach Quito zu nehmen. Dort wollte er ein Heer aufstellen, das so stark war, daß er Gonzalo Pizarro entgegentreten konnte.

Blasco Nuñez Vela schiffte sich im Oktober in Tumbez aus. Kaum daß er gelandet war, erließ er eine Bekanntmachung, in welcher er das Vorgehen Gonzalo Pizarros und seiner Anhänger als Hochverrat erklärte. Gleichzeitig forderte er die Bewohner auf, ihm dabei zu helfen, die Macht des Kaisers wiederherzustellen. Dieser Aufruf blieb nicht unbeachtet, und es meldeten sich, wenn auch langsam, Freiwillige aus San Miguel, Puerto Viejo und anderen an der Küste gelegenen Städten. Der Ruf, dem Kaiser zu gehorchen, war noch immer stärker als die Macht Gonzalo Pizarros.

Durch seine Späher erfuhr Gonzalo Pizarro bald von der Rückkehr Velas. Er handelte sofort und schickte eine starke Streitmacht gegen ihn aus. Vela gab seine Stellung in Tumbez jedoch auf, als ihm die Kunde von dem Herannahen des feindlichen Heeres zugekommen war, und marschierte eilends durch eine wilde bergige Gegend, die noch ganz im Schnee begraben lag, nach Quito. Dort wurde ihm ein sehr kühler Empfang zuteil, und man ließ ihn wissen, daß es für ihn besser sein würde, diese Gegend zu verlassen. Nun begab sich der gestürzte Vizekönig mit seinen Anhängern nach San Miguel. Hier pflanzte er seine Fahne auf, und nach kurzer Zeit sah er sich an der Spitze von 500 Kriegern, die zwar schlecht ausgerüstet, aber von Eifer für seine Sache beseelt waren.

Dies flößte Blasco Nuñez Vela den Glauben ein, er sei bereits stark genug, den Feind anzugreifen. Als er einige unbedeutende Scharmützel zu seinen Gunsten entschieden hatte, glaubte er sogar schon, daß er imstande sein würde, Gonzalo Pizarro zu besiegen und sein Ansehen wiederherzustellen. Doch Pizarro war nicht müßig. Er ließ in Lima eine starke Besatzung unter einem Offizier, dem er trauen durfte, zurück und bestieg am 4. März 1445 ein Schiff, das ihn nach Truxillo bringen sollte. Sein Heer hatte er auf dem Landweg vorausgesandt.

Von Truxillo wandte sich Pizarro mit seinen Soldaten ohne Zeitverlust nach San Miguel. Nun war Blasco Nuñez Vela zu einer Schlacht, welche die Entscheidung bringen mußte, bereit. Doch seine Soldaten weigerten sich plötzlich, zu kämpfen. Sie hatten vernommen, daß die feindliche Streitmacht von Gonzalo Pizarro selbst geführt wurde, und dies genügte, ihnen allen Mut zu nehmen. Ermahnungen fruchteten nichts, und so war Blasco Nuñez Vela gezwungen, sich ins Gebirge zurückzuziehen.

Pizarro folgte ihm sofort, und es war, als ob ein Hund einen Hasen jagte. Vela erreichte, nachdem er das Gebirge überschritten hatte, das Tal von Caxas, einen großen, dürren Landstrich, der Menschen und Tieren nur geringen Unterhalt bot. Tag für Tag setzten seine Truppen ihren Marsch durch diese traurige Gegend fort, die von felsigen Klüften durchschnitten wurde, was ihre Beschwerden nur noch erhöhte. Ihre Hauptnahrung bestand aus gedörrtem Korn und Kräutern, die sie in ihren Helmen kochen konnten.

Pizarro blieb ihnen immer dicht auf den Fersen. Manchmal fielen ihm ihr Gepäck, ihr Schießbedarf und zuweilen auch ihre Maultiere in die Hände. Sie durften kein Zelt aufschlagen und mußten unter Waffen schlafen. Kaum hatten sie die Augen geschlossen, ertönte der Ruf, der Feind nähere sich, und sie mußten wieder weiter.

Endlich erreichten sie die Wüste von Paltos, wo sich ihre Leiden noch vermehrten. Menschen und Pferde mußten sich mühsam ihren Weg über stehende Gewässer, durch Sümpfe oder dichtes Gebüsch bahnen, das in üppigem Wachstum aus dem Boden aufschoß. Bald waren die Pferde, für die es hier kein Futter gab, völlig erschöpft, und man war gezwungen, sie auf dem Wege sterben zu lassen, nachdem man ihnen, damit sie dem Feind nicht mehr nützen konnten, die Fußgelenke durchschnitten hatte. Aber auch genug Menschen blieben vor Erschöpfung liegen. Alle jene, die Pizarro in die Hände fielen, wurden erbarmungslos erschlagen oder aufgeknüpft.

Pizarros Soldaten hatten kaum weniger zu leiden als die des

Blasco Nuñez Vela. Einen Mangel an Nahrungsmitteln litten sie allerdings nicht, da ihr Befehlshaber hier vorgesorgt hatte. Außerdem waren unter ihnen viele, die an dem Marsch zum Amazonenstrom teilgenommen hatten. Für sie war die Wüste von Paltos nicht erschreckend.

Seine Flucht führte Blasco Nuñez Vela über Pastos und Popayan zuerst nach Quito und dann zu den Ebenen von Anaquito. Hier wurde er von Gonzalo Pizarro eingeholt, und am 18. Januar 1546 kam es zur Entscheidungsschlacht.

DIE SCHLACHT VON ANAQUITO

Es war später Nachmittag, als Blasco Nuñez Vela seine Truppen in Schlachtordnung aufstellte. Die Mitte seines Heeres bildeten die Büchsenschützen und Speermänner, die Reiter deckten die Flanken. Blasco Nuñez Vela nahm seinen Platz auf der rechten Flanke ein, von wo aus er, unterstützt von dreizehn erlesenen Rittern, den Kampf leiten wollte.

Pizarro hatte seine Armee ähnlich aufgestellt. Sie bestand aus 700 Soldaten, welche die besten Ritter Perus zu Anführern hatten. Das Heer des Blasco Nuñez Vela betrug 600 Mann, von welchen viele zum erstenmal in einer Schlacht standen. Außerdem waren manche durch den Hunger in den vergangenen Monaten arg geschwächt.

Der Kampf wurde mit großer Erbitterung geführt, doch er währte nicht lange. Pizarros Reiterschar brach wie eine riesige Welle über den Feind herein und verbreitete überall Verderben. Bald war der Boden mit Leichen bedeckt, und Pferde und Reiter, Tote und Lebende, lagen gehäuft übereinander. Nachdem eine Stunde vergangen war, hatte Pizarro sieben Tote und einige Verwundete zu beklagen, während Blasco Nuñez Vela mehr als die Hälfte seines Heeres verloren hatte.

Aber Blasco Nuñez Vela wich nicht und führte auf der rechten Seite, von einigen wenigen Getreuen unterstützt, den Kampf weiter. Schließlich, nachdem rings um ihn fast alle gefallen waren, konnte er nicht verhindern, daß ihn ein gewöhnlicher Soldat von seinem Pferd riß. Dieser trennte ihm mit einem einzigen Säbelhieb den Kopf ab und steckte denselben auf seine Pike. Andere kamen hinzu, rissen dem Toten die grauen Haare aus seinem Bart und schmückten damit ihre Mützen.

Mit dem Tode Velas war die Schlacht entschieden. Gonzalo Pizarro war empört, als er hörte, welche Schmach seinem Gegner widerfahren war, und ordnete ein Begräbnis in der Stiftskirche von Quito an. Er ging, schwarz gekleidet, als erster hinter dem Sarg, und als er die Kirche verließ, sagte er laut: »Der Allmächtige hat für mich entschieden.«

***

Pizarros Sieg wurde im ganzen Land mit großer Freude begrüßt. Nun brauchte man nicht mehr zu befürchten, daß die verhaßte Carta in Kraft treten könnte, nun war man von der Willkür des Vizekönigs befreit. »Gonzalo Pizarro der Befreier!« Dieser Ruf erscholl von einem Ende Perus bis zum anderen.

Pizarro blieb die nasse Jahreszeit hindurch in Quito. Seine Anhänger belohnte er fürstlich, ferner traf er verschiedene Maßregeln zum Wohle der Eingeborenen. Besonders war er darauf bedacht, daß die Indianer im christlichen Glauben unterrichtet wurden.

Im Juli 1546 nahm der Statthalter Abschied von Quito. Seine Reise nach dem Süden war ein einziger Siegeszug, überall wurde er vom Volk mit Jubel empfangen. Vor den Toren Truxillos wartete die ganze Bürgerschaft auf ihn, und die Geistlichkeit stimmte ihm zu Ehren Lobgesänge an. In Lima hatte man die Absicht, mehrere Gebäude abzutragen und dadurch für seinen Einzug eine neue Straße zu schaffen. Doch er lehnte dies ab und begab sich auf dem gewöhnlichen Wege in die Stadt. Die Soldaten, die Bürger und die Geistlichkeit bildeten einen feierlichen Zug, und Pizarro hielt mit zweien seiner vornehmsten Hauptleute, welche zu Fuß gingen und die Zügel seines Pferdes hielten, seinen Einzug in die Hauptstadt, wobei der Erzbischof von Lima und die Bischöfe von Cuzco und Quito an seiner Seite ritten. Die Straßen waren mit Zweigen bedeckt, die Mauern der Häuser mit prächtigen Teppichen behangen, an vielen Stellen waren Triumphbogen errichtet worden. Jeder Altan, jede Veranda, jedes Dach war mit Zuschauern angefüllt, die den Sieger von Anaquito als Befreier und Beschützer des Volkes begrüßten. Die Glocken erklangen, und zwölf weißgekleidete Mädchen geleiteten Pizarro zum Palast seines Bruders.

Nun war Pizarro unumschränkter Herr von Peru. Von Quito bis zur nördlichen Grenze von Chile erkannte das ganze Land seine Macht an. Seine Flotte segelte auf dem Stillen Meer und verhalf ihm zum Befehl über jede Stadt und jedes Dorf an den Küsten. Sein Admiral, Hinojosa, ein kluger und tapferer Offizier, hatte ihm Panama gesichert und Nombre de Dios, den bedeutendsten Schlüssel für die Verbindung mit Spanien, unter seinen Befehl gestellt. Seine Streitkräfte befanden sich in einem hervorragenden Zustand, und aus den Silberbergwerken floß ihm ein Reichtum zu, der dem jedes europäischen Herrschers ebenbürtig war.

Bald begann Pizarro damit, einen Glanz zu zeigen, der seiner Macht entsprach. Er hielt eine Leibwache von 80 Soldaten, die alle prächtig gekleidet waren, und speiste stets öffentlich, wobei nie weniger als 100 Gäste an seiner Tafel saßen. Niemand, wer immer er auch war, durfte sich in seiner Gegenwart setzen. Man erzählte auch, daß er die Hand zum Küssen reichte, doch glaube ich daran nicht. Derlei entsprach nicht Gonzalo Pizarros soldatischer Art.

Aus dieser Zeit stammt ein Brief, den Pizarro von einem seiner Unterfeldherrn erhielt:

> Gebt Eure Anhänglichkeit an die Krone auf und stiftet für Euch eine unabhängige Regierung. Sagt Euch von Eurer Untertanenpflicht los. Der Sache nach habt Ihr das schon getan. Ihr habt die Waffen gegen den Vizekönig ergriffen und ihn in einer Schlacht geschlagen. Welchen Lohn oder welche Gunst könnt Ihr von der Krone erwarten? Ihr seid zu weit gegangen, als dass Ihr umkehren könntet. Schreitet kühn vorwärts und lasst Euch zum König von Peru ausrufen. Das Volk wird Euch dabei unterstützen.

Diesen Rat zu befolgen bedeutete offene Empörung. Davor schreckte Gonzalo Pizarro zurück. Aber er sandte doch eine Botschaft nach Spanien, in welcher er den Kaiser bat, ihn zum Vizekönig von Peru zu ernennen.

MIT STOLA UND BREVIER

Die Kunde von dem, was in Peru geschehen war, nahm ihren Weg nach dem Mutterland nur langsam. Die Entfernung war groß, und außerdem hatte es niemand gewagt, hinter dem Rücken Gonzalo Pizarros die Wahrheit nach Spanien zu berichten. Aber allmählich erfuhr die Regierung, daß ganz Neu-Kastilien unter Waffen stand. Die Empörung war groß, denn seit Menschengedenken war es im spanischen Reich nicht zu solch einer Rebellion und Mißachtung kaiserlicher Verordnungen gekommen.

Karl V. befand sich damals in Deutschland, und die Regierung lag in den Händen seines Sohnes Philipp, der in Valladolid hofhielt. Philipp berief sofort einen aus Geistlichen, Rechtsgelehrten und erfahrenen Kriegsmännern bestehenden Rat ein*, um zu entscheiden, wie die Ordnung in Neu-Kastilien wiederhergestellt werden könnte. Alle stimmten darin überein, daß Pizarros Verhalten und Vorgehen als eine verwegene Empörung zu betrachten sei und daß Pizarro dafür den Tod verdient habe. Des weiteren waren sich die Mitglieder des Rates einig, daß die Ehre der Krone nur aufrechterhalten werden konnte, wenn diese Empörung niedergeschlagen wurde. Allerdings gelangte man zu der Überzeugung, daß dies nicht leicht sein würde.

Nach langer Überlegung wurde diese schwierige Aufgabe einem Geistlichen namens Pedro de la Gasca erteilt. Gasca, in einem kastilianischen Dorf namens Barco de Avila geboren, entstammte einem uralten Adelsgeschlecht. Nachdem er schon in früher Jugend seinen Vater verloren hatte, wurde er von seinem Oheim in die berühmte geistliche Schule von Alcala de Henarez

* Diesem Rat gehörte auch Fernando Alvarez Alba, Herzog von Toledo, an, der von 1567 bis 1573 in den Niederlanden ein Schreckensregiment führte und 1580 Portugal eroberte.

geschickt. Dort machte er rasche Fortschritte in den Wissenschaften und erhielt, als er sein Studium beendet hatte, den Grad eines Magisters der Gottesgelahrtheit.

Von Alcala begab sich Gasca nach Salamanca, wo er die höchsten akademischen Würden erlangte. Später wurde er zum Mitglied des Ketzergerichtsrates ernannt. Während er sich in Valencia aufhielt, um dort einige Fälle von Ketzerei zu untersuchen, befand sich die Bevölkerung dieser Stadt in höchster Unruhe, da die Türken und Franzosen einen Einfall von der See her planten. Die spanischen Befehlshaber in dieser Gegend vermehrten diese Unruhe noch, da sie sich infolge des Fehlens einer Flotte schon vor einem Kampf verlorengaben. Gasca hingegen blieb ruhig und besonnen. Er warf den spanischen Offizieren ihre unsoldatische Zaghaftigkeit vor und riet ihnen, entlang der Küste Festungswerke errichten zu lassen. Diese Festungswerke waren es, die später den Feind daran hinderten, auf der Küste festen Fuß zu fassen.

Dies alles war der Regierung bekannt. Außerdem wußte man, daß man sich auf Gascas Untertanentreue verlassen konnte, daß Gasca einen scharfen Verstand besaß und mit Staatsgeschäften, ja sogar mit der Kriegswissenschaft wohl vertraut war. So schlug man ihn dem Kaiser für die Entsendung nach Peru vor. Karl V. sprach seine Ernennung ohne Zögern aus.

Gasca übernahm die ihm zugedachte Sendung und begab sich nach Madrid, um dort die nötigen Anweisungen einzuholen. Mit diesen war er einverstanden, nicht aber mit seiner Vollmacht, die viele Einschränkungen enthielt. Er hatte die Kühnheit, zu verlangen, daß man ihn nicht nur als Stellvertreter des Kaisers nach Peru entsende, sondern auch mit dessen ganzer Macht bekleide. Die Mitglieder des Staatsrates wagten es nicht, ihm diese Vollmacht zu erteilen, und rieten ihm, sich an den Kaiser selbst zu wenden. Gasca befolgte diesen Rat und schrieb an den Kaiser folgenden Brief:

Kaiser Karl V.

Nach meiner Ankunft in Neu-Kastilien würde ich infolge der Einschränkungen, die meine Vollmacht enthält, gezwungen sein, auch dann, wenn nur Schnelligkeit zum Erfolg führen kann, um Verhaltensmassregeln zu bitten. Dies könnte verderblich sein. Es ist vielmehr notwendig, dass ich von mir aus und allein alle Entscheidungen treffen kann. Ausserdem wird man in der weit vom Schauplatz entfernten Heimat nicht ermessen können, was not tut oder nicht!
Für mich selbst verlange ich weder Besoldung noch eine Entschädigung irgendeiner Art. Ich strebe weder nach Entfaltung von Prunk noch nach kriegerischer Macht. Mit meiner Stola und mit meinem Brevier will ich das Werk vollbringen, das mir zugedacht wurde.
Bei der Schwächlichkeit meines Körpers würde mir häusliche Ruhe angenehmer gewesen sein als diese gefährliche Sendung, doch will ich mich ihr nicht entziehen. Sollte es mir, was wahrscheinlich ist, nicht gestattet sein, mein Vaterland wiederzusehen, wird mich wenigstens das Bewusstsein trösten, alles, was in meinen Kräften steht, für dessen Wohl getan zu haben.

PEDRO DE LA GASCAS VOLLMACHT

Der Kaiser hielt sich, als er Pedro de la Gascas Schreiben erhielt, in Flandern auf. Er erkannte sofort, wie schwierig Gascas Aufgabe war und daß der ungewöhnliche Zustand der Dinge in Peru auch ungewöhnliche Maßnahmen erheischte. So ließ er Gasca die folgende Vollmacht ausstellen:

Gasca wird an die Spitze jeder bürgerlichen, kriegerischen und richterlichen Verwaltung im Pflanzstaate Neu-Kastilien gestellt!
Er wird ermächtigt, die Aufteilung des Landes zu verändern oder zu bestätigen.
Er ist ermächtigt, Kriege zu erklären, Truppen auszuheben, nach seinem Gutdünken Stellen zu besetzen oder Würdenträger sowie Beamte aus denselben zu entfernen.
Er darf das kaiserliche Recht der begnadigung ausüben und ist auch befugt, allen ohne Ausnahme Verzeihung angedeihen zu lassen, die in die gegenwärtige Empörung verwickelt sind.
Er darf, wenn er dies für notwendig hält, die Carta widerrufen oder auch abändern.
Es steht ihm das Recht zu, alle jene Geistlichen, die Unruhe gestiftet haben, aus Neu-Kastilien zu verbannen.
Er erhält keine Besoldung, darf aber über den Schatz von Peru nach seinem Gutdünken verfügen.
Er darf in meinem Namen unterzeichnen.
16. Februar 1546 El Rey

Diese Vollmacht erregte allgemeines Aufsehen. Mit solchen Vollmachten war noch niemand ausgestattet worden. Dennoch wurde Pedro de la Gasca deshalb nicht beneidet. »Der Kaiser sendet, da ein Löwe nichts taugen würde, ein Lamm nach Peru«, sagte man. Aber man bezweifelte, daß dieses Lamm trotz seiner weitreichenden Vollmacht einem Gonzalo Pizarro gewachsen sein würde.

Pedro de la Gasca traf nun seine weiteren Vorbereitungen. Sie waren gering und einfach, denn er lehnte es ab, von einem großen Gefolge begleitet zu werden. Der Bedeutendste von jenen, die mit ihm nach Peru aufbrachen, war Alonso de Alvarado, jener tapfere Offizier, der lange unter Francisco Pizarro gekämpft hatte. Alvarado war in den letzten Jahren am Hofe tätig gewesen. Nun begleitete er Gasca auf dessen Wunsch nach Peru. Gasca wußte sehr wohl, weshalb er ihn mitnahm. Ein Mann wie Alvarado, der das Land kannte, konnte Verhandlungen mit den Empörern erleichtern und sich außerdem nützlich erweisen, wenn es notwendig war, zu den Waffen zu greifen.

Es bedurfte noch einiger Zeit, bis Pedro de la Gascas Geschwader instand gesetzt worden war. Erst am 26. Mai 1546 konnte sich der neue Statthalter in San Lucar nach der Neuen Welt einschiffen. Nach einer glücklichen Fahrt erreichte er am 10. Juli den Hafen von Santa Marta. Hier erfuhr er, daß Gonzalo Pizarros Macht so groß geworden war, daß es fast unmöglich schien, sie zu brechen.

Der Statthalter wußte nun nicht, wo er den Fuß auf den Boden Perus setzen sollte. Alle Häfen befanden sich in den Händen von Pizarro und seinen Offizieren, die den strengen Befehl hatten, jede Verbindung mit dem Mutterland abzuschneiden und alle, die aus Spanien kamen, genau zu überprüfen. Endlich entschloß sich Pedro de la Gasca, nach Nombre de Dios überzusetzen. Dieses bedeutsame Tor stand unter dem Befehl eines Offiziers namens Hernan Mexia. Mexia war ein Mann, dem Gonzalo Pizarro bedingungslos vertrauen konnte.

Wäre Gasca dort, begleitet von einer kriegerischen Macht oder auch nur in amtlichem Prunk, erschienen, wäre es ihm wohl gar nicht möglich gewesen, an Land zu gehen. Gegenüber einem armen Geistlichen jedoch, der ohne Streitmacht und offenbar nur als Bote der Gnade kam, hegte Mexia kein Mißtrauen. Und als er dann den Stand des Abgeordneten erfahren hatte, beunruhigte ihn dies auch nicht. Er empfing ihn mit den ihm gebührenden Ehrenbezeigungen und wies seine Soldaten zurecht, als sie sich über Gasca lustig machten.

Aber dann, bei der ersten Zusammenkunft, erkannte Mexia,

daß er es mit keinem gewöhnlichen Menschen zu tun hatte. Gasca legte die Beschaffenheit seines Auftrags kurz dar, sagte, daß er als Bote des Friedens gekommen sei und sich nur von friedlichen Maßregeln einen Erfolg verspreche. Hierauf machte er Mexia mit dem ganzen Umfang seines Auftrags bekannt, auch mit seiner Befugnis, allen jenen im Namen des Kaisers zu verzeihen, die sich ihm sofort unterwürfen. Schließlich versicherte er, daß es seine Absicht sei, die Carta zu widerrufen.

Die sanfte und versöhnliche Sprache Gascas, die so sehr von der Anmaßung des Blasco Nuñez Vela und dem strengen Benehmen Vaca de Castros abwich, machte auf Mexia einen merklichen Eindruck. Er versprach, die Botschaft an Gonzalo Pizarro weiterzugeben, und meinte, daß Gonzalo Pizarro dafür nicht unempfänglich sein würde.

Damit hatte Gasca viel erreicht. Doch noch wichtiger schien es ihm zu sein, sich den Gehorsam Hinojosas, des Statthalters von Panama, zu sichern, da dort Pizarros aus 22 Schiffen bestehende Flotte im Hafen lag. Doch es war nicht leicht, sich dem Admiral zu nähern. Hinojosa war ein Mann von festem Charakter und einzig und allein für Pizarro eingenommen.

Gasca sandte zuerst Alonso de Alvarado nach Panama, mit dem Auftrag, Hinojosa von dem Inhalt seiner Sendung zu unterrichten. Bald darauf folgte er selbst nach und wurde von dem Admiral mit allen äußeren Zeichen der Ehrerbietung empfangen. Dabei blieb es jedoch. Hinojosa verlangte, Gascas Vollmacht zu sehen, und sprach offen aus, daß er nur einen Abgesandten des Hofes anerkennen würde, der berechtigt sei, Pizarro als Vizekönig zu bestätigen. Gasca weigerte sich, seine Vollmacht zu zeigen, und die Unterredung wurde ergebnislos abgebrochen.

Nun schrieb Hinojosa sofort an Pizarro. Er zeigte ihm die Ankunft Pedro de la Gascas an und warnte ihn vor diesem Geistlichen, der, wie er meinte, die Absicht habe, die Herrschaft über Peru an sich zu reißen. Gasca sei ein gefährlicher Wolf, schrieb er, der sich geschickt als Lamm verkleidet habe.

Vor der Abfahrt des Schiffes, das diesen Brief nach Lima bringen sollte, sicherte sich Gasca die Dienste eines Dominikanermönchs, der im Begriff war, dasselbe Schiff zu besteigen. Diesem gab er Bekanntmachungen mit, in welchen er den Zweck seiner Sendung darlegte, versprach, die Carta aufzuheben, und allen jenen volle Verzeihung verhieß, die zum Gehorsam zurückkehrten. Ferner schrieb er an die Geistlichkeit und die Obrigkeiten in den Städten und forderte sie auf, ihm bei der Wiederherstellung des Ansehens der Krone behilflich zu sein. Der Dominikaner verpflichtete sich, die Kundmachungen in den an der Küste gelegenen Städten zu verteilen, und hielt getreulich Wort.

In Panama selbst gewann Gasca durch sein bescheidenes Benehmen viele Freunde, darunter einige der vornehmsten Ritter und sogar Offiziere der Flotte. Mit ihrer Hilfe gelang es Gasca, mit den Behörden von Mexiko in Verbindung zu treten, die er aufforderte, jeden Verkehr mit den Empörern an der Küste von Peru zu unterbinden. Schließlich gelang es ihm sogar, von Hinojosa zu erreichen, daß er sich an Gonzalo Pizarro selbst wenden konnte. Es wurde ein Schiff nach Lima gesandt, zu dem Zweck, Pizarro zwei Briefe zu überbringen. Den einen hatte der Kaiser an ihn gerichtet, der andere war von Gasca verfaßt worden. Der Brief des Kaisers lautete:

> Wir beschuldigen Euch nicht der Empörung, sondern betrachten Euer Benehmen so, dass Ihr zu den von Euch unternommenen Schritten durch die Umstände und die Hartnäckigkeit des Blasco Nuñez Vela, welcher den Ansiedlern das unveräusserliche Recht der Bitte verweigerte, gezwungen wurdet.
> Mein Abgesandter, Pedro de la Gasca, wird Euch unseren Willen bekanntgeben, und Ihr habt gemeinsam mit ihm die Ruhe im Lande wiederherzustellen.

Pedro de la Gascas Brief hatte folgenden Wortlaut:

> Dem Volk von Neu-Kastilien wurde alles zugestanden, was es haben und erreichen wollte. Die Carta wird ausser Kraft gesetzt werden. Somit sind die Umstände nicht mehr vorhanden, die Euer Vorgehen bestimmt haben.
> Es darf nun keinen Streit mehr geben, und Euch und Euren Anhängern bleibt kein anderer Weg, als der Krone Gehorsam zu leisten. Nur so werdet Ihr Eure Untertanentreue und die Aufrichtigkeit Eurer

Grundsätze beweisen können. Bisher habt Ihr gegen den Vizekönig unter Waffen gestanden, und das Volk hat Euch bei diesem Kampf gegen seinen Feind unterstützt. Setzt Ihr den Kampf fort, muss der Landesherr Euer Feind werden. Dann wird Euch das Volk verlassen.
Ich beschwöre Euch bei Eurer Ehre als Ritter und bei Eurer Pflicht, ein treuer Vasall zu sein, die kaiserliche Würde zu achten und nicht unbesonnen einen Kampf heraufzubeschwören, durch welchen Ihr der Welt beweisen würdet, dass Euch zu Eurem bisherigen Benehmen nicht Vaterlandsliebe, sondern eigensüchtiger Ehrgeiz bewogen haben.

Die beiden Briefe wurden einem Ritter namens Panaiagua anvertraut, einem treuen Anhänger Pedro de la Gascas, der mit ihm in die Neue Welt gekommen war. Auch ihm gab der Statthalter Kundmachungen mit, mit dem Auftrag, sie in Lima heimlich zu verbreiten.

***

Wochen, ja Monate vergingen, ohne daß Pedro de la Gasca aus Lima irgendeine Antwort erhielt. Auch den Statthalter von Panama bedrückte es, daß er von Pizarro nicht angewiesen wurde, wie er sich verhalten sollte. Hinojosa war klug genug, zu erkennen, wie gefährlich seine Lage war. Fiel er von Pizarro ab, würde dies seinen Kopf kosten. Einen Kampf gegen den Hof von Kastilien zu führen konnte nur blanke Torheit sein. Also hoffte Honojosa, Gonzalo Pizarro würde sein Stillschweigen endlich brechen und den richtigen Weg finden.

Mehrere Ritter, die sich auf Gascas Seite gewendet hatten, machten, empört über Pizarros Stillschweigen, den Vorschlag, Hinojosa gefangenzunehmen und sich der Flotte zu bemächtigen. Dieses Anerbieten wurde von Gasca sofort verworfen. Seine Sendung sei eine des Friedens, erklärte er, und er wolle sie nicht durch eine Gewalttat beflecken.

Während dieser Zeit kamen bisweilen Ansiedler aus Lima und den benachbarten Städten nach Panama. Sie alle berichteten, Pizarros Macht sei zu fest begründet, als daß sie von irgendwem erschüttert werden könnte. Außerdem, erzählten sie, gewinne Pizarro durch sein offenes Wesen und seine Freigebigkeit die Herzen aller.

Pizarro fand es nicht der Mühe wert, Gascas Brief zu beantworten. Gasca war ohne Kriegsmacht gekommen, und wer keine Soldaten besaß, war ungefährlich. Es genügte, den neuen Statthalter von Peru fernzuhalten. Um aber endlich Klarheit zu schaffen, entschloß sich Pizarro, Abgeordnete nach Spanien zu entsenden und um die Bestätigung seiner Macht anzusuchen. Aus dieser Zeit stammt sein Ausspruch: »Wenn der Kaiser einen Pizarro warten läßt, darf ein Pizarro einen Gasca warten lassen.«

An die Spitze dieser Abordnung stellte Pizarro einen Ritter namens Lorenzo de Aldana, der sein ganzes Vertrauen genoß, und den Bischof von Lima. Im letzten Augenblick entschloß er sich dann noch, wahrscheinlich einer Laune folgend, Gasca einen Bescheid zukommen zu lassen. Dieser war kurz und bündig.

Ich beglückwünsche Euch zu Eurer Ankunft in Panama. Doch Euer Kommen war überflüssig. Durch den Sturz des Vizekönigs sind die Unruhen im Lande beseitigt und das Volk ist mit meiner Herrschaft zufrieden. Eine Gesandtschaft von mir ist auf dem Wege nach Kastilien, nicht um Verzeihung zu erbitten, denn wir haben keine Verbrechen begangen, sondern um meine Bestätigung als Statthalter dieses Landes durchzusetzen. Nur ich habe nach alldem, was geschehen ist, Anspruch darauf.
Eure Anwesenheit könnte zur Folge haben, dass die Unruhen in Neu-Kastilien von neuem aufflammen. Solltet Ihr den Versuch unternehmen, zu landen, könnte dies für Euch gefährlich werden.
14. Oktober 1546 Gonzalo Pizarro

Dieser Brief wurde außer von Pizarro noch von 70 Rittern unterschrieben und Aldana mitgegeben. Aldana hatte außerdem den Auftrag, dem unerwünschten Ankömmling für eine sofortige Rückkehr nach Spanien 50000 Pesos de oro anzubieten. Es wurde sogar behauptet, Pizarro hätte Aldana den Befehl erteilt, Gasca im Falle einer Weigerung, das Geld anzunehmen, beseitigen zu lassen, doch gibt es für diese Behauptung keine zuverlässige Quelle.

Aldana legte seine Reise nach Panama sehr schnell zurück. Der dortige Statthalter war betroffen, als er erfuhr, welche Haltung Gonzalo Pizarro einnahm, und er sagte sich, daß seine Lage nun noch schwieriger geworden sei, da sie ihn zwang, sich so oder so zu entscheiden.

Während Hinojosa seine Entscheidung noch hinauszögerte, entschied sich Aldana, nachdem er mit Pedro de la Gasca gesprochen hatte, rasch. Er entschied sich für die Krone und gab seine Sendung nach Kastilien auf. Ein Kampf mit der Regierung würde furchtbar sein, sagte er sich, und obwohl er Gonzalo Pizarro von Herzen ergeben war, fühlte er sich durch keinen Grundsatz von Ehre verpflichtet, an einem Streit teilzunehmen, der mit seinem Verderben enden mußte. So sandte er an Pizarro einen Brief, in dem er ihm seinen Entschluß mitteilte und dringend empfahl, seinem Beispiel zu folgen.

Als Hinojosa von Aldanas Entschluß hörte, zögerte er nicht länger und zeigte Gasca an, daß er bereit sei, die Flotte unter seinen Befehl zu stellen. Diese Handlung wurde aufs glänzendste und feierlichste vollzogen, und am 19. November 1546 legten Hinojosa und seine Hauptleute ihre Befugnisse in die Hände Pedro de la Gascas nieder. Dann leisteten sie Kastilien ihren Eid.

Hierauf verkündete ihnen auf dem großen Platz der Stadt ein Herold die allgemeine Verzeihung ihrer früheren Verbrechen, und der Statthalter setzte sie in ihre verschiedenen Ämter wieder ein, nachdem er sie als treue und ergebene Vasallen der Krone begrüßt hatte. Am Ende der Feier wurde an Bord des Geschwaders die königliche Fahne entfaltet und bekanntgemacht, daß Gonzalo Pizarro dieses Hauptbollwerk seiner Macht für immer genommen sei.

So hatte Pedro de la Gasca den ersten großen Schritt getan, ohne einen einzigen Tropfen Blut vergossen zu haben. Nun durfte er auf den endgültigen Erfolg seiner Sendung bauen.

Kaum war Gasca Herr der Flotte, als er auch schon Truppen auszuheben begann und diese mit Lebensmitteln versorgte. Da er kein Geld hatte, machte er bei den reichen Bürgern Panamas Anleihen, die er erhielt, da man in seine Ehrlichkeit keine Zweifel setzte. Dann schrieb er abermals nach Mexiko und bat um Beistand für den Fall eines Krieges.

Die Bewohner Panamas halfen bei der Instandsetzung der Flotte mit. Bevor Gasca in See stach, sandte er vier Schiffe unter Aldana ab, mit dem Auftrag, vor dem Hafen zu kreuzen und nötigenfalls jenen Schutz zu gewähren, die sich Pizarro widersetzten. Gleichzeitig sandte der Statthalter einen Boten zu Pizarro und forderte ihn auf, umzukehren, bevor die Tore der Gnade für ihn für immer verschlossen sein würden.

Nun erkannte Pizarro, den der Verlust seiner Flotte hart traf, daß ihm in Pedro de la Gasca ein ernstzunehmender Feind erwachsen war. Er berief seine beiden Ratgeber, den Richter Cebeda und einen Ritter namens Carbajal, zu sich und fragte sie um ihre Meinung. Carbajal schlug vor, sich Gasca zu unterwerfen, der Richter war für einen Krieg. So mußte Pizarro selbst die Entscheidung treffen. Er entschied sich für den Krieg, obwohl Tag für Tag Nachrichten eintrafen, die für ihn wenig erfreulich waren.

Im Norden waren einige Städte abtrünnig geworden. Ein Offizier namens Centeno war bei Nacht in Cuzco eingefallen und hatte die Besatzung niedergemacht. Von Cuzco war er nach La Plata marschiert und hatte dort seine Truppen mit der Besatzung der Stadt vereinigt. Nun hatte er schon 1000 Mann unter sich. Mit ihnen zog er zum Titicacasee und wartete ab, was geschehen würde.

Gonzalo Pizarro verlor seine Zeit nicht mit unnützen Beschuldigungen oder Klagen, sondern traf entschlossen sofort alle Anstalten, dem Sturm entgegenzutreten. Er begann Truppen auszuheben und setzte sein Heer in den besten kampffähigen Stand. Solch ein Heer hatte Peru noch nie gesehen. Es war 1000 Mann stark, und alle waren vortrefflich ausgerüstet. Ihre Rüstungen und Zäumungen ihrer Pferde funkelten von dem Silber, das aus La Plata geliefert worden war. Jede Hauptmannschaft hatte eine Fahne, auf welche das Wappen Pizarros, ein GP und darüber eine

Krone eingestickt waren, wohl zum Zeichen, daß sich Pizarro auch diesen Rang hätte aneignen können, würde ihm dies beliebt haben.

Auch Cepeda vertauschte jetzt das lange Kleid des Licentiaten mit dem Panzer und dem befiederten Helm. Der Führer des Heeres aber war Carbajal, der die Kriegskunst unter den bedeutendsten Feldherren Europas erlernt hatte. Auf ihn stützte sich Gonzalo Pizarro in dieser Stunde der Gefahr am meisten.

Die Ausgaben, die sich Pizarro auflud, waren ungeheuer. Jeder Musketier war mit einem Pferd versehen, über 60 Kanonen waren neu gegossen worden. Viele Helme waren mit goldenen Zieraten geschmückt, der Sold der Ritter und selbst der gemeinen Soldaten wurde verdoppelt. Dies alles zusammen kostete nahezu eine halbe Million Pesos de oro. Als seine eigenen Geldmittel erschöpft waren, half sich Pizarro durch Anleihen, die zu geben er die reichen Bürger Limas zwang, und durch verschiedene Kriegsabgaben.

Niemand durfte die Stadt ohne Erlaubnis verlassen. Wer sich gleichgültig zeigte, wurde wie ein Feind behandelt. Aller Handel, aller Verkehr mit anderen Städten wurde abgeschnitten. Die königlichen Stempel in den Münzstätten wurden vernichtet, und bald waren Geldstücke im Umlauf, die Pizarros Namenszug zeigten.

Auf Veranlassung Pizarros wurde auch ein Prozeß geführt. Cepeda verfaßte die Anklageschrift gegen Gasca, Hinojosa und Aldana, in welcher diese des Hochverrats beschuldigt wurden. Damit war auch Carbajal einverstanden. »Ich werde diese Verräter in die Hände bekommen und zum Richtplatz führen«, versprach er.

Während Pizarro zum Krieg rüstete, ging in Lima die Nachricht ein, daß sich Aldanas Geschwader dem Hafen von Callao näherte. Aldana hatte Panama am 14. Februar verlassen und war zunächst in Truxillo an Land gegangen. Dort wurde er von den Bewohnern mit Begeisterung begrüßt, und alle erklärten sich bereit, sich der königlichen Gewalt zu unterwerfen. In Truxillo erhielt Aldana von verschiedenen Offizieren, die sich mit ihren Truppen im Innern des Reiches aufhielten, die Nachricht, daß sie bereit seien, zu ihrer Pflicht zurückzukehren. Aldana ließ sie wissen, daß sie sich mit ihren Soldaten in Caxamalca sammeln und dort warten sollten, bis Pedro de la Gasca, der wahre Statthalter, gelandet sei. Dann setzte er seine Fahrt nach Lima fort.

Pizarro, der davon erfuhr, besetzte sofort einen Platz, der zwei Leguas von der Küste entfernt war. Er wollte Aldana mit seinen Truppen landen lassen, um dann über ihn herzufallen und ihn zu vernichten. Kaum hatte er Lima verlassen, griff Cepeda zu einem Mittel, durch das er die Bewohner der Stadt noch fester an Pizarro zu knüpfen hoffte. Er ließ die Bürger zusammenrufen und hielt folgende wohlgesetzte Rede:

»Unter Gonzalo Pizarro hat das Land Peru endlich Frieden und Sicherheit gefunden. Niemand darf dies übersehen, jeder muß dies anerkennen. Dennoch steht jedem die Wahl frei, ob er unter dem Schutz des einzigen wahren Statthalters bleiben oder zum Feind übergehen will. Beratet hierüber! Wer aber unter Pizarro bleiben will, muß ihm einen Eid der Treue schwören. Bricht er diesen Eid, ist sein Leben verwirkt.«

Keiner war kühn genug, den Kopf in den Rachen des Löwen zu stecken, indem er den Eid verweigerte. Der Licentiat nahm ihn auf die feierlichste Weise ab. Carbajal lachte über dieses Verfahren. »Der Wind wird diese Eide verwehen«, prophezeite er.

Nun warf Aldana vor dem Hafen von Lima Anker. Doch er ging nicht selbst an Land, sondern sandte einen Boten zu Pizarro, der diesem den Brief Pedro de la Gascas übergab. Pizarro las ihn, lachte laut auf und zerriß ihn dann in kleine Stücke. Mit diesem Brief hatte er endgültig das Band zerrissen, das ihn noch mit der Krone vereinte.

PEDRO DE LA GASCAS FEHLER

Nun setzte Aldana des Nachts heimlich Leute an Land, die sich unter das Volk mengten und dieses gegen Pizarro aufhetzten. Manche entflohen, manche blieben, andere wieder wurden von Carbajals Wächtern auf der Flucht ergriffen und hingerichtet. Allmählich jedoch wuchs die Anzahl jener, die fortliefen. Die meisten schlugen sich nach Truxillo durch und gingen dort zu Gascas Heer über. Darunter waren einige Offiziere. Carbajal, der über alles scherzte, selbst über die Mißgeschicke, die ihn am härtesten trafen, konnte es, als er davon hörte, nicht unterlassen, den Beginn eines uralten Volksliedes vor sich hin zu murmeln:

»Estos mis cabellicos, madre;
Dos á dos me los lleva el aire.«*

Auch auf Pizarro machte die Abtrünnigkeit seiner Anhänger einen tiefen Eindruck. Es schmerzte ihn sehr, daß die Schar, mit der er fest gerechnet hatte, immer kleiner wurde. Nun wußte er allmählich nicht mehr, wie er sich verhalten sollte. In Lima zu bleiben wurde immer gefährlicher. Im Norden waren ihm alle Städte untreu geworden. Centeno hielt die Pässe besetzt. So entschloß er sich endlich, nach Arequipa zu marschieren, einem Hafen, der ihm treu geblieben war. Hier wollte er seine nächste Entscheidung treffen.

Nach einem beschwerlichen, doch schnellen Marsch traf Pizarro in Arequipa ein. Hier durfte er neuen Mut schöpfen, da, was ihn überraschte, eine gewaltige Verstärkung zu ihm stieß. Es waren die Soldaten, die Gasca davongelaufen waren, weil er ihnen den Sold schuldete. Hier tat Pizarro den später berühmt gewordenen Ausspruch: »Wenn mir nur zehn treu bleiben, werde ich Gasca aus dem Lande jagen und Herr von Peru bleiben.«

In Lima kümmerten sich die Bewohner, wie es Carbajal vorausgesagt hatte, wenig um den von ihnen geleisteten Treueeid. Sie öffneten Aldana die Tore der Stadt und huldigten ihm, als wäre er der neue Vizekönig.

Pedro de la Gasca war indes mit dem Rest der Flotte am 10. April 1547 von Panama abgesegelt. Der erste Teil seiner Reise ging glücklich vonstatten, doch dann stellten sich die Elemente als Bundesgenossen auf die Seite Gonzalo Pizarros. Widrige Strömungen bedrängten die Schiffe, das Wetter wurde rauh und stürmisch. Unwetter brachen herein, welche die Schiffe auf den oft bergeshohen Wellen hin und her warfen. Regen fiel in Strömen, und es blitzte so unaufhörlich, daß die Flotte durch ein einziges Flammenmeer fuhr. Die Herzen der Seeleute wurden mit Schrekken erfüllt, und alle verlangten die unverzügliche Rückkehr.

Pedro de la Gasca erkannte, daß es sein und seiner Sache Untergang war, wenn er zurückkehrte. »Ich bin bereit, zu sterben,

* Der Wind weht mir die Haare vom Kopf, Mutter;
Stets zwei auf einmal weht er fort.

aber nicht bereit, umzukehren!« rief er aus. Doch damit konnte er nicht abwenden, daß zwei Schiffe sanken, wobei die ganze Besatzung ertrank. Endlich, am 13. Juni, traf die Flotte in Tumbez ein. Alle Schiffe waren beschädigt, der Großteil der Mannschaft war krank.

Von Tumbez aus sandte Pedro de la Gasca Hinojosa mit den Landungstruppen nach Xauxa. Dort wollte er sein Hauptquartier aufschlagen. Es war ihm bekannt geworden, daß diese Stadt in einem fruchtbaren Tal lag und ein vorteilhafter Punkt für die Unternehmungen gegen den Feind war.

An der Spitze eines kleinen Reiterhaufens ging nun Gasca auf der ebenen, entlang der Küste führenden Straße gegen Truxillo vorwärts. Nachdem er dort kurze Zeit haltgemacht hatte, überschritt er den südöstlichen Teil der Bergkette und gelangte in das Tal von Xauxa. Hier erhielt er Verstärkungen aus dem Norden und aus mehreren an der Küste gelegenen Städten. Zugleich erhielt er eine Botschaft von Centeno, die diesen Inhalt hatte:

> Ich halte die Pässe besetzt, über die Gonzalo Pizarro entfliehen will. Dies wird ihm nicht gelingen. Er wird in meine Hände geraten, und ich bitte Euch, mir mitzuteilen, ob ich ihn an den erstbesten Baum knüpfen oder Euch abliefern soll.

Diese Nachricht erregte im Lager Pedro de la Gascas große Freude. Der Krieg schien beendet zu sein, ohne daß es der Statthalter nötig gehabt hatte, sein Schwert auch nur gegen einen einzigen Spanier zu erheben. Manche seiner Ratgeber schlugen ihm vor, seine Truppen, die viel Geld kosteten, zu entlassen. Doch der Statthalter war zu vorsichtig, seine Streitkräfte zu schwächen, ehe der Endsieg errungen war. Er hatte aber nichts dagegen einzuwenden, daß die aus Mexiko angeforderten Verstärkungen zurückberufen wurden.

Er schlug nun in Xauxa sein Hauptquartier auf und wartete auf den Erfolg seiner Unternehmungen im Süden. Der Erfolg war ein anderer, als er erwartet hatte. Gonzalo Pizarro hatte ihn unterschätzt, er unterschätzte Gonzalo Pizarro. Das war der erste Fehler, den er beging.

DIE SCHLACHT VON HUARINA

Inzwischen hatte sich Gonzalo Pizarro nach langem Überlegen entschlossen, Peru zu räumen und nach Chile zu marschieren. Dort, so hoffte er, würde er eine Streitmacht aufstellen können, mit der er Pedro de la Gasca aus dem Lande jagen konnte. Die Spanier in Chile waren nicht kaisertreu. Sie hatten es niemals vergessen, daß sie dieses furchtbare Land ohne Hilfe der Krone hatten erobern müssen. Das einzige Hindernis, das sich Pizarro entgegenstellte, war Centeno.

Pizarro rückte, ohne daß er einen Feind zu sehen bekam, in der Richtung des Titicacasees vor, in dessen Nähe Centeno sein Lager aufgeschlagen hatte, und sandte dann einen Abgeordneten in das Hauptquartier seines Gegners. Er habe den Vorsatz, ließ er ihm mitteilen, Peru für immer zu verlassen, und wolle nichts weiter als freien Durchzug durch das Gebirge. Diesen verweigerte Centeno. Also mußten die Waffen entscheiden.

Pizarro brach sein Lager sofort ab und marschierte nach Huarina, einer kleinen, an der äußersten südöstlichen Seite des Sees gelegenen Stadt, die einstmals eine Sommerresidenz der Inkas gewesen war. Centeno folgte ihm dorthin nach, und die Vorposten der beiden Armeen bekamen einander am 25. Oktober 1547 erstmals zu sehen.

Am Morgen des 26. Oktober rückten dann die in Schlachtordnung aufgestellten Heere zum Treffen in der Ebene von Huarina vor. Das Schlachtfeld, auf der einen Seite durch einen schroffen Vorsprung des Gebirges begrenzt, auf der anderen nicht weit von dem Wasser des Titicaca entfernt, bestand in einer offenen Ebene, die sich gut zu kriegerischen Bewegungen eignete. Es schien, als habe die Natur hier die Schranken für einen Kampf geöffnet.

Centenos Schar belief sich auf ungefähr 1000 Mann. Seine Reiterei bestand aus 250 wohlausgerüsteten Rittern. Unter ihnen befanden sich mehrere Edelleute von hoher Geburt, von welchen einige lange Zeit unter Pizarros Banner gekämpft hatten. Das Ganze bildete einen tüchtigen Kriegshaufen, der einige der besten Streiter Perus in sich faßte. Centenos Bogenschützen waren geringer an Zahl, nicht über 150 Mann stark, aber mit Waffen gut versorgt. Der Rest und der bei weitem größte Teil des Heeres bestand aus Speermännern. Sie waren in Eile zusammengezogen worden, und daher herrschte bei ihnen nur geringe Manneszucht.

Centeno war, als es zu dieser Schlacht kam, krank. Eine Lungenentzündung hatte ihn niedergeworfen, die so arg war, daß man ihn am Tage zuvor mehrmals hatte zur Ader lassen müssen. Nun war er zu schwach zum Reiten und gezwungen, sich in einer Sänfte tragen zu lassen. Als er seine Schar in Schlachtordnung aufgestellt sah, zog er sich vom Kampfplatz ein wenig zurück. Solano, der kriegerische Bischof von Cuzco, übernahm es, die Soldaten zu ermuntern. Er ritt, das Kruzifix in der Hand, die Reihen entlang, erteilte den Soldaten seinen Segen und ermahnte jeden, seine Pflicht zu tun.

Pizarros Streitkräfte waren um mehr als die Hälfte schwächer als die seines Gegners und beliefen sich nur auf 480 Mann. Davon waren 85 beritten. Diese Reiter stellte Pizarro auf den rechten Flügel seiner Kriegsschar. Seine Stärke lag in den 350 Büchsenschützen, die von Carbajal sorgfältig eingeübt worden waren. Man durfte behaupten, daß sie die Blüte des peruanischen Kriegsvolkes darstellten, und in sie setzte der Befehlshaber seine ganze Hoffnung. Der Rest des Heeres bestand aus Pikenmännern. Sie wurden auf den linken Flügel neben die Büchsenschützen postiert, um die feindliche Reiterei abzuwehren.

Die Reiterei wurde von Pizarro selbst befehligt. Wie immer stellte er sich in die vorderste Reihe. Er war prachtvoll angetan. Über seinem Panzer trug er ein Überkleid von rotem Samt, in das Kronen eingestickt waren. Auch sein Pferd war prächtig herausgeputzt. So war er der auffallendste Kämpfer auf dem ganzen Schlachtfeld.

Sein Hauptmann Carbajal war auf eine ganz andere Weise ausgerüstet. Er trug eine unscheinbare, aber gute und starke Rüstung. Eine Stahlhaube, mit einem festgeschlossenen Gitter versehen, schützte seinen Kopf. Über der Rüstung trug er ein grünes Kleid, auf dem Flecken zu sehen waren. Sie stammten wohl von vergossenem Blut. Carbajals Pferd war starkknochig, aber weder anmutig noch schön. So würde es nicht leicht gewesen sein, den alten Krieger vom gewöhnlichen Ritter zu unterscheiden.

Die beiden Heere machten halt, als sie 600 Schritte voneinander entfernt waren. Carbajal wollte lieber den Angriff des Feindes abwarten als weiter vorgehen, da der Boden, auf dem er sich jetzt befand, seinen Bogenschützen dadurch freie Schußweite gewährte, daß er weder durch Bäume noch durch Gebüsch versperrt war. Außerdem war diese Stelle für die Büchsenschützen günstiger.

Da es Carbajal also vorzog, den Feind mit dem Angriff beginnen zu lassen, rückten Centenos Truppen vor und blieben dann abwartend stehen, da sie noch nicht wußten, wie sie sich verhalten sollten. Centeno fehlte ihnen jetzt sehr. Die Entscheidung führte ein Mönch namens Domingo Ruiz herbei, der laut ausrief: »Wir geben unsere Ehre preis! Jetzt ist es Zeit! Vorwärts, vorwärts, los auf den Feind!«

Nun stürzten Centenos Soldaten vorwärts. Sie liefen geradezu in einen Hagel sicher gezielter Kugeln hinein, und mehr als hundert fielen tot zu Boden. Die anderen, unfähig, das pausenlose Feuer der Büchsenschützen auszuhalten, wurden von Schrecken ergriffen und flohen vom Schlachtfeld, ohne Gegenwehr geleistet zu haben.

Nur Centenos Reiter blieben. Der Kampf war hitzig und erbittert, und bald war das Feld von toten Kriegern und Pferden bedeckt. Cepeda fiel in dieser Schlacht, und Gonzalo Pizarro geriet mehrmals in arge Bedrängnis. Die Entscheidung führte Carbajal herbei, dem es gelang, Speermänner und Büchsenschützen in den Rücken der feindlichen Reiterei zu bringen. Ein unaufhörlicher Kugelregen prasselte auf Centenos Reiter nieder, und wer von ihnen zu entfliehen versuchte, geriet in den Wald vorgestreckter Speere. Die Bogenschützen, welche den Befehl hatten, nur auf die Pferde zu schießen, machten Centenos Niederlage vollständig.

Pizarros Sieg war gewaltig. Nun, da die Schlacht geschlagen war, setzte er sich in den Besitz der verlassenen Zelte des Feindes, in welchen sich ungeheure Mengen von Silber befanden. Die Tafeln waren gedeckt, nun dienten Speise und Trank den Soldaten Pizarros. Nur der Anführer selbst nahm an dem Mahl nicht teil. Er ritt immer wieder über das mit Leichen besäte Schlachtfeld, bekreuzigte sich und rief: »Jesus, welch ein Sieg!«

Centeno verlor in dieser Schlacht an die 400 Leute, die Zahl der Verwundeten war nicht geringer. Viele von ihnen starben in der folgenden Nacht aus Mangel an Pflege und durch die eisigen Winde, die von den Bergen herabkamen. Pizarro verlor etwa 40

Soldaten. Der Ruhm des Tages gebührte Carbajal. Er hatte durch seine Kriegskunst den Sieg gesichert.

Am nächsten Morgen nahm Carbajal die Verfolgung der Überreste des feindlichen Heeres auf. Die Unglücklichen, die ihm in die Hände fielen – die meisten waren Verräter an Pizarro geworden –, wurden augenblicklich hingerichtet. Centeno hatte das Glück zu entkommen. Als er sah, daß die Schlacht verloren war, verließ er seine Sänfte und warf sich auf sein Pferd, mit dem er trotz seines leidenden Zustandes die nahe gelegene Sierra erreichte. Hier drang er tief in den Wald ein, wo er viele Wochen blieb, sich von Beeren und Wurzeln nährend. Später dann gelang es ihm auf wunderbare Weise, nach Lima zu entkommen. Auch der Bischof von Cuzco konnte entfliehen. Wäre er in die Hände Carbajals gefallen, würde sein Schicksal furchtbar gewesen sein. Denn Carbajal hätte ihn wie einen gewöhnlichen Soldaten aufknüpfen lassen.

Am Tage nach der Schlacht ließ Gonzalo Pizarro die Leichen der gefallenen Soldaten in ein gemeinsames Grab legen. Nur die Edelleute wurden auf den Gottesacker der Stiftskirche von Huarina gebracht und dort beigesetzt.*

Der Sieger nutzte nun seinen Erfolg dazu, Truppen nach Arequipa, La Plata und anderen Städten dieser Region zu entsenden. Unzählige strömten ihm jetzt zu. Er hob Gelder ein und stand bald an der Spitze eines gewaltigen Heeres. Gonzalo Pizarro! hieß jetzt die Parole. Niemand glaubte mehr an einen Sieg Pedro de la Gascas.

Mit diesem Heer marschierte Pizarro nach Cuzco, und es wiederholte sich alles. Die Einwohner empfingen ihn mit Jubel, man hatte in den Straßen Triumphbogen errichtet und Musikbanden und Sänger aufgestellt, welche seinen Sieg in der Ebene von Huarina verherrlichten.

Pizarro lehnte diese Ehrenbezeigungen diesmal ab. Er begab sich in die Stiftskirche, wo zu Ehren seines Sieges ein Dankgebet gesprochen und das Tedeum gesungen wurde. Dann begab er sich in den von seinem Bruder Francisco Pizarro errichteten Palast und ließ bekanntmachen, daß es seine Absicht sei, in Cuzco zu

* Viel später wurden die Gebeine der Toten nach La Paz gebracht und dort in ein prunkvolles Gewölbe gelegt, das heute noch zu sehen ist.

bleiben. Hier wollte er ruhig die Stunde abwarten, in welcher die Waffen zum letztenmal entscheiden sollten, wer Herr über Peru sein würde.

GASCAS MARSCH NACH CUZCO

Pedro de la Gasca war in Xauxa geblieben. Dort wartete er auf Nachrichten von Centeno. Daß ihm Centeno die völlige Niederlage der Empörer melden würde, nahm er mit Sicherheit an. Daher war seine Bestürztheit sehr groß, als er von dem Ausgang der Schlacht bei Huarina erfuhr.

Es konnte von Gasca nicht verhindert werden, daß auch seine Soldaten von der Niederlage Centenos erfuhren. Die Folge war allgemeine Niedergeschlagenheit, und man konnte nur noch hören, daß es sinnlos sei, gegen einen Mann zu kämpfen, der, wie durch einen Zauber beschützt, auch die größte Übermacht zur Gänze vernichten konnte. Gasca hielt damals an seine Soldaten folgende Ansprache:

»Centenos Truppen sind zu kühn gewesen, und der Himmel hat ihre Anmaßung bestraft. Doch ist es nun einmal so, daß es die Vorsehung einem Schuldigen gestattet, hoch zu steigen, damit dann später sein Fall um so tiefer sei. Die Sache des Kaisers wird siegen, weil auf ihrer Seite die Gerechtigkeit kämpft. Noch immer hat die Gerechtigkeit gesiegt. Außerdem wird uns der Allmächtige zum Sieg verhelfen.«

Diese Worte waren nicht imstande, die Abergläubischen und Zaghaften aufzurichten. Dies hatte Gasca wohl auch nicht erwartet. So war er nur bestrebt, die Schlappe von Huarina zu tilgen. Er ließ die Geschütze von den Schiffen nehmen und sandte einen Teil seines Heeres damit nach Guamanga, das etwa 60 Leguas von Cuzco entfernt war. Die alte Inkahauptstadt durfte nicht in den Händen seines Gegners bleiben!

Pedro de la Gasca verließ Xauxa am 29. Dezember 1547. Schon der Marsch nach Guamanga war beschwerlich, doch dann wurden die Leiden für die Truppe unerträglich. Die Wege waren im Schnee versunken, bitterste Kälte ließ viele erfrieren. Schließlich erreichte Gasca die Landschaft Andaguaylas. Er beschloß, hier zu bleiben, bis die strenge Jahreszeit vorüber sein würde. Viele seiner Soldaten waren durch unaufhörliche Regengüsse, durch Schnee, Kälte und Entbehrungen krank geworden. So errichtete er hier ein Hospital. Er besuchte die Kranken oft und gewann durch sein Mitleid die Herzen vieler.

In Andaguaylas erhielt Gasca trotz Pizarros Sieg viele Verstärkungen. Das Volk sagte sich, daß das Recht am Ende doch siegen müsse. Außerdem stießen viele ausgezeichnete Offiziere zu Gascas Heer, so Centeno, der die Scharte von Huarina auswetzen wollte, und Pedro de Valdivia*, der Eroberer von Chile. Die Ankunft Valdivias wurde im Lager mit allgemeiner Freude begrüßt, und Gasca empfing ihn mit den schmeichelhaften Worten: »Ihr seid mir mehr willkommen als eine Verstärkung von 800 Mann.« Außer diesen erfahrenen Kriegsmännern hatte der Statthalter ein großes Gefolge von Geistlichen und Rechtsgelehrten. Darunter befanden sich die Bischöfe von Quito und Lima, die vier neuen Richter der Audiencia, die man ihm aus Spanien nachgesandt hatte, und viele Heidenbekehrer. Gewiß waren diese Männer keine Verstärkung in einer Schlacht, doch sie stärkten sein Ansehen und verstanden es, den wankelmütigen Soldaten Mut einzuflößen.

Allmählich wich das kalte Wetter dem milden Einfluß des Frühlings, der sich in dieser tropischen Gegend früher als anderswo bemerkbar machte. Nach einem fast dreimonatigen Aufenthalt, zu welchem ihn der Winter gezwungen hatte, musterte Pedro de la Gasca sein Heer, um endlich den Marsch nach Cuzco anzutreten. Seine Streitmacht war 2000 Mann stark. Es war dies die stärkste europäische Streitmacht, die Peru bisher gesehen hatte. Nahezu die Hälfte war mit Feuerwaffen versehen. Elf schwere Geschütze wurden mitgenommen. Ausrüstung und Manneszucht waren gut. Die Anführer waren Offiziere, von welchen manche ihren Namen in das Buch der Geschichte eingetragen hatten.

Gasca, der vorgab, vom Kriegführen nicht mehr zu verstehen als die anderen, übertrug den Befehl über seine Streitkräfte Hinojosa, dem früheren Admiral Gonzalo Pizarros, zum zweiten

* Valdivia (1497–1553) leitete 1540 die Eroberung von Chile und war dort erster Statthalter.

Befehlshaber wurde Alvarado ernannt. Valdivia, der erst ankam, als diese Ernennungen schon vorgenommen worden waren, nahm die Stelle eines Obersten an, unter der Bedingung, daß er bei allen wichtigen Angelegenheiten um Rat gefragt wurde. Valdivia war ein Mann, den es nicht nach Ehren und Titeln gelüstete, er suchte seinen Ruhm einzig und allein auf den Schlachtfeldern.

Im März 1548 brach Pedro de la Gasca sein Lager ab und setzte sich nach Cuzco in Bewegung. Die Entscheidung reifte heran.

Das erste Hindernis, das sich Gasca und seinem Heer entgegenstellte, war der Fluß Abancay. Die Brücke, die ihn überquerte, war vom Feind zerstört worden. Da sich aber am jenseitigen Ufer keine Truppen befanden, errichtete das Heer eine neue Brücke über den Fluß, der um diese Jahreszeit sehr reißend war. Diese Arbeit war schwierig und gefährlich, und es ertranken dabei elf Mann.

Der weitere Weg führte nun in das Innere des Gebirges, wo Wälder, Abgründe, Bergströme und dann und wann auch Täler einander abwechselten. Die kühnen Spitzen der Berge, die sich hoch über die Wolken erhoben, waren in Schnee gehüllt, der sich entlang ihrer steilen Wände bis in die Täler herab erstreckte. Die Winde, die von diesen Höhen kamen, brachten so viel Kälte, daß Menschen und Pferde unter ihrem Hauch erstarrten. Die Wege wurden immer beschwerlicher und oft so schmal und krumm, daß die Pferde darauf keinen Fuß fassen konnten. Die Reiter mußten absteigen, und der Statthalter war gezwungen, die Reise zu Fuß zurückzulegen, wobei er häufig genug mit ansehen mußte, wie Pferde oder Maultiere, welche Silberladungen trugen, abstürzten und in der Tiefe zerschellten.

Durch diese Unbilden ging der Marsch so langsam vonstatten, daß die Truppen selten mehr als zwei Leguas täglich zurücklegen konnten. Die Entfernung war wohl nicht groß, doch wußte der Statthalter, daß er in Kürze vor dem größten Hindernis stehen würde, nämlich dem Apurimac. Als er dort ankam, war, wie er es erwartet hatte, die über den Fluß führende Brücke zerstört. Der Apurimac war um diese Jahreszeit so reißend und wild, daß viele Soldaten davor zurückschauderten, ihn zu überqueren. Selbst die Pferde wichen zurück, wenn sie sich seinem Ufer näherten.

Der Statthalter befahl nun, eine Hängebrücke über den Fluß

zu errichten. Dies war schwierig, da es die Spanier nicht so gut wie die Indianer verstanden, solch eine Brücke zu bauen, die aus dicken Tauen bestand, welche man aus Weidenruten verfertigte. Außerdem wußten die Spanier nicht, wie sie die Brücke am gegenüberliegenden Ufer befestigen sollten.

Der Offizier, dem der Bau dieser Brücke übertragen worden war, war nach der Ehre, das Werk zu vollenden, so begierig, daß er sofort mit der Arbeit begann, obwohl Pedro de la Gasca dies ausdrücklich verboten hatte. Es war nämlich noch nicht die ganze Streitmacht am Ufer des Flusses angelangt, und es war Gascas Absicht gewesen, mit ihr den Bau der Brücke zu schützen.

Zehn Männer, die sich freiwillig gemeldet hatten, setzten über den Apurimac auf einem selbstgezimmerten Floß. Als es ihnen endlich gelungen war, die Brücke an einem Felsen zu befestigen, brachen aus einem Hinterhalt plötzlich mehrere Spanier und einige Indianer hervor und machten sie alle nieder. Dann schnitten sie die Taue ab, die Brücke stürzte ins Wasser und wurde von den Wellen fortgerissen.

Am Morgen sah sich Pedro de la Gasca einer neuen Schwierigkeit gegenüber. Der Boden stieg von der Stelle, wo sich das Lager befand, jäh und steil bis zu einem hohen Gipfel an. Einen Weg gab es nicht, also mußte der Weitermarsch zunächst bis zu diesem Gipfel führen. Die Schwierigkeiten des Bodens, der von Klüften und Wasserrinnen durchschnitten wurde, konnten von den Soldaten kaum bewältigt werden. Bisweilen war auch das Gestrüpp so stark, daß es mit Äxten beseitigt werden mußte. Dazu kamen die Kälte und eine der Furcht nahekommende Besorgnis, daß der nächste Schritt in einen Hinterhalt führte. Mehr als einmal wurden die Vorrückenden durch ein Geräusch erschreckt, das, wie sich dann herausstellte, nicht von einem Feind, sondern von einem der riesigen Vögel dieser Region* verursacht worden war.

In dieser gefährlichen Lage waren Valdivia und Hinojosa stets zur Hand, die Soldaten zu sammeln und aufzumuntern. Nun galt es noch, den schweren Geschützzug in die Höhe zu bringen. Endlich war der Gipfel erreicht. Hier schlug der Statthalter sein Lager auf und gewährte seinem Heer die Erholung, die es nach diesen Anstrengungen verdiente.

* Der Verfasser meint wohl den Kondor.

ERSTE SCHARMÜTZEL

Gonzalo Pizarro lebte in Cuzco sorglos und üppig. Er genoß die Gegenwart ohne Rücksicht auf die Zukunft und meinte, die Krone von Peru säße schon auf seinem Haupt. Daß Pedro de la Gasca den Marsch nach der alten Inkahauptstadt antreten konnte, hielt er nicht für möglich. Francisco de Carbajal dachte anders. Er betrachtete den Sieg von Huarina nur als einen Anfang und nicht als das Ende des Kampfes um die bleibende Herrschaft über Peru. Deshalb setzte er die Truppen in den besten Stand, um den errungenen Vorteil zu behaupten. Bei Sonnenaufgang konnte man den alten Krieger schon auf seinem Maultier sehen, wie er, nach seinem Äußeren einem gemeinen Soldaten gleichend, in Cuzco einherritt, die Waffenschmiede beaufsichtigte, für Kriegsvorräte sorgte oder seine Krieger einübte und die strengste Manneszucht aufrechterhielt. Sein rastloser Geist schien nur Vergnügen an fortwährender Tätigkeit zu finden. Da er stets im kriegerischen Gewühl zu leben gewöhnt war, ließen ihn Dinge kalt, die mit Krieg nicht in Verbindung standen.

Er war mit Gonzalo Pizarro nicht zufrieden. Dieser hatte die Absicht, dem Feind eine Schlacht zu liefern, falls er doch vor Cuzco anlangte. Carbajal teilte dieses Vorhaben nicht. Er hatte kein volles Vertrauen zu der Treue der Anhänger Pizarros, wenigstens nicht zu jenen, die vormals unter dem Banner des Centeno gestanden hatten. Diese Krieger, etwa 300 an der Zahl, waren gezwungen gewesen, unter Pizarro Dienst zu nehmen. Ihr Herz schlug nicht für seine Sache. Deshalb machte ihnen Carbajal den Vorschlag, zum Feinde überzugehen. Er hielt es für weit besser, mit wenigen treuen Anhängern in die Schlacht zu gehen als mit einem großen Haufen falscher und zaghafter Soldaten. Doch Centenos frühere Kämpfer wollten bleiben und versicherten, sie würden Pizarro die Treue halten.

Carbajal glaubte auch nicht, daß Pedro de la Gasca vor dem Marsch nach Cuzco zurückschrecken würde. Deshalb riet er Pizarro, dessen Truppen nach seiner Meinung für den bevorstehenden Kampf zu schwach und vor allem zu gering waren, Cuzco zu verlassen und alle Schätze und Lebensmittel mitzunehmen. Gascas Truppen würden, in Cuzco angelangt, statt der erwarteten reichen Beute nichts vorfinden und infolge dieser Enttäuschung die Lust am Kämpfen verlieren. Dies war der Rat des alten Kriegers, aber er behagte Pizarro nicht. Eine Flucht in die Wildnis? Dem Feind den Rücken kehren? Er war bisher aus allen Kämpfen als Sieger hervorgegangen, und das würde auch in Zukunft so sein.

So standen in Cuzco die Dinge, als die Nachricht eintraf, daß Gasca mit seinem Heer den Apurimac überschritten habe. Es galt nun sofort, ihn daran zu hindern, daß er auch das Gebirge überschritt. Für diese Aufgabe wurde ein Ritter namens Juan de Acosta bestimmt. Acosta machte sich mit 300 ausgesuchten Soldaten auf den Weg und versprach, den Kaplan – so wurde Pedro de la Gasca im Lager Pizarros genannt – als Gefangenen nach Cuzco zu bringen.

Als Acosta am Fuß der Berge angelangt war, sah er mit Schrekken, daß sich die feindlichen Truppen schon ins Tal hinunterbewegten. Er griff sofort an, mußte sich aber bald zurückziehen, da er der Übermacht nicht gewachsen war. Bei diesem kurzen Scharmützel verlor er vier Soldaten und drei Pferde.

Pizarro nahm die Nachricht vom Mißlingen dieses Unternehmens mit steinernem Gesicht entgegen. Es galt jetzt vor allem, den Platz zu bestimmen, wo dem Feind die alles entscheidende Schlacht geliefert werden sollte. Pizarro faßte nun den Entschluß, Cuzco zu verlassen und den Gegner im nahe gelegenen Tal von Xaquixaguama zu erwarten. Dieses Tal war von Cuzco ungefähr fünf Leguas entfernt und wurde durch den hohen Wall des Gebirges vor Kälte und Winden geschützt. Einst war es ein Lieblingsaufenthalt der indianischen Edelleute gewesen, deren Landhäuser noch immer da und dort die Wände der Berge schmückten. Das Tal wurde von einem Fluß in zwei Hälften geteilt, deren eine feucht und sumpfig war.

Hier langte Gonzalo Pizarro nach einem beschwerlichen Marsch über Wege, auf welchen sich sein Zug schwerer Geschütze nur mühsam fortbewegen konnte, an. Seine Streitmacht bestand im ganzen aus etwa 900 Mann und 14 Kanonen. Es war eine wohlausgerüstete und von Carbajal trefflich eingeübte Schar, aber sie bestand teilweise aus Leuten, auf deren Anhänglichkeit man nicht bedingungslos bauen konnte. Diesen Mangel vermochte auch ein Offizier wie Carbajal nicht wettzumachen.

Nach seinem Eintritt in das Tal wählte Pizarro den östlichen Teil gegen Cuzco hin, als den günstigsten für sein Lager. Dort stellte er seine Schar so auf, daß die eine Flanke durch eine natürliche, von den hier fast senkrecht aufsteigenden Bergen gebildete Schranke geschützt wurde, während die andere den Fluß abschirmte. Mithin war es dem Feind kaum möglich, die Flanken anzugreifen. Im Rücken blieben die Verbindungen mit Cuzco offen, so daß es leichtfiel, stets neue Zufuhren herbeizuschaffen. Nachdem sich Pizarro also diese starke Stellung gesichert hatte, beschloß er, den Angriff des Feindes ruhig abzuwarten.

***

Indes hatte Pedro de la Gascas Heer seinen Marsch, der nun talabwärts führte, wieder angetreten. Auch jetzt kamen die Soldaten nur sehr langsam vorwärts, da der Boden schwierig war und selten festen Halt bot. Hier erfuhr Gasca, daß der Gegner sein Lager in dem benachbarten Tal von Xaquixaguana aufgeschlagen hatte. Bald darauf erschienen bei ihm zwei von Pizarro selbst abgeschickte Mönche und verlangten von ihm, daß er ihnen seine Vollmacht zeige. Da ihr Verhalten Grund zu dem Verdacht gab, daß sie Spione waren, ließ sie der Statthalter festnehmen und verwehrte ihnen die Rückkehr zu Pizarro. Valdivias Vorschlag, sie aufzuknüpfen, lehnte er ab.

Nach einigen Tagesmärschen stieß die Vorhut des königlichen Heeres plötzlich auf einen Vorposten des Feindes. Sofort entspann sich ein erbitterter Kampf, bei dem es wohl keinen Toten, aber mehrere Verwundete gab. Gasca nahm sich auch jener an, die der Feind hatte zurücklassen müssen, und schickte einen von ihnen, der nur leicht verwundet war, mit der Botschaft zu Pizarro, er sei noch immer bereit, ihn zu begnadigen, wenn er sofort die Waffen strecke und sich unterwerfe. Diesen Boten ließ Pizarro hinrichten. »Meine Soldaten lassen sich nicht verwunden, sie sterben für mich«, sagte er.

Am Morgen des 8. April überschritt das königliche Heer den Kamm der hohen Gebirgskette, welche das Tal von Xaquixaguana umgürtet. Von hier aus konnten die Soldaten unten auf der gegenüberliegenden Seite die schimmernden Reihen des Feindes und seine vielen weißen Zelte erblicken, die das Aussehen von

Schwärmen wilder Vögel hatten. In noch weiterer Ferne bemerkten sie Pizarros indianische Hilfstruppen.

Nun beeilten sich Gascas Krieger, schon begierig nach dem Kampf, den Weg in das Tal zurückzulegen. Dabei fanden viele einen schrecklichen Tod. Sie glitten auf den von Eis überzogenen Felsspalten aus und stürzten in die schwindelnde Tiefe, manchmal lösten sich ganze Hügel und rissen alle, die auf ihnen standen, mit sich. Am schwersten wurden die Pferde betroffen. Nicht weniger als dreißig stürzten in die Abgründe. Es schien abermals so zu sein, daß sich die Natur auf die Seite Pizarros stellte.

Als Pizarro sah, welche Schwierigkeiten der Abstieg seinem Gegner bereitete, entsandte er eine Abteilung Büchsenschützen auf einen benachbarten Hügel, und von dort aus schossen diese zielsicheren Männer Gascas Soldaten, die genug damit zu tun hatten, sich, um nicht in die Tiefe zu stürzen, irgendwo anzuklammern, wie Hasen ab. Hinojosa erhielt nun den Befehl, diese Höhe zu besetzen. Dies gelang ihm auch, wobei er allerdings schwere Verluste erlitt.

Nun endlich gelangte das königliche Heer auf ebenen Boden. Die Entscheidungsschlacht stand bevor.

DIE ENTSCHEIDUNGSSCHLACHT

Durch einen Überläufer erfuhr der Statthalter, daß sich Pizarro zu einem nächtlichen Angriff vorbereite. Daher befahl er seiner gesamten Streitmacht, sich in Schlachtordnung aufzustellen und bereit zu sein, den Angriff abzuwehren. Doch diese Meldung war falsch, und so standen Gascas Soldaten die ganze Nacht hindurch unter Waffen. Es war grimmig kalt, und von der Sierra kam ein solcher Sturm herab, daß sie kaum imstande waren, ihre Lanzen zu halten.

Aber noch bevor die Sonne die Gipfel der Sierra in ihren Glanz tauchte, waren beide Lager in Bewegung und mit den Vorbereitungen zum Kampf beschäftigt. Das königliche Heer wurde in zwei Abteilungen Fußvolk geteilt, deren eine den Feind von vorne angreifen sollte, während es die Aufgabe der anderen war, die Flanken zu bedrohen. Diese Schlachthaufen wurden von zwei

Reiterscharen auf den Flügeln und im Rücken gedeckt. Noch eine Schar, bestehend aus Reitern und Büchsenschützen, stand in Bereitschaft, um in den Kampf einzugreifen, wenn und wo dies nötig war. Diese Anordnung war so meisterhaft getroffen, daß sie Carbajal folgende Worte entlockte: »Entweder ist der Teufel oder Valdivia bei ihnen.« Er wußte nicht, daß sich Valdivia tatsächlich im feindlichen Lager befand.

Gasca überließ die Leitung seinen Offizieren und zog sich mit seinem Gefolge, das aus Geistlichen und Licentiaten bestand, in die Nachhut zurück.

Gonzalo Pizarro bildete seine Schar auf dieselbe Weise, wie er es auf der Ebene von Huarina getan hatte, ausgenommen, daß es ihm die vermehrte Anzahl seiner Reiterei möglich machte, beide Flanken seines Fußvolkes zu decken. Doch waren es auch jetzt seine Feuerwaffen, auf die er sich vor allem verließ.

Als die Reihen geordnet waren, ritt er diese entlang und ermunterte seine Soldaten, ihre Schuldigkeit als tapfere Ritter und als wahre Eroberungskrieger zu tun. Er war, wie gewöhnlich, glänzend bewaffnet und trug eine Rüstung, die, ebenso wie sein Helm, reich mit Gold ausgelegt war. Das Pferd, das er ritt, war gleichfalls prächtig geschmückt. Wie er die Reihen seiner Soldaten entlanggaloppierte, seine Lanze schwingend und seine Reitkunst beweisend, war er wohl die Verkörperung des Rittertums schlechthin.

Zum Anführer des Fußvolkes hatte er den bereits erwähnten Juan de Acosta ernannt. Von Carbajal war diese Stellung abgelehnt worden, vielleicht, weil Pizarro seinen Rat, sich in die Wildnis zurückzuziehen, nicht befolgt hatte, vielleicht aber auch deshalb, weil er den Ausgang dieser Schlacht voraussah. Er sagte, er wolle lieber als einfacher Ritter denn als Befehlshaber dienen.

Als Acosta von Pizarro seine Befehle erhalten hatte, ritt er vorwärts, als wollte er den von seinen Truppen zu besetzenden Boden auswählen, und bei dieser Gelegenheit verschwand er für einige Augenblicke hinter einem vorspringenden Felsen. Bald jedoch kam er wieder zum Vorschein, und man konnte sehen, wie er in voller Eile über die Ebene dahinjagte. Seine Leute wunderte dies zwar, doch sie mißtrauten ihm erst, als er auf die feindlichen Linien zuritt. Nun war sein Verrat offenbar geworden. Einige jagten fort, um ihn einzuholen, unter ihnen ein Ritter, der ein besseres Pferd als Acosta hatte. Dieser Ritter kam Acosta bald so nahe, daß er seine Lanze nach ihm werfen konnte. Acosta stürzte zu Boden, und es wäre ihm übel ergangen, würde ihm nicht ein kleiner Reitertrupp von der anderen Seite her zu Hilfe geeilt sein. Dieser trieb die Verfolger zurück und trug Acosta, der verwundet war, in das Hauptquartier des Statthalters. Pedro de la Gasca empfing ihn mit der größten Freude und verschmähte es nicht, ihn auf die Wange zu küssen. Er erkannte, wie wertvoll dieser erste Überläufer für ihn war, und erwartete, daß ihm andere folgen würden.

Das Beispiel Juan de Acostas war tatsächlich ansteckend. Garcilasso de la Vega, ein Ritter von alter Familie und wahrscheinlich von höherem Ansehen als irgendeiner in Pizarros Heer, gab als nächster seinem Pferd die Sporen und ritt zum Feind hinüber. Die Büchsenschützen, die er befehligte, folgten ihm nach.

Pizarro war wie versteinert über die Abtrünnigkeit derer, auf die er in seiner so bedenklichen Lage am meisten gezählt hatte. Der Boden, auf dem er stand, schien unter ihm einzusinken, und er erkannte, daß er verloren war, wenn er noch eine Minute zögerte. Deshalb wagte er es nicht, den Angriff des Feindes in seiner starken Stellung abzuwarten, wie es seine Absicht gewesen war, sondern gab den Befehl, sofort vorzurücken. Als Gascas Befehlshaber Hinojosa den Feind in Bewegung sah, erteilte er seinen Truppen denselben Befehl. Augenblicklich gingen die Plänkler und Büchsenschützen auf den Flanken vorwärts, die Geschütze schickten sich an, ihr Feuer zu eröffnen, und beide Heere rückten festen Trittes und mit voller Entschlossenheit vor.

Aber noch ehe der erste Schuß abgefeuert worden war, ging eine weitere Schar Büchsenschützen zum Feind über. Die Reiterschwadron, die ihnen nachgeschickt wurde, folgte ihrem Beispiel. Nun befahl Pedro de la Gasca seinen Soldaten, augenblicklich haltzumachen. Er wollte nicht, daß unnötig Blut vergossen wurde, denn es schien ihm, daß sich Pizarros Heer von selbst auflöste. Pizarros getreue Anhänger wurden von Schreck ergriffen, als sie sahen, wie es um sie stand. Einige warfen ihre Waffen fort und flohen in der Richtung nach Cuzco. Andere versuchten, in das Gebirge zu entkommen, wieder andere gingen ebenfalls über. Pizarros indianische Verbündete liefen gleichfalls davon, als sie sahen, daß sich das Heer in Auflösung befand.

Pizarro blieb mit nur fünf Gefolgsleuten auf dem Schlachtfeld zurück. »Was können wir noch tun?« wandte er sich an einen von ihnen. »Über den Feind herfallen und wie Römer sterben«, antwortete dieser. »Besser ist es, wie Christen zu sterben«, sagte der Befehlshaber, wendete sein Pferd und ritt zum königlichen Heer hinüber. Er war noch nicht weit gekommen, als ihm ein Offizier entgegentrat. Diesem übergab er sein Schwert und sich als Gefangenen. Hoch erfreut über seinen Fang, führte ihn der Offizier in das Hauptquartier Pedro de la Gascas.

Gasca, zu Pferd, nahm soeben die Berichte seiner Hauptleute entgegen. Er schickte sie sofort weg, als er Gonzalo Pizarro erblickte, um seinem Gefangenen Demütigungen zu ersparen. Dann fragte er kurz: »Weshalb habt Ihr die Gnade, die ich Euch mehrmals anbot, so hartnäckig ausgeschlagen?« Pizarro antwortete: »Meine Familie war es, die dieses Land eroberte. Ich hatte ein Recht auf die Statthalterschaft und habe es auch jetzt noch.«

Nach dieser Antwort brach der Statthalter die Unterredung ab und ließ Pizarro in ein sicheres Gewahrsam bringen. Für seine Bewachung wurde Centeno bestimmt, der diesen Auftrag für sich erbeten hatte, nicht um seine Rache zu befriedigen, sondern um dem Gefangenen verschiedene Erleichterungen zu gewähren. Pizarro wurde mit aller seinem Range gebührenden Rücksicht behandelt, und es wurde ihm jeder Genuß gestattet, außer dem der Freiheit.

Francisco de Carbajal erging es nicht besser als seinem Anführer. Als er sah, daß die Soldaten einer nach dem anderen zum Feind übergingen, summte er wieder: »Der Wind weht mir die Haare vom Kopf, Mutter!«, dann fühlte er, daß es für ihn Zeit war, für seine eigene Sicherheit zu sorgen. Daß er keine Gnade erhoffen durfte, wußte er, seine einzige Hoffnung war die Flucht. Er gab seinem Pferd die Sporen und setzte über den Strom. Aber als er das jenseitige Ufer erstieg, das steil und steinig war, glitt sein Pferd aus und fiel mit ihm ins Wasser. Ehe er sich aufrappeln konnte, wurde er von einigen seiner eigenen Leute ergriffen und festgenommen.

Unter ihnen waren viele, die ihn wegen seiner Strenge gehaßt hatten. Sie drohten jetzt, sich an ihm zu vergreifen, und die Zahl jener, die hinter ihm und neben ihm einherritten, Verwünschungen und Schmähungen ausstoßend, wurde immer größer. Als sie sich dem Lager genähert hatten, kam ihnen Centeno entgegen und vertrieb den Pöbelhaufen. »Wem verdanke ich diesen Schutz?« fragte Carbajal, und als er gehört hatte, wen er vor sich hatte, sagte er: »Ich konnte Euch nicht erkennen, denn ich habe von Euch bisher nur den Rücken gesehen.«

Auch Carbajal wurde vor den Statthalter gebracht. Dieser richtete verschiedene Fragen an ihn, doch Carbajal blickte nur stolz im Kreis umher und beobachtete ein verächtliches Stillschweigen. Daraufhin ließ Gasca auch ihn in ein sicheres Gewahrsam bringen.

Alles, was den Besiegten gehört hatte, Zelte, Waffen, Schießbedarf, Kriegsvorräte und Lebensmittel, wurde nun Eigentum der Sieger. Auch die Beute an Gold, Silber und Geldstücken war groß. Denn viele Soldaten nahmen, wohin immer sie zogen, ihr ganzes Eigentum mit. Sie hatten ja keinen Platz, wo sie es aufbewahren konnten. Man erzählte sich damals, daß sich einer von Gascas Soldaten ein herrenloses Maultier aneignete und, als er es bestieg, den Sack auf den Boden warf, der sich auf dem Rücken des Tiers befunden hatte. Ein anderer Soldat hob den Sack auf und fand darin mehrere tausend Stück Dukaten.

So endete die Schlacht oder vielmehr die Flucht von Xaquixaguana. Die Anzahl der Gefallenen und Verwundeten war gering. Der Sieg wurde nicht durch die Stärke des Siegers, sondern durch die Schwäche des Besiegten errungen. Es war ein Sieg geistiger Kraft über die rohe Kraft der Waffen. Es war ein Sieg der Ordnung.

DAS ENDE DER EMPÖRER

Nun wurde es notwendig, über das Schicksal der Gefangenen zu entscheiden. Alonso de Alvarado und der Licentiat Cianca, ein Mitglied der neuen königlichen Audiencia, wurden angewiesen, den Prozeß einzuleiten. Dies bedurfte keiner langen Zeit. Die Schuld der Angeklagten war zu offenbar, da man sie mit den Waffen in der Hand gefangengenommen hatte. Sie wurden alle zum Tode verurteilt, ihre Güter wurden zum Besten der Krone eingezogen. Gonzalo Pizarro sollte enthauptet und Carbajal gevierteilt werden. Man sprach davon, die Hinrichtung bis zur Ankunft der Truppen von Cuzco aufzuschieben, doch entschied der Statthalter, sie schon am folgenden Tag auf dem Schlachtfeld vollziehen zu lassen. Er hatte Angst, daß Pizarros Anhänger Unruhe stiften würden.

Carbajal blieb ungerührt, als man ihm das Urteil verkündet hatte. »Sie können mich nur töten«, sagte er. Und als ihn Centeno fragte, ob er noch irgendeinen Wunsch hätte, erwiderte er: »Welchen Dienst könnt Ihr mir erweisen? Könnt Ihr mich in Freiheit setzen? Wenn Ihr dies nicht könnt, könnt Ihr gar nichts.« Einige drangen in ihn, sich einen Priester kommen zu lassen, um sein Gewissen zu erleichtern, ehe er aus der Welt gehe. »Wozu würde dies nützen?« fragte er. »Es lastet nichts schwer auf meinem Gewissen, es sei denn ein halber Real, den ich meinem Krämer in Sevilla schuldig blieb und den ich zu zahlen vergaß, bevor ich das Land verließ.« Er wurde in einem von zwei Maultieren gezogenen Korb nach dem Richtplatz geschleppt. Als man ihm die Arme fesselte und seinen riesigen Körper in dieses erbärmliche Fuhrwerk steckte, rief er aus: »Ich wußte bisher, daß es Wiegen für kleine Kinder gibt, daß es auch Wiegen für Greise gibt, ist mir neu.« Nachher beobachtete er ein hartnäckiges Schweigen. Er lachte laut auf, bevor er starb. Das war im Alter von 84 Jahren.

Ganz anders waren die Umstände bei Pizarros letzten Stunden. Auf sein Verlangen war es niemandem gestattet, ihn in seinem Gefängnis zu besuchen. Man hörte, wie er den größten Teil des Tages in seinem Zelt auf und ab ging. Nachdem ihm durch Centeno das Urteil mitgeteilt worden war, legte er sich zur Ruhe. Er schlief aber nicht lange, sondern stand bald wieder auf und ging, wie vorher, ruhelos in seinem Gemach auf und ab. Am Morgen sandte er nach einem Beichtiger, den er bis zur Mittagsstunde bei sich behielt. Die Gerichtsbeamten wurden schließlich ungeduldig, doch verwehrten es ihnen die Soldaten, Pizarro zu drängen. Unter ihnen waren viele, die unter seinem Banner gedient hatten.

Auf dem Weg zum Richtplatz zeigte Gonzalo Pizarro dieselbe Prachtliebe wie in glücklicheren Tagen. Über seinem Wams trug er einen Mantel aus gelbem Samt, der reich mit Gold bestickt war, seinen Kopf zierte eine rote Mütze mit silbernen Zieraten. In diesem glänzenden Aufzug bestieg er sein Maultier, und das Urteil wurde dahin gemildert, daß man ihm die Arme nicht fesselte. Er wurde von sechs Mönchen begleitet, die das Kruzifix vor ihm hertrugen, während er selbst ein Bildnis der Heiligen Jungfrau in der Hand hielt. Die Gnadenmutter war für Pizarro stets ein Gegenstand besonderer Verehrung gewesen, ihr hatten seine Gebete vor jeder Schlacht gegolten.

Pizarro drückte seine Lippen oft auf das Bild, während seine Augen andächtig auf das Kruzifix geheftet waren. Alles andere ringsumher ließ er unbeachtet. Als er bei dem Todesgerüst angelangt war, bestieg er es mit festem Tritt und bat um die Erlaubnis, einige Worte an das versammelte Kriegsvolk richten zu dürfen. Diese Bitte wurde ihm gewährt.

»Es gibt unter euch viele, die durch meine und meines Bruders Freigebigkeit reich geworden sind«, sagte er. »Mir bleibt von meinen Reichtümern nichts außer den Kleidern, die ich jetzt trage, und selbst diese gehören nicht mir, sie sind vielmehr Eigentum des Henkers. Es fehlen mir daher die Mittel, eine Messe für mein Seelenheil zu bezahlen. Ich beschwöre euch, mir diese Wohltat zu erweisen. Sorgt hierdurch dafür, daß ihr eine gute Todesstunde habt.«

Viele weinten, als sie diese Bitte des einst so mächtigen Mannes hörten. Sie wurde getreulich erfüllt, denn nach seinem Tode wurden in vielen Städten Messen zum Heil des dahingeschiedenen Anführers gelesen.

Nach seiner Ansprache kniete Pizarro vor einem auf einer Tafel aufgestellten Kruzifix nieder und verharrte in dieser Stellung einige Minuten im Gebet. Dann wandte er sich an den Henker und sagte zu ihm: »Erfülle deine Pflicht mit fester Hand.« Er lehnte es ab, sich die Augen verbinden zu lassen, und beugte seinen Nacken für das Schwert des Henkers vor. Dieser schlug ihm den Kopf mit einem einzigen Hieb und so sicher ab, daß der Körper einige Augenblicke lang aufgerichtet blieb, so als lebte er noch.

Der Kopf wurde nach Lima gebracht und dort in einen Käfig getan. Diesen Käfig hängte man auf die Spitze eines Galgens, darunter wurde folgende Inschrift angebracht:

Dies ist der Kopf des Verräters Gonzalo Pizarro, der sich in Peru gegen seinen Landesherrn empörte und im Tal von Xaquixaguama für die Sache des Verrats und der Tyrannei gegen die königliche Fahne kämpfte.

Pizarros große Güter, die Silberbergwerke inbegriffen, wurden eingezogen. Sein Haus in Lima wurde dem Erdboden gleichgemacht. Auf der Stelle, wo es gestanden hatte, wurde, nachdem sie mit Salz bestreut worden war, ein steinerner Pfeiler errichtet, in den folgendes eingemeißelt wurde:

Hier darf niemand bauen, denn dieser Platz ist durch die Wohnung eines Verräters entweiht worden.

Gonzalo Pizarros Überreste wurden nicht der Beschimpfung preisgegeben wie die Carbajals, dessen Körperviertel an Ketten auf den vier großen Landstraßen, die nach Cuzco führten, aufgehängt wurden. Centeno schützte Pizarros Leichnam vor Entkleidung, indem er dem Scharfrichter den kostbaren Anzug abkaufte, den der zum Tode Verurteilte auf dem Weg zum Richtplatz getragen hatte. In dieses prächtige Leichentuch gehüllt, wurde der Leichnam nach Cuzco gebracht und dort in der Kapelle der Heiligen Gnadenjungfrau beigesetzt. Es war dies die Stelle, wo auch die beiden Almagros, Vater und Sohn, lagen.

Gonzalo Pizarro war 42 Jahre alt, als ihn ein gewaltsamer Tod ereilte. Er war der jüngste aus der berühmten Familie, welcher Spanien die Eroberung Perus zu verdanken hatte. Bis dahin hatte es wohl nur wenige Menschen gegeben, deren Leben so reich an meist erfolgreichen Abenteuern war.

Vier Ritter, die sich zusammen mit Gonzalo Pizarro ergeben hatten, wurden an demselben Tag wie ihr Anführer hingerichtet. Am Morgen nach diesem traurigen Schauspiel brach Pedro de la Gasca sein Lager ab und marschierte mit seiner gesamten Streitmacht nach Cuzco, wo er von der Bevölkerung mit derselben Begeisterung aufgenommen wurde, wie sie vorher Gonzalo Pizarro zuteil geworden war. Hier befanden sich viele Empörer, die nach der Niederlage geflüchtet waren. Sie wurden festgenommen, und man leitete gegen sie ein Verfahren ein. Zwölf vornehme Ritter wurden hingerichtet, drei verbrannt, siebzehn auf die Galeeren geschickt. Die Güter von allen wurden eingezogen.

Gasca strafte also hart. Doch dies mußte so sein. Denn die Soldaten, die in Peru kämpften, anerkannten eine Regierung nur dann, wenn sie ihre Strenge spürten.

DIE AUFTEILUNG DER BEUTE

Nun oblag dem Statthalter eine neue Pflicht, nämlich die Belohnung seiner treuen Anhänger. Dies war, wie es sich erwies, nicht weniger schwierig als die Bestrafung der Schuldigen. Denn es meldeten sich viele, die Anspruch auf Belohnung erhoben. Sie äußerten ihre Forderungen mit einer Zudringlichkeit, die Pedro de la Gasca in Verlegenheit setzte und jeden Augenblick seiner Zeit in Anspruch nahm.

Dieses Zustandes überdrüssig, beschloß Gasca, sich nach dem etwa 12 Leguas von Cuzco entfernten Tal von Guaynarima zurückzuziehen, um dort in Ruhe einen Aufteilungsplan ausarbeiten zu können. Begleitet wurde er nur von seinem Sekretär und Loaysa, der jetzt Erzbischof von Lima war. In dieser Zurückgezogenheit verblieb er drei Monate lang und bemühte sich, die verfallenen Güter so aufzuteilen, daß alle jene gut bedacht wurden, die sich um die königliche Sache verdient gemacht hatten.

Als er diese schwierige Arbeit beendet hatte, zog sich Gasca nach Lima zurück und überließ dem Erzbischof den Aufteilungsplan. Es war ihm klargeworden, daß es trotz aller verwendeten Sorgfalt unmöglich war, die Ansprüche des leicht reizbaren Kriegsvolkes zu befriedigen, und er wollte Zudringlichkeiten und Klagen aus dem Wege gehen, die ihn nur plagen würden.

Nach Gascas Abreise ließ der Erzbischof die Truppen in die Stiftskirche rufen, um sie mit dem Inhalt der ihm übergebenen Liste bekanntzumachen. Vorerst wurde von einem würdigen Dominikaner, dem Prior von Arequipa, eine Rede gehalten, in welcher der ehrwürdige Pater über die Tugend der Genügsamkeit sprach, des weiteren über die Pflicht des Gehorsams und über die ebenso große Torheit als Verrücktheit eines Versuchs, sich den neuen Behörden zu widersetzen. Er hoffte, durch seine Worte die Willfährigkeit und Einigkeit seiner Zuhörer herbeizuführen.

Nun wurde ein Brief des Statthalters von der Kanzel herab vorgelesen. Er war an die Offiziere und Soldaten des Heeres gerichtet:

»Meine Aufgabe war schwer, denn die mir zur Verfügung stehenden Mittel sind gering, wenn sie mit der gewaltigen Summe der Forderungen und den großen Verdiensten der Fordernden verglichen werden. Ich habe meiner Aufgabe die sorgfältigste Aufmerksamkeit angedeihen lassen und habe mich bemüht, jedem seinen Anteil nach Verdienst ohne Ungerechtigkeit und Parteilichkeit zuzuweisen. Ohne Zweifel bin ich auch in Irrtümer verfallen, doch ich hoffe, daß meine Anhänger sie entschuldigen werden, indem sie bedenken, daß ich gemäß meinen geringen Fähigkeiten gehandelt habe. Ich anerkenne die Verdienste, die alle einer guten Sache geleistet haben, und wünsche meinen Soldaten für ihr weiteres Leben den Segen Gottes, Glück und Wohlergehen.

17. August 1548 *Pedro de la Gasca*

Hierauf las nun der Erzbischof die Anordnungen des Statthalters vor. Die Anzahl der Belohnten belief sich auf mehr als 250. Sie erhielten eine Belohnung, die zwischen 100 und 350 Pesos de oro lag. Manche gingen leer aus, da ihre Verdienste nur gering waren.

Sofort nachdem der Erzbischof das Verlesen der Anordnung beendet hatte, erhob sich ein allgemeines Murren. Selbst jene, welche mehr als erwartet erhalten hatten, äußerten laut ihren Unmut. Besonders schalten alle über den Vorzug, welchen man den alten Anhängern Gonzalo Pizarros, so Hinojosa, Centeno und Aldana, vor jenen eingeräumt hatte, die der Krone stets treu geblieben waren. Gasca hatte aber einigen Grund für diese Bevorzugung. Denn gerade diese drei Männer hatten bei der Unterdrückung der Empörung die entscheidenden Dienste geleistet.

Der Erzbischof bemühte sich sehr, im Verein mit einigen vornehmen Kriegern, die empörte Menge zur Ruhe zu bringen. Er tat dies vergebens. Die Soldaten bestanden darauf, daß die Anordnung aufgehoben und eine neue getroffen würde. »Geschieht dies von seiten des Statthalters nicht, werden wir uns selbst zu unserem Recht verhelfen!« riefen einige und erhoben die Fäuste.

Es war also Meuterei zu befürchten. Diese wurde erst unterdrückt, nachdem einer der Aufrührer zum Tode verurteilt worden war. Doch die Unzufriedenheit blieb, und viele erinnerten sich jetzt der Freigebigkeit Gonzalo Pizarros.

***

Inzwischen hatte der Statthalter seine Reise nach Lima fortgesetzt. Überall auf dem Wege wurde er vom Volk mit Begeisterung empfangen. In der Hauptstadt hatten die Bewohner alle Anstalten getroffen, ihm einen glänzenden Empfang zu bereiten. Die ganze Bevölkerung unter Anführung der Stadtbehörden, Aldana als Corregidor an der Spitze, kam vor die Tore. Gasca ritt auf einem Maultier, nur mit seinem geistlichen Gewand bekleidet. Zu seiner Rechten wurde auf einem reichgeschmückten Pferd das königliche Siegel getragen. Über seinem Kopf spannte sich ein prächtiger Thronhimmel aus Brokat, den in roten Samt gekleidete Edelleute aus uraltem Adel trugen. Tänzerscharen folgten dem Zug, blumenstreuend und Lieder zu Ehren des Statthalters singend.

Auf diese Weise hielt der Statthalter, ohne Kanonendonner oder Trommelschlag, seinen friedlichen Einzug in die Stadt der Könige, unter dem Jauchzen des Volkes, das ihn als »seinen Vater und Befreier, als den Retter des Landes« begrüßte. Pedro de la Gasca freute sich wohl über diese Huldigung, die er, wie er glaubte, verdient hatte, doch er hielt nicht viel von äußerem Prunk. Nun dachte er daran, wie es möglich sein würde, das Ansehen der Regierung auf eine dauernde Grundlage zu stellen und Bürgerkriege in Zukunft hintanzuhalten. Da er kraft seines Amtes den Vorsitz in der königlichen Audiencia führte, war es ihm möglich, den Gang der Geschäfte zu beschleunigen, die sich während der letzten Unruhen bedeutend angehäuft hatten. Allmählich gelang es ihm, die Ordnung wiederherzustellen und im ganzen Lande für einen ruhigen Ablauf des Lebens zu sorgen. Nur wegen des Eigentums kam es immer wieder zu Streitigkeiten. Dies nahm Gasca gelassen hin, denn er war der Meinung, daß die Gier nach Geld und Gold mit der menschlichen Natur untrennbar verbunden war.

Auch die Indianer vergaß Pedro de la Gasca nicht, es erschien ihm vielmehr eine seiner wichtigsten Aufgaben zu sein, ihre Lage zu verbessern. Er sandte zahlreiche Beamte in die verschiedenen Teile des Landes, mit dem Auftrag, zu untersuchen, wie die Indianer behandelt würden, wobei diesen Beamten anbefohlen war, nicht nur mit den Eigentümern, sondern auch mit den Eingeborenen zu sprechen. Des weiteren sollten Art und Umfang der an die Inkas seinerzeit entrichteten Abgaben festgestellt werden. Auf diese Weise erhielt der Statthalter wertvolle Nachrichten, die es ihm ermöglichten, mit Hilfe eines aus Geistlichen und Rechtskundigen bestehenden Rates ein gleichförmiges Abgabenwesen für die Eingeborenen einzurichten, das weniger drückend als das zur Zeit des peruanischen Fürsten war. Nur zu gerne würde Gasca die besiegten Indianer von der Verpflichtung persönlicher Dienstleistung befreit haben, aber nach reiflicher Überlegung gelangte er zu der Überzeugung, daß dies nicht durchführbar war, weil die Ansiedler, besonders in den tropischen Gegenden, die Eingeborenen zur Verrichtung der Arbeit benötigten. Immerhin beschränkte Gasca den Dienst auf das genaueste, so daß er für jeden erträglich wurde. Kein Indianer durfte mehr gezwungen werden, seinen Aufenthalt aus einem Klima, an das er gewöhnt war, in ein anderes zu verlegen, was bisher häufig genug Grund für Mißstimmung und Krankheiten gewesen war. Durch diese Anordnungen wurde das Leben der Indianer, wenn auch nicht in dem Ausmaß, wie es Las Casas erhofft hatte, angenehmer. Der Ausdruck »Sklave« wurde streng verboten.

Pedro de la Gasca verbesserte auch die Städteverwaltungen und die Behandlung der Staatsgelder und der Rechnungsführung. Um die Ruhe des Landes nach seinem Abgang zu sichern, entsandte er besonders ehrsüchtige Ritter in ferne Länder, in der Voraussicht, daß die öffentliche Ruhe nicht mehr gestört werden würde, wenn sich diese unruhigen Geister entfernt hatten. Einigen seiner unzufriedenen Anhänger verschaffte er die Hand reicher Witwen. Die Neigungen der Damen wurden allerdings nicht immer beachtet.

Als Gasca zu der Überzeugung gelangt war, daß das Land in einen Zustand endgültiger Ruhe gelangt sei, begann er an die Heimkehr zu denken. Infolge seiner Sparsamkeit hatte er das Darlehen zurückzahlen können, das ihm bei seiner Ankunft von Kaufleuten und reichen Bürgern gewährt worden war, außerdem war es ihm gelungen, für die Krone, die aus Peru seit einigen Jahren nichts erhalten hatte, mehr als zwei Millionen Dukaten zurückzulegen. Daß er dieses Geld mitzunehmen gedachte, erregte den Ärger nicht nur eines Abenteurers, und er wurde häufig genug mit Vorstellungen bestürmt. Er hörte sie geduldig an, blieb aber bei seinem Vorhaben, die Kasse des Kaisers zu füllen.

Kurz vor seiner Heimreise ereigneten sich aber auch zwei gegenteilige Vorfälle. Mehrere Kaziken boten dem Statthalter zum Zeichen der Erkenntlichkeit für die den Indianern erwiesenen Wohltaten eine ansehnliche Menge Silbergerät an. Gasca wies das Geschenk zurück, wodurch er die Indianer sehr betrübte, da sie befürchteten, sie hätten sich unwissentlich seine Ungunst zugezogen. Später, als er sich schon eingeschifft hatte, schickten ihm vornehme und reiche Ansiedler ein Geschenk von 50000 Goldcastellanos. Dieses Geschenk nahm Gasca an, doch er behielt es nicht für sich, sondern ließ es, in der Heimat angekommen, an die Bedürftigsten verteilen.

Nachdem nun der Statthalter alles für das Wohl Neu-Kastiliens Notwendige getan hatte, übertrug er die Regierung bis zur Ankunft eines Vizekönigs seinen Amtsgenossen in der königlichen Audiencia. Im Januar 1550 schiffte er sich, den königlichen Schatz an Bord seines Geschwaders, nach Panama ein. Eine große Menge von Einwohnern, Ritter ebenso wie Leute aus dem gewöhnlichen Volk, geleiteten ihn zur Küste.

Gasca hatte eine günstige Fahrt und erreichte sein Ziel schon anfangs März. Hier hielt er sich nur so lange auf, bis er Reiter und Maultiere in hinreichender Anzahl beisammen hatte, um den Schatz über das Gebirge führen zu können. Er wußte, daß es in dieser Gegend genug Menschen gab, die einen Raubversuch wagen würden, wenn sie von dem Reichtum, den er mit sich führte, erfuhren. Er eilte daher rasch vorwärts, überschritt die felsige Landenge und erreichte nach einem beschwerlichen Marsch glücklich Nombre de Dios.

Der Erfolg rechtfertigte seinen Argwohn. Er war erst drei Tage marschiert, als eine räuberische Horde, nachdem sie den Bischof von Guatemala ermordet hatte, in Panama einbrach, um dem Statthalter dasselbe Schicksal zu bereiten und sich der Beute zu bemächtigen. Sofort nachdem er diese Nachricht erhalten hatte, hob Gasca eine Streitmacht aus und schickte sich an, der bedrohten Hauptstadt zu Hilfe zu eilen. Doch das Glück – besser gesagt:

Indianer auf der Wanderschaft

Kazike in einer Sänfte

die göttliche Vorsehung – begünstigte ihn wie vorher. Am Abend vor seinem Ausmarsch erfuhr er, daß die Plünderer von den Bürgern der Stadt angegriffen und zur Gänze aufgerieben worden waren. Nachdem er daher seine Truppen aufgelöst hatte, rüstete er eine Flotte von 19 Schiffen, um den königlichen Schatz nach Spanien zu bringen. Ohne weiteren Aufenthalt erreichte er Sevilla, das er vor mehr als vier Jahren verlassen hatte.

(Ende der Handschrift)

DAS WEITERE LEBEN DES PEDRO DE LA GASCA

(Geschildert von Petro de Cieza de Leon in dem Werk »La Cronica de Peru«, Biblioteca Hispano-Ultramarina, Madrid, 1877)

Groß war das Aufsehen, das Pedro de la Gascas Ankunft in ganz Kastilien erregte. Die Menschen konnten es kaum fassen, daß derart ungeheure Erfolge in so kurzer Zeit durch einen einzelnen armen Geistlichen erreicht worden waren, der, ohne Hilfe der Regierung, nur durch seine eigene Kraft einer Empörung Herr

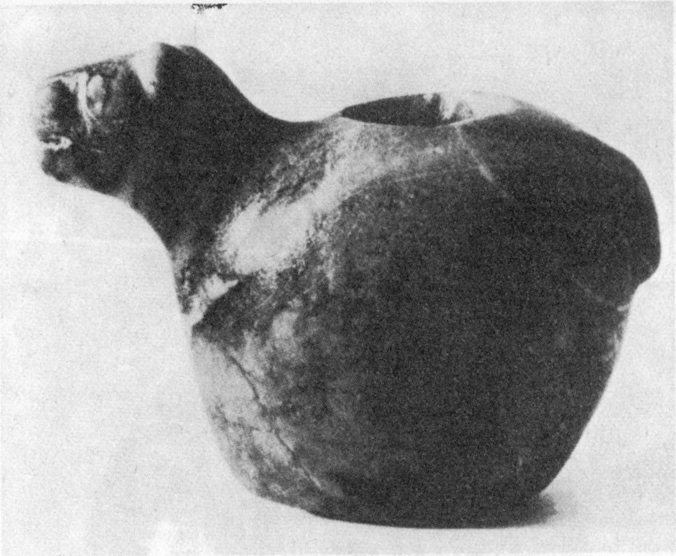

Lama aus Stein

geworden war, die dem Kaiser und den Waffen Spaniens so lange Trotz geboten hatte.

Seine Allerchristlichste Majestät befand sich zur Zeit der Ankunft Pedro de la Gascas in Flandern. Der Kaiser war hocherfreut über die Nachricht, daß Gascas Sendung vollständigen Erfolg gehabt hatte, und nicht weniger angenehm war ihm die Kunde von dem Schatz, den sein Statthalter mitgebracht hatte, denn seine selten übermäßig gefüllte Schatzkammer war durch die letzten Unruhen in Deutschland erschöpft worden.

Der Kaiser schrieb augenblicklich an den Statthalter und lud ihn ein, sich an den Hof zu begeben. Er wollte aus seinem eigenen Mund die Umstände seiner Unternehmung hören. Demzufolge schiffte sich Gasca in Begleitung eines zahlreichen Gefolges von Edelleuten und Rittern, die mit ihm in Neu-Kastilien gewesen waren, im Hafen von Barcelona ein und langte nach einer günstigen Fahrt in Flandern an.

Er wurde von seinem kaiserlichen Gebieter, der seine Ver-

Vase aus Ton, mit Silber eingelegt

dienste voll würdigte, in Gnaden aufgenommen. Bald darauf wurde er zum Bischof von Palencia ernannt. Dies war eine Anerkennung, die seiner Art am besten entsprach. Hier blieb er bis zum Jahr 1561, dann berief man ihn als Bischof nach Siguenza. Dort verlebte er seine übrigen Tage friedlich in der Ausübung seiner bischöflichen Pflichten, geehrt von seinem Landesherrn und bewundert und geachtet von seinen Landsleuten.

Obwohl er zurückgezogen lebte, wurde er von der Regierung doch immer wieder in Angelegenheiten zu Rate gezogen, die Neu-Kastilien betrafen. In diesem Pflanzstaat waren bald nach seiner Abreise neuerdings Unruhen ausgebrochen. Veranlaßt wurden diese vor allem durch die Unzufriedenheit der Ansiedler mit der Bestimmung, welche den Indianern gewisse Rechte einräumte. Doch diese Unruhen fanden nach wenigen Jahren ein Ende unter der weisen Verwaltung der Mendozas. Unter ihrer Herrschaft wurde die milde und doch entschlossene Politik befolgt, für die Pedro de la Gasca ein Beispiel gegeben hatte. Die alten Zwistigkeiten wurden für immer beigelegt. Mit dem Frieden kehrte in Peru auch der Wohlstand zurück.

Pedro de la Gasca starb im November 1567 in Valladolid und wurde in der Kirche Santa Maria Magdalena begraben. Die Gonzalo Pizarro auf dem Schlachtfeld von Xaquixaguana abgenommenen Fahnen wurden über seinem Grabmal aufgehängt. Die Fahnen und die Überreste des Mannes, der unter ihnen ruhte, sind längst Staub geworden, doch das, was Pedro de la Gasca für Spanien und Peru getan hat, wird ewig währen.

DAS TAGEBUCH DES GASPAR DE CARVAJAL

Der Entschluß Gaspar de Carvajals, des Erzbischofs von Lima, an dem Zug Gonzalo Pizarros nach Canelas, dem Zimtland, teilzunehmen, entsprang wohl einer Laune. Wir müßten dem hohen Herrn für diese Laune dankbar sein, denn aus ihr entstand ein Reisebericht, in dem die abenteuerliche Fahrt des Don Francisco de Orellana über den gesamten Amazonas beschrieben wurde. Sicherlich befand sich auf dem Schiff, welches diese kühne Fahrt zurücklegte, sonst niemand, der imstande gewesen wäre, den Verlauf dieses großen Abenteuers niederzuschreiben. Es soll Carvajal verziehen werden, wenn manchmal seine Phantasie mit ihm durchging. Goldene Kürbisse und Lamas, die aus dem Urwald herauskamen, kann er schwerlich gesehen haben.

Der Augustinermönch Gaspar de Carvajal kam bald nach der Gründung von Lima nach Peru. Er wurde binnen kurzer Zeit Bischof und wenig später Erzbischof. Es mag sein, daß er diesen raschen Aufstieg Francisco Pizarro verdankte, mit dem er eng befreundet war.

Francisco de Orellana war zugleich mit den Pizarros nach Peru gekommen. Er war bei der Gefangennahme Atahuallpas und bei der Eroberung des Sonnentempels von Cuzco dabeigewesen und hatte auch die Hinrichtung Diego de Almagros erlebt. Daß dieser ewige Abenteurer am Zug des Gonzalo Pizarro teilnahm, nimmt nicht wunder. Orellana wurde um 1510 in Truxillo, dem Geburtsort der Pizarros, geboren und starb um 1548 in Spanien. Die Handschrift des Reiseberichts, der 1648 auch in Buchform erschien, befindet sich im Prado zu Madrid.

DAS URWALDSCHIFF

Ich war damals Erzbischof von Lima. Statthalter von Quito war Gonzalo Pizarro. Er war vor kurzem zu diesem Amt ernannt worden. Pizarro war sehr glücklich, daß man ihn zum Herrn dieser alten indianischen Landschaft bestimmt hatte. Nun war für ihn der Weg nach Osten offen, der Weg, der zu den Regionen führte, in welchen die begehrten morgenländischen Gewürze nur darauf warteten, von jenen gepflückt zu werden, die ihren Wert erkannten. Die Indianer hielten sie für wohlfeil und wertlos.

Pizarro war entschlossen, rasch aufzubrechen. Man hatte ihm berichtet, daß es in dieser Gegend, die von Gewürzen überfloß, auch eine Stadt gab, die aus purem Gold war. Alles war dort aus Gold, die Straßen, die Häuser, die Götzentempel. Und diese Stadt lag am Ufer eines mächtigen Stromes, der so breit war, daß man von dem einen Ufer zum anderen nicht hinübersehen konnte. Fuhr man den Strom hinunter, gelangte man zu einer zweiten Stadt, in der die Ziegel und die Mauern der Häuser mit Goldblech verkleidet und alle Gebrauchsgegenstände aus purem Gold hergestellt waren. Dort herrschte ein Eingeborenenfürst, der sich den Goldstaub vom Körper wusch, den seine Diener nach dem täglichen Bad immer aufs neue aufzutragen hatten.

Pizarro hatte nichts dagegen einzuwenden, daß ich mich seinem Zug anschloß. Er wußte, welche Gefahren und Leiden auf ihn und seine Truppe warteten, und hielt es für gut, wenn die Soldaten eines geistlichen Zuspruchs nicht entbehrten. Er wußte von den zu erwartenden Gefahren und Leiden, aber er wußte nicht, wie groß, wie entsetzlich sie sein würden. Auch ich wußte das nicht. Ich nahm an, bald wieder in mein bischöfliches Amt zurückzukehren. Mein Entschluß, an dem Zug teilzunehmen, entsprang dem Verlangen, dieses merkwürdige Land kennenzulernen.

Mein Bruder in Christo, Fray Celso Gargia, den ich nicht wiederholen will, hat eindringlich beschrieben, wie Gonzalo Pizarros Heerhaufen nach dem Überschreiten der Sierra von Quito in den undurchdringlichen dichten Urwald geriet, wo er sich verirrte, wie das gesamte Gepäck verlorenging und schließlich alle aus Mangel an Nahrungsmitteln dem Hungertod nahe waren.

Wir hatten schon die Hoffnung aufgegeben, aus diesem Wald,

in dem man nicht wußte, wohin man ging, aus dieser ewigen Dämmerung jemals wieder herauszukommen, als sich plötzlich Sonnenstrahlen zeigten. Wir taumelten weiter, und dann standen wir vor einem breiten Strom, auf dessen gegenüberliegendem Ufer ein Dorf lag. Deutlich konnten wir ausnehmen, daß dort in der Sonne zum Trocknen ausgebreitete Fische lagen.

Der Befehlshaber beschloß nun, auf das andere Ufer überzusetzen. Wir bauten eine Brücke, indem wir Baumstämme über das Wasser legten. Das war ein gefährlicher Weg, aber wir wagten den Übergang. Einer fiel ins Wasser und ertrank, alle anderen gelangten heil hinüber.

Das erste war, daß wir uns auf alles Eßbare stürzten. Die Indianer waren fortgelaufen, nur Frauen und Kinder sahen uns zu, wie wir Fische und Brotfladen hinunterschlangen. Anderes gab es nicht. Doch wir waren zufrieden. Wer sich lange von Würmern und Baumrinde genährt hat, ist nicht wählerisch.

Von den Indianerinnen erfuhren wir, daß sich dort, wo sich der Strom, den wir erreicht hatten, in einen anderen, weit größeren ergoß, eine große Siedlung befand, in der es Lebensmittel genug und auch Gold gab. Pizarro beschloß, die Nacht an Ort und Stelle zu verbringen und am nächsten Morgen aufzubrechen. Zur Sicherheit stellten wir Wachen aus, da zu befürchten war, daß die Indianer zurückkehren und uns überfallen würden. Doch sie zeigten sich nicht.

Die Sonne war noch nicht aufgegangen, als wir den Kampf mit dem Urwald aufnahmen. Bald genug mußten wir erkennen, daß dieser Kampf sinnlos war. Der Urwald wuchs hier so dicht, so verfilzt, daß es entlang des Ufers kein Durchkommen gab. Nach sechs Stunden waren wir 20 Schritt vorwärtsgekommen. Gonzalo Pizarros Gesicht war hart und verschlossen, als er den Befehl zum Rückzug gab. Nachher sonderte er sich von uns ab. Er saß nahe dem Ufer und grübelte vor sich hin. Nur zu gut konnte ich verstehen, was in ihm vorging. Rückkehr nach Quito? Die würde wohl keiner von uns überleben. Ein Vordringen zu dem großen Strom? Das war unmöglich. Wir saßen in diesem Indianerdorf wie in einer Falle.

Am nächsten Morgen ließ Gonzalo Pizarro alle zusammenrufen. Nachdem er die trostlose Lage, in der wir uns befanden, geschildert hatte, sagte er: »Wir werden ein Schiff bauen. Mit diesem Schiff wird ein Teil der Mannschaft bis zu der Stelle fahren, wo sich die beiden Flüsse miteinander vereinigen, und dort Lebensmittel aufbringen. Dann wird das Schiff hierher zurückkehren, und wir werden einen Weg durch den Urwald suchen, der landeinwärts verläuft. Es muß einen solchen Weg geben.«

Alle stimmten diesem Plan begeistert zu, und es wurde sofort mit dem Bau des Schiffes begonnen. Andreas Durante, ein früherer Schiffszimmermann, zeichnete den Aufriß des geplanten Schiffes mit Holzkohle auf glatte, feine Baumrinde, und Orellana übernahm, da Pizarro an einem heftigen Fieber erkrankt war, die Überwachung des Baus. An Holz gab es keinen Mangel, und zum Glück hatte Alferez, der Feldmeister, dafür gesorgt, daß die Hufeisen der geschlachteten und gefallenen Pferde aufbewahrt worden waren. Daraus ließen sich zur Not Nägel und Haken verfertigen.

Auf der Suche nach für den Schiffsbau geeigneten Bäumen kamen wir dahinter, daß es hier von Wildbret wimmelte, das leicht vor die Armbrust zu bekommen war. Sogar Lamas* sahen wir. Und eines Tages stießen wir unversehens auf eine große Indianersiedlung. Da wir es nicht wagten, sie zu betreten, schickten wir Felipillo, unseren Dolmetscher, aus, und luden den Kaziken ein, uns zu besuchen.

Der Kazike kam tatsächlich, begleitet von fünf anderen Männern, schon am nächsten Morgen in unser Lager. Er trug einen prächtigen Federschmuck, sonst jedoch war er nackt. Orellana bewirtete ihn mit dem Xerez-Wein des Befehlshabers und zeigte ihm die Gewehre, die Rüstungen und vor allem das eiserne Handwerkszeug. Man merkte es den Indianern an, daß sie dieses oder jenes gern gehabt hätten, und Orellana nutzte dieses Verlangen geschickt. Von selbst versprachen die Indianer die Lieferungen von Lebensmitteln und Hilfe bei dem Schiffsbau, als ihnen einige Äxte und Beile als Geschenke zugesichert worden waren.

Zwei Tage später sandte der Kazike einen Boten zu uns, der uns in seine Siedlung einlud. Wir nahmen die Einladung an und waren überrascht, wie man uns bewirtete. Wir erhielten frische Früchte, einen Braten, dessen Fleisch angeblich von einer

* Es waren wohl Hirsche.

schwimmenden Kuh* stammte, und aus den Beeren der Pupunhapalme zubereiteten Wein. Nach der Mahlzeit ging eine aus braunen Blättern verfertigte Rolle von einem zum anderen, die an einem Ende angezündet worden war und aus der man einen schmackhaften, aber betäubenden Rauch zog.

Diese Indianer nannten sich Omagua. Sie hatten alle seltsam birnenförmige Schädel. Von ihnen erfuhren wir, daß die Ufer des Großen Stromes von Gold, Vieh und Früchten übergingen. Sie sagten uns aber auch, daß dort mächtige Könige herrschten, die jeden angriffen, der durch ihr Gebiet fahren wollte, und daß die Völker an den Ufern gefährlich und bösartig seien. Manche trügen lange Schwänze, andere wieder hätten verkehrt angewachsene Füße. Und bei manchen Stämmen kämpften die Weiber noch tapferer als die Männer. Auch ein Name fiel bei diesem Gespräch: Curicuri, die Goldprovinz. Wo sie lag, wußten die Omagua nicht. Aber sie versprachen Orellana, uns bis zur nächsten Omagua-Siedlung einen Führer mitzugeben. Dort, behaupteten sie, gab es Männer, die schon am Großen Strom gewesen waren.

Diese Omagua allein schon waren für uns Gold wert. Da dies vielleicht nicht alle erkannten, erließ Francisco de Orellana den folgenden Befehl:

> Wer einen Omagua demütigt, schlecht behandelt oder gar seines Eigentums beraubt, wird öffentlich ausgepeitscht. Wer sich an einer Omagua-Frau vergreift, wird dem Henker übergeben. Ich verbiete allen, gleichgültig, ob Offizier oder einfacher Soldat, die Siedlung der Omagua ohne meine Erlaubnis zu betreten.
>
> Don Francisco de Orellana
> Vize-General**

***

Wie wertvoll die Omagua für uns waren, erwies sich auch bei dem geplanten Schiffsbau. Unsere Männer waren mit dem Fällen der Bäume nur schwer zurechtgekommen, denn nur zu oft waren die Stämme mit ihren Kronen im Gewirr anderer Wipfel hängenge-

* Seekuh.
** Orellana war von Pizarro schon in Quito zu seinem Stellvertreter ernannt worden.

blieben. Außerdem wußte von uns niemand, welches Holz für den Schiffsbau am besten geeignet war.

Junge Indianer, eher Knaben als Männer, lehrten uns, wie man hier Bäume fällte. Sie kletterten mühelos an den hohen Stämmen empor, banden sich, oben angelangt, mit Lianenschnüren fest und schlugen die von Pflanzen überwucherten Kronen ab. Dadurch wurde Raum geschaffen, und nun sausten die Urwaldriesen einer nach dem anderen zu Boden. In wenigen Tagen entstand eine kleine Lichtung.

Unsere Aufgabe war es nun, die Stämme der Wachspalmen und Eisenbäume zu Planken und Brettern zu zersägen. Bald war der Rumpf einer kleinen Brigantine fertiggestellt. Die Indianerweiber halfen fleißig mit, indem sie aus den zähen Lianen dicke, unzerreißbare Taue drehten und Grasmatten zu Grassegeln zusammennähten. Dann, als der Schiffsbau seinem Ende zuging, erkannten wir plötzlich mit Entsetzen, daß uns ein Stoff fehlte, der nicht ersetzt werden konnte und an den niemand gedacht hatte. Wir besaßen kein Pech zum Kalfatern der Fugen. Ohne Pech konnte das Schiff niemals schwimmfähig werden.

Wir versuchten, den Indianern zu erklären, was wir benötigten, doch sie verstanden uns nicht, denn zum Bau ihrer Kanus brauchten sie kein Pech. Hilfsbereit, wie sie waren, brachten sie uns alles mögliche, aber es war darunter nichts, das Pech ersetzen konnte. Sogar der Medizinmann kam zu uns und bot uns einen Pflanzensaft an, der einen, hatte man ihn getrunken, die Zukunft erkennen ließ.

Ein Zufall rettete uns. Einer von uns sah einem Indianer zu, der mit seinem Steinmesser die graue Rinde eines Baumes ritzte, mit dem Erfolg, daß sofort ein dicker, weißer Saft hervorquoll. Wir fragten den Indianer, was mit diesem Saft geschehe, die Antwort war, daß daraus Decken verfertigt würden, die gegen Nässe und Kälte schützten. Das war es, was wir gesucht hatten! Wo es möglich war, sammelten wir den weißen Saft in Kokosschalen und räucherten ihn über einem Feuer. Die gelbe, elastische Masse*, die auf diese Weise entstand, konnte Pech durchaus ersetzen.

Nun war die Brigantine bald fertig. Am 10. Dezember 1541

* Es war Gummi.

wurde sie von Gonzalo Pizarro auf den Namen »Victoria« getauft. Hierauf las ich eine feierliche Messe, bei der ich das Schiff und die ganze Mannschaft segnete. Und dann schoben die Soldaten das Schiff über sorgsam eingefettete Baumstämme ins Wasser.

Die Mannschaft bestand aus 51 Soldaten und Offizieren. Kapitän war Francisco de Orellana. Außerdem nahmen wir elf Kranke mit. Auch ich hatte mich an Bord der »Victoria« eingefunden. Ich fieberte damals stark und hoffte, auf dem Wasser eher gesund zu werden als auf dem ungesunden Festland.

Um uns keiner Gefahr auszusetzen, hatte uns Gonzalo Pizarro Feldschlangen, Arkebusen und reichlich Munition mitgegeben.

EIN FOLGENSCHWERER ENTSCHLUSS

Die Strömung war stark, so daß wir rasch vorwärtskamen. Das Wetter hingegen war uns nicht gnädig. Es regnete pausenlos, wahre Sturzfluten kamen vom Himmel, und bald waren wir alle völlig durchnäßt. So war es kein Wunder, daß wir jämmerlich froren. Wir warteten auf die Sonne, doch die Sonne zeigte sich nicht. Sie lag hinter bleigrauen Wolken verborgen, die knapp über uns dahinjagten. Allmählich begannen auch die Lebensmittel zu verderben.

Dennoch war die Mannschaft zufrieden. Es war ihr noch lieber, hier zu frieren und zu hungern, als sich einen Weg durch den Urwald und gefährliche Sümpfe zu bahnen. Hier blieb wenigstens die Hoffnung auf trockene Quartiere und einen reichlich gedeckten Tisch.

Die Fahrt wurde von Stunde zu Stunde gefährlicher, da der Fluß rasch anschwoll. Riesige Wurzeln schwammen mit der Strömung, und es erforderte die ganze Geschicklichkeit der indianischen Lotsen, Sandbänken und heimtückisch unter dem Wasser treibenden Baumstämmen auszuweichen. Welch ein Glück für uns war es, daß uns die Omagua Lotsen und Ruderer mitgegeben hatten! Ohne sie wäre unsere »Victoria« jetzt zerschellt.

Am Vormittag des dritten Tages hörten wir in der Ferne ein Rauschen und Grollen, das von einem Gewitter zu stammen schien. Als wir wußten, wodurch dieses Tosen verursacht wurde, war es schon zu spät. Die immer reißender werdende Strömung zog unsere Brigantine zu einer von gewaltigen Felsen durchsetzten Stelle des Flußbettes hin, wo das Wasser gleich Fontänen aufstieg und zu kochen schien. Es war undenkbar, das Schiff rechtzeitig zum Stillstand zu bringen. Es galt nur noch, durch diese Stromschnellen hindurchzukommen.

Und schon waren wir mittendrin in diesem gewaltigen Strudel. Schleifend, scheuernd und immer wieder anprallend trieb die »Victoria« zwischen Felsbrocken und Felsplatten hindurch, ununterbrochen in Gefahr, aufzulaufen oder zerschmettert zu werden.

Schließlich waren wir durch und der Gefahr entronnen, in wenigen Augenblicken, die für uns eine Ewigkeit gewesen waren. Abermals verdankten wir den Indianern unser Leben. Denn sie hatten es verstanden, mit langen, biegsamen Stöcken den Anprall des Schiffes gegen die Felsen zu mildern. Wie arg die »Victoria« beschädigt war, konnten wir noch nicht feststellen.

Nun verbreiterte sich der Fluß zusehends, von vielen Zuflüssen aus dem Wald gespeist. Unsere Lebensmittel waren jetzt zur Gänze aufgebraucht. So war ich gezwungen, das geweihte Mehl auszugeben, aus dem die Hostien gebacken werden. Endlich ergoß sich von rechts her ein großer Strom* in den unseren. Aber auch hier war keine Siedlung zu sehen. Was wir zu sehen bekamen, waren einzig und allein überschwemmte Ufer, ein bleigrauer Himmel und auf den Bäumen umherturnende Affen, die uns mit ihrem Geschrei zu verhöhnen schienen.

Ein weiterer Tag verging, an dem wir, um unseren ärgsten Hunger zu stillen, das Mehl roh hinunterschlangen und uns trübsten Befürchtungen hingaben. Doch dann begann sich der Urwald auf dem linken Ufer zu lichten, wir sahen Feuer und aufsteigenden Rauch, kreisrunde Hütten und hin und her laufende, nicht genau erkennbare Gestalten. Pfahlbauten standen im Wasser eines Waldbachs. Wir frohlockten laut, denn wir fühlten uns gerettet.

Bald kamen uns die Indianer in Kanus entgegen. Die Kaziken trugen große Platten aus einem violetten Holz in ihren Ohrläpp-

* Es war der Curaray.

chen, und diese Platten waren so schwer, daß sie die Ohrläppchen bis zu den Schultern herunterzogen. Andere trugen in der durchbohrten Nasenscheidewand kleine Pflöcke aus Gold. Wir erfuhren, daß sie sich Tucanos nannten, doch wir gaben ihnen kurzweg den Namen Orejones*.

Unsere »Victoria« fuhr in den Waldbach ein und ankerte dort, nachdem wir gesehen hatten, daß die Orejones gastfreundlich waren. Wir wurden in mehreren großen Hütten untergebracht und herrlich bewirtet.

Die Orejones bemühten sich überhaupt, uns jeden Wunsch zu erfüllen. Durch Felipillo, unseren Dolmetscher, erfuhren wir, daß sie uns für Sonnensöhne hielten und früher mit dem fernen Inkareich Handel getrieben hatten. Dorthin, vor allem nach Cuzco, war von ihnen ein aus Beeren gewonnener roter Farbstoff geliefert worden, mit dem sie selbst an Festtagen ihre Gesichter bemalten.

Unsere erste Aufgabe mußte es sein, die »Victoria« auszubessern. Einige Seitenplanken waren eingedrückt und eine Stelle am Heck dicht über der Wasserlinie aufgerissen. Bald begannen die Indianer, uns bei dieser Arbeit zu helfen.

Allmählich kamen, von Neugierde getrieben, die Kaziken der benachbarten Stämme zu uns. Alle versicherten uns, daß wir von dem Großen Strom nur noch 10 Tagereisen entfernt waren. Wir würden ihn dort erreichen, wo eine Insel den Napo – zum erstenmal hörten wir den Namen des Stromes, den wir bisher befahren hatten – in zwei Arme teilte. In der Folge würden wir zu vielen Völkern und Stämmen gelangen, zu vielen Seen voller Fische und schließlich zu der Provinz Curicuri, dem Goldland, das von kriegerischen Stämmen bewohnt und verteidigt würde.

In diesen Tagen erschien eine Abordnung von Offizieren bei Orellana und teilte ihm den allgemeinen Entschluß mit, nicht zu Gonzalo Pizarro und seinem Heer zurückzukehren. Orellana wies ihnen keineswegs die Tür, sondern versprach, ihr Anliegen zu überprüfen. Am Abend desselben Tages fragte Orellana den Kaziken, ob eine Fahrt stromaufwärts möglich sei. Der Kazike blickte ihn entsetzt an und versicherte ihm, ein solcher Versuch würde mit dem Untergang des Schiffes und dem Tode aller en-

* Großohren.

den. Nicht einmal ein Kanu könne stromaufwärts durch die Stromschnellen gelangen, ohne zerschmettert zu werden.

Diese Antwort bewog wohl auch Orellana, von einer Rückkehr zu Pizarro endgültig abzusehen. Am nächsten Morgen ließ er seine Offiziere und Soldaten zusammenrufen und hielt folgende Ansprache:

»Ich habe mich entschlossen, nicht zu Gonzalo Pizarro und seinem Heer zurückzukehren. Zu Wasser ist eine solche Rückkehr unmöglich, und zu Lande würde sie wohl mit dem Tode von uns allen enden. Außerdem muß ich an den Vorteil der spanischen Krone denken. Der beste Dienst, den wir ihr erweisen können, ist es, die Länder am Großen Strom zu erkunden und in Besitz zu nehmen. Es erscheint mir wichtiger zu sein, der spanischen Krone unermeßliche Schätze zuzuführen als eine Rückkehr zu wagen, deren Ausgang allzu gewiß ist.«

Tosender Beifall folgte diesen Worten. Alle jubelten Orellana zu, nur einer widersetzte sich. Es war dies Sanchez de Vargas, ein Günstling Gonzalo Pizarros. Schäumend vor Wut, bezeichnete er jeden, der nicht mit ihm zu Pizarro zurückkehren wollte, als Hochverräter, außerdem schwor er, Orellana und alle seine Gefolgsleute an den Galgen zu bringen. Am Ende forderte er Orellana zu einem Zweikampf heraus. Doch der Kapitän weigerte sich, mit ihm den Degen zu kreuzen, und ließ ihn, als er weiter zum Aufruhr hetzte, in Ketten legen.

Um sicher zu sein, daß man ihn auch in Zukunft nicht als Empörer bezeichnen konnte, ließ Orellana seine Rede niederschreiben und von den fünf höchsten Offizieren unterzeichnen. Auch ich unterschrieb dieses wichtige Dokument, in dem alle Gründe für die Fortsetzung der Fahrt festgehalten waren.

* * *

Nun beschloß Orellana, ein zweites Schiff bauen zu lassen. Es sollte die »Victoria« entlasten, vor allem aber später die goldenen Schätze aufnehmen, die wir zu gewinnen hofften. Das Schiff war nach zwei Monaten fertiggestellt, zwar kleiner, aber wendiger als die »Victoria«. Es erhielt den Namen »San Pedro«.

Bevor wir uns von unseren Gastgebern verabschiedeten, taufte ich den Kaziken. Anschließend nahm Orellana die gesamte Re-

Die »Victoria« und die »San Pedro«

gion in Besitz und erklärte sie zur spanischen Kronkolonie. Auch darüber wurde ein Dokument aufgesetzt. Da der Kazike nicht schreiben konnte, setzte ich seinen Namen darunter. Er hieß Aparia.

Orellana selbst unternahm einen letzten Versuch, Vargas dazu zu überreden, daß er mit an Bord kam. Doch Vargas weigerte sich und wünschte uns den Teufel an den Hals. An seiner Stelle kletterten zwanzig Tucanos an Bord der »Victoria«, vergnügt wie Kinder vor einer großen Reise.

Der Regen hatte nachgelassen, sollte aber, wie uns der Kazike versichert hatte, im März stärker werden, so stark, daß die Fahrt auf dem Großen Strom sehr gefährlich wurde. Daran dachten wir jetzt nicht, wir dachten nur an das Abenteuer, das vor uns lag, und an die wundersamen Länder, die wir sehen und erobern würden.

Das Wasser des Napo wurde allmählich grün. Nach sechs Tagen Fahrt erreichten wir die Insel, wo sich der Fluß in zwei Arme teilte. Wir ankerten hier, gingen an Land und entzündeten, da wir entsetzlich froren, Lagerfeuer. Als der Mond aufgegangen war, begann der Napo wie Silber zu glänzen. Aus dem Urwald kam dann und wann der Todesschrei eines Tieres.

Es wurde eine Nacht, in der die wenigsten von uns schliefen, eine aufregende Nacht, eine Nacht der Erwartung. Vielleicht würden wir morgen schon die in der Sonne schimmernden Goldtempel am Großen Strom sehen und Schatzkammern öffnen, die voll von Gold, Silber und Edelsteinen waren. Vielleicht wiederholte sich Mexiko, vielleicht wiederholte sich Cuzco.

Auch Orellana schlief nicht. Er war nicht an Land gegangen, sondern auf der »Victoria« geblieben. Nun saß er regungslos am Heck des Schiffes, die Augen in jene Ferne gerichtet, in welcher der Große Strom liegen mußte. Sicher dachte er dasselbe wie wir und sicher konnte er wie wir nicht erwarten, daß es Morgen wurde.

Der Urwald erwachte, noch bevor die Sonne aufgegangen war. Das war für uns ein Signal. Wir stürmten zu den Schiffen hinunter und kletterten an Bord. Und dann war die Sonne, ein glühender Ball, auch schon da. In wenigen Minuten saugte sie die Nebelschleier auf, die auf dem Fluß lagen. Orellana ließ jetzt die Trompeten blasen. Der 12. Februar 1542 sollte festlich begangen werden.

Bald befanden sich die Schiffe auf voller Fahrt. Die Insel blieb zurück. Und dann erreichten wir einen See, einen See, der so groß war, daß wir seine Ufer nicht ausnehmen konnten. Der See des Dorado? Nein, das konnte der See des Dorado nicht sein. Das war er selbst, der Große Strom! Große Baumstämme trieben in der mächtigen Strömung, da und dort sogar grünbewachsene Inseln.

»Que rio mar!«* Orellana war es, der diese Worte ausrief, und alle anderen murmelten ihm im Chor nach: »Que rio mar!«

Der Große Strom führte, wie uns die Indianer versicherten,

* Welch ein Flußmeer!

Hochwasser, das sogar noch ansteigen würde. Dann, sagten sie, würde die Fahrt sehr gefährlich werden. Die größte Gefahr bildeten die entwurzelten Baumriesen. Trafen sie das Schiff, besaßen sie die Gewalt eines Rammbocks. Nicht weniger gefährlich waren Sandbänke, die man erst sah, wenn es schon zu spät war.

Orellana stand noch immer am Heck des Schiffes. Er wartete wohl darauf, daß die beiden Schiffe von der Strömung erfaßt würden. Dann gab es endgültig kein Zurück mehr. Vielleicht hatte Orellana dasselbe wie ich gesehen: manche Gesichter spiegelten Freude wider, manche aber panische Angst.

Um mich meines geistlichen Amtes würdig zu erweisen, ging ich zu Orellana vor und erteilte ihm den Segen. Dann stimmte ich das »Salve, regina coeli« an, und alle stimmten mit ein.

***

Die Strömung hatte die Schiffe ergriffen und trug sie, wie das Treibholz, nach Osten, immer nach Osten. Ein schwacher, aber beständiger Wind schwellte die Grassegel, und die Ruder der Indianer tauchten im Takt in die Strömung, die allmählich goldgelb wurde. Erst am Nachmittag schoben sich die Ufer näher heran.

Wenig später verwandelte sich die Hitze in drückende Schwüle, bleifarbene Wolken begannen den Himmel zu bedekken. In der Ferne zuckten über dem Strom Blitze auf, und der Donner grollte. Und dann fielen auch schon gewaltige Wassermassen vom Himmel, alle und alles durchnässend. Eine undurchsichtige graue Wand war diese Sintflut, die jeden Blick nahm. Zum erstenmal erkannten wir, wie gefährlich dieser Strom war. Wenn wir jetzt auf eine Sandbank auffuhren, durften wir Alcantara, unserem Lotsen, wahrhaftig keine Schuld geben.

Der Regen hörte so plötzlich auf, daß man glauben konnte, irgendwer hätte ihn unterhalb des Himmels mit einem riesigen Messer abgeschnitten. Die Wolken wurden purpurfarben, zugleich brachen breite Sonnenstrahlen durch. Jetzt erst konnten wir so richtig sehen, in welcher Öde, in welcher Einsamkeit wir uns befanden. Hier waren keine goldenen Tempel, hier gab es kein Anzeichen einer menschlichen Siedlung. Fast konnte man glauben, daß die Ufer des Großen Stromes unbewohnt waren.

So plötzlich wie der Regen kam die Nacht. Nun trieben wir

hilflos und blind zwischen Baumstämmen, Klippen und Sandbänken dahin und mußten gewärtig sein, jeden Augenblick zu kentern, aufzulaufen oder gerammt zu werden. Um dieser gespenstischen Finsternis zu entgehen, holte die Mannschaft Fakkeln hervor und entzündete sie. Die Folge davon war, daß Myriaden von Insekten über uns herfielen, so daß unsere Gesichter und Hände im Nu mit feinen, schmerzenden Stichen bedeckt waren. Die Leute fluchten gotteslästerlich und warfen die Fackeln ins Wasser, wo sie verzischten.

Endlich ging der Mond auf. Er verwandelte die Finsternis in die Helle der Tropennacht. Nach einer Weile stießen wir auf eine Flußinsel und beschlossen, hier den Morgen zu erwarten. Wir fuhren mit den Kanus der Indianer an Land, während diese die Schiffe mit Lianentauen festmachten. Feuer wurde keines mehr angezündet. Wir schlangen ein jeder eine Handvoll rohes Maniokmehl hinunter und hüllten uns dann in unsere Mäntel, um zu schlafen.

Nach Sonnenaufgang sahen wir, daß sich im Urwald eine große Lichtung befand. Ich ließ mich zusammen mit Orellana dorthin rudern, um festzustellen, ob dort Menschen lebten. Aber wir konnten außer duftenden großen Blüten und topasfarben leuchtenden Orchideen, die bis zum Boot herabhingen, nichts entdekken. Ich streckte die Hand nach einem dieser herrlichen Kelche aus und zog sie mit einem Schmerzensschrei zurück. Es war mir, als hätte ich ein glühendes Eisen berührt. In dem Kelch befanden sich winzig kleine feuerrote Ameisen, die sofort zubissen, als sie sich durch meine Hand bedroht fühlten. Orellana erging es bald darauf nicht besser. Er streckte die Hand nach einem grauen, in der Sonne funkelnden Ball aus und wurde auch schon von Wespen überfallen, die ihn gründlich zerstachen. Menschen konnten wir keine entdecken, ja, nicht einmal die Spuren einer menschlichen Behausung konnten wir sehen. Hier hausten nur Vögel und langschwänzige Affen.

Wir kehrten zur »Victoria« zurück, und die Fahrt wurde fortgesetzt. Es war in den folgenden Tagen immer dasselbe: Gewitter, strahlender Sonnenschein, die vom Urwald überwucherten Ufer. Menschliche Siedlungen zeigten sich keine, dafür war der Strom immer dichter von Inseln bedeckt. Zwischen diesen Inseln und dem überschwemmten Ufer zogen Flußarme in andere Richtungen, und allmählich glaubten wir, nicht einen, sondern viele Flüsse zu befahren, die sich irgendeinmal mit dem Hauptstrom vereinigen würden.

Mehrmals verirrten wir uns und fuhren in den Urwald hinein, wo die Wasserstraße dann zu Ende war.

Man sagte Alcantara, unserem Lotsen, nach, daß er Sandbänke, Riffe und Stromschnellen von weitem roch und außerdem immer den richtigen Weg fand. Ohne ihn wären wir jedenfalls aus diesem Gewirr von Inseln und nach allen Richtungen laufenden Wasserwegen nie herausgekommen. Als sich das Wetter plötzlich besserte, ordnete Alcantara an, daß auf beiden Schiffen an der Mastspitze ein ständig besetzter Ausguck eingerichtet wurde. Von dort hatte die Wache dem Steuermann gefährliche Hindernisse wie Sandbänke, tückische Strudel und Treibholz zu melden.

Hunger litten wir keinen. Von Zeit zu Zeit fuhren wir zu einem Ufer, und dort gingen unsere Indianer mit Pfeil und Bogen auf die Jagd. Sie kehrten nie ohne reiche Beute zurück. Die größere Nahrungsquelle aber war der Strom selbst. In den golden schimmernden Fluten waren immer riesige Fischzüge zu sehen, winzig kleine Fische, mittelgroße, wahre Ungeheuer. Ich begleitete die Indianer häufig, wenn sie in ihre Kanus stiegen, um zu fischen. Mit Speeren machten sie auf die Fische Jagd, ihre Treffsicherheit war mir unfaßbar. Nie verging mehr als eine halbe Stunde, bis die fünf Kanus bis zum Bersten voll waren. Manche Fische waren bis zu vier Meter lang, und einer war darunter, dessen Fleisch wie Kalbfleisch schmeckte. Von zwei solchen Fischen konnte sich die ganze Mannschaft ernähren.

Endlich, nach mehreren Wochen, sahen wir die ersten Uferbewohner. Sie lebten in Pfahlbauten am linken Ufer. Aber wie sahen diese Indianer aus! Ihr Leib war mit roten und blauen Streifen bemalt, in ihren schwarzen Haarzotteln steckten große Federn. Am scheußlichsten aber waren die Gesichter. Durch ihre Nase war ein Muschelscherben gebohrt, und lange Palmdornstacheln starrten rings um den Mund. Dadurch glichen sie Raubtieren. Doch das war noch nicht alles: diese Menschen – waren es Menschen? – hatten lange Schwänze*!

Ehe wir uns dessen versahen, prasselten Pfeile auf das Deck der

* Es gab am Amazonas mehrere Stämme, die sich Affenschwänze aufklebten.

»Victoria« nieder. Sie richteten keinen Schaden an. Gleich darauf wurden von der »San Pedro« zwei Arkebusen abgefeuert. Zwei Pfahlbauten stürzten wie Kartenhäuser zusammen, und die Wilden flüchteten, laut schreiend und ihre Schwänze hinter sich herschleppend, in den Urwald.

In den folgenden Tagen erblickten wir mehrere große Ströme, die in den Großen Strom mündeten. Wieder häuften sich die im Wasser liegenden Inseln, wieder wurde es schwierig, den richtigen Kurs zu finden. Als wir auf einer dieser Inseln die Nacht verbrachten, wären wir beinahe ums Leben gekommen. Die Indianer hatten, wie schon oft vorher, das Ufergestrüpp angezündet und vergnügten sich damit, den Flammen zuzusehen. Diesmal griff das Feuer wie rasend um sich. Vermoderte Stämme und vertrocknete Lianen fingen Feuer, und im Nu stand ein Großteil der Insel in Flammen. Gerade daß wir noch die Schiffe erreichen konnten. Und selbst dort waren wir noch nicht außer Gefahr. Der Nachtwind wirbelte Funken auf die Schiffe zu, und ein Feuerschein zuckte auf. Das Segel der »San Pedro« brannte.

Leutnant Garcia riß es mit bloßen Händen geistesgegenwärtig herunter. Eine heillose Verwirrung entstand. Endlich wurde Orellanas Stimme hörbar. Er gab den Befehl, sofort loszufahren. Die Hitze, durch welche wir hindurchruderten, war höllisch. Hinter uns hörten wir das Wimmern, Kreischen und die Schreie der verbrennenden Tiere. Wir waren froh, als uns wieder die Stille des Stromes umgab.

Aber dann hörten wir ein anderes Geräusch, das der Nachtwind zu uns hertrug. Es war der dumpfe Klang von Trommeln. Die Trommeln meldeten wohl stromabwärts, daß die Schiffe mit den weißen Männern kamen. Dies bedeutete, daß wir uns endlich einer besiedelten Region näherten. Doch wir wußten nicht, ob wir uns darüber freuen sollten.

ENDLICH MENSCHEN!

Ein toter Tapir, der im Wasser vorübertrieb, ließ uns endgültig wissen, daß wir uns besiedelten Gegenden näherten. Denn in seinem Rücken steckte ein gefiederter Pfeil. Und es dauerte nicht lange, da sahen wir Kanus, die hinter das Bambusdickicht eines Waldkanals verschwanden, und eine kleine verlassene Siedlung. Sie mußte erst vor kurzem verlassen worden sein, denn zwischen den Hütten liefen zahme schwarze Schweine umher.

Die Siedlungen häuften sich, sowohl auf den Inseln als auch an den Ufern. Wir erblickten große Dörfer und sogar Gärten. Und eines Morgens kamen Kanus auf unsere Schiffe zu und brachten uns Fische als Geschenk. Wir erfuhren, daß diese Indianer Tupis hießen und daß wir in Kürze das Gebiet der Ticunavölker erreichen würden. Nun waren wir alle wieder hochgemut, vielleicht erreichten wir auch bald das Goldland.

Urwaldtrommel

Das heilige Osterfest war gekommen. Der Himmel war wolkenlos und blau. Und unsere Bescherung erhielten wir auch. Große Boote kamen auf dem Strom auf uns zu. Viele der Ruderer sprangen ins Wasser und schwammen dicht an unsere beiden Schiffe heran. Es war ein herrlicher Anblick. Denn der Kopfschmuck der Indianer, bunte Federkronen, blitzte wie Geschmeide in der Sonne. Wir warfen ihnen Lianentaue zu, und sie kletterten sofort an Bord.

Sie waren groß und stark und bis auf einen Lendenschurz nackt. Auf dem Kopf trugen sie außer dem Federschmuck auch kunstvoll bearbeitete Muscheln. Ihre schwarzen Haare hingen bis auf die Schultern herab. Die Gesichter waren rot bemalt, die Runzeln um die Augen waren strahlenförmig nachgezeichnet. Dadurch wirkten die Gesichter maskenhaft.

Es waren Ticunas. Sie überbrachten uns eine Einladung ihres Häuptlings, die wir gerne annahmen. Den Kanus folgend, verließen wir den Großen Strom und erreichten nach langer Fahrt über einen Fluß, dessen beide Ufer von dichtem Urwald gesäumt wurden, einen Waldsee. Dahinter lag unter Palmen die Siedlung der Ticunas. Es war eine große Siedlung, und wir sahen viele Indianer geschäftig hin und her huschen. Waren wir in eine Falle geraten? Daran glaubten wir nicht recht. Gefährlich war unsere Lage allerdings, denn wir waren nahezu unbewaffnet gekommen.

Bald wußten wir, daß jede Befürchtung überflüssig gewesen war. Die Ticunas richteten mehrere große bienenkorbförmige Hütten für uns ein, und von allen Seiten wurden uns köstliche Leckerbissen gebracht. Tapirbraten, Schildkrötenfleisch, süßer Maniokkuchen, Palmwein.

Ich studierte diese Indianer genau, um ihnen in meinem Reisebericht einen gebührenden Platz anweisen zu können. Sie ernähren sich nicht allein von der Jagd und vom Fischfang, sondern auch – was bei Indianern selten ist – vom Ackerbau. Sie bauen an Stellen, wo sie den Urwald gerodet haben, Mais, Bananen, Maniok, Erdnußsträucher und Tabak an. Die Betreuung der Felder obliegt den Weibern.

Die Maniokwurzel ist das Brot des Urwalds. Im Naturzustand ist sie schwer giftig. Doch verstehen die Indianer es, ihr das Gift zu entziehen. Mittels eines großen, aus Palmfaser kunstvoll geflochtenen Schlauchs wird das Gift* aus den Wurzeln herausgepreßt und tropft ab. Unter Zuhilfenahme von Reiben gewinnt man nun das Mehl, das entweder roh aufbewahrt oder auf heißen Steinen zu Fladen und Kuchen verbacken wird**.

Wir zogen mit unseren Gastgebern oft auf die Jagd und bewunderten immer wieder ihre Treffsicherheit. Wir lernten hier eine Besonderheit indianischen Jagens kennen, die Verwendung schwacher Pfeilgifte, welche das getroffene Tier zwar betäubten, aber nicht verenden ließen. So kam es, daß die Ticunas viele gezähmte Äffchen und Papageien besaßen, die zutraulich auf ihren Schultern hockten.

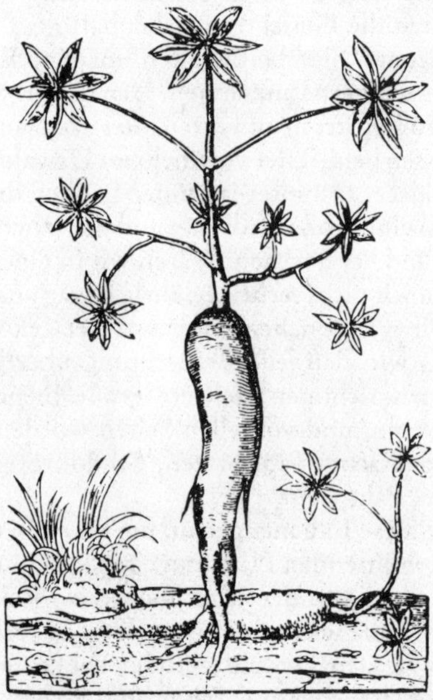

Maniok

* Blausäure.

** Die aus Maniokmehl zubereiteten Brotfladen sind auch heute noch das Hauptnahrungsmittel Brasiliens.

Hauptwaffe allerdings ist der Speer. Die Spitzen sind aus kantig und scharf geschnittenem Holz, Bambus oder Knochen. Die Schäfte sind mit gefärbtem Bast umflochten und mit bunten Federringen verziert.

In dem Dorf der Ticunas las ich die Ostermesse. Die Indianer standen staunend umher, natürlich begriffen sie nicht. Aber die Kerzen, der Weihrauch und der fromme Chorgesang hatten ihnen, wie sie mir nachher sagten, sehr gefallen. Nach der Messe verteilte ich kleine Heiligenbilder an sie. Am nächsten Morgen erfuhr ich, daß sie dieselben verspeist hatten, weil sie glaubten, sich so gegen alle Krankheiten schützen zu können.

Über das Goldland konnten wir von den Ticunas nichts erfahren, obwohl manche Vornehme reichen Goldschmuck trugen. Ja, ich sah sogar zierlich gearbeitete kleine Maiskolben bei ihnen. Sie behaupteten, das Gold werde aus Flüssen gewonnen. Dies wäre für uns denn doch zu mühsam gewesen.

Bevor wir die Ticunas verließen, nahm Orellana im Namen der spanischen Krone auch von diesem Land Besitz. Zum Zeichen der Ergreifung der Macht ließ er in einen vor der Behausung des Häuptlings stehenden Urwaldriesen den Namenszug Karls V. ritzen. Ich taufte anschließend den Häuptling und einige Vornehme.

Wieder fuhren wir viele Tage lang, ohne auf eine Siedlung zu stoßen. Dann erreichten wir Dörfer, wo wir lieber nicht anlegten. Da waren Stämme, die sich von Ameisen nährten, da waren andere, deren Lieblingsspeise die rote Erde war, auf welcher ihre Hütten standen. Sie alle schenkten unseren Brigantinen kaum Beachtung.

Eines Tages erreichten wir einen Fluß, der am rechten Ufer in den Großen Strom einmündete. Sein Wasser war tiefschwarz. Hier sahen wir eine große Siedlung, deren Bewohner wieder lange Schwänze trugen. Sie rannten am Ufer hin und her und schüttelten drohend ihre Speere.

Das Wasser des nächsten in den Großen Strom mündenden Flusses* hingegen war kristallklar. Die Siedlung, die am Zusammenfluß lag, war groß und dehnte sich vor riesigen Wäldern von wilden Kakaobäumen aus. Hier gingen wir wieder an Land und

* Es war der Putumayo, dessen Quellgebiet in den Anden liegt.

wurden freundlich aufgenommen. Die Stämme, die am Ufer dieses Stromes hausten, hießen Culinos.

Bei den Culinos lernten wir das dunkle, aus der Kakaofrucht gewonnene und mit Vanille vermischte köstliche Getränk kennen, das herrlich erfrischt. Jene, die in Mexiko am Hofe des Kaisers Montezuma gewesen waren, kannten es bereits. Die Culinos tragen kleine, aus Palmstäbchen zusammengefügte Kämme im Haar und Halsketten aus Käferflügeln. Nur die Jäger dürfen sich mit Halsketten aus Jaguarzähnen schmücken.

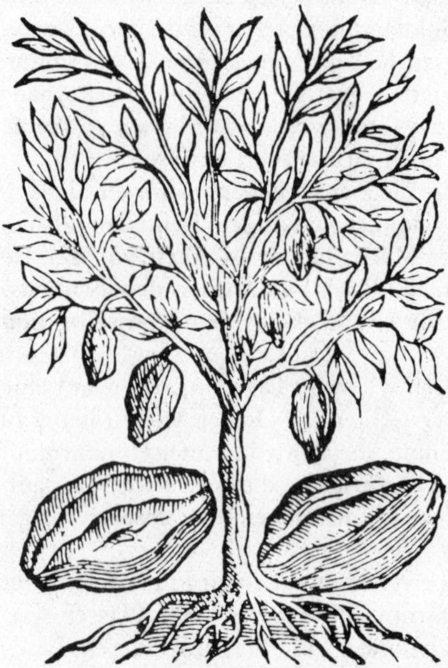

Kakaobaum

Die Culinos sind berühmte Fischjäger, sie jagen ihre Beute mit dreizinkigen hölzernen Speeren und scheuen auch nicht davor zurück, die Manati* zu erlegen. Andere Stämme wagen das nicht,

* Seekuh.

weil sie dieses Tier für die Strommutter ansehen. Das Manati ist ein Fisch und ein Landtier zugleich. Wo es seine Jungen wirft, konnte uns niemand sagen. Es ist so groß wie ein Wal.

Einmal begleitete ich die Culinos auf einer Manati-Jagd. Wir fuhren eine Weile, und dann sahen wir schon die bräunlichen Erhebungen des unter Wasser schwimmenden Tiers. Lautlos glitten die Kanus hinzu, ohne einen Laut von sich zu geben, warteten die Jäger, bis das Ungeheuer schnaufend auftauchte. In diesem Augenblick sauste der schwere, an ein Lianentau gebundene Wurfspeer nieder, und gleich darauf tobte das Wasser so sehr, daß man an ein Seebeben glauben konnte. Immer wieder untertauchend, begann das verwundete Tier, das Boot hinter sich herzuzerren, und die gesamte Mannschaft konnte das straffgespannte Tau nur mit Mühe halten. Volle zwei Stunden dauerte es, ehe das Manati ermattete. Als es an Land gebracht worden war, staunte ich über seine riesige Lunge und seinen gewaltigen, mit Wassergras vollgestopften Magen. Am Abend verspeisten wir Manati-Braten. Eine Götterspeise!

Bei den Culinos erhielten wir endlich Kunde vom Goldland. Es lag, wie man uns versicherte, stromabwärts an einem großen See namens Parime. Alles war dort aus Gold, die Häuser, die Straßen, die Hausgeräte. Und auf dem Grund des Sees lag so viel Gold, daß unsere beiden Schiffe es nicht würden fassen können.

* * *

Wir fuhren wieder weiter. An der Mündung eines größeren Flusses sahen wir langhaarige Gestalten, die Speere und Blasrohre in der Hand hielten und Anstalten trafen, uns anzugreifen, als wir uns dem Ufer näherten. Wir gingen dennoch an Land, und nun ergriffen die Indianer die Flucht. In ihren Hütten fanden wir nichts außer einem Tongefäß. Wir zerschlugen es und prallten alle entsetzt zurück, als wir den Inhalt sahen. Es war ein Männerkopf, der auf die Größe einer Faust zusammengeschrumpft war. Genau konnte man die Züge erkennen, ja, man konnte sogar glauben, daß einen die Augen anblickten. Teufelswerk war das, abscheuliches Blendwerk des Satans!

Nach einigen Tagen erreichten wir eine große Insel, die nur von schwefelgelben, rotgesichtigen Affen bevölkert war. Sie schüttelten, als sie die beiden Brigantinen erblickten, drohend die Fäuste. Sicher wäre jeder, der die Insel betreten hätte, von ihnen zerfleischt worden.

Dann stießen wir auf große Kanus, über welchen sich Blätterdächer wölbten. Wir hielten sie an und fanden große Tonkrüge, in welchen sich zu unserer Überraschung Salz befand. Wo hier im Urwald Salz gewonnen wurde, konnten wir nicht in Erfahrung bringen.

Die Fahrt ging weiter, immer weiter. Wir sahen Flußmündungen, viele Stämme und Inseln. Wir gingen an Land und wurden bewirtet, anderswo drohte man uns mit Speeren. Alles sahen wir, nur das Goldland nicht. Wenn wir danach fragten, hieß es immer: stromabwärts.

Ich will nur einige der absonderlichen Völker erwähnen, die wir kennenlernten. Da waren die Curier, die einen Holzpflock durch ihre Nasen bohrten, da waren die Incurier, die ihre Haare so lang tragen, daß man sie für Weiber halten könnte. Wir verbrachten zwei Tage bei den Curuzirare, bei welchen wir zum erstenmal mit Tapirhaut bespannte Schilde sahen, Schilde, die kein Pfeil durchdringen kann. Die Kaziken der Curuzirare trugen Nasen- und Ohrringe aus Gold. Als wir sie fragten, woher das Gold stamme, wiesen sie nach Westen.

Und dann stießen wir plötzlich auf Omaguas. Wir erkannten sie sofort an ihren birnenförmigen Schädeln. Zu diesen Schädeln ein Wort: Die Omaguas kommen nicht so verunstaltet auf die Welt, diese Verunstaltung führen sie selber herbei, indem sie die Köpfchen der Säuglinge zwischen zwei durch Bast miteinander verschnürte Bretter binden. Ein abscheulicher Brauch!

Bei den Yakareten hörten wir wieder etwas über das Goldland. Sie erzählten uns von dem großen Paititi, dessen Reich an einem gewaltigen See lag. Das konnte nur der See Parime sein...

Zu Pfingsten gelangten wir zu einem mächtigen Fluß*, der in acht Armen in den Großen Strom mündete. Da Pfingstzeit war, gaben wir ihm den Namen Rio de la Trinidad.

Und dann veränderte sich das Landschaftsbild. Der Urwald lichtete sich immer mehr und machte Dünen Platz. Dahinter lagen große, reiche Dörfer, die von den Machiparo bewohnt wer-

* Es war der Yapura.

Kazike mit Goldschmuck

den. Wir gingen an Land, ließen aber diesmal zehn Männer bei den Arkebusen zurück.

Wir waren ein kleines Häuflein, und nur zu leicht konnte es

sein, daß wir angegriffen wurden. Mußten wir uns zurückziehen, sollten die Geschütze unseren Rückzug decken.

Hier kamen wir aus dem Staunen nicht heraus. Ich sah Lamas und Peruschafe, kunstvolle Schnitzereien, kostbaren Schmuck, Schemel in Form hockender Affen und geduckter Jaguare, herrlich bemalte Tonkrüge und, was mich am meisten überraschte, ein geordnetes Staatswesen. Die groben Arbeiten wurden von unterworfenen Stämmen verrichtet, von den Arbeitern wurden die Handwerker am meisten geschätzt. Die Frauen waren rechtlos. Daß die Kaziken nicht arbeiteten, erschien mir geradezu selbstverständlich. Sie führten ganz das Leben großer Herren. Tagsüber jagten sie, übten sich im Schleudern des Speeres und im Gebrauch wuchtiger Holzkeulen, nachts bestiegen sie ihre festlich geschmückten Boote und besuchten die Nachbarstämme. Bei ihnen sah ich etwas ganz Neues: sie spielten mit Bällen, die wieder in die Höhe sprangen, wenn man sie auf die Erde warf.

In einem Wald entdeckte ich unter einem Laubdach Schildkrötenteiche. Zu Tausenden wurden hier diese Leckerbissen gezüchtet. Es bot sich mir später oft die Gelegenheit, festzustellen, daß die Kaziken dieser Stämme sehr darauf bedacht waren, gut zu schmausen. Jeder von ihnen besaß eine Lieblingsfrau und mehrere Nebenfrauen.

Auch diese Stämme und Dörfer nahm Orellana für Spanien in Besitz. Die Indianer sahen uns zu, als der feierliche Akt vollzogen wurde, teilnahmslos, wie es mir schien. Sie konnten nicht verstehen, was hier geschah.

Als wir eine Woche bei diesen Völkern waren, änderte sich ihr Verhalten uns gegenüber plötzlich. Sie wurden anmaßend und gaben uns keine Lebensmittel mehr, sondern verlangten Eisenwaren dafür. Außerdem forderten sie uns auf, in den Gästehütten zu bleiben, und verboten uns, die Siedlungen zu betreten. Einige von uns sahen das als Schmach an und wollten sofort die Waffen sprechen lassen. Orellana verhinderte dies gerade noch, er wollte einen Kampf vermeiden, dessen Ausgang unsicher war. Also kehrten wir auf unsere Schiffe zurück.

Die Stimmung auf den beiden Brigantinen war längst nicht mehr gut. Die Fahrt dauerte schon zu lange, und das Gold schien zurückzuweichen. Wieder sahen wir viele Tage nichts als Wasser, Dünen und Urwälder. Um die Stimmung noch tiefer sinken zu lassen, wurde es plötzlich bitter kalt, so kalt, daß das Trinkwasser in den Tonkrügen sich mit einer dünnen Eisschicht bedeckte. Sogar mittags hielt die Kälte an.

Endlich erblickten wir am Ostufer wieder Hütten. Wir gingen an Land und stießen auf vor Kälte schlotternde, in Strohmäntel gehüllte Indianer, die hungerten. Auch sie wurden nach dem Goldsee gefragt. Als sie antworteten, der See liege stromabwärts an einem großen schwarzen Fluß, war es mit der Geduld der Soldaten vorbei.

Lange genug hatten sie sich von diesen Heiden an der Nase herumführen lassen! Damit war jetzt Schluß. Einer gab das Zeichen und die anderen folgten ihm. Das Dorf wurde in ein riesiges Lagerfeuer verwandelt.

Als wir einige Tage später ein Dorf erreichten, wo uns die Bewohner nicht an Land lassen wollten, wiederholte sich das Spiel. Das Dorf ging in Flammen auf. Und das wurde nun die Regel. Betrunken von dem erbeuteten Maniokschnaps, sprangen die Soldaten an Land, wo immer sie Indianer erblickten, folterten die Kaziken, vergewaltigten die Weiber und zündeten die Hütten an. Vergeblich versuchte Orellana, diesem sinnlosen und gefährlichen Treiben Einhalt zu gebieten, umsonst erinnerte ich die Aufgebrachten, Rasenden daran, daß sie Christenmenschen waren. Das waren sie, die Eroberer Mexikos und Perus, nun zeigten sie ihr wahres Gesicht.

Bald hörten wir die Urwaldtrommeln wieder. Wohin wir nun kamen, waren die Dörfer menschenleer. Dafür kamen, kaum daß es dunkel geworden war, Kanus an die Brigantinen heran und überschütteten uns mit einem Pfeilhagel. Bei einem dieser Angriffe wurden zwei von den Unseren verwundet. Wohl erlitten sie nur Streifwunden, aber auch diese schmerzten arg genug.

Wenig später umgaben uns auch bei Tag Schwärme von Booten. Immer wieder wurden Rohrpfeile auf uns abgeschossen, geschickt wichen die Kanus den schweren Brigantinen aus. Und dann stellten sich die Indianer zum Kampf. Als wir zwischen zwei langgestreckten Inseln hindurchgesegelt waren, fanden wir die Ausfahrt von einer gewaltigen Flotte von Kriegskanus versperrt. Große Holztrompeten ertönten, und ein Speerhagel fiel auf uns nieder.

Aber schon brannten die Lunten. Ein Feuerregen fiel auf die

Angreifer nieder und zerriß die Kanus. Schreiende Indianer wurden in die Luft gewirbelt oder fielen ins Wasser. Kanus, die ganz geblieben waren, wurden von den Brigantinen gerammt. Und dann sahen wir etwas sehr Grausiges. Krokodile und Tausende von kleinen, rotblaugrauen Fischen* kamen hinzu, und im Nu waren von den im Wasser Schwimmenden oder Treibenden nur noch die Skelette übrig. Das Wasser kochte blutig, und eine tödliche Stille senkte sich über den Strom.

Nach diesem Kampf wurden wir nicht mehr angegriffen, allerdings mußten wir uns nun wieder selbst um unsere Nahrung kümmern. Auch wenn wir jagten, zeigte sich kein einziger Indianer. Und dann glaubten wir, das Meer erreicht zu haben. Die Inseln waren verschwunden, die Ufer nicht mehr zu sehen. Starke Wellen ließen die Brigantinen gefährlich tanzen. Alcantara nahm Kurs nach Norden, und nach einer Weile erblickten wir große Inseln, auf welchen Kokospalmen standen.

Schon das Meer?

Dann war der Traum vom Goldland zu Ende.

Doch das Strombett verengte sich wieder. Vom Nordufer her wurden wir abermals angegriffen. Mit unseren Feldschlangen jagten wir allerdings die Kriegsflotte der Indianer sofort in die Flucht. Und als wir die flüchtigen Boote verfolgten, machten wir eine überraschende Entdeckung.

Die Flüchtenden hatten das Ufer schon erreicht, hoben ihre Kanus auf die Schultern und tauchten im Wald unter. Orellana folgte ihnen mit zwanzig Mann – darunter befand auch ich mich –, und nach einer Weile stießen wir auf eine Lagune. Gerade konnten wir noch sehen, wie die Indianer davonruderten. Nun ließ Orellana unsere Kanus holen. Wir nahmen denselben Weg wie die Indianer und erreichten bald ein hinter Bambusdickicht verborgenes Dorf.

Die Indianer waren, als sie uns sahen, so erschrocken, daß sie es nicht mehr wagten, zu flüchten. Ihr Kazike, der dicke Goldscheiben in den Ohren trug, kam uns zögernd entgegen. In diesem Augenblick setzte bei mir der Herzschlag aus. Ich packte Orellana am Arm und zeigte auf den Dorfplatz. Dort liefen graue Perlhühner herum! Europäische Hühner waren das!

* Es waren Piranhas.

Orellana war blaß geworden. Nun wurde der Kazike mit einer solchen Fülle von Fragen überschüttet, daß Felipillo kaum folgen konnte. Die Antworten des Kaziken brachten uns gänzlich aus der Fassung. Nach zwei Tagereisen würden wir einen Fluß erreichen, sagte er, der Guainia hieß und dessen Wasser schwarz waren. Dort liege das Goldland und dort seien schon weiße Männer gewesen, einige von ihnen würden sogar von den kriegerischen Stämmen, die dort hausten, gefangengehalten. Auch über die Perlhühner gab der Kazike Auskunft. Er hatte sie von Händlern erhalten, die von dem schwarzen Fluß zu ihm gekommen waren. Natürlich konnte uns der Kazike nicht sagen, welche weißen Männer am Guainia gewesen waren. Nach seiner Beschreibung handelte es sich nicht um Spanier, sondern um Portugiesen.

Wir brachen auf, so rasch wir konnten. Alles war nun möglich, sogar, daß die Schätze des Goldlandes von den Portugiesen schon geraubt worden waren. Wenn wir zu spät kamen – das war nicht auszudenken. Unsere Ruderer wurden nun angetrieben, und wir hetzten den Strom hinunter. Auf einer Insel erfuhren wir, daß wir nur noch eine Tagereise vom Guainia entfernt waren. Hier warnte man uns vor den kriegerischen Stämmen, die an beiden Ufern des Stromes wohnten. Sie hätten keine Angst vor weißen Männern und ihren Waffen, sagte man uns.

Wir erreichten noch eine Insel, auf der wir fiebernd vor Ungeduld und Erregung die Nacht verbrachten. Morgen würden wir den Fluß mit dem schwarzen Wasser erreichen, morgen würden wir vielleicht schon vor den Pforten des Goldlandes stehen. Wenn wir morgen nicht am Ziel standen, konnte unser nächstes Ziel nur das Meer sein.

SCHWARZES WASSER WIRD ROT

Das Wasser des Guainia war tatsächlich tiefschwarz und veränderte seine Farbe auch nicht, nachdem es sich mit dem des Großen Stromes vermischt hatte. Wir gaben dem Fluß deshalb den Namen Rio Negro.

Es fiel uns nicht leicht, stromaufwärts voranzukommen, denn die Strömung war stark. Nach einer Weile erblickten wir auf dem hügelig ansteigenden linken Ufer eine große Siedlung* mit Hunderten von Hütten, die alle kegelförmige Dächer besaßen. Am Stand lagen unzählige Kanus. Als wir uns genähert hatten, lösten sie sich sofort vom Ufer und kamen auf uns zu.

Ein heftiger Wind kam auf, und gleich darauf begann es in Strömen zu regnen. Wir hatten, um vor jeder Überraschung sicher zu sein, Armbrüste und Pulver bereit, die Lunten waren angezündet. Es regnete nicht lange, und schon wieder strahlte die Sonne heiß von einem wolkenlosen Himmel. Doch der kurze, aber kräftige Guß hatte genügt, das Schießpulver naß und unbrauchbar zu machen.

Die Indianer waren nun ganz nahe herangekommen und hatten sich in ihren Kanus erhoben. Sie waren groß und kräftig, ihre Körper waren rot und blau bemalt. Schweigend hörten sie die Fragen Felipillos an und antworteten erst nach längerer Beratung. Das Goldland, behaupteten sie, lag viel weiter stromabwärts, Früchte und Wild würden sie bringen, aber erst morgen. Unseren Wunsch, an Land gehen und ihr Dorf zu betreten, wiesen sie zurück. Dabei blieben sie auch, als wir ihnen Geschenke anboten.

Orellana wollte hier, an der Pforte zum Goldland, einen Zusammenstoß vermeiden. So verbrachten wir die Nacht auf dem gegenüberliegenden Ufer, wo wir reiche Jagdbeute machten. Nach langer Beratung wurde beschlossen, den Rio Negro so weit hinaufzufahren, bis das Goldland erreicht war.

Als der Mond aufgegangen war, kam von überall her der dumpfe Klang von Trommeln. Endlos dauerten diese Signale. Wir fragten unsere Indianer, ob sie diese Trommelsprache verstünden, doch sie schüttelten stumm die Köpfe. Daß sie die Signale verstanden hatten, wußten wir am frühen Morgen. Bis auf sieben waren sie alle samt den Kanus geflüchtet!

Und dann begriffen wir die Angst der Geflüchteten. Die Indianer hatten die Nacht genutzt, alles erreichbare Kriegsvolk zusammenzutrommeln. Eine Flotte von Kriegskanus, wie wir sie so groß noch nie gesehen hatten, sperrte den Rio Negro in seiner ganzen Breite und kam langsam näher. Bunter Federnschmuck

* Hier erhob sich drei Jahrhunderte später Manaos, die Urwaldmetropole, mit ihren Hochhäusern, Kais aus Granit, der großen Oper, in der auch Caruso sang, den vielen Banken und den Schwimmdocks für die Überseedampfer.

und weiße Baumwollmäntel leuchteten in der Sonne, Kriegstrompeten ertönten, und das Geschrei der Wilden wurde um so lauter und gellender, je näher sie uns kamen.

Nun konnten wir schon die Kaziken erkennen. Und dann kam eine helle Wolke zischend auf uns zu. Tausende von Rohrpfeilen fielen wie Hagelkörner auf uns nieder. Ehe wir in Deckung gehen konnten, kam eine zweite Wolke und gleich darauf eine dritte. Endlich dröhnten von der »San Pedro« her die Arkebusen. Sie rissen eine breite Lücke in die feindliche Kanufront, aber diese Lücke schloß sich sofort. Keine zweite Salve folgte mehr. Wir hatten nur noch Steinkugeln gehabt und die waren verschossen.

Nun wurden wir auch noch im Rücken angegriffen. Braune Gestalten kletterten, gewandt wie Katzen, die Schiffsplanken hoch, ein Kampf Mann gegen Mann entspann sich. Wir hatten uns mit Äxten bewaffnet und spalteten jedem, der da heraufkam, den Schädel. Doch was half das? Diese Indianer waren wie Stechmücken. Schlug man zehn tot, waren zwanzig neue da.

Wir verdankten es allein Alcantara, daß wir mit dem Leben davonkamen. Er ließ die beiden Brigantinen wenden, und nun, von der starken Strömung getrieben und immer rascher werdend, vermochten die Schiffe die feindliche Sperrkette zu durchbrechen. Nun konnten die Indianer wenigstens nicht mehr bis zur Reling hinaufklettern. Aber sie deckten uns weiterhin mit ihrem Pfeilhagel zu. Die Brigantinen waren von den langen Pfeilen ringsum so gespickt, daß sie wie Igel aussahen.

Die Indianer ließen auch jetzt nicht von uns ab. Eine Wettfahrt auf Tod und Leben nahm ihren Anfang. Gegen Mittag erreichten wir den Großen Strom. Und hier rettete uns die plötzlich vom Himmel kommende Sturzflut, die unser Pulver verdorben hatte. Eine undurchsichtige Wand schob sich zwischen uns und unsere Verfolger. Keiner von uns fand etwas dabei, die völlig erschöpften Indianer abzulösen und sich an die Ruder zu setzen. Wir ruderten ja um unser Leben.

Endlich, endlich waren wir auf dem Großen Strom allein. Von der Pforte des Goldlandes verjagt, gehetzt wie Hasen, mit knapper Not dem Tode entronnen, fuhren wir wieder dem Unbekannten und der Nacht entgegen. Um Mitternacht ankerten wir vor einer Insel. Zu Tode erschöpft, sanken wir nieder, zu müde, uns um unsere Wunden zu kümmern. Kein einziger von uns war unverwundet geblieben. Mir hatte ein Rohrpfeil die linke Hand durchschlagen.

VON DEN AMAZONEN ANGEGRIFFEN

Keiner von uns dachte nun noch an das Goldland. Wir wollten heim, nichts als heim. Den Ozean erreichen und lebend nach Spanien gelangen – das war der einzige Wunsch, der uns noch erfüllte.

Orellana dachte als einziger schon an die Zukunft. Vielleicht gelang es ihm, einem Bericht Pizarros zuvorzukommen, auf jeden Fall mußte er sofort an den Hof. Aber selbst wenn er Pizarro nicht zuvorkam, war er nicht imstande, Karl V. eine neue riesige Provinz anzubieten, die größer als Peru war und in der sich das sagenhafte Goldland befand? »Ich werde wiederkommen«, sagte Orellana zu mir, »mit einem großen Heer und einer gewaltigen Flotte. Dann werde ich die Indianer am Rio Negro vernichten und das Goldland erobern.«

Einstweilen wußten wir allerdings nicht, wo wir uns befanden und wie weit wir vom Meer entfernt waren. Wir fuhren durch ein Gewirr von Inseln, auf welchen Königspalmen standen und uns unzählige Reiher bewiesen, daß man auch auf einem Bein stehen kann. Es war hier eine richtige Tropenlandschaft. Doch die wenigsten von uns sahen ihre Schönheit. Sie fragten sich, ob wir stromabwärts von so kriegerischen Stämmen, wie sie am Rio Negro zu Hause waren, angegriffen werden würden. Noch immer schmerzten die Wunden.

Nach ein paar Tagen machten die Wälder auf dem rechten Ufer einem gewaltigen, breiten Strom* Platz, in dem unzählige Baumstämme trieben. Von allen Seiten kamen diese Stämme auf uns zu, die Wände der Brigantinen ächzten und krachten bei den Zusammenstößen. Wieder befanden wir uns in großer Gefahr.

48 Stunden lang dauerte es, bis die Brigantinen den treibenden Baumstämmen entronnen waren. 48 Stunden lang waren wir nicht zum Schlafen gekommen. Und nun trieb uns eine hartnäk-

* Es war der Rio Madeira.

kige Strömung zum Südufer, wo sich Sandbank an Sandbank reihte. Wir atmeten auf, als wir eine Waldbucht erreichten, in der sich eine große Siedlung befand. Bald kamen Kanus auf uns zu, Indianer brachten uns Früchte und luden uns ein, zu ihnen zu kommen. Nach vielen, vielen Wochen endlich wieder eine gastliche Unterkunft!

Der Häuptling empfing uns in einer geräumigen Bambushütte. Hinter ihm saßen junge Krieger in prächtigen Federmänteln. Nachdem wir uns an Wildbraten gütlich getan hatten, stellten wir dem Häuptling unsere Fragen. Vor allem wollten wir wissen, wann wir das Meer erreichen würden.

Der Häuptling antwortete uns, daß keiner von seinem Stamm jemals bis zur Mündung des Großen Stromes vorgedrungen sei. Denn diese Fahrt wäre für Kanus zu gefährlich. Nicht weit von hier verenge sich der Große Strom, und sein immer reißender werdendes Wasser stürze jenseits des Engpasses ins Bodenlose hinab. Selbst die kühnen Stämme, die am Trombetas-Fluß hausten, wagten diese Fahrt nicht. »Ich will euch gerne Fleisch und Mehl geben«, schloß der Häuptling, »aber begleiten kann euch keiner von uns. Wir fürchten auch die Königin Conori mit ihren kriegerischen Frauen, die jenseits des Engpasses herrscht.«

Eine Indianerkönigin? Kriegerische Frauen? Wir horchten auf. Wenn es uns gelang, eine dieser Frauen zu fangen und mit nach Spanien zu nehmen – damit würden wir Aufsehen erregen! Felipillo half mir später, das möglichst wortgetreu niederzuschreiben, was der weißhaarige Häuptling der Tupinamba – so hießen diese Indianer – gesagt hatte:

»Es gibt dort unzählige Dörfer, in welchen Frauen für sich allein leben. Sie werden von der Kazikin Conori befehligt und haben sich weit und breit alle Waldstämme untertan gemacht. Viele Frauen, die der Männerherrschaft überdrüssig sind, wandern zu ihnen aus. Sie sind die besten Bogenschützen an diesem Teil des Stromes. Würde ein Mann ihre Dörfer betreten, würden sie ihn auf der Stelle töten. Nur einem Stamm ist es erlaubt, sie einmal im Jahr aufzusuchen und an einem ihrer Feste teilzunehmen. Es sind dies die Guaraker, die an dem Fluß Cunuris wohnen.«

Die meisten von uns hatten auch schon vergessen, was ihnen am Rio Negro widerfahren war. Kriegerische Weiber! Amazonen! Die mußten sie sehen, bevor sie dieses Land verließen. Es wurden alle Tauschwaren an Land gebracht, die wir noch besaßen. Einem kleinen Spiegel konnte der Häuptling schließlich nicht widerstehen. Er bestimmte selbst zehn junge Krieger, die uns den Weg zu den kriegerischen Weibern und ihren Dörfern zeigen sollten.

Mit diesen Indianern, frischem Proviant und drei neuen Kanus, die wir im Tauschhandel erworben hatten, brachen wir auf – zu den Amazonen*. Bald erreichten wir die Stelle, wo der Jamunda, der Fluß, an dem die Amazonen wohnen sollten, in den Großen Strom mündete. Wir fuhren in diesen Fluß, der eher ein Kanal war, hinein, ohne zunächst auf Menschen zu stoßen. Hoher, dichter Wald bedeckte beide Ufer. Rote Affen brüllten im Chor, in Buchten sahen wir Seerosen, auf welchen Störche standen. Langsam konnten wir uns, trotz Vogelgezwitscher und Affengebrüll, des Gefühls nicht erwehren, daß eine böse, gefährliche Stille über diesen Wäldern lag. Wir legten die Armbrüste zurecht und entzündeten die Lunten.

Doch nichts geschah. Dann und wann knackte es im Wald. Natürlich konnte das von Tieren herrühren. Daß da Menschen schlichen und uns unzählige Augen belauerten, glaubten wir eher. Endlich erblickten wir hinter Lorbeerbäumen die Dächer der Hütten.

Schwer bewaffnet stieg Orellana mit einem Trupp seiner Leute und einigen Tupinamba in die Kanus und ließ sich an Land rudern. Auch hier war die Stille verdächtig. Und tatsächlich – die Hütten waren leer!

Der Morgen des 24. Juni 1542 brach an. Wir waren in einen Seitenarm des Jamunda abgebogen und fuhren in glasklarem Wasser zwischen Waldufern, die immer schütterer wurden. Plötzlich zeigte Alcantara geradeaus. Wir erblickten ein von hohen Zäunen umgebenes Dorf und dahinter einen kleinen See. Von dort kam deutlich der Klang heller Stimmen, und undeutlich waren schlanke braune Körper zu sehen.

Die Amazonen badeten! Fast alle vergaßen nun jegliche Vorsicht, viele sprangen in voller Rüstung in die Kanus hinunter, manche sogar ins Wasser, um dann durch den Schlamm ans Ufer

* Dieser Name war infolge der Pflege der alten Sprachen jedem Gebildeten in Spanien und auch anderswo geläufig.

zu waten. Heulend wie wilde Tiere, den blanken Degen umklammernd, stürmten sie vorwärts, um den Frauen den Weg zum Dorf abzuschneiden und sie als ungewöhnliche Jagdbeute lebend zu fangen.

Viele Minuten lang herrschte ein unvorstellbares Durcheinander. Und dann, urplötzlich, veränderte sich die Lage. Aus allen Hütten stürzten Frauen heraus, Pfeil und Bogen in der Hand, und die erste Pfeilwolke sauste gegen die Vordringenden. Holztrompeten begannen zu dröhnen, und der Klang der Trommeln kam mit einemmal von überall. Dennoch wichen die Unseren nicht zurück. Von Hütte zu Hütte kämpften sie sich vor, tief unter ihre Schilde geduckt, denn die Amazonen zielten nur auf die Augen.

Und dann ein heller hoher Schrei, sicher ein Signal. Die Amazonen gaben ihren Widerstand auf und ergriffen die Flucht. Die Unseren jagten hinter ihnen her, konnten aber keine einzige fangen. Ihre schweren Rüstungen hinderten sie daran.

Nun wurden die Hütten durchsucht. Federmäntel und Federkronen kamen zum Vorschein, die Soldaten fanden Gürtel aus Jaguarfellen und Krüge, in welchen offenbar Pfeilgift zubereitet wurde. Eine Trompete rief alle zu den Schiffen zurück. Hier fanden sie vor Angst zitternde Tupinamba. Sie rieten uns, sofort umzukehren. Wir hatten die Frauen der Kazikin Conori beleidigt, sagten sie, und wir würden sterben müssen, wenn wir nicht rasch das Weite suchten. Orellana hielt diesen Rat für gut. Doch als er den Befehl zur Rückkehr gab, stieß er auf den Widerstand nahezu der gesamten Mannschaft. Vor Weibern sollten sie davonlaufen? Spanier liefen vor Weibern nicht davon. Auch ich war dafür, zu bleiben, einzig und allein deshalb, weil ich diese seltsamen Amazonen beschreiben wollte.

Bis zum nächsten Vormittag ereignete sich nichts. Dann hörten wir wieder diesen hellen hohen Schrei. Er kam ohne Zweifel vom Wipfel eines Baumes. Wir blickten in die Höhe und waren für einen Augenblick gelähmt und unfähig zu handeln. Überall in den Bäumen hingen braune nackte Gestalten, auf weit über den Fluß hinausragenden Ästen kauerten Bogenschützen. Ehe wir die Schilde hochreißen konnten, sausten Pfeile und Speere auf uns nieder. Enriquez, der Kapitän der »San Pedro«, wurde von einem Pfeil ins Auge getroffen, auf der »Victoria« gab es zwanzig Verwundete, darunter Orellana, der aus einer Wunde am Hals heftig blutete.

Endlich waren die Lunten angezündet. Doch nun wurden wir auch von Kanus her angegriffen, mit Blasrohren und Speeren bewaffnete Männer saßen darin. Offenbar hatten die Amazonen ihre Freunde, die Guaraker, zu Hilfe gerufen. Von vorne kamen die Kanus, von rückwärts, eine unübersehbare Masse.

Unsere Lage war bedenklicher als am Rio Negro. In einem engen Waldkanal mußten wir gegen eine hundertfache Übermacht kämpfen, die uns sogar von oben her bedrohte. Dennoch gelang es, die Schiffe zu wenden. Die Arkebusen krachten los und schafften uns für wenige Augenblicke Luft. Aber gleich darauf schwirrten die Pfeile wieder auf uns nieder. Unsere Schilde wurden schwer von Pfeilen. Mehrere Tupinamba waren tot, keiner von uns war unverwundet. Ich setzte mich an eines der Ruder, obwohl ich mehrfach verwundet war.

Nun schoß auch die »San Pedro« aus allen Rohren. Allmählich kämpften wir uns frei. Orellana lag auf einer Matte, den Schild über sich. Fähnrich Robles übernahm den Oberbefehl. Knapp hinter der »San Pedro« krachte ein Riesenbaum ins Wasser. Hätte er die Brigantine getroffen, wäre sie ein hilfloses Wrack gewesen.

Nach Einbruch der Nacht erreichten wir den Großen Strom. Auch hier warteten Kriegskanus auf uns. Doch es gelang uns, die Schiffe rasch in die Strömung zu bringen. Von einem starken Wind vorwärtsgetrieben, entkamen wir.

Wir mußten bald landen. Der Drechsler Carranza aus Burgos lag im Sterben, der Schiffszimmermann Durante wurde von heftigem Fieber geschüttelt. Orellana war bewußtlos. Es war kein Wasser an Bord. Wir mußten landen, sonst starben alle Verwundeten. Sie schrien nach Wasser.

Endlich erblickten wir im Schein des Mondes am Nordufer eine Siedlung. Auch dort warteten Kriegskanus auf uns. Doch es blieb uns kein anderer Weg, als sich noch einmal zum Kampf zu stellen. Mit schweren Rammstößen brachen wir in die Boote ein, viele zermalmend, Arkebusenfeuer deckte die tollkühnen Degenfechter, die an Land sprangen und in die Siedlung einfielen.

In aller Eile wurden Lebensmittel und Tonkrüge mit Süßwasser zusammengerafft. Die pausenlos feuernden Kanonen hinderten die Indianer daran, die Degenfechter anzugreifen. Dennoch

Amazone

fielen der Trompeter Gonzales und der Soldat Empudia. Natürlich war es uns unmöglich, die Leichname zu bergen.

Wieder stromabwärts! Endlich blieben der Klang der Trommeln und Kriegsgeschrei zurück. Die Strömung war reißend, kleine Inseln jagten vorbei. Wir waren froh darüber. Nur fort! Nur fort!

Ich dachte wohl als einziger an die Stromschnellen, von welchen wir gehört hatten. Wenn die Strömung zu einem Wasserfall

Der Überfall der Amazonen

führte, waren wir verloren, denn die Brigantinen mußten daran zerschellen. Nach kurzer Überlegung teilte ich meine Sorgen Alcantara mit. Er zuckte nur die Achseln und sagte: »Gott wird uns nicht im Stich lassen.«

Am Morgen begann es zu regnen. Nach wie vor war die Strömung reißend. Die Verwundeten stöhnten. Manche bekreuzigten sich, sie glaubten, in die Hölle zu fahren. Carranza und Soria starben. Dafür war Orellana aus seiner Ohnmacht erwacht. Er schleppte sich zu Alcantara vor und sprach lange mit ihm. Wahrscheinlich dachte jetzt auch er an die Stromschnellen.

Es war kein Wasserfall, es war eine Stromenge. Ohne Schaden zu nehmen, kamen wir durch. Hinter der Stromenge wurde der

Große Strom wieder breit und mächtig, die Strömung wurde ruhiger. Überall waren Inselgärten zu sehen, die wie kleine Paradiese wirkten.

Orellana sagte zu mir: »Que rio mar! Ich werde ihm den Namen ›Strom der Amazonen‹ geben.«

CURUPIRA, MATY-TAPARÉ UND POROROCA

Wir fuhren weiterhin durch eine paradiesische Landschaft. Dennoch begannen unsere Leute den Amazonenstrom zu hassen. Allmählich zweifelten sie, daß er jemals den Ozean erreichen würde.

Überquellende Fruchtbarkeit, Wasser, Wald, Fischotter, Reiher, der betäubende Duft der Orchideen, unbekannte Blumen, grüne Inseln, Vogelstimmen – es war immer dasselbe. Nach jedem Sonnenaufgang dasselbe Bild! Viele von uns fühlten sich verhöhnt. Die Indianer sagten, daß wir jetzt durch das Reich furchtbarer Waldgötter fuhren.

Mit Felipillos Hilfe erfuhr ich mehr von ihnen. Das war Curupira. Meist zeigte er sich in der Gestalt eines riesigen Affen, doch sein einer Fuß war der Pranke eines Jaguars gleich, sein anderer dem eines großen Vogels. Curupira haßte die Menschen und liebte es, sie zu vernichten. Manchmal zeigte er sich einem Indianer als herrlich schöne Blume in der Krone eines Baumes. Stieg der Indianer hinauf, um die Blume zu pflücken, hauchte er den Getäuschten mit seinem Pestatem an, so daß dieser abstürzte und, wenn er sich nicht den Hals brach, im Dornengebüsch, von dem er nicht mehr loskonnte, elend starb. Dem Jäger zeigte sich Curupira als Hirsch, und dieser Hirsch lockte den schon Verlorenen zu einem Waldsumpf, über dem eine trügerische Blumendecke lag. In die Tiefe gezogen, fand der Jäger ein furchtbares Ende.

Maty-Taparé war noch gefährlicher und bösartiger als Curupira. Dieser schreckliche Zwerg, der den Körper einer alten Wurzel, wildes Gestrüpp auf dem scheußlichen Kopf und Schlangenaugen hatte, erwürgte alles Lebende mit seinen langen Armen und furchtbaren Händen. Sein Blick lähmte Menschen und Tiere, so daß sie nicht entkommen konnten. Maty-Taparé war es, der

Löcher in Kanus bohrte, bei Nacht Fallgruben errichtete und an Hütten Feuer legte. Er war der Herr über Stechmücken, Fliegen, Zecken, Ameisen, Skorpione und Vogelspinnen, deren Gift tötete.

Ein Gewitter kam auf, so konnte ich diesmal über Pororóca nichts erfahren. Es war der erste Orkan, den wir erlebten. Er wälzte sich über die Urwälder hin, schüttelte die Baumriesen, zerbrach manche und wirbelte Wolken von Ästen wie Spreu durch die Luft. Mächtige Palmen wurden samt ihren Wurzeln aus der Erde gerissen. Am Himmel zuckten die Blitze, und wir fuhren durch ein Meer von Flammen.

Der Orkan traf die beiden Brigantinen mit voller Wucht. Sie drohten zu kentern, und nur mit äußerster Mühe konnten wir uns in den Uferschutz einer Waldinsel retten. Aber selbst hier waren wir noch in Gefahr. Riesige Zweige prasselten auf uns nieder, große Früchte prallten wie Kanonenkugeln auf uns herab.

Und dann kam der Regen, nein, das war kein Regen, das war eine Sintflut. Triefend naß hockten wir beieinander, und manche wußten nicht, ob sie zur Jungfrau Maria oder dem allmächtigen Waldgott beten sollten, daß er uns verschone.

Der Regen hörte, wie hier immer, mit einem Schlag auf. Ein grauenhaftes Bild der Verwüstung bot sich uns dar. Im Amazonenstrom, dessen Wasser noch kochte, schwammen Bäume, abgesplitterte Äste und unzählige tote Tiere.

***

Die Stimmung hob sich wieder, als uns nach ein paar Tagen schön polierte Boote mit Sonnendächern aus geflochtenen Palmblättern entgegenkamen und wir eingeladen wurden, an Land zu gehen.

Wir wurden in luftigen Hütten untergebracht, in welchen große olivgrün glasierte Tonkrüge mit Trinkwasser standen. Der Boden war mit sauberen Matten bedeckt. Frauen bedienten uns. Sie trugen weiße, fein gewebte Baumwollmäntel und in den Haaren leuchtende Federkronen.

Wir wurden herrlich bewirtet, man las uns jeden Wunsch von den Augen ab. Dennoch brannten wir vor Ungeduld. So wie unsere Sehnsucht zuvor dem Goldland gegolten hatte, galt sie jetzt dem Meer, dies um so mehr, als wir hier erfuhren, daß wir nur noch zehn Tagereisen von unserem Ziel entfernt waren.

Wieder stromabwärts! Die Landschaft veränderte sich allmählich, an die Stelle des Urwalds traten weithin sich dehnende Grasflächen. Als wir meinten, nur noch eine Woche vom Ozean entfernt zu sein, zogen wir die Brigantinen auf den Strand, um sie für die Fahrt in die Heimat instand zu setzen. Das dauerte sieben Tage.

Während der Weiterfahrt sammelten und tauschten wir ein, was immer wir an Proviant erhalten konnten. Das Fleisch verwahrten wir in Tonkrügen, die wir sorgfältig bedeckten, um es vor den Fliegen zu schützen, die uns hier bei Tag und Nacht peinigten. Wir wußten ja nicht, wie lange die Fahrt übers Meer dauern würde, einige Ängstliche befürchteten, wir würden auf ein völlig unbekanntes Meer hinauskommen, hinter dem neue unerforschte Länder lagen.

Nach zwei weiteren Tagen kamen zwei Boote auf uns zu. Ihre Insassen tauschten mit unseren Indianern mehrere Worte, und wir sahen, daß nachher in den Augen unserer Ruderer blanke Angst stand. Sie zeigten auf den Strom und riefen immer wieder: »Pororóca!«

Damit konnten wir nichts beginnen. Schließlich erfuhren wir, daß in der kommenden Nacht ein riesiger Wasserdrache den Strom heraufkommen würde, alles verschlingend, alles vernichtend. Nur eine Rettung gab es, Pororóca zu entkommen: die Flucht auf das Ufer. Als wir die Indianer fragten, wieso sie wüßten, daß Pororóca in der kommenden Nacht sein Unwesen treiben werde, antworteten sie, sie erkennten dies an der Bewegung der Wellen.

Wir hatten auf dem Amazonenstrom schon genug böse Erfahrungen gemacht. Obwohl wir an den Wasserdrachen nicht glaubten, beherzigten wir den Rat der Indianer. Wir steuerten die nächste Insel an und zogen die Schiffe hoch auf den Strand hinauf. Dort vertäuten wir sie besonders fest. Dies kostete uns viel Schweiß. Bald sollten wir wissen, daß wir keinen einzigen Schweißtropfen umsonst vergossen hatten.

Am Strand standen ein paar verlassene Pfahlbauten. Wir kletterten auf die Plattformen hinauf, um dort Pororóca zu erwarten. Scherze wurden getrieben, viele lachten. Die meisten meinten, wir würden die ganze Nacht hier sitzen, ohne irgend etwas zu erleben. Ein Wasserdrache? Wasserdrachen gab es vielleicht in der Phantasie von Kindern.

Und dann raste ein schaumgekrönter, heller Streifen durch die Dunkelheit. Pororóca war das, eine riesige Flutwelle, eine hohe, im Mondlicht wie Silber glänzende Wassermauer von unfaßbarer Höhe. Zu Tode erschrocken, klammerten wir uns an die Pfosten der schwankenden Hütte. Nur nicht mit fortgerissen werden! Wer in dieser Flutwelle mit fortgerissen wurde, nahm ein furchtbares Ende. Baumstämme, samt den Wurzeln ausgerissen, flogen über uns hinweg, Affen schrien jämmerlich. Dabei regte sich kein Lüftchen, und es war drückend heiß.

Der Spuk war auch schon vorüber. Jetzt sahen wir, was die Flutwelle angerichtet hatte: das rechte Ufer war verschwunden, alle Inseln waren überschwemmt, und unter den Plattformen, auf welchen wir saßen, tobte das Wasser so knapp dahin, daß wir es mit den Händen greifen konnten. Lähmendes Entsetzen packte uns, als wir an unsere Brigantinen dachten. Wenn sie von der Flutwelle samt der Wachmannschaft und den Vorräten mitgerissen worden waren, waren wir hier verloren, hilflos verloren.

Einem Indianer gelang es endlich, sich an überhängenden Zweigen und Lianen wie ein Affe auf trockenes Land hochzuziehen. Zwei quälende Stunden vergingen, ehe er zurückkam. Er berichtete, daß die Schiffe, nur noch von wenigen Lianentauen gehalten, auf der Flut schwammen.

Sofort nach Sonnenaufgang kletterten und wateten wir zu den Schiffen hinauf und fuhren den Strom hinaus. Nur fort von hier, fort von diesem entsetzlichen, todbringenden Amazonenstrom!

DAS MEER

Wir fuhren auf einer wahren Wasserwüste dahin. Erst jetzt sahen wir so richtig, welche Verheerungen die Flutwelle hinterlassen hatte. Endlich, am 26. August, erreichten wir den Ozean. Doch noch zehn Tage lang segelten wir in einer gelben Flut dahin, von bunten Schmetterlingen begleitet, während oben um die Masten schon die Seevögel kreisten.

Werkzeuge der Indianer

Alcantara war bereit, zu beschwören, daß wir uns nicht auf einem unbekannten Meer befanden, sondern auf dem Ozean, der sich zwischen Spanien und der Neuen Welt dehnte. Tatsächlich erreichten wir nach wenigen Tagen den zwischen der Insel Trinidad und dem Festland gelegenen »Drachenschlund«. Am Morgen des 11. September 1542 näherten wir uns der kleinen Insel Cubagua.

Wir waren insgesamt 260 Tage unterwegs gewesen, acht Monate hatten wir gebraucht, um auf dem Amazonenstrom vom Napo bis zur Mündung zu fahren. Elf von uns hatten ihr Leben gelassen.

Ich fuhr nach einem kurzen Aufenthalt auf Cubagua nach Spanien. Francisco de Orellana folgte mir bald nach. Doch ich sah ihn nicht und ich habe ihn auch später nie wieder gesehen.

Gott, dem Allmächtigen, sei Dank, daß er mich auf dieser gefährlichen Fahrt nicht sterben und diesen Reisebericht schreiben ließ.

(Ende des Tagebuchs)

Karl V. befand sich zu dieser Zeit nicht in Spanien. Die Regentschaft führte für ihn sein Sohn Philipp gemeinsam mit dem Herzog von Alba. In Valladolid angekommen, erfuhr Orellana, daß Francisco Pizarro ermordet worden war und daß in Peru jetzt die Almagropartei herrschte. Das war Musik für seine Ohren. Nun konnte er seinen Bericht abfassen, ohne befürchten zu müssen, daß man ihn des Verrates bezichtigte.

Orellanas Bericht machte auf den damals erst sechzehnjährigen Kronprinzen großen Eindruck. Orellana wurde zum Vortrag befohlen. Eine volle Stunde lang durfte er schildern, was er zusammen mit seinen treuen Gefährten gesehen und erlebt hatte. Beweise für seine Behauptungen hatte er nicht allzu viele mitgebracht: ein goldenes Götzenbild, Federschmuck, getrocknete Blumen.

Dennoch machte Orellanas Erzählung auf Philipp tiefen Eindruck. Orellana schien tatsächlich das Goldland entdeckt zu haben. Vielleicht war er der Mann, der die durch viele kostspielige Kriege leer gewordene königliche Kasse füllen konnte.

Schon nach wenigen Wochen war ein Vertrag zwischen Orellana und der Krone fertiggestellt. Francisco de Orellana wurde zum Gouverneur und Generalkapitän des von ihm entdeckten Landes ernannt, das den Namen Neu-Andalusien erhielt. Ein Jahresgehalt von 300000 Maravedis wurde für Orellana ausgesetzt.

Zugleich jedoch wurde Orellana – gemäß diesem Vertrag – aufgetragen, auf seine Kosten fünf seetüchtige große Schiffe bauen zu lassen, die Mannschaft anzuheuern und zu bewaffnen sowie für den Proviant zu sorgen, der für eine so lange Fahrt notwendig war. Des weiteren wurde ihm ein Beamter namens Torres vor die Nase gesetzt, der den Auftrag hatte, alle seine Schritte zu überwachen. Dieser Torres war ein kleinlicher Nörgler. Was immer Orellana unternahm, nichts war ihm recht.

Fünf Schiffe bauen, Mannschaften anheuern, Proviant, Kanonen, Kriegsvorräte, Tauschwaren kaufen! Orellana schwirrte der Kopf. Woher hierfür das Geld nehmen? Geld? In seinen Träumen war er ein reicher Mann, doch was war er jetzt? Bald nach seiner Ankunft in Spanien hatte er ein Mädchen aus altadeligem

Hause geheiratet; als er nun um Geld anklopfte, erfuhr er, daß die Familie seiner Frau nichts als Schulden besaß. Woher das Geld nehmen? Orellana lief jetzt, ein Bittsteller, von einem zum anderen, zu Kaufleuten, zu Reichen, zu seinen Verwandten. Und allmählich brachte er das notwendige Geld zusammen. Dafür hatte er mehr als die Hälfte des Goldlandes verpfändet.

Monate vergingen nun, bis die Schiffe im Hafen von San Lucar lagen. Sie waren gut mit Geschützen bestückt, genug Proviant war an Bord, und auch die Mannschaft war angeheuert worden. Nun ordnete die Casa de las Indias, die spanische Kolonialbehörde, an, eine genaue Überprüfung durchzuführen. Auf ihre Seetüchtigkeit sollten die Schiffe untersucht werden, außerdem mußte jedes Stück Fleisch, das sich an Bord befand, jeder Nagel fein säuberlich aufgeschrieben werden.

Dies war Orellana zuviel. Ohne die Überprüfung abzuwarten, stach er des Nachts heimlich in See. Er wußte, daß er sich dadurch mächtige Feinde machte. Doch was bekümmerte ihn das? Die Zukunft und das Goldland lagen vor ihm. Und das Glück, das ihm bisher treu zur Seite gestanden hatte, würde ihn auch jetzt nicht im Stich lassen.

Schon unterwegs mußte Orellana feststellen, daß die Schiffe schlecht kalfatert und ein Teil der gelieferten Lebensmittel verdorben war. Nur mit Mühe wurden die Kanarischen Inseln erreicht. Hier wurden die Schiffe ausgebessert, neue Lebensmittel gekauft. Gleich nach der Abfahrt erkrankte ein Teil der Mannschaft schwer. Man mußte Cap Verde anlaufen. Hier, auf afrikanischem Boden, ging weitere Zeit verloren. Ein Teil der Mannschaft wollte zurückkehren, allzu schlecht waren bisher die Vorzeichen gewesen. Zurückkehren? Daran dachte Orellana nicht. Zurückkehren? Das konnte Orellana auch nicht. Hierzu waren seine Schulden zu groß. Am Rio Negro wartete das Goldland auf ihn, in Spanien der Schuldturm.

Orellana erzwang die Abfahrt und ließ die Kranken auf afrikanischem Boden zurück. Deshalb und wegen seiner Flucht machte man ihm später in Spanien den Prozeß.

Er wurde zum Tode verurteilt, erfahren hat er dies allerdings nie.

Wenige Tage später wurde das Geschwader mitten auf dem Ozean von einem furchtbaren Sturm überfallen, der die Schiffe verstreute. Sie fanden erst am nächsten Tag wieder zueinander, und da fehlte die größte und beste Karavelle mit allen Kanonen, Pferden und über hundert Soldaten. Ob sie desertiert oder gesunken war, wurde nie bekannt.

Endlich wurden am Horizont die Westindischen Inseln sichtbar. Dort nahm man neuerdings Trinkwasser und Proviant ein, dann richteten die Schiffe ihren Kurs nach Süden. Trinidad glitt vorüber, und dann, an einem heißen Dezembertag, wurde das tiefblaue Meer gelb und lehmig. Nur Orellana wußte, was das zu bedeuten hatte.

Bald darauf kam in der Ferne der Urwald in Sicht. Schwärme von großen, bunten Schmetterlingen kamen dem Schiff entgegen, zugleich mit dem Geruch modernder Hölzer, süßer Vanille und faulenden Wassers. Mein Strom begrüßt mich, dachte Orellana.

* * *

Im Mündungsgebiet wurde ein Lager angelegt. Hier feierten die Spanier den Silvester des Jahres 1545. In den folgenden Tagen trieb Orellana seine Leute zu größter Eile an. Die bereits zugeschnittenen Teile der Flußboote wurden von den Schiffen an Land gebracht und zusammengesetzt, die Mannschaften ausgewählt. Dann entwickelte Orellana seinen Plan: er würde bis zum Rio Negro vordringen und dort einen festen Platz anlegen. Die Zurückbleibenden sollten inzwischen weitere Kanus bauen. In spätestens drei Monaten werde er dann kommen und sie holen.

Die beiden Boote, mit welchen Orellana aufbrach, waren mit Kanonen bestückt. Hundert hervorragende Fechter, meist Hidalgos aus dem vornehmsten Adel, erfahrene Lotsen und tüchtige Ruderer begleiteten ihn. An Proviant und Munition war kein Mangel.

Monate vergingen, ein halbes Jahr verging, und Orellana kam nicht. Er schickte auch keine Nachricht. Allmählich begann niemand mehr an die Rückkehr Orellanas zu glauben. Dazu kam noch, daß der gewählte Platz eine wahre Hölle war. Ein sandiger, von Sümpfen umgebener Streifen war das, in dem es von Moskitos und Stechmücken wimmelte. Bald fieberte mehr als die Hälfte der Mannschaft. Neun Monate harrten die Spanier hier aus, dann kehrten sie in die Heimat zurück.

Was aus Orellana und seinen Leuten wurde, blieb und bleibt im Dunkel. Vielleicht kenterten die Boote, als sie, stromaufwärts fahrend, die Stromenge passierten. Es kann auch sein, daß die Spanier von Indianern überfallen und aufgerieben wurden. Etwas später kam das Gerücht auf, Orellana hätte die Indianer am Rio Negro durch Tauschwaren gefügig gemacht und sich zum »Kaiser von Amazonien« ausrufen lassen. Das klingt wenig glaubhaft.

Ob so oder so, Orellana starb an einem der Ufer oder in der Nähe seines Stromes, der, obwohl er ihm den Namen »Strom der Amazonen« gab, noch viele Jahre hindurch »Rio Orellana« hieß.

***

Die Casa de las Indias ließ das »Unternehmen Neu-Andalusien« bald fallen. Sollte man Geld, Schiffe und Menschen für die Eroberung eines »von Menschenfressern und mordgierigen Weibern bewohnten wüsten Landstrichs« opfern? Das wäre verantwortungslos gewesen. Und dieser Orellana? Ein Schuldenmacher und Betrüger war er. Sicher war er auch ein Lügner und hatte sich die Entdeckung des Goldlandes aus den Fingern gesogen.

Nutznießer dieses kurzsichtigen Entschlusses waren die Portugiesen. Sie bauten an der Mündung des Amazonenstroms ins Meer eine große Siedlung und eine starke Festung, um diese Siedlung schützen zu können. Von dort drangen sie langsam stromaufwärts vor, Kaufleute, Forscher, Jäger, Abenteurer, Missionare und kleine Trupps gut ausgerüsteter Soldaten. Und überall gründeten sie an den Ufern Niederlassungen. Sie ernteten, was Francisco de Orellana gesät hatte. Es waren reiche Früchte. Aber auch sie fanden das Goldland nie.

DAS TAGEBUCH DES JESUITENPATERS SAMUEL FRITZ

Samuel Fritz wurde am 9. April 1654 in Trautenau (heute Trutnov, ČSSR) geboren. Er studierte zuerst an der Prager Karls-Universität Philosophie und dann, nachdem er in die »Gesellschaft Jesu« eingetreten war, in Olmütz Theologie. Nach Abschluß seines Studiums war er als Lehrer tätig, zunächst in Presnitz und später in Brünn.

Wie wir aus einem seiner Briefe wissen, befriedigte ihn dieses Leben nicht, obwohl er durchaus sein Auskommen fand. Er hatte Sehnsucht nach Brasilien, nach Peru, nach Chile, nach den Ländern, in welchen, wie er meinte, die Welt nicht so eng und farblos wie in Europa war. Wo immer er ein Buch über diese Länder in die Hand bekommen konnte, las er es. Den Spuren der Pizarros und Francisco de Orellanas folgen – das wurde allmählich sein Lebensziel.

Im Mai 1683 richtete er einen Brief an seinen Ordensgeneral mit der Bitte, als Missionar nach Spanisch-Südamerika gehen zu dürfen. Doch Rom wies ihn ab. Hartnäckig wie er war, wiederholte er seine Bitte im Oktober desselben Jahres. Diesmal hatte er Erfolg. Sein Ziel war der Marañon.

Er kehrte von dort nie mehr nach Europa zurück. Vermutlich starb er im März 1725 an einer Apoplexie. Sein Tagebuch, das uns erhaltenblieb – es befindet sich heute in der Handschriftensammlung der Prager Karls-Universität –, beweist, wie groß der Anteil der Deutschen an der Entdeckung und Erforschung von Landstrichen war, die vor ihnen kein Europäer betreten hatte. Um von der spanischen Regierung geduldet zu werden, änderten sie ihre Namen. Aus Stanzel wurde Estancél, aus Sedlmeyer Sotomayor, aus Kerschpaumer Cerezo.

Samuel Fritz zeichnete die erste brauchbare Karte des Amazonenstromes. Sein Reisebericht ist eines der abenteuerlichsten Kulturdokumente aus dieser Zeit. Was Fritz erlebte, ist schlechthin unfaßbar. Denn er unternahm seine Forschungsreise allein.

DIE REISE NACH QUITO

Mein erstes Ziel war Genua. Dort traf ich am 10. Dezember 1683 ein und hatte das Glück, ein Schiff zu finden, das schon am nächsten Tag nach Sevilla in See stach. In Sevilla bereitete ich mich auf meine Reise gründlich vor, und nun war mir das Glück wenig hold. Erst am 10. September 1684 traf ein Schiff hier ein, dessen Ziel die indische Mission war. Wir fuhren den Guadalquivir hinab nach Cadiz und nahmen von dort Kurs auf das offene Meer. Bis zu den Kanarischen Inseln wurden wir unserer Sicherheit wegen von einem spanischen Kriegsschiff begleitet. Es wimmelte hier nämlich von Seeräubern. Am 13. November passierten wir Martinique, und am 28. November gingen wir in Cartagena* an Land.

Die Reise nach Südamerika dauerte also zwei Monate. Obwohl wir von Seeräubern, Epidemien und bösen Abenteuern verschont blieben, fühlten wir uns nicht wohl, da wir auf dem Schiff bitteren Hunger litten. Das Brot war schimmelig, und das Regenwasser, das wir trinken mußten, schmeckte schal. Als ich mich bei dem Kapitän beklagte, drohte er mir, mich ins Meer zu werfen.

Auf dem Schiff gesellten sich zwei Missionare zu mir. Der eine, Johann Gastl, stammte aus Murau in der Steiermark, der andere – er hieß Heinrich Richter – aus Prosnitz in Mähren. Auch die beiden wollten zum Marañon. Es ergab sich also, daß wir beschlossen, unseren Weg zunächst gemeinsam zurückzulegen.

In Cartagena schloß sich uns ein Spanier namens José Cases an. Nun zu viert, fuhren wir in einem großen Weidling auf dem Meerbusen** und kamen nach zwei Tagen nach Tenerife am Magdalenenstrom. Hier bestiegen wir ein Kanu und setzten unsere Fahrt sieben Tage lang stromaufwärts fort. Am 28. Dezember erreichten wir Monpos. Hier stießen wir auf einen Portugiesen, der in einer verfallenen Hütte lebte und nur mit Lumpen bekleidet war. Als wir ihm unsere Hilfe anboten, wurde er wütend und wünschte uns die Pest an den Hals. Wir Missionare, sagte er, täten nichts anderes, als die Indianer, die vor der An-

* Hafenstadt in Kolumbien.

** Gemeint ist der Golf von Darien.

kunft der Spanier sanftmütige Naturkinder gewesen waren, zu verderben.

Am 4. Januar reisten wir wieder weiter. Unterwegs sahen wir viele große Krokodile, allerhand Schlangen sowie Tiger und Löwen, die man hier, da sie klein sind, nicht sehr fürchten muß. Um so mehr muß man sich vor den Kariben oder Menschenfressern in acht nehmen, die am rechten Ufer des Stromes leben und nicht zulassen, daß dort ein Fremder lebt. Man erzählte mir, daß sich hier allerdings mehrere Holländer aufhielten, die sich sogar in eheliche Verbindungen mit den Karibenweibern eingelassen hatten und den Wilden die Gewehre lieferten, mit welchen sie die Missionare erschießen. Wir sahen eines dieser Weiber, als wir nahe dem Ufer dahinfuhren. Es war völlig nackt und zeigte uns durch eine unzüchtige Gebärde an, wir sollten uns seiner bedienen. Wären wir an Land gegangen, hätten uns die Kariben gefressen.

Am 31. Januar trafen wir in Honda ein. Hier bereiteten wir uns auf die lange und beschwerliche Reise zum Marañon zwei Monde lang vor, die wir am 31. März 1685 auf Maultieren antraten. Unterwegs gab es keine Unterkünfte, wir froren jämmerlich, wenn wir nachts im Freien lagerten, und stöhnten bei Tag unter der glühenden Sonnenhitze. Mehrmals mußten wir durch Flüsse schwimmen, manchmal durch Schlamm und Morast waten. Unser Trost für diese Leiden war die Behauptung der Indianer, wir würden in Kürze eine Stadt namens Plata erreichen, eine wundervolle Stadt, in welcher die Häuser aus Silber und die Wege mit Silberplatten belegt seien. Natürlich glaubten wir ihnen kein Wort, aber wir waren dann doch sehr enttäuscht, als wir vor ein paar elenden Hütten standen, in welchen es von Ratten und Ungeziefer wimmelte. Wir hatten gehofft, für ein paar Rasttage wenigstens ein Dach über dem Kopf zu haben.

Der Häuptling dieser sogenannten Stadt, der uns zu verstehen gab, daß er über hundert Jahre alt sei, lud uns ein, mit ihm die Curupá zu schnupfen. Curupá ist ein aus einer Pflanze gewonnenes Pulver, welches die Indianer mit Hilfe eines y-förmigen Schilfrohres schnupfen, dessen Gabelung in die Nase gesteckt wird. Später erfuhren wir, daß der von Curupá erzeugte Rausch 24 Stunden dauert und vollkommen unzurechnungsfähig macht. Also waren wir froh, dieser Einladung nicht gefolgt zu sein.

In den folgenden Tagen überschritten wir zuerst ein hohes Gebirge, dann einen Paß und schließlich den Berg Paramo*. Dann gelangten wir nach Einbruch der Dunkelheit in den Sumpf, aus dem der Magdalenenstrom entspringt. Da wir es nicht wagten, weiterzugehen, weil wir Angst hatten, samt unseren Maultieren im Morast zu versinken, standen wir eine ganze Nacht hindurch in scheußlich stinkendem Schlamm, von Mücken gepeinigt und im fahlen Licht eines verzerrten Mondes, der uns zu verhöhnen schien. In dieser Nacht fiel José Cases von seinem Reittier und ging, schauerlich um Hilfe rufend, in dem Sumpf unter. Zuletzt sah ich seine Fingerspitzen und hörte dann nichts mehr als die unheimlichen Laute, die aus dem Urwald kamen.

Am 5. Juni erreichten wir, völlig erschöpft, Popayan. Von hier reisten wir über Pasto nach Ibarrá weiter. Und am 27. August kamen wir in Quito an, der Stadt, von welcher aus Gonzalo Pizarro seinen berühmten Marsch zum Amazonenstrom angetreten hatte. In Quito wurden wir von der königlichen Kammer freundlich empfangen. Man versah uns mit allem, was wir für unsere weitere Reise benötigten: mit Kleidern, Nahrungsmitteln und Geschenken für die Indianer.

AUF DEN SPUREN GONZALO PIZARROS

Als wir Quito verließen, waren wir zur Gänze wiederhergestellt. Nun nahmen wir den Weg, den seinerzeit Gonzalo Pizarro genommen hatte. Bald mußten wir zu Fuß gehen, bald auf Maultieren reiten. Pizarro hatte Pferde besessen, die hatten wir nicht. Auch die Schweine, die Pizarro mitgenommen hatte, fehlten uns sehr. Es dauerte nicht lange, bis wir zu hungern begannen. Alles wiederholte sich. Wie Pizarros Soldaten nährten wir uns von Beeren und Früchten, die wir in den immer undurchdringlicher werdenden Wäldern fanden.

Es dauerte auch nicht lange, bis wir merkten, daß die Anzahl der Indianer, die unser Gepäck trugen, an jedem Morgen geringer geworden war. Der Versuch, sie einzufangen, war hier sinnlos.

* Es war der Páramo de Guanacas.

Was sollten wir drei unternehmen, wir drei, die den Weg nicht kannten?

Der nächste Abschnitt unserer Reise war ein mühsames Hinundhermarschieren über Bäche und Flüsse. Schließlich erreichten wir – wie Gonzalo Pizarro – den Berg Habitado. An seinem Fuß überfielen uns riesige Mückenschwärme. Sie plagten uns so arg, daß wir nicht nur einmal ins Wasser sprangen, um von diesen blutgierigen Plagegeistern verschont zu bleiben.

Den Mücken folgte Regen. Wahre Sturzfluten fielen vom Himmel, Nebelschwaden drohten uns zu ersticken. Giftige Dämpfe, die dem Boden entströmten, nahmen uns den Atem. Unsere Kleidung wurde, obwohl wir es von den Indianern gelernt hatten, Lagerfeuer zu entzünden, überhaupt nicht mehr trocken. Wir froren und vergossen Schweiß, der Marañon, von dem ich in Prag geträumt hatte, schien in einer unerreichbaren Ferne zu liegen. Ich sagte mir vor, daß ich dieselbe Härte wie Gonzalo Pizarro haben müßte. Außerdem half mir das Gebet.

Am 26. Oktober erreichten wir Canolas, das Zimtland, welches das ursprüngliche Ziel Pizarros gewesen war. Hier erwarteten uns neue Schwierigkeiten. Die Indianer, die hier zu Hause waren, gaben uns für viel Geld nur ein paar Bananen und ein wenig Yucabrot. Außerdem stahlen sie uns die Fahrzeuge, welche die Maultiere bis hierher mitgetragen hatten. Sie wären für uns wichtig gewesen, da wir einen kleinen Fluß entdeckt hatten, der – vielleicht – zum Napo führte. Ein kleiner Weidling war uns allerdings geblieben.

»Setzen wir uns hinein«, sagte Heinrich Richter. »Machen wir aus der Not eine Tugend.«

Am 30. Oktober fuhren wir, in dem kleinen Kahn sitzend, unter höchster Lebensgefahr davon. Mehrmals waren wir daran, ins Wasser zu fallen und im Nu in Skelette verwandelt zu werden. Wir hatten nämlich erfahren, daß es in diesem Fluß mörderische Fische gab, die aus ihrer Beute in wenigen Sekunden ein Skelett machten. So scharf sollten ihre Zähne sein.

Wir entkamen auch dieser Gefahr. Am 4. November, dem zweiten Jahrestag meiner Abreise aus Prag, langten wir im Gebiet der Gayes-Indianer an, die vor unserer Ankunft geflüchtet waren. Am 17. November erreichten wir Laguna. Hier erwartete uns zu unserer Überraschung ein spanischer Jesuitenpater. Wir hatten Guallaga erreicht, einen Fluß, der in den Marañon mündet.

DIE REISE ZU DEN CAMBEBAS

In Laguna erkrankten wir alle drei an einem heimtückischen Fieber, das sich schon seit ein paar Tagen bemerkbar gemacht hatte. Der Spanier pflegte uns auf eine rührende Art und Weise. Er sorgte auch dafür, daß die Gayes-Indianer in ihre Hütten zurückkehrten. Sie ergötzten uns, indem sie, seltsam gekleidet und geschmückt, zum Klang von Trommeln vor uns tanzten und mit Pfeilen nach einer Scheibe schossen. Sie schossen sehr zielsicher, und es wurde mir, als ich das sah, noch klarer, in welche Gefahr ich mich in Kürze begeben würde. Es war ja meine Absicht, Gegenden zu erkunden und zu erforschen, die vor mir kein Europäer betreten hatte. Meine einzige Waffe war ein hölzernes Kreuz.

Richter und Gastl wurden vor mir gesund und verließen Laguna. Richters Ziel war der obere Ucayali, Gastl wollte sich der Bekehrung der Aguanos widmen. Vor beiden lag ein Monat Fahrt, während ich bleiben mußte. Das Fieber ließ mich nicht aus seinen Klauen, außerdem plagte mich ein durch den Biß von Sandflöhen hervorgerufener Hautausschlag.

Die Indianer nennen den Sandfloh, einen gefährlichen Parasiten, Nigua. Diese Flöhe, vor allem die Weibchen, nisten sich unter den Finger- und Zehennägeln ein und rufen schmerzhafte Eiterungen hervor, die tödlich sein können. Oft mußten die Eingeborenen ihre Siedlungen räumen, wenn diese Biester in dichten Schwärmen einfielen. Eine Hilfe dagegen gibt es nicht – außer Kratzen. Dadurch werden meist weitere Infektionen hervorgerufen.

Endlich wurde ich gesund. Mein Ziel war, wie schon erwähnt, der Marañon und die Bekehrung der dort auf zahlreichen Inseln lebenden Cambebas-Indianer, die noch nie mit Missionaren in Berührung gekommen waren. Zwei Gayes-Indianer erklärten sich bereit, mich zum Marañon zu bringen. Wir brachen auf, nachdem ich mich reichlich mit Proviant und weiteren Geschenken für die Indianer versehen hatte. Auch ein primitives Zelt und ein Kanu nahmen wir mit. Ich hoffte, auf diese Weise mein Ziel erreichen zu können.

Wir fuhren auf dem Guallaga vier Tage, dann lag der Marañon vor uns, ein Band von gewaltiger Breite, in dem grüne Inseln schwammen. Hinter dem gegenüberliegenden Ufer baute sich die nahezu schwarze Wand des Urwalds auf. Hier erlebte ich eine Überraschung. Einer der Indianer, die mich begleitet hatten, eröffnete mir, er wolle bei mir bleiben und mit mir zu den Cambebas kommen. Das war mir nur lieb, da ich dadurch nicht nur einen Führer, sondern auch einen Dolmetscher gewann.

Wir fuhren sieben Tage auf dem Marañon, unter einer sengenden Sonne, von Mückenschwärmen gepeinigt, von Krokodilen bedroht. Einmal überfiel uns eine wahre Wolke von pelzigen Bienen, die zwar nicht stachen, aber dennoch entsetzliche Quälgeister waren. Sie krochen in die Ohren und in die Nasenlöcher und setzten sich in die Augenhöhlen. Sie zu verjagen war unmöglich. Wie durch ein Wunder blieben sie zurück, als wir wild gischtende Stromschnellen erreicht hatten.

Hier bewunderte ich die Kunst meines indianischen Führers. Es war mir unbegreiflich, wie er es verstand, das Kanu zwischen hoch aus dem Wasser ragenden Inseln, zwischen Felsen und Sandbänken durchzulenken, ohne daß wir kenterten. Das Wasser tobte und gischtete, und da und dort waren Krokodile zu sehen, die sich sicher auch nicht gescheut hätten, einen Jünger Christi zu verspeisen, wäre er ins Wasser gefallen.

Dann erreichten wir wieder ruhigeres Wasser, und mein Indianer lenkte das Kanu zu einer am rechten Ufer liegenden flachen Ausbuchtung und legte dort an. Er gab mir zu verstehen, daß sich hier früher einmal eine große indianische Siedlung befunden habe und daß ich hier auf ihn warten solle. Er wolle allein zu den Cambebas vorausfahren, um in Erfahrung zu bringen, ob man dort bereit sei, mich zu empfangen und aufzunehmen. Sehr glücklich machte mich diese Eröffnung nicht. Es konnte sein, daß mein Indianer nie wieder zurückkam, es war aber auch möglich, daß er mit den Cambebas wiederkehrte, um mir gemeinsam mit ihnen den Garaus zu machen und sich meiner Habe zu bemächtigen.

Später erfuhr ich, daß sich an der Stelle, auf der ich allein zurückblieb, tatsächlich eine indianische Siedlung befunden hatte.

Die Indianer – es waren Ucayales – waren geflüchtet, nachdem bei ihnen eine Blatternepidemie ausgebrochen war, und hatten sich zu den Cambebas durchgeschlagen, von welchen sie gastfreundlich aufgenommen worden waren.

Es wurden zwei seltsame Nächte, die ich hier erlebte. Ein riesengroßer Mond beleuchtete mein Zelt, und in dem Urwald, der dahinter lag, erhob sich, kaum daß der Mond aufgegangen war, ein unheimliches Konzert, das ich zu deuten wußte. Man freute sich des Lebens, man zitterte um sein Leben, man lebte weiter, man starb. Man fraß und wurde gefressen. Wie bei uns Christenmenschen, dachte ich. Ich hatte zwar keine Angst, aber mein Gefühl sagte mir, daß ich hoffnungslos verloren war.

Aber dieses Gefühl hatte mich getäuscht. Nachdem zwei Tage verflossen waren, zeigte sich mein Indianer wieder. Er saß in dem Kanu, und hinter ihm fuhr eine ganze Flotte. Ich zählte dreißig vollbesetzte Kanus. Allerdings war es immer noch möglich, daß ich für den Kochtopf bestimmt war. Auch das traf nicht ein.

Die Indianer holten mich ab und brachten mich in ihre größte Siedlung, wo ich mit Musik und Tanz empfangen wurde. Dann trugen sie mich auf den Schultern in mein Quartier. Das war eine Ehre, die sonst nur Häuptlingen zuteil wurde. Ich begriff sehr wohl, weshalb das alles geschah. Obwohl die Cambebas noch nie mit einem Weißen in Berührung gekommen waren, wußten sie, daß sie von mir Geschenke erhalten würden, darunter das wertvollste aller Geschenke: eiserne Äxte.

DER MARAÑON ODER AMAZONAS

Ich nehme jetzt vorweg, was ich über den Marañon in Erfahrung bringen konnte. Was ich niederschreibe, ist das Ergebnis der Forschung und Beobachtung in vielen Jahren.

Dieser Fluß Marañon oder Amazonas – manche glauben, es handle sich um zwei Flüsse – ist in Wahrheit ein und derselbe Fluß. Er entsteht am südlichen Ufer einer Lagune bei Guanuco, die von den Indianern Lauricocha genannt wird, und fließt mit großer Geschwindigkeit durch das Gebirge. Erst vom Hafen von Jaën ab ist er schiffbar. Sein Wasser ist immer weiß und trüb.

Alljährlich im März schwillt der Amazonas derart an, daß er um fünf oder mehr Brassen* steigt und alle Inseln und die auf den Inseln gelegenen Ortschaften überschwemmt. Während dieser Zeit lebt das Inselvolk auf dem Festland. Diese große Hochflut dauert drei Monate.

Der Amazonas ist sehr fischreich und beherbergt eine in anderen Flüssen selten gesehene Fischart, die sogenannte Seekuh. Ihr Kopf ist dem einer Landkuh sehr ähnlich, ebenso ihre Körpergröße. Sie hat weder Füße noch Hände. Zur Fortbewegung dienen ihr zwei nahe dem Kopf befindliche Flossen. Es ist ein Fisch ohne Schuppen, die Haut ist glatt und fingerdick. Sie lebt von Gras, das sie an den Ufern des Stromes abweidet. Das Fleisch ist sehr fett, aber ohne Fischgeruch. Gebraten ist es schmackhafter als Schweinefleisch. Das Weibchen bringt Junge zur Welt, wie eine Landkuh, und hat unter den Flossen zwei Zitzen, durch die es das Junge mit Milch ernährt.

Schildkröten gibt es in Mengen. Zur Zeit des Niederwassers, wenn sie auf die Sandbänke steigen, um ihre Eier zu vergraben, werden in einer Nacht von den Indianern oft Tausende umgedreht und gefangen. Die Indianer schätzen Schildkrötenfleisch sehr, noch mehr aber die Eier. Außerdem machen sie Jagd auf die ausgeschlüpften Jungen, die als besonderer Leckerbissen gelten.

Krokodile gibt es im Amazonas auch mehr als genug. Sie sind riesig groß und scheußlich. Viele sind so gefräßig, daß sie oft ein Kanu angreifen und umstürzen und die Indianer dann fortschleppen und auffressen. Zur Zeit der Hochflut dringen sie sogar in Hütten ein und holen die Bewohner als Beute fort.

Es kommen im Amazonas auch unförmige Schlangen vor, wenn auch sehr selten. Nur zu häufig erfaßt eines dieser Reptile einen badenden Indianer, umschlingt seinen Körper, erwürgt ihn, zerbricht ihm die Knochen und verschlingt ihn nach und nach. Diese Schlangen besitzen nämlich keine Zähne. Gelingt es einem nicht, der Schlange, wenn sie angreift, sofort den Kopf abzuschlagen, ist man unrettbar verloren.

Auf den Inseln und auf dem Festland leben viele andere Schlangen, auch giftige Würmer, Moskitos, Stechmücken, die eine entsetzliche Plage sind, Termiten, die alle Kleidungsstücke

* 1 Brasse = 2,20 m.

auffressen, sowie Ameisen, deren Stich Fieber hervorruft. Die Termiten sind so luft- und lichtscheu, daß man sie im Gegensatz zu den Ameisen fast überhaupt nicht sieht. Sie arbeiten am liebsten im Dunkel, entweder unterirdisch oder des Nachts. Da bauen sie Gänge, welche zu der von ihnen entdeckten Nahrungsquelle führen. Außer Eisen und Stein ist vor ihnen nichts sicher. Mit größter Vorliebe fressen sie Holz, Papier und Kleider.

Zu erwähnen ist noch, daß es in Amazonien viele Affen, Schweine, Tapire, Hühner, verschiedene Vögel mit buntem Gefieder sowie Tiger und Löwen* gibt. Die Tiger sind sehr blutgierig und richten viel Schaden an. Zur Zeit des Niederwassers sieht man auf den Ufern Heere von Möwen, Enten und Reihern.

Auf beiden Ufern des Amazonas dehnt sich der Urwald aus. Die Bäume sind sehr hoch. Die einen haben, schält man die Rinde ab, ein ganz rotes Holz, andere ein schwarzes, wieder andere ein gelbes. Kakao ist in großen Mengen vorhanden, ebenso Nelkenrinde, mit welcher die Eingeborenen die Speisen würzen.

Am Schluß will ich nicht unerwähnt lassen, daß die Cambebas, bei welchen ich angelangt war, den großen Strom weder Marañon noch Amazonas, sondern Orellana nannten.

UNSER VATER FRITZ

Die Siedlungen der Cambebas lagen auf 31 Inseln. Ich besuchte sie alle, was ein beschwerliches Stück Arbeit war, da die Entfernungen oft groß waren. Angst brauchte ich keine mehr zu haben, denn ich war schon nach zwei Monaten Aufenthaltes sozusagen ein Cambeba geworden, obwohl ich nicht mehr imstande war, Geschenke zu machen. Die Indianer nannten mich »ihren Vater Fritz«, wobei es schrecklich komisch war, wie sie meinen Namen aussprachen.

Ich lehrte sie verschiedene Gewerbe und konnte dem oder jenem helfen, wenn er erkrankt war. Vor allem von Augenleiden befreite ich viele. Dann dachte ich allmählich daran, weshalb ich hierhergekommen war. Ich ging sehr behutsam vor. Im Verlauf

* Fritz meint den Jaguar und den Puma.

eines Jahres bekehrte ich den ganzen Stamm. Und wieder nach einem Jahr hatte ich die Indianer so weit, daß sie eine kleine Kapelle erbauten und Sonntag für Sonntag zur Messe kamen. Ich nannte die auf der größten Insel gelegene Mission San Joaquim.

Es kam, wie es kommen mußte. Es sprach sich herum, daß am oberen Amazonas ein weißer Medizinmann lebte, der böse Geister beschwor, dies mit einem einfachen Holzkreuz, und kranke Augen heilte. Teils Neugier, vor allem aber auch Eifersucht auf die Cambebas hatte zur Folge, daß sich bei mir Abgesandte einfanden, die mich einluden, auch ihren Stamm aufzusuchen. Als die große Flut herannahte, verließ ich San Joaquim, entschlossen, einige Dörfer kennenzulernen, die ich bisher noch nicht gesehen hatte. Doch das war mir nicht mehr möglich, da die Ufer schon überflutet waren. Im Februar kam ich bei den Yurimaguas an. In ihrer Siedlung wurde ich zunächst mit abergläubischer Furcht gemieden, doch nachdem es mir gelungen war, ihre Angst vor einem bösen Stromgeist zu bannen, wurden auch sie meine Freunde. Ich

Kampf zwischen Indianern

machte ihnen klar, daß der beste Schutz vor allen bösen Geistern die Taufe war.

Schon nach 14 Tagen hatte ich die Yurimaguas so weit, daß sie ihr »Beinhaus« in Flammen aufgehen ließen. Etwas Scheußlicheres als das Innere dieser Hütte hatte ich noch nie gesehen. Dort hingen an Bastfasern zahlreiche Köpfe getöteter Feinde, und ich dachte daran, daß eine Bereicherung dieser teuflischen Sammlung durchaus möglich gewesen wäre: die durch meinen Schädel. Ich tanzte in diesen Gegenden immer auf einem schwankenden Seil.

Der Medizinmann des Stammes war durch diese Verbrennung mein Feind geworden. Er kam zu mir, abscheulich bemalt, die Zähne fletschend und wilde Drohungen ausstoßend. Ich hielt ihm mein hölzernes Kreuz entgegen, und er lief davon, als stünde er einem Tiger gegenüber.

Ich lehrte die Yurimaguas den Bau einer Kapelle und nannte das neue Gotteshaus »Nuestra Señora de las Nieves«*. Doch der Amazonas verhinderte, daß ich länger bleiben konnte. Da in früheren Jahren der Ort, in dem ich mich aufhielt, nie zur Gänze überschwemmt worden war, glaubte ich, vor der Flut sicher zu sein. Sie stieg aber diesmal so gewaltig, daß auch am höchstgelegenen Punkt des Ortes, wo meine Behausung stand, der Strom bis auf die Entfernung einer Vera** gestiegen war. Als der Amazonas in die Hütten einzudringen begann, kamen die Wasser mit solcher Gewalt, daß sie ein Mühlrad hätten drehen können.

Ich verließ die Siedlung, als mir die Nachricht zukam, daß in einem stromabwärts gelegenen Aizuaresdorf zwei Indianer schwer erkrankt waren. Die Fahrt dorthin – ich legte sie in einem kleinen Kanu allein zurück – war wahrhaftig eine Höllenfahrt. Der Strom tobte, zischte und gurgelte, Urwaldriesen und kleine Inseln trieben im Wasser. Mehrmals war ich nahe daran, zu kentern und eine willkommene Beute für die Krokodile zu werden, doch mit Gottes Hilfe kam ich durch. Dann, als ich mein Ziel erreicht hatte, erfuhr ich, daß sich die beiden Kranken zu den Yurimaguas begeben hatten. Also Rückkehr! Also eine zweite Höllenfahrt, diesmal stromaufwärts!

Bei meiner Rückkehr fand ich die beiden noch am Leben. Ich

* Unserer lieben Frau vom Schnee.

** 1 Vera oder spanische Elle = 83,59 Zentimeter.

unterrichtete sie im Glauben, taufte und traute sie – denn es war ein Indianer mit seinem Weib – und konnte ihnen auch ein wenig Erleichterung verschaffen. Sie waren von einer teuflischen Krankheit befallen, die von mit dem freien Auge kaum sichtbaren Würmern verursacht wird, die durch den After in den Darm kriechen und sich dort einnisten.

Die Yurimaguas und die Aizuares sind zwar verschiedene Stämme mit verschiedener Sprache, haben aber dieselben Sitten. Sie gingen, als ich ankam, vollkommen nackt. Allmählich gelang es mir, wenigstens die Weiber daran zu gewöhnen, daß sie sich kleideten. Ich lehrte sie auch das Weben der Kleider. Die Nahrung dieser beiden Stämme besteht – außer dem, was ihnen der Amazonas liefert – aus Kassave und Maniokmehl.

Ehemals waren die Yurimaguas sehr kriegerisch und Herren fast des ganzen Amazonasstroms. Ihre Weiber kämpften mit Pfeil und Bogen nicht weniger mutig als die Männer, und deshalb glaube ich, daß sie es waren, mit welchen Francisco de Orellana zusammenstieß. Aber jetzt sind sie ängstlich und kämpfen nicht mehr.

IN LEBENSGEFAHR

Während ich in der Yurimaguasiedlung, die bereits vollkommen überschwemmt war, in einer Barbacoa* wohnte, erkrankte ich an heftigem Fieber und Wassersucht. Volle drei Monate hindurch wurde ich in dieser elenden Behausung festgehalten, ohne einen Schritt tun zu können. Tagsüber plagte mich das Fieber nicht allzusehr, nach Einbruch der Dunkelheit jedoch begann ich regelrecht zu glühen. Der Mund trocknete mir aus, auf einem Lager, das kaum eine Spanne hoch über dem tobenden Wasser stand. Krokodile belagerten mich, ich konnte ihre glühenden Augen sehen und ihren stinkenden Atem riechen, so nahe kamen sie. Ratten nagten sogar meine Eßgeräte an, Löffel, Zinnteller und Messergriffe. In einer Nacht kroch ein Krokodil in mein Kanu, dessen

* Eine auf Pfählen stehende überdachte Plattform, in die man bei Hochwasser flüchten kann.

Bug zu mir heraufragte. Wäre es weiter vorgedrungen, wäre es mit mir zu Ende gewesen. Doch es flüchtete, als ich einen Kochtopf nach ihm warf.

Auch arger Hunger plagte mich. Die Indianer, deren Maniokfelder unter Wasser standen, hatten sich tief in den Wald zurückgezogen und lebten dort von Früchten. Sie konnten mir also nicht helfen. Daher nährte ich mich von Fischen, die ich tagsüber fing. Eine Möglichkeit, sie zu braten, besaß ich nicht. Ich schlang sie roh hinunter. Ein Stück Brot! Ein Stück hartes, altes, verschimmeltes Brot! Was hätte ich damals darum gegeben!

DER GUARICANA

Als die Yurimaguas ein Saufgelage veranstalteten, hörte ich den Ton einer großen Flöte, der so abscheulich war, daß er mir durch Mark und Bein ging. Ich forderte die Indianer auf aufzuhören und fragte, weshalb sie diesen Lärm veranstalteten. Darauf antworteten sie mir, daß sie die Flöte bliesen, um den Guaricana, nämlich den Teufel, herbeizurufen, der seit der Zeit ihrer Ahnen in sichtbarer Gestalt zu ihnen komme, um ihnen beizustehen. Sie errichteten ihm immer im Urwald eine eigene Hütte und brachten Getränke und ihre Kranken dorthin, damit er sie heile. Ich fragte, in welcher Gestalt er ihnen erschiene. Der Häuptling Mativa antwortete mir: »Das kann ich nicht beschreiben, ich kann nur sagen, daß er schrecklich ist und daß, wenn er kommt, alle Weiber mit den Kindern die Flucht ergreifen, es bleiben nur die Männer. Dann nimmt der Teufel eine Peitsche, die wir zu diesem Zweck vorbereitet haben, mit Riemen aus Sehkuhhaut und schlägt uns auf die Brust, bis wir stark bluten. Kommt der Teufel nicht, teilt ein Alter die Schläge aus, von welchen wir alle tiefe Narben auf der Brust haben. Wir tun das, um uns mutig zu machen. Manchmal nimmt der Teufel die Gestalt eines Tigers oder Schweines an, bald ist er riesengroß, dann wieder winzig klein.«

Ich fragte den Häuptling weiter, ob der Guaricana etwas über mich gesagt habe, nämlich, ob man mich aufnehmen oder töten solle. Der Häuptling wich einer Antwort aus und erwiderte: »Ich konnte seine Worte nicht verstehen. Aber seit Ihr gekommen seid

Indianerinnen machen Getränke

und das Kreuz aufgepflanzt habt, will er nicht mehr zu uns kommen und weigert sich auch, die Kranken zu heilen, die einige noch in seine Hütte bringen. Deshalb müßt Ihr jetzt für sie sorgen und das Evangelium beten, damit sie nicht sterben. Könnt Ihr das nicht, werden wir den Guaricana zurückrufen und Euch den Krokodilen zum Fraß vorwerfen.«

Das war alles, was ich über den Guaricana hörte. Dieselbe Überlieferung hatten die Aizuares und stromabwärts die Solimõens, die Gift-Indianer, deren Pfeile den sofortigen Tod herbeiführten.

DIE PORTUGIESEN KOMMEN

Während ich auf meiner Plattform mit meiner Krankheit kämpfte, erschienen in zehn Kanus mehrere Manaves-Indianer, um die hungernden Yurimaguas mit Bananen und Brot zu versorgen. Als ich sie erblickte, versuchte ich mich durch Zurufe und Gesten bemerkbar zu machen, doch sie taten, als sähen sie mich nicht. Sie ruderten, großen Abstand haltend, an meiner Behausung vorbei. Erst am nächsten Tag kamen sie zu mir und gaben mir für zwei Zinnteller ein wenig Brot und Bananen. Sie nannten mich in ihrer Sprache Abbá, was wie im Hebräischen Vater bedeutet.

Die Manaves-Indianer sind sehr tapfer und werden von ihren Nachbarn gefürchtet. Ihre Waffen bestehen aus Bogen und vergifteten Pfeilen, sie lassen sich kein Kopfhaar wachsen, damit man sie – wie sie sagen – im Kampf nicht daran packen könne. Sie gehen nackt und färben die Stirn bis zu den Ohren mit einem schwarzen balsamähnlichen Harz. Ihre Ländereien liegen am Nordufer eines kleinen Flusses namens Yurubetts, den man vom Rio Yupurá aus erreicht. Sie verlassen sie in der Regel zur Zeit der Hochflut, weil infolge der Überschwemmung die beiden Flüsse dann in Verbindung stehen und sie vom Yurubetts aus den Yupurá mit ihren Kanus erreichen können. Diese Manaves handeln mit den Aizuares, Ibanomas und Yurimaguas mit folgenden Waren: Goldplättchen, Zinnober, Yucaraspeln (diese bestehen aus dem scharfen, zackigen Zungenbein eines großen Fisches, der Paice heißt), Hängematten aus Cachibanco (als Cachibanco bezeichnet man die äußersten, ganz dünnen Fasern, die von den Zweigen der Achuapalme abgezogen werden; nach dem Trocknen in der Sonne und Färben mit verschiedenen Farben knüpfen die Indianerinnen daraus Hängematten, ja sogar ganze Zelte), Körbchen und Keulen. Das Gold gewinnen sie nicht selbst, sie fahren vielmehr vom Yurubetts zum Rio Iquiari, wo sie es im Tauschhandel erwerben. Dieser Fluß ist wegen seines Goldes berühmt.

Während das Dorf überschwemmt war, kamen auch acht Ibanomas stromaufwärts von der Mündung des Yupurá, um mich zu besuchen und in ihre Siedlung einzuladen. Diese Ibanomas brachten mir die Nachricht, daß einige Portugiesen aus Pará bis zu den Cuchivaras heraufgekommen waren, um Sarsaparille zu sammeln. Sarsaparille ist eine Wurzel, die getrocknet und zerrieben wird. Das so gewonnene Pulver ist schweißtreibend und blutreinigend und hilft, wenn Zinnober beigefügt wird, gegen die Syphilis.

Ich empfand wenig Freude über diese Nachricht. Die Portugiesen – das waren wohlbewaffnete Mischlinge, die raubten, plünderten und die Indianer nach Brasilien in die Sklaverei verschleppten. Daß es Missionare waren, glaubte ich nicht recht. Ob so oder so, entschloß ich mich, den Strom hinabzufahren. Vielleicht konnte ich ein Unheil verhüten.

PROPHET ODER TEUFEL?

Als das Wasser zu fallen begann, begab ich mich mit dem Häuptling Mativa und zehn Yurimaguas auf die Fahrt stromabwärts. Ich verließ Nuestra Señora de las Nieves am 3. Juli 1689. Die Siedlungen der Aizuares ließ ich abseits liegen, am nächsten Tag passierte ich die Mündung des Yuruá, gegen Abend weitere Aizuares-, Guayoëni- und Quirimatatesiedlungen.

Am 14. fuhr ich nach Sonnenaufgang in den Cuchivara ein. Hier wimmelte es von Krokodilen, und mein Kanu wurde mehrmals angefallen. Am 15. erfuhr ich dann, daß in diesem Gebiet tatsächlich portugiesische Sklavenjäger am Werk waren. Sie hießen Manuel Andrade und Manuel Pestaña und waren knapp vor meiner Ankunft stromabwärts gefahren, ob mit oder ohne Beute aus Fleisch und Blut, konnte man mir nicht sagen. Diese Schurken, die noch dazu auf spanischem Gebiet ihr schmutziges Handwerk betrieben! Ich war entschlossen, es ihnen zu legen. Aber wie?

Kaum war ich hier angelangt, kamen viele Indianer und Indianerinnen der Cuchivaras zu mir und pflegten mich mit Eifer und Liebe. Sie brachten mir viele Fische, Schildkröten und Bananen und luden mich ein, bei ihnen zu bleiben. Das wollte, das durfte ich nicht. Ich mußte verhindern, daß von hier Indianer in die Gefangenschaft geschleppt wurden.

Am 24. Juli setzte ich unter der Führung von Cuchivara-Indianern meine Fahrt fort. Am 26., bei Einbruch der Nacht, kam ich zur Mündung des Rio Negro, und am 28. stießen wir auf mehrere Kanus, in welchen Tupinambaranas saßen. Ihr Häuptling hieß Cumiarú und – fing für die Portugiesen Indianer ein. Meine Cuchivaras spannten sofort ihre Bogen, ich pflanzte mein Kreuz am Bug des Kanus auf, aber es kam zu keinem Kampf. Cumiarú gab uns durch Gesten zu verstehen, daß er unser Freund sei. Er lenkte sein Kanu bis zu dem meinen, und als ich ihm vorhielt, zu welch schändlichem Gewerbe er sich da hergebe, lachte er und sagte, er fange nur Menschenfresser, die nicht besser als Tiere seien und daher die Gefangenschaft verdienten. Zunächst konnte ich nichts tun. Ich war krank und – es zu einem Kampf kommen zu lassen war sinnlos. Meine Zeit war noch nicht da, aber sie würde bald dasein. Meine Mühlen, dachte ich überheblich, mahlen langsam, aber sicher, wie die Gottes.

Es muß erwähnt werden, daß meine Reise nicht nur bei den angrenzenden heidnischen Stämmen, sondern auch bis nach Pará und San Luis de Marañon Aufsehen erregte. Die einen sahen mich für einen Heiligen, die anderen für den Teufel an. Wegen des Kreuzes, das ich mitführte, behaupteten manche, ein Prophet sei gekommen, es gab aber auch einige, die meinten, ich sei ein Gesandter aus Persien. Die meisten zogen sich aus Furcht vor mir zurück, sie glaubten, ich hätte ein Feuer bei mir, mit dem ich alle Orte und alle Leute, welchen ich begegnete, verbrennen wolle.

Am 5. August kam ich in Urubú an und wurde dort von einem Mönch namens Teodosio Vegas und dem Befehlshaber der Sklaventruppe, Capitan mayor Andrés Piñeiro, empfangen. Ob der Mönch mit den Sklavenjägern unter einer Decke steckte, wußte ich natürlich nicht sofort. Auf jeden Fall nahm er mich wie einen Bruder auf und erklärte sich bereit, mich gesund zu pflegen.

Dieser Piñeiro erzählte mir später in Pará selbst, er habe es, nach alldem, was er über mich gehört hatte, nicht gewagt, mit mir zu sprechen. So habe er mich durch ein Loch in der Wand eine Zeitlang beobachtet, um festzustellen, ob ich ein Mensch oder ein übernatürliches Wesen sei.

Hier in Urubú hielt man mich 15 Tage zurück und pflegte mich mit viel Liebe. Piñeiro befahl, mich gegen das Fieber zur Ader zu lassen und mich gegen die Wassersucht auszuräuchern. Gegen die übrigen Beschwerden wendet man andere Mittel an, aber es wurde nicht nur nicht besser, sondern mein Zustand verschlechterte sich immer mehr. Bis jetzt hatte ich mich auf den Beinen halten können, von jetzt an war ich gezwungen, mich in einer Hängematte tragen zu lassen, denn die Wassersucht verbreitete sich fortschreitend über den ganzen Körper und bereitete mir große Beklemmungen und Beschwerden.

Am 15. August, als der Befehlshaber sah, daß meine Krankheit jeden Tag schlimmer wurde, schickte er mich mit einem seiner Kanus nach Pará* und gab mir zur Betreuung einen Soldaten namens José de Siloa mit. Mehr tot als lebendig erreichte ich zuerst Ibarari, eine der Gesellschaft Jesu gehörende Zuckermühle, und dann Pará. Hier wurde ich von meinen portugiesischen Ordensbrüdern herzlich aufgenommen, nur der Capitan mayor Antonio de Albuquerque begegnete mir von allem Anfang an mit Mißtrauen. Er tat dies nicht ohne Grund.

Nach zwei Monaten, in welchen ich unzählige Medizinen zu mir nahm, hatte Gott die Gnade, mir meine Gesundheit wiederzuschenken. Doch nun wartete eine Mühsal auf mich, die noch schwerer als irgendeine Krankheit zu ertragen war.

ICH WERDE FESTGEHALTEN

Die Portugiesen hatten wohl sehen müssen, daß ich schwer erkrankt nach Pará gekommen war. Aber das Gewissen pflegt ein unruhiger Mahner zu sein. Sie wußten, wie weit sie mit ihren Eroberungen schon in das Gebiet des katholischen Königs vorgestoßen waren, in ein Gebiet, das gemäß einer von den beiden Kronen getroffenen Vereinbarung, die der Heilige Vater bestätigt hatte, Kastilien gehörte. Und sie wußten, daß sie dort keinen Sklavenhandel betreiben durften. Daher begannen sie mich zu verdächtigen und für einen verirrten Spion zu halten, der von spanischer Seite ausgesandt worden war. Wenige Tage nach meiner Gesundung erschien ein Gerichtsrat namens Miguel Rosa bei mir und erklärte mich für festgenommen. Als Grund für meine

* Belém.

Festnahme gab er an, ich hätte meine Krankheit vorgetäuscht und hätte mich nur deshalb über den Marañon hinunterbringen lassen, um zu sehen, wie weit die Portugiesen vorgestoßen seien – in ein Gebiet, das ihnen gehörte. Daß er log, doppelt log, wußte er.

Ich verwahrte mich gegen das alles schärfstens. Doch das half mir nichts. Die Gewalt siegte auch hier über das Recht. Ich wurde in ein Gefängnis gebracht, in dem man mich – das muß ich zugeben – gut behandelte. Man gab mir zu essen und erlaubte mir, die Bibel zu lesen. Welch ein Hohn!

Woche um Woche, Monat um Monat verstrich. Ich dachte viel an meine Indianer. Schließlich verlangte ich, Albuquerque vorgeführt zu werden. Dieser Wunsch wurde mir erfüllt. Ich forderte Albuquerque auf, mich nach Lissabon reisen zu lassen, damit ich dort bei der portugiesischen Majestät gegen das Einspruch erheben könne, was hier geschah. »Hier bleibt das Evangelium Christi nicht unangetastet«, sagte ich.

Albuquerque erwiderte hohnlachend, er habe bereits an den König von Portugal geschrieben und er halte es für sicher, daß dieser befehlen werde, mich in Pará für immer in Gewahrsam zu halten oder nach Lissabon auszuliefern. »Ihr habt es vortrefflich verstanden, eine schwere Krankheit vorzutäuschen«, sagte er. »Und ihr alle von der Gesellschaft Jesu seid wie Pech und Schwefel. Ich habe Euch sofort durchschaut. Sklavenhandel? Seid Ihr auch dagegen, Krokodile zu erlegen?«

19 Monate lang hielten sie mich in Pará fest. Dann kam der Brief des Königs von Portugal. Er lautete anders, als es sich Albuquerque ausgemalt hatte. Der König befahl, mich sofort freizulassen und auf Kosten des königlichen Schatzes in meine Mission zurückzubringen. Nun tat Albuquerque so, als wäre er mein Freund. Während ich wünschte, nur von einigen indianischen Ruderern begleitet zurückzukehren, bestand er darauf, mich von Soldaten eskortieren zu lassen. Meine Sicherheit sei ihm heilig, behauptete er.

Mit den Vorbereitungen, die Kanus mit allem für die Fahrt Nötigen zu versehen, vergingen weitere drei Monate. Meine Haft in Pará dauerte also im ganzen 22 Monate. Ich war, als ich aufbrach, entschlossen, Antonio de Albuquerque alles heimzuzahlen, was er mir angetan hatte. Das Recht mußte siegen. Der Amazonenstrom, den Gonzalo Pizarro entdeckt und Francisco de Orellana als erster befahren hatte, war ein spanischer Strom.

Der Kommandant, den mir der Gouverneur mitgab, hieß Antonio Miranda. Außerdem begleiteten mich sieben Soldaten und ein Wundarzt. Davon waren nur der Wundarzt und ein Soldat – er hieß Francisco Pailheta – weißer Hautfarbe. Die anderen waren Mestizen oder, wie sie die Portugiesen nennen, Mamelucos. Außerdem nahmen wir fünfunddreißig indianische Ruderer aus verschiedenen Ortschaften mit.

Hier ein Wort über die Mamelucos: Unter Mamelucos versteht man die Mischlinge, die aus der Verbindung zwischen den portugiesischen Einwanderern und der eingeborenen Bevölkerung Brasiliens hervorgegangen sind. Als hervorragende Pfadfinder und kühne Waldläufer drangen sie allmählich überallhin vor. Sie sind brutale, rücksichtslose Sklavenhändler, auf deren Rechnung ein Großteil der Vernichtung der Urbevölkerung zu setzen ist. Ich hörte mehrmals, daß gewisse Händler der Mamelucos einen Vorgang »loskaufen« nennen, der darin besteht, daß sie wilden Stämmen die Kriegsgefangenen, die bereits für kannibalische Mahlzeiten bestimmt sind, gegen Messer und Äxte abkaufen, um sie dann als Sklaven zu verhandeln.

Mein Kanu war mittelgroß, 4 Spannen lang und 8 Spannen von einem Bord zum anderen breit, mit einem Segel und einer aus Brettern gebauten Kabine am Hinterschiff. Das Kanu des Kommandanten war kleiner, das der Soldaten mit 300 Arrobas* Laderaum größer. Nachdem die nötigen Vorräte geladen worden waren, verließ ich am 8. Juli 1691 freudig, wie man sich vorstellen kann, Pará. Ohne Schwierigkeiten erreichten wir Yuvarai, wo, wie ich feststellen mußte, der Kapellan Juan Maria mit Sklaven handelte. In Comuta erlebte ich dasselbe. Der Missionar Juan Maria Luca, ein Piemonteser, füllte seine Taschen damit, daß er Indianer als Sklaven nach Brasilien verkaufte. Ich hatte Gelegenheit, mit ihm ein paar Worte zu wechseln. »Ihr verratet Christus«, sagte ich, und er erwiderte: »Schert Euch zum Teufel, Spanier. Der Amazonas? Dieser Fluß gehört uns.«

In den folgenden Tagen gerieten wir mehrmals in arge Stürme. Der Amazonas gebärdete sich wie ein Meer. Mein Kanu geriet

* 1 Arroba = 12 kg.

durch sich kreuzende Wellen in eine gefährliche Lage, gefährlich schon deshalb allein, weil uns ohne Unterlaß ganze Herden von Krokodilen folgten. Am großen Soldatenkanu brach infolge der Gewalt der Wellen das Steuer, so daß es hilflos umhertrieb.

Es gelang, den Schaden zu beheben, und um 4 Uhr abends kamen wir zu einer Flußenge, die den Namen Garganta de Amazonas führt. Auch hier macht sich, trotz der gewaltigen Entfernung*, Flut und Ebbe des Meeres durch Steigen und Fallen des Flußwassers bemerkbar. Am Beginn der Enge mündet der Rio de las Trompetas in den Amazonenstrom.

Während der nächsten Tage sahen wir weder ein Dorf noch einen Menschen. Dann gelangten wir am 2. September zu einer gewaltigen Sandbank, auf der sich eine Indianersiedlung befand. Dort erfuhr ich, was sich während meiner Abwesenheit ereignet hatte. Durch ein schreckliches Erdbeben waren mehrere Siedlungen vernichtet worden. Unzählige waren ums Leben gekommen, und die Überlebenden glaubten, daß es nur deshalb zu dieser Naturkatastrophe gekommen war, weil ich sie verlassen hatte. Da sie eine Wiederholung des Bebens befürchteten, hatten sie dem Fluß einen Korb anvertraut, in dem sich die Botschaft befand, ich möge zurückkehren. Dieser Korb war gewiß nie in Pará angekommen. Man hatte sich aber erzählt, daß mich die Portugiesen in Stücke geschnitten hätten, dies ohne jeden Erfolg. Denn mein Körper hätte sich, da ich unsterblich sei, von selber wieder zusammengesetzt. Ich ließ die auf der Sandbank lebenden Indianer meine Hände berühren, um sie davon zu überzeugen, daß ich ein Mensch wie jeder andere war.

Am 4. September verließen wir die Sandbank um Mitternacht, und am 6. September kamen wir in ein durch ein Erdbeben verwüstetes Gebiet. Ruinen von Hütten, von irgendwo herabgestürzte Felsen, gewaltige entwurzelte Bäume, die in den Strom geschleudert worden waren, grellrotes oder scheußlich gelb gefärbtes Erdreich – das war ein entsetzlicher Anblick. Und im Strom selbst trieben unzählige tote Fische. Sie waren durch gleichzeitig aufgetretene schreckliche Flutwellen getötet worden. Die Indianer glaubten, daß dies alles geschehen war, weil mich die Portugiesen gefangengehalten hatten.

* Sie beträgt 700 km.

Am 7. September gerieten wir in eine gewaltige Strömung, die wir lange nicht überwinden konnten. Während wir mit den tobenden Wellen kämpften, überfielen uns riesige Schwärme von Bienen. Sie stachen nicht, sondern suchten unseren Schweiß. Schlug man zehn tot, waren zwanzig andere da. Sogar die Augenflüssigkeit versuchten sie aufzusaugen. Ich erwehrte mich ihrer, indem ich mich, in eine Decke gehüllt, flach auf den Boden legte. Daß sie plötzlich zurückblieben, kam einem Wunder gleich.

Noch in der Nacht kamen wir zu der Stelle, wo der Rio Negro in den Marañon mündet. Am nächsten Tag feierten wir hier den Geburtstag Unserer Lieben Frau. An diesem Tag erschienen bei uns 80 heidnische Taromasindianer mit ihrem Häuptling Carabiana. Sie brachten Lebensmittel als Geschenke mit und baten mich, kaum daß sie gekommen waren, ich möge weitere Erdbeben verhindern. Einer dieser Taromas wollte, ohne daß ich es bemerkte – Braz de Barros und einige Soldaten beobachteten es –, hinter meinem Rücken meine Größe mit einem Bogen messen. Als sich dieser zu kurz erwies, maß er mich mit einem Stab. Meine Größe war den Indianern, wohin immer ich kam, unfaßbar. Ich bin 2 Meter und 5 Zentimeter groß.

Der Häuptling Carabiana bat mich, ich möge zu seinem Stamm kommen. Er sei sehr betrübt gewesen, sagte er, daß ich bei meiner Reise stromabwärts nicht in seinem Gebiet gelandet sei, denn er hätte mich beschenkt, bewirtet und begleitet. Diese Taromas sind Menschenfresser.

Am 9. reisten wir vom Rio Negro ab, begleitet von 12 Taromas. Diese zwölf waren eine gefährliche Fracht. Einer von uns wachte nun immer, vor allem während der Nacht. Aber auch bei Tage behielten wir diese Menschenfresser, die uns immer wieder versicherten, sie seien unsere Freunde, im Auge.

Wir reisten neun Tage lang, ohne eine Siedlung zu sehen. Am 17. gelangten wir zu einem Dorf der Cuchivaras, das niedergebrannt und von seinen Bewohnern verlassen worden war. Keine Menschenseele zeigte sich. Hier ging ich an Land und machte mich auf die Suche nach den Cuchivaras. Diese Suche war vergeblich. Noch wußte ich nicht, wer hier so schrecklich gehaust hatte. Die Portugiesen konnten es nicht gewesen sein. So weit waren sie nicht vorgedrungen.

Das Bild wiederholte sich: ein niedergebranntes Dorf nach

Die Kannibalen erschlagen einen Gefangenen

dem anderen, die Bewohner in den Urwald geflüchtet. Am 22. verließen uns die Taromas. Am 13. des folgenden Monats erreichten wir endlich Nuestra Señora de las Nieves. Die Kirche war niedergebrannt, der Ort völlig verwüstet. Hier nahmen die Portugiesen von mir Abschied. Ich blieb in Nuestra Señora de las Nieves bis zum November. Tagtäglich am Morgen ließ ich die Bobona ertönen, weil ich hoffte, die Indianer würden zurückkehren. Doch sie kamen nicht.

Die Bobona besteht aus einem durch Feuer ausgehöhlten Baumstamm, der innen mit Muscheln geglättet wird. Mit Lianen zwischen zwei Pfählen aufgehängt und mit Schlegeln bearbeitet, dient er zum Signalisieren auf große Entfernungen.

Am 7. brach ich auf, völlig allein und hungernd, und gelangte am 22. Dezember nach San Joaquim, dem Hauptort meiner Mission. Hier empfingen mich einige wenige Cambebas. Sie hatten geglaubt, daß ich längst tot sei, entweder von Indianern ermordet oder vom Marañon verschlungen. Und hier erfuhr ich, daß die Taromas den ganzen Oberlauf des Stromes mit Krieg überzogen hatten.

NACH QUITO

Es bedurfte für mich keiner langen Überlegungen, um zu erkennen, daß ich mich hier nicht halten konnte. Früher oder später würden die Taromas auch hierher kommen und uns alle erschlagen oder fressen. Also benötigte ich Hilfe. Sie von den Portugiesen zu verlangen hätte bedeutet, daß ich ihnen spanisches Gebiet auslieferte. Ich mußte nach Quito. Nur dort durfte ich echte Hilfe erwarten.

Mir graute vor dem Weg nach Quito, den ich ja kannte. Doch ich besaß keine andere Möglichkeit, wollte ich nicht alles aufgeben. Zwei Cambebas erklärten sich bereit, mich zu begleiten. Ich will hier nicht schildern, welchen Leiden wir ausgesetzt waren. Einer der Indianer starb unterwegs. Ich war ein in Lumpen gehülltes Skelett, als ich in Quito ankam. Sicher glich ich den Männern, welche mit Gonzalo Pizarro zurückgekehrt waren.

In Quito wurde ich freundlich aufgenommen und zunächst gesund gepflegt. Dann verfaßte ich einen Brief, der nach Lima gesandt wurde. Er lautete:

> Samuel Fritz bittet den Vizekönig von Lima, Don Melchior de Portocarrero Laso de la Vega, conde de la Moncloa, um Unterstützung für seine Missionsarbeit.
> Eure Exzellenz!
> Samuel Fritz, Priester der Gesellschaft Jesu, der das Ordensgelübde abgelegt hat, Missionar am Rio Marañon, meldet folgendes: Obwohl der Rio Marañon von einem Spanier, nämlich Gonzalo Pizarro, entdeckt wurde, ergreifen die Portugiesen von immer größeren Teilen des Stromes Besitz. Dabei sind sie nicht darauf bedacht, die Indianer den wahren Glauben zu lehren, sie schleppen diese Unglücklichen vielmehr nach Brasilien in die Sklaverei.

Unsere Gesellschaft hat nur die Absicht der geistigen Eroberung im Auge. Diese fällt schwer, da die Völker hier barbarische Sitten und Lebensgewohnheiten haben. Dies gilt vor allem für die Bewohner des Urwaldes, die ihre Feinde auf grausame Art töten und noch dazu ihr Fleisch essen.

Seit sieben Jahren habe ich aus Quito keine Hilfe in Form von Eisengeräten und Zieraten erhalten, mit welchen ich mir diese Wilden geneigt machen kann, ebensowenig erhielt ich irgendwelche Kirchenrequisiten, die notwendig sind, mein Ansehen hier zu stärken. Außer einem tragbaren Altar mit gänzlich zerfetztem Ornament und einer kleinen Glocke besitze ich überhaupt nichts. Ich brauche eine Hilfe, die den Schutz meines Lebens gewährleistet und es mir erlaubt, unbekümmerter die Angelegenheiten des katholischen Glaubens zu verfolgen und die barbarischen Sitten auszurotten. Ich verspreche mir hier mit der Gnade Gottes und der entsprechenden Unterstützung und Hilfe eine große Ernte an Seelen für den Schoß der heiligen Kirche.

Zu den Füßen von Eurer Exzellenz niedergesunken, bitte und flehe ich daher, daß Sie dem königlichen Schatzamt befehlen, mir Hilfe für die gegenwärtigen Bedürfnisse meiner Mission zu gewähren.

Ebenso bitte ich, mir zwölf Soldaten zur Verfügung zu stellen, damit sie mir unter den Barbaren bei der Verbreitung des heiligen Glaubens zur Seite stehen.

Euer untertäniger Diener in Christo *Samuel Fritz*

Mein Gesuch wurde von Don Matias Lagunez, dem Kronfiskal der Audiencia von Lima, sehr günstig beurteilt. Es wurden mir 2000 Pesos für die Anschaffung von Kirchengeräten ausbezahlt, außerdem erhielt ich Geräte, die einen weiteren Wert von 2000 Pesos darstellten. Schließlich stellte man mir 15 Soldaten zur Verfügung, deren Kommandant Don Alonso de Borja war, ein in solchen Unternehmungen erfahrener Mann.

Wir reisten über Jaën de Bracamoros und durch den Pongo von Manseriche. Auf dieser Fahrt widmete ich mich wieder sorgfältigen Beobachtungen des Flußlaufes des oberen Marañon und maß, so gut ich das vermochte, die Lage der Hauptpunkte, um meine Karte, welche zu zeichnen ich begonnen hatte, zu vervollkommnen. Bei dieser Reise stellte ich als erster den Ursprung des Marañon in der Lagune von Lauricocha fest.

WIEDERAUFBAU

Nach meiner Rückkehr aus Quito nahm ich meine Missionstätigkeit wieder auf. Allmählich kehrten die Indianer jetzt in ihre Siedlungen zurück. Ich schlug ihnen vor, ihre Hütten auf die Tierra Firme zu verlegen, also jenen Uferstreifen, der nicht vom Hochwasser erreicht wurde. Dabei stieß ich auf einigen Widerstand, da meine Schützlinge das Festland fürchteten. An beiden Ufern des Marañon verlaufen nämlich Wege, auf welchen sich die mordlustigen Urwaldbewohner vor allem des Nachts fortbewegen.

Ich verlegte San Joaquim ins Gebiet der Caumaris, auf einen nahe dem Strom gelegenen erhöhten Platz. Hier entstanden bald zwei neue Dörfer, die ich Unserer Lieben Frau von Guadelupe weihte. Die Kapelle erbaute ich selber, eine Kirche entstand, in welcher ich leichten Unterricht erteilte.

Mein Ansehen stieg, die Indianer hielten mich für ein übernatürliches Wesen, das der Sonne und der Erde gebieten konnte.

Aber zur Ruhe kam ich nicht. Eines Tages erhielt ich die Nachricht, daß ein Trupp Portugiesen bis zu den Yurimaguas vorgedrungen sei, um Handel zu treiben und Gefangene zu machen. Sofort brach ich mit meinen Soldaten stromabwärts auf und kam am 14. März in Nuestra Señora de las Nieves an. Die Portugiesen waren, als wir eintrafen, schon fort. Der Häuptling versicherte mir, sie seien sehr ärgerlich weggefahren und hätten gedroht, bald wiederzukommen und den ganzen Stamm in Ketten zu legen und mitzunehmen. Der Grund für ihren Ärger war gewesen, daß die Yurimaguas sich geweigert hatten, ihnen ihre Kinder zu verkaufen. Und richtig zornig waren die Portugiesen geworden, als ihnen der Yurimaguas-Häuptling erklärt hatte: »Der Pater hat uns verboten, unsere Kinder zu verkaufen, und wir leisten ihm Gehorsam.« Daraufhin hatte der Kommandant der Portugiesen geschrien: »Der Marañon gehört nicht dem Pater, sondern dem Morobisava*.«

Ich riet den Yurimaguas, auch in Zukunft keine andere Haltung einzunehmen, und ließ zu ihrem Schutz vier Soldaten zurück. Außerdem versprach ich ihnen, sie häufig zu besuchen. Ich verließ sie am 23. April und kam am 4. Juni in San Joaquim an. Hier herrschte Ruhe.

ÜBERFÄLLE DER CAUMARIS

Am 7. September überfielen die wilden Caumaris plötzlich und unversehens San Joaquim. Das kam wie ein Blitz aus heiterem Himmel. Die Caumaris, die im Urwald leben, mußten während der Nacht von allen Seiten herangekommen sein und hatten dabei nicht das geringste Geräusch verursacht. Nun stürmten sie in die Siedlung hinein, ihre Pfeile abschießend und ihre vergifteten Speere werfend. Ich stürzte aus der Kirche – in der ich schlief –, das Kreuz in der Hand und entschlossen, mit meinen Neubekehrten zu sterben. Bald mußte ich sehen, daß die Cambebas diesen Wilden nicht gewachsen waren.

Ich lief in die Kirche zurück und begann die Glocke zu läuten. Vielleicht war das die Rettung. Durch ein Fenster sah ich, daß die Caumaris stutzten, daß ihre Angriffslust nachließ. In diesem entscheidenden Augenblick erschienen die spanischen Soldaten und eröffneten das Feuer. Nun ergriffen die Caumaris die Flucht. Sie ließen elf Tote zurück, die wir begruben. Von den Meinen waren nur zwei leicht verwundet worden. Dafür fehlten zwei Kinder. Wir alle wußten, welches Schicksal sie erwartete. Die Caumaris schrecken auch nicht davor zurück, Kinder zu erschlagen und über einem offenen Feuer zu braten. Kinder, sagen sie, seien Lekkerbissen.

Ich schlug vor, die Caumaris zu verfolgen, doch versicherten mir die Cambebas, wir würden ihre tief im Urwald liegende Siedlung nicht lebend erreichen. Die Caumaris sind auch hervorragende Baumschützen. Sie klettern auf einen Baum und tarnen sich

* Indianischer Name für den portugiesischen Gouverneur.

dort so, daß man sie nicht sieht. Ist man unter ihnen, werfen sie ihr Messer, das sie so zielsicher handhaben, daß es immer im Nackenwirbel steckenbleibt.

Die Stücke des Gefangenen werden verteilt

Am 2. November griffen die Caumaris San Joaquim zum zweitenmal an. Der Fehler, den sie begingen, war, daß sie dort angriffen, wo sich die spanischen Soldaten befanden. Diese – sie taten keinen Schritt ohne ihre Waffen – eröffneten sofort das Feuer und streckten die Caumaris reihenweise nieder. Sogar in Handgemenge ließen sie sich ein, und dabei begingen sie Grausamkeiten, die ich lieber nicht schildern möchte.

Da ich in so unmittelbarer Nähe keine Feinde haben wollte, begab ich mich, begleitet von den Spaniern, trotz aller Warnungen in ihr Gebiet. Dort fanden wir ihre Hütten leer. Damit sie nicht glauben sollten, daß wir mit Racheabsichten gekommen waren, ließen wir einige Glasperlen und Messer in ihren Hütten aufgehängt zurück. Gott möge diesen Elenden den Weg eröffnen, damit sie meine Predigt hören und meinen Beistand suchen!

Den Weibern bleiben nur die Eingeweide und der Kopf

Die Spanier begannen sich allmählich um ihr Gebiet zu kümmern. Sie entsandten Patres und Soldaten an den Marañon. Missionen entstanden, neue Siedlungen wurden gegründet. Einmal sah ich einen Trupp spanischer Soldaten. Es waren dies Taugenichtse, Gauner und Diebe, und sie waren sicher nicht weniger zu fürchten als die Portugiesen und Menschenfresser. Meine Mission blieb – wofür ich dem Allmächtigen danke – von solch einer Horde verschont.

Nun wagte ich es, mit einigen Cambebas und meinen Soldaten Vorstöße ins Innere des Urwaldes zu unternehmen. Dabei stießen wir auf zahlreiche Stämme, die ich noch nicht kannte. Manche liefen davon, andere kamen vertrauensvoll näher, um sich beschenken zu lassen. Es schien sogar schon bis in den Urwald gedrungen zu sein, daß ich niemandem etwas zuleide tat. Ich lud die Indianer ein, mich zu besuchen und sich von mir im wahren Glauben unterrichten zu lassen. Zu meiner großen Freude kamen Hunderte.

Diese Expeditionen in den Urwald waren kein Kinderspiel. Es gab keine Wege, man stolperte durch Morast, über Luftwurzeln und auf einem Boden, der ständig nachgab, pausenlos dahin. Blutegel hängten sich an die Beine, Moskitos marterten uns. Manchmal hörten wir ganz nahe das Fauchen eines Tigers. Das Ärgste aber war dieses Halbdunkel, dem wir nie entkamen.

Auf einer dieser Expeditionen stießen wir auch auf die Panos-Indianer. Diese Heiden brechen den Toten die Backenzähne für ihre Halsbänder aus, aus den Schienbeinknochen machen sie Flöten und die Schädel hängen sie an Schnüren in das sogenannte Totenhaus. Ich sah zwei solche Häuser, in welchen Schädel an Schädel hing, und war nahe daran, sie anzünden zu lassen, da die Panos uns gegenüber keine freundliche Haltung einnahmen.

Ich war froh, als ich nach mehreren dieser Expeditionen wieder zu meinen Yurimaguas fahren konnte. Dort angekommen, erfuhr ich sogleich, daß sich in dem nahe gelegenen San Ignacio de los Aizuares ein portugiesischer Hauptmann aufhielt, der angeblich die Absicht hatte, noch weiter stromaufwärts vorzudringen. Ich fuhr am nächsten Morgen dorthin und stieß auf einen Sergeanten namens José Antunez de Fonseca, sechs Soldaten, den

Provinzial der beschuhten Karmeliter, Fray Manuel de la Esperanza, und einen zweiten Mönch. Wie sie mir sagten, waren sie gekommen, um diesen Ort in Besitz zu nehmen, und zwar auf Befehl ihres Gouverneurs und auch auf Bitten der Indianer selbst. Ich war sehr erstaunt, daß sie behaupteten, von den Indianern selbst gebeten worden zu sein, denn es stand für mich fest, daß diese nichts mehr verabscheuten, als den Portugiesen zu unterstehen, von welchen sie schon so viel Unrecht erfahren hatten.

Ich erhob gegen die Besitznahme sofort Einspruch, zunächst ohne Erfolg. Der Provinzial wollte mir sogar verbieten, mit den Indianern hier die Gebete zu sprechen und in der von mir selbst erbauten Kapelle die Messe zu lesen. Daraufhin sagte ich: »Euer Vorgehen ist nicht das eines Dieners Gottes, sondern das eines holländischen Ketzers.« Er erblaßte und herrschte mich an: »Knie nieder, Mönch, und küsse meine Füße.« Ich blieb stehen und sagte bedächtig: »Weder der König von Portugal noch der König von Spanien sind hier, um eine Entscheidung treffen zu können. Auch Richter haben wir keinen. Also müssen wir selber entscheiden.« Ich ging langsam auf ihn zu, und er fragte mit zitternden Lippen: »Was wollt Ihr tun?« »Ich will Euch in den Strom werfen«, erwiderte ich. »Die Krokodile nehmen sicher auch mit einem Prälaten vorlieb.«

Der andere Mönch starrte kläglich auf den Boden. Die Soldaten wagten es nicht, mich anzugreifen. Inzwischen hatten sich mehrere Indianer angesammelt und nahmen gegen die Portugiesen eine drohende Haltung ein. Der Provinzial wandte sich schließlich um und ging davon. Seine Soldaten und der Mönch folgten ihm.

Am Nachmittag las ich unbehindert die Messe. Auch in den folgenden Tagen zeigten sich die Portugiesen nicht mehr. Sie wagten sich, obwohl ich allein war, nicht an mich heran. Endlich, am 23., stiegen sie in ihre Kanus und fuhren stromabwärts. Ich blieb bis zum 30., weil ich befürchtete, sie könnten wiederkehren. Doch sie kamen nicht mehr zurück.

In diesen Tagen besuchte mich ein Häuptling namens Ssoëmarini, dem die Portugiesen Eisengeräte und anderen Tand gegeben hatten, damit er ihnen Sklaven verschaffe. Sie hatten ihm gedroht, ihn und seinen ganzen Stamm in Fesseln mitzunehmen, falls er diesem ihren Wunsch bis zu ihrer Abfahrt nach Pará nicht nachkomme. Vor diesem Schicksal sei er nur durch mein Erscheinen bewahrt worden, meinte der Häuptling.

Ähnliche traurige Fälle erzählten mir auch andere Häuptlinge. Schließlich erfuhr ich, daß es die Absicht der Portugiesen gewesen war, noch weiter stromaufwärts vorzustoßen, um hier mit dem Bau einer Festung zu beginnen. Ich riet den Indianern, ihre Gebiete zu räumen und zu mir heraufzukommen. Bei mir, sagte ich ihnen, würden sie sicher sein.

Am 13. Juni war ich wieder in San Joaquim, wo sich bis Dezember nichts Bemerkenswertes zutrug. In diesem Monat erlebte ich zu meiner Freude die Ankunft zweier Mitarbeiter, die aus Böhmen stammten. Der eine war Pater Wenzeslaus Breyer, der andere Pater Franz Vidra. Pater Vidra ging bald darauf nach Guadelupe* weiter, Pater Breyer blieb bei mir.

DAS JAHR 1698

Ende Januar dieses Jahres besuchte mich Mativa, der Oberhäuptling der Yurimaguas, und berichtete mir, daß die Seinen gemeinsam mit den Aizuares und Ibanomas sehr bald den Strom heraufkommen würden, um sich in der Nähe von San Joaquim niederzulassen. Manche seiner Leute, sagte er, befürchteten allerdings, von den Spaniern ebenso wie von den Portugiesen in die Sklaverei verschleppt zu werden. Es war Mativa bekannt, daß meine Mission nur von 60 spanischen Soldaten geschützt wurde.

Als ich das hörte, war mein erster Gedanke der, den Strom hinunterzufahren, diese Armen aufzuklären und dann selber stromaufwärts zu führen. Während ich mich für diese Fahrt vorbereitete, erhielt ich die Nachricht, daß sich die Cunivos und die am Rio Ucayale seßhaften Piros vereinigt und Pater Heinrich Richter auf heimtückische Art ermordet hatten. Außerdem sollten sie die Absicht haben, zum Marañon herunterzukommen und uns alle umzubringen. Daraufhin rüstete ich eine Strafexpedition aus.

Die nächste schlechte Nachricht erhielt ich von Pater Vidra. Er ließ mir durch einen Indianer mitteilen, er habe sich in der Kirche

* Es war dies eine Mission noch weiter stromaufwärts.

eingeschlossen, weil er befürchte, die Indianer wollten ihn ermorden. Nach kurzer Überlegung fuhr ich selbst zu ihm hinauf und brachte ihn nach San Joaquim. Er hatte sich nicht um die Zuneigung der Wilden bemüht und war deshalb von ihnen abgelehnt worden. Nicht jeder verstand es, mit diesen Naturkindern, die gefährlicher als wilde Tiere waren, richtig umzugehen.

Am 30. Juni trübte sich das Wasser des Marañon sehr stark und führte sieben Tage lang große Schlammassen mit sich. Ich vermutete einen Vulkanausbruch stromaufwärts. Später erfuhr ich, daß am 20. der Caruirazu* ausgebrochen war und 12000 Menschen unter seinen Schlammassen begraben hatte.

Am 6. August fuhr ich nach La Laguna. Dort traf am 1. September der spanische Kommandant mit den Überresten der Abteilung ein, die ausgezogen war, die Cunivos und Piros zu bestrafen. Die Truppe war in einen Hinterhalt geraten, und dabei hatten 19 Spanier und 107 Indianer das Leben lassen müssen, während die Ungläubigen Herren des Kampfplatzes geblieben waren. Nicht zu beschreiben waren die Klagen und das Jammergeschrei im ganzen Ort, da die einen den Tod des Vaters oder Bruders, die anderen den des Sohnes oder des Gatten beweinten. Ich hatte alle Hände voll zu tun, sie zu trösten.

Ich blieb bis Ende Dezember in La Laguna. Hier erhielt ich eine Nachricht, die mich wie ein Keulenschlag traf: die Cambebas wollten sich erheben.

DAS JAHR 1699

Die Hiobsbotschaft war mir von Pater Vidra überbracht worden. Ich glaubte ihm, einem ängstlichen Menschen, der überall Verrat witterte, vorerst nicht so recht. Um aber den Stier bei den Hörnern zu packen, ehe er Unheil anrichten konnte, machte ich mich sofort nach San Joaquim auf.

Hier mußte ich sehen, daß Pater Vidras Verdacht begründet war. Einige Indianer, die von Natur aus hochfahrend waren und jede Unterwerfung und Strafe ablehnten – außerdem huldigten

* Der Caruirazu ist ein Zwilling des Chimborasso.

sie heimlich heidnischen, dem Christentum widersprechenden Gebräuchen –, hatten die anderen aufgehetzt. Die Truhe, in welcher sich die Kirchengeräte befanden, war zertrümmert, einige Heiligenbilder waren entweiht worden. Das gefährlichste aber war, daß sich ein Teil der Bewohner im Curupárausch befand, vor der Verübung von Gewalttaten versetzten sich die Indianer in diesen Rauschzustand.

Ich wartete, bis die Cambebas wieder zurechnungsfähig waren, dann rief ich sie zusammen und hielt ihnen eine Strafpredigt. Sie waren sehr zerknirscht und versprachen mir, sich in Zukunft zu benehmen, wie es sich für Christen gehörte.

Ich blieb bis zum Jahresende in San Joaquim und bedauerte es sehr, daß ich meine Yurimaguas nicht besuchen konnte. Doch ich wagte es nicht, meine »Hauptstadt« zu verlassen. Verlor ich sie, war alles verloren.

DAS JAHR 1700

Anfang des Jahres besuchte mich der Aizuareshäuptling Auanaria als Abgesandter von Mativa, der nicht zu mir kommen konnte, da er krank war. Er berichtete mir, daß Ende Juni 1698 die Wasser des Marañon auch bei ihnen sehr wild und trüb gewesen seien, wodurch sie die Überzeugung gewonnen hätten, ich hätte das Wasser getrübt, aus Zorn, daß sie ihrem Versprechen gemäß nicht stromaufwärts übersiedelt waren. Auanaria bat mich, meinen Zorn zu mäßigen, und versprach mir, sie würden alle bald kommen.

Tatsächlich erfuhr ich etwas später, daß die Yurimaguas in zahlreichen Kanus stromaufwärts aufgebrochen waren. Ich fuhr ihnen sofort entgegen, um sie zu empfangen, nachdem ich mich zuvor mit Mais, Yucca und Geschenken versorgt hatte. Wir trafen einander unterhalb der Napomündung, und die Wiedersehensfreude war groß. Mativa hielt es für gut, wenn er mit den Seinen hier eine Zeitlang blieb und Hütten bauen ließ. Ich stimmte ihm zu, denn ich befürchtete einen Zusammenstoß zwischen den Yurimaguas und den Cambebas.

Der Häuptling Mativa erzählte mir folgendes: Als der Ibanomashäuptling Aurifarú gestorben war, hatte sich ein Karmelitermönch der ganzen Ortschaft bemächtigt, die Frauen und Kinder gefangennehmen lassen und nach Pará zum Verkauf geschickt. An dem Versuch, die Männer in Ketten zu legen, war er aber gescheitert. Denn einige mutige Indianer hatten ihn und seine Diener erschlagen. Auch ein zweiter portugiesischer Mönch war erschlagen worden, der mit einem großen Kanu gekommen war, in dem sich ein großer Block mit vielen Handfesseln befand. Ich durfte Mativa deshalb nicht loben, aber es ist nun einmal so, daß sich die arme Kreatur, wird sie allzuoft und allzu heftig getreten, zur Wehr setzt. Die Portugiesen waren grausam, und ihre Mönche waren grausamer als die Soldaten. Wie werden sie ihr Verhalten eines Tages vor IHM verantworten?

Da meine Vorräte an Geschenken fast zur Gänze aufgebraucht waren, reiste ich am 20. November wieder nach Quito, diesmal auf dem Napo. Ich saß 29 Tage lang ununterbrochen im Kanu, bevor ich Santa Rosa erreichte. Hier blieb ich wegen des Weihnachtsfestes vier Tage. Am 22. Januar kam ich in Quito an.

DAS JAHR 1701

Bei meinem Einzug in Quito sah ich mich plötzlich von einer Menge Menschen umgeben, die sich an meinen Indianern nicht satt sehen konnten und meinen Segen begehrten. Dasselbe geschah mir auch, als ich den Bischof besuchte.

Am 29. März firmte der Bischof, Don Sancho de Figueroa, mit großem Wohlwollen und Güte meine 23 Indianer, während die Vornehmen die Patenschaft übernahmen. Sie statteten ihre Patenkinder mit den schönsten Kleidern aus, und die ganze Stadt nahm an der Feier teil.

An demselben Tag erkrankte ich an einem so heftigen Fieber, daß ich mich verlorengab. Aber schließlich gab mir Gott gnädigst die Gesundheit wieder, so daß ich in meine Mission zurückkehren konnte. Ich nahm zahlreiche Geschenke für die Indianer, zwei Missionare und 20 Soldaten mit, die unter dem Befehl des Leutnants Antonio Manrique standen. Es waren gute Soldaten, die ich selbst ausgewählt hatte.

Am 18. Mai reisten wir von Quito ab, und am 6. August erreichten wir das neue Dorf der Yurimaguas, die uns mit großer Freude und Jubel empfingen. Schon dort erfuhren wir, daß die Cambebas neue Missetaten begangen hatten.

Eine Indianersiedlung wird belagert

Sofort nach unserer Ankunft in San Joaquim ließ ich eine genaue Untersuchung anstellen, die folgendes ergab: Der Oberhäuptling Payevora hatte die heidnischen Caumaris aufgefordert, die Kirche anzuzünden, er würde dann den Pater erschlagen, falls dieser nicht ohnehin verbrannte. Dasselbe Schicksal sollte alle jene ereilen, die auf meiner Seite standen. Ich überließ es Leutnant Manrique, den Oberhäuptling zu bestrafen. Er verurteilte ihn zu einer Prügelstrafe, die sofort vollzogen wurde. Aber in der Nacht, als ich schon schlief, ließ er den Häuptling auf den erstbesten Baum knüpfen. Das hätte ich nie und nimmer geduldet, und als ich Manrique zur Rede stellte, meinte er: »Ich finde nichts dabei, einem bösartigen Tier den Garaus zu machen.« »Er war ein Christ«, wandte ich ein. »Das meint Ihr, Pater«, sagte Manrique und lachte.

Während ich predigte, ließ der Befehlshaber die Hütten der Indianer eine nach der anderen durchsuchen. Die Soldaten fanden viele menschliche Zähne im Bauch kleiner götzenähnlicher Figuren, Schabinstrumente zum Bemalen der Schulterpartie und zahlreiche mit Curupápulver gefüllte Töpfchen. Dies alles wurde auf einen Scheiterhaufen geworfen und verbrannt.

Am Nachmittag entfloh Paytiti, der Caumari-Häuptling, der an der Erhebung gegen uns hatte teilnehmen wollen.

DAS JAHR 1702

Am Beginn des Jahres kam Paytiti heimlich nach San Joaquim, rief nachts alle Bewohner zusammen und erzählte ihnen solche Lügen, daß die meisten beschlossen, die Mission zu verlassen und sich an den Rio Uruá zurückzuziehen. Binnen wenigen Tagen blieb ich allein mit nur zehn Indianern zurück, die mir sagten, die anderen seien mit der Absicht geflohen, sich mit ihren Freunden, den Wilden, zu vereinigen und mit ihnen gemeinsam die Missionare und Spanier auszurotten. Da ich keine Möglichkeit besaß, diesen Aufruhr niederzuschlagen, und da wir, trotz der Soldaten, zu schwach waren, uns gegen die Caumaris zu verteidigen, wenn uns diese, mit anderen Wilden vereinigt, angriffen, entschloß ich mich, mit den Kirchengeräten zu den Yurimaguas zu fahren. Man kann sich vorstellen, welche Gefühle mich bewegten, als ich das verließ, was mich in mehr als 16 Jahren so viel Mühe gekostet hatte.

Meine Yurimaguas empfingen mich einerseits voll Mitgefühl, andererseits aber waren sie erfreut, daß ich nun gezwungen war, in ihrer Siedlung zu leben. Das war schon immer ihr Wunsch gewesen.

Hier blieb ich bis Ende März und beschäftigte mich mit ihrem Unterricht. Da kam mich ein Karmelitermönch namens Fray

Juan Guillerme besuchen. Er berichtete, im Auftrag seines Provinzials zu kommen, um Verhandlungen darüber zu führen, daß die Yurimaguas, die jetzt bei mir waren, wieder stromabwärts in ihre Gebiete zurückkehren sollten. Ich klärte den guten Mönch dahingehend auf, daß die Portugiesen kein Recht auf diese Indianer hätten, die freie Menschen seien und stromaufwärts gekommen waren, um mit mir zu leben, der ich ihnen als erster die Botschaft vom christlichen Glauben gebracht hatte. Der Mönch gab sich scheinbar zufrieden und erklärte, ohne mich weiter zu drängen, er werde nach Pará zurückkehren. Von einem inneren Drang getrieben, entschloß ich mich aber, mit ihm den Strom hinabzufahren, um die flüchtigen Cambebas zu suchen.

Am 25. März verließen wir zusammen die Yurimaguas. Am 28. stieß ich auf einige der Flüchtlinge, die mir versprachen, so bald als möglich in ihr Dorf zurückzukehren. Am 30. traf ich in Ibaraté ein, wo ich Paytiti und den anderen Entflohenen begegnete. Ich redete ihnen in Güte zu und versprach dem Paytiti, daß ihn die Spanier nicht wieder gefangensetzen würden, wenn er Beweise seiner Besserung liefere. Paytiti lachte mir ins Gesicht, und dann ereignete sich etwas Unvorhergesehenes. Der portugiesische Mönch ließ Paytiti festnehmen und in Ketten legen. Er werde ihn nach Pará schicken, sagte er, Paytiti habe vor kurzem versucht, ihn heimtückisch zu ermorden. Gegen diese Gewalttat hatte ich nichts einzuwenden. Paytiti war ohne Zweifel der böse Geist der Cambebas gewesen.

DAS JAHR 1709

Die folgenden Jahre waren Jahre der Ruhe. Die Cambebas waren allmählich in ihre Siedlungen zurückgekehrt, und das Dorf der Yurimaguas blühte und gedieh. Er wurde um eine Kirche bereichert und diese wieder durch eine schöne Statue der Gnadenmutter. Auch die Siedlung der Omaguas wuchs und wuchs. Ich hatte diese willfährigen Indianer der Obhut des Paters Juan Baptista Sanna anvertraut, der es hervorragend verstand, mit ihnen umzugehen.

Dann war nach der Ruhe der Sturm da. Am 1. März kam von

den Omaguas eine Botschaft, in der die Patres schrieben, daß eine große portugiesische Truppe angekommen sei und daß ihr Kommandant, Ignacio Correa, dem Pater Juan Baptista Sanna zur Kenntnis gebracht habe, er und die übrigen Missionare hätten sich auf der Stelle vom Marañon und vom Napo zurückzuziehen, weil dieses ganze Gebiet der Krone von Portugal gehöre. Correa hatte hinzugefügt, daß er, würde sein Befehl nicht befolgt, alle gefangen nach Pará und von dort nach Lissabon schicken würde.

Ich sandte sofort zwanzig Soldaten aus, um den Patres Hilfe zu bringen, und gab den Befehl, sie zu mir zu führen, damit sie nicht nach Pará verschleppt würden. Dem Befehlshaber Ignacio Correa schrieb ich folgenden Brief:

Mein Herr!
Ich war sehr überrascht über das Erscheinen der portugiesischen Truppe und über die Art, wie diese mit Lärm und Waffengewalt in unsere Missionen eingedrungen ist. Empört aber war ich über die von Euer Gnaden aufgestellte Forderung, daß wir uns vom Marañon und vom Rio Napo binnen kürzester Frist zurückzuziehen hätten. Soweit ist es also mit der portugiesischen Christenheit gekommen! Mit Gewalt will man unsere für Christen geleistete Arbeit zunichte machen, ohne sich um den päpstlichen Bann zu kümmern! Euer Gnaden beanspruchen ein Gebiet, das Sie erst stehlen müssen, damit es Ihnen gehört.
Ich fordere Euer Gnaden daher auf, von dieser unrechten Unternehmung abzulassen, sich flußabwärts zurückzuziehen und unsere Missionen nicht anzutasten. Ich bitte Sie, diesen Brief an S. M. von Portugal zu schicken. Tun Sie das nicht, werden Sie dem Zorn Gottes und seiner allmächtigen Hand nicht entgehen.

Samuel Fritz

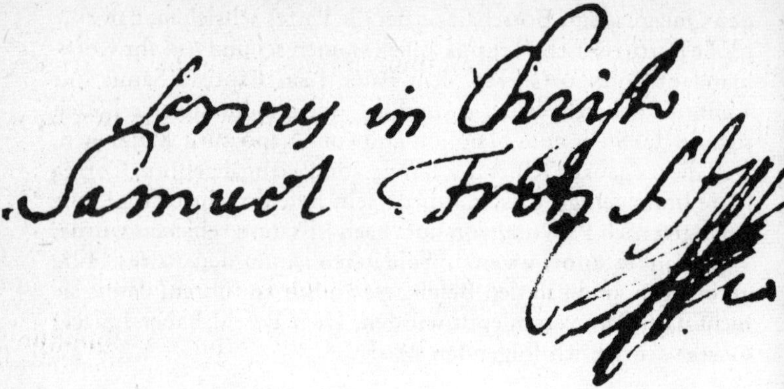

Der Brief fruchtete nichts. Die Portugiesen schleppten weiter Indianer in die Gefangenschaft. Daher entschloß ich mich, wenn auch schweren Herzens, zur Gewalt. Mein Ziel war es, den Großteil der Indianer stromaufwärts zu bringen und den Portugiesen den Denkzettel zu verabreichen, den sie verdienten. So versammelte ich um mich alle verfügbaren spanischen Soldaten und eine ansehnliche Zahl von Indianern und brach mit ihnen stromabwärts auf.

Der kleinere Teil unserer Truppe sammelte die versprengten und vor den Portugiesen geflüchteten Indianer, der größere säuberte beide Ufer des Marañon von Portugiesen. Sie leisteten wenig Widerstand und fluchten nur, wenn sie gefangengenommen wurden. In Zuruité wurde das anders. Hier erwartete uns eine größere Truppe von Portugiesen, die aus zwanzig Weißen und einem Neger bestand. Zwölf von ihnen hatten Feuerwaffen.

Wir riefen ihnen zu, sie sollten sich ergeben. Ihre Antwort bestand darin, daß sie das Feuer auf uns eröffneten. Der Kampf, der sich nun entspann, war hitzig, aber kurz. Meine Indianer – nicht die spanischen Soldaten – entschieden ihn für uns. Am Ende waren sieben Weiße und der Neger gefallen. Die anderen ergaben sich und versprachen mir, daß ich in Pará gevierteilt werden würde.

In der Folge nahmen wir weitere Portugiesen gefangen. Als wir stromaufwärts zurückfuhren, waren wir eine stattliche Schar.

Nun sandte ich zehn Soldaten mit den Gefangenen nach Quito. Ich gab dem Hauptmann einen Brief mit, in dem ich um eine beträchtliche Verstärkung bat. Denn es schien mir sicher zu sein, daß die Portugiesen einen Rachefeldzug unternehmen würden.

Wir kamen glücklich in San Joaquim an. Dort hatte ich noch einmal großen Ärger. Ein spanischer Soldat vergewaltigte öffentlich eine Indianerin, und es kam zu einem großen Tumult. Beinahe wären wir alle von den empörten Indianern erschlagen worden. Es gelang mir, sie zu beruhigen, nachdem der Soldat in Fesseln gelegt worden war. Ich nahm diesem Schurken die Beichte ab, gab ihm die Letzte Ölung, und hierauf ließ ich ihn aufknüpfen. Noch vor kurzem hatte ich gedacht, ich würde so etwas nicht tun können.

DIE JAHRE 1710 UND 1711

Im April erkrankten und starben viele Yurimaguas an verschiedenen Krankheiten. Manche zogen sich, bevor das Ende herannahte, in den Urwald zurück, weil sie dort lieber starben. Ich hatte ihnen vieles beibringen können, nicht aber die Bedeutung der Letzten Ölung.

Von den Portugiesen hörte ich erst wieder im März. Ich erhielt die Nachricht, daß eine starke Truppe den Strom heraufkäme und daß diese Truppe überall Tod und Verderben hinter sich ließ. Die Portugiesen erlegten mit ihren Steinschleudern die Indianer wie Hasen, andere nahmen sie gefangen, um sie nach Pará zu schikken. Zum Glück wurden sie jetzt durch Mehlmangel aufgehalten. Dennoch: wenn Gott nicht half, war in Kürze die ganze Mission verloren. Um sie ging es mir, nicht um meine Person. Welches Schicksal die Portugiesen mir bereiten würden, wenn sie mich faßten, war leicht zu erraten.

Aus Quito hatte ich noch keine Verstärkung erhalten, im Gegenteil, die von mir dorthin gesandten Soldaten waren noch nicht zurückgekehrt. Um keine Zeit zu verlieren, ließ ich Schanzgräben ausheben und die kostbaren Altargeräte vergraben.

Endlich, am 3. April 1711, erhielt ich Nachricht aus Quito. Der Provinzial schrieb, daß, obwohl er bei der Real Audiencia wegen der Gewalttaten der Portugiesen in den Missionen vorstellig geworden war, keine Hoffnung auf Abhilfe bestünde. Die königlichen Kassen könnten die Ausgaben nicht tragen, und des weiteren sei es allzu schwierig, Soldaten in so entlegene Länder mit einem so ungesunden Klima zu entsenden. Ich bat nun, mir wenigstens meine Soldaten zurückzuschicken. Man entschuldigte sich mit Mangel an Proviant.

DAS JAHR 1712

Im Januar erfuhr ich von einer neuen Greueltat der Portugiesen. Ein spanischer Missionar, der unterwegs gewesen war, hatte sich am Abend auf eine Sandbank gelegt, um zu schlafen. Als er das Geräusch von Rudern hörte, erhob er sich rasch und flüchtete in den Wald. Kurze Zeit danach landeten die Portugiesen, plünderten das Kanu des Paters und bemächtigten sich seines Gepäcks. Dann begaben sie sich auf die Suche nach ihm, und als sie ihn im Wald gefunden hatten, setzten sie ihn in eine Hängematte und bewarfen ihn mit Steinen. Hierauf töteten sie die Ruderer des Paters, die mit ihm geflüchtet waren. Die portugiesische Truppe bestand aus drei Karmelitermönchen und 300 Mamelucos, die alle Feuerwaffen besaßen. Wenig später kam eine zweite Truppe, deren Kanus mit Türen, Altären, Glocken und Heiligenbildern beladen waren. Die Portugiesen stahlen alles, was ihnen in die Hände fiel.

Und dann trat das ein, was hatte eintreten müssen. Am 6. April näherte sich eine große portugiesische Flotte San Joaquim. Es war sinnlos, Widerstand zu leisten. Die Portugiesen kamen an Land und nahmen nicht einmal eine drohende Haltung ein. Die Indianer, die nicht rasch in den Urwald geflüchtet waren, wurden auf einem großen Platz zusammengetrieben und dort von zwei Soldaten bewacht. Der Kommandant der Portugiesen war José Cantos. Er kam auf mich zu und blieb, die Arme auf der Brust verschränkt, vor mir stehen. »Ihr könnt hier nicht bleiben, Pater«, sagte er freundlich zu mir. »Geht, wohin Ihr wollt, aber nicht in einen Ort, der am Marañon liegt. Wir werden Euch nichts in den Weg legen und haben das, was Ihr getan habt, schon vergessen. Wenn Ihr das wollt, könnt Ihr aber auch nach Pará und von dort aus nach Spanien reisen.«

Ich schüttelte stumm den Kopf. Ich brachte kein Wort über die Lippen. Die Portugiesen hatten nun den Strom von der Mündung ins Meer bis zu den Quellflüssen in der Hand. Der Amazonas war ein portugiesischer Strom geworden.

DER DANK SPANIENS

Ich begab mich zunächst nach La Laguna, wo ich auf Pater Vidra stieß, der von den Portugiesen ebenfalls seines Amtes enthoben worden war. Hier blieben wir eine Weile, dann entschlossen wir uns, nach Xéveros zu gehen. Die dortigen Indianer galten als friedfertig, die Siedlung lag nicht am Marañon, war ihm aber doch so nahe, daß man ihn zwar nicht sehen, aber hören konnte. Ich für meine Person glaubte, ohne diesen Strom, den ich liebengelernt hatte, nicht mehr leben zu können.

Kaum daß wir in Xéveros angekommen waren, besuchte uns ein spanischer Prälat namens Gregorio Bobadilla. »Ihr seid auch von spanischer Seite Eures Amtes enthoben, Pater Fritz«, sagte er zu mir. »Hier dürfte Ihr bleiben, sogar als Pfarrer. Verbringt hier einen ruhigen Lebensabend.«

Die Ruderer, die den Prälaten gebracht hatten, hatten sich zurückgezogen. Pater Vidra war nicht da. »Ich bin auch der Missionstätigkeit enthoben?« fragte ich mit stockender Stimme.

»Jeder«, sagte Bobadilla, und dann prasselte ein wahrer Hagel von Vorwürfen auf mich nieder. Ich will sie hier nicht wiederholen. Zusammen ergaben sie, daß ich alles falsch gemacht hatte. Sicher war ich verleumdet worden. Denn ich mußte auch hören, daß ich Indianer, die sich nicht hatten bekehren lassen, den Portugiesen in die Hände gespielt hätte.

Ich setzte mich nicht zur Wehr. »Spanien hat alles falsch gemacht«, sagte ich. »Es hat den Amazonas verloren.«

»Der Amazonas ist für Spanien nicht wichtig«, erwiderte Bobadilla. »Der Amazonas führt kein Gold.«

Trotz zunehmender Kränklichkeit baute ich in Xéveros ein Haus und eine Kirche, die ich schön ausschmückte. Die Eingeborenen, die anfangs sehr ängstlich gewesen waren, gingen mir bald zu. Ich unterrichtete sie im wahren Glauben und lehrte sie verschiedene Gewerbe. Nach zwei Monaten liefen sie mir nach, wohin immer ich ging. Und als ich eine Schmiede einrichtete und dort verschiedene Eisengegenstände erzeugte, hielten sie mich für ein übernatürliches Wesen.

Vom Marañon drangen von Zeit zu Zeit Nachrichten zu mir. Die Dörfer der Eingeborenen wichen Handelsniederlassungen der Portugiesen, und die Eingeborenen selbst zogen sich immer mehr ins Landesinnere zurück. Man erzählte mir, daß es am oberen Marañon nur noch fünf Dörfer gab. Als ich dorthin gekommen war, waren es über dreißig gewesen. Man Lebenswerk war der Vernichtung anheimgefallen.

Um mich von meinen eigenen trüben Gedanken abzulenken, schrieb ich nieder, was ich über einige in diesen Regionen lebende Tiere in Erfahrung bringen konnte.

Die Schildkröte

Am Amazonas und seinen Nebenflüssen leben verschiedene Schildkrötengattungen und -arten. Die größte trägt den Namen »Dickköpfige«. Am meisten kommt aber die Gattung vor, welche von den Indianern Arrua genannt wird. Was dieser Name bedeutet, konnte ich nicht in Erfahrung bringen.

Am Amazonas und Madeira treten diese Schildkröten in riesigen Ansammlungen auf den Sandbänken auf, und zwar zur Zeit ihrer Eiablage. Sie verlassen die Seen oder stillen Seitenarme der Flüsse, die ihr gewöhnliches Aufenthaltsgebiet sind, und beginnen zu bestimmten Zeiten ihre Wanderungen, bei welchen zunächst einige ältere Tiere zur Auswahl der passenden Sandbänke erscheinen. Ihnen folgen in geschlossener Kolonne die Weibchen, während die Männchen flankenschützend kriechen. In ein etwa metertiefes, schnell gegrabenes Loch werden von jedem Weibchen 60–140 Eier gelegt und mit Sand bedeckt, wobei der Sand mit dem Panzer festgedrückt wird. Die Eiablage erfolgt während der Nacht innerhalb von 3–5 Stunden, doch bleiben die Schildkröten noch wenige Tage auf ihren Sandbänken, bevor sie in ihr früheres Lebensgebiet zurückkehren. Diese ganz harmlosen Tiere, die bei ihren Wanderungen in Kolonnen furchterregend wirken, sind sonst außerordentlich scheu, zur Zeit der Eiablage jedoch benehmen sie sich wie blind gegen jede Gefahr.

So können sie von den Indianern gefangengenommen und in Kanus fortgeführt werden. Sie landen in sehr geschickt angelegten Teichanlagen, wo sie als monatelanger lebender Fleischvorrat gehalten werden. In erster Linie aber haben es die Eingeborenen auf die Eier abgesehen, die für sie eine ebenso billige wie ausgiebige Fettquelle bedeuten. Über die Menge der gesammelten Eier kann der Hinweis eine Vorstellung geben, daß erst etwa 6000 Eier 22 Liter Öl liefern. Außerdem wird von den Indianern auch eifrig den frisch geschlüpften Jungen nachgejagt, die als Leckerbissen gelten.

Zur Zeit der Schildkrötenwanderung kommen auch jene Stämme aus dem Urwald, die sich sonst nie blicken lassen. Auch sie brauchen ihren Anteil an dieser Beute.

Eine der auffallendsten Schildkröten ist die Matamata. Es kann in der Tat kein häßlicheres Geschöpf als diese Schildkröte geben, deren scheußliche Gestalt allein schon abschreckend ist und die außerdem durch einen greulichen, ekelhaften Geruch noch viel widerlicher wird. Der mit einer Menge ausgezackter Lappen besetzte rüsselförmige Kopf, den sie unter dem flachen Schild zurückziehen kann, erregte mir jedesmal, wenn ich sie antraf, tiefsten Ekel. Die Indianer behaupten, daß ihr Fleisch ein Leckerbissen ist.

Die Yacumana

Diese Boa* wird bis 10 m lang. Wird sie gereizt, greift sie auch erwachsene Menschen an und verschlingt sie. Sie lebt am liebsten im Wasser.

Die Termiten

Die Termiten oder weißen Ameisen gehören zu den ärgsten Schädlingen des Amazonasgebietes, zugleich sind sie aber interessante staatenbildende Insekten. Ihre Luft- und Lichtscheuheit

* Fritz meint die Anakonda.

bringt es mit sich, daß man sie im Gegensatz zu den Ameisen fast überhaupt nicht sieht. Um so hingebungsvoller ist ihre Arbeit im Finstern, entweder des Nachts oder unterirdisch. Wenn die aufgefundene Nahrungsquelle weit vom Nest entfernt und die Nacht zu kurz ist, um sie ausnützen zu können, bauen sie gedeckte Galerien aus Holz oder Erde, in welchen sie bei Tag und Nacht hin- und herwandern können. Die Verwüstungen, welche diese Insekten anrichten können, sind unvorstellbar. Außer Eisen und Stein ist nichts vor ihnen sicher. Hölzerne Balken, Bretter, Schwellen und Stoffe werden angefallen und von ihnen zur Gänze ausgehöhlt. Da der betreffende Gegenstand außen völlig unverändert bleibt, merkt man den Schaden erst zu spät. Ganze Gebäude, von innen ausgehöhlt, brechen dann plötzlich zusammen, da von dem Holz nur die dünnen Außenwände übriggeblieben sind. Der Inhalt eines Kleiderschrankes, in den die Termiten eingedrungen sind, kann binnen 24 Stunden in seine Faserbestandteile zerlegt sein. Papier wird auffallend bevorzugt, wobei sie auf die übliche Art zu Werke gehen, indem sie, von unten beginnend, zum Beispiel ein Buch in seinem Einband aushöhlen. Mir zerfraßen sie einmal eine Bibel, und ich merkte es erst, als ich sie in die Hand nahm. Der Innenteil war nicht mehr da, der Einband hingegen war unversehrt geblieben.

Die Ameisen

Die Ameisen wohnen in Bäumen, die sie selbst aushöhlen. Sie sind sehr groß und äußerst gefürchtet, denn ihr Biß ist überaus schmerzhaft. Schlägt man zufällig mit einem Messer oder einer Hacke gegen den von ihnen bewohnten Baum, lassen sie sich in dichten Massen herabfallen und kriechen unter die Kleider. Sie beißen so kräftig, daß man sich sofort in sicherer Entfernung der Kleider entledigen muß. Bei einem, der keine abgehärtete Haut hat, verursachen die Bisse schweres Fieber. Manchmal kommen die Ameisen aus dem Wald und dringen in die Häuser ein. Man erzählte mir, daß eine solche Invasion die Bewohner von Veiros am Xingu zwang, ihre Hütten eilig zu räumen und die Flucht zu ergreifen.

Das Pekari

Das Pekari oder Nabelschwein ist ein kleines schwanzloses

Schwein, auf das man überall stößt. Für die großen Raubtiere ist es die häufigste und sicherste Beute.

Der Panji
Der Panji* ist ein pfauengroßer Hühnervogel. Er ist schwerfällig, kohlschwarz und hat einen weißen Schnabel. Er ist leicht zähmbar. Sein Fleisch mundet ausgezeichnet.

Das Inambu-assu
Dieser Vogel** ist sehr scheu und läßt sich nicht leicht erlegen. Die Indianer jagen ihn mit Pfeil und Bogen, da und dort auch mit Steinschleudern. Das Inambú-assú ist der beste Braten des Landes.

DER VERTRAG VON TORDESILLAS

Bevor ich mein Tagebuch schließe, möchte ich noch den Beweis dafür erbringen, daß die Eroberung des Marañon durch die Portugiesen widerrechtlich erfolgt ist.

Die Grenze zwischen den Besitzungen der Krone von Kastilien und Portugal gründet sich auf die Sanktion der Bulle von Alexander VI., in welcher er befahl, daß eine imaginäre Linie von Pol zu Pol gezogen werde, und zwar sind die Kapverdischen Inseln 22 und 1/3 Grad ostwärts davon entfernt, und daß die Entdeckungen und Eroberungen von dieser Linie nach Westen auf immer den Königen von Spanien, die Eroberungen im Osten dieser Linie den Königen von Portugal gehören sollten. Diese Sanktion wurde beiden Kronen gegeben und daraufhin zwei Verträge abgeschlossen, der eine in Tordesillas am 7. Juni 1493, der andere in Lissabon am 7. Mai 1681.

Nachdem es jedoch nachher einige Streitigkeiten und Zweifel gab, wurde zur Klärung und Sicherung der Grenzen die Angelegenheit im letzten Kontrakt von Lissabon bereinigt. Obwohl er in einigen Punkten bestritten wurde, werden aber doch die fol-

* Truthahn.
** Rebhuhn.

genden allgemein anerkannten Punkte hier angeführt, um zu beweisen, daß, wenn die Portugiesen schon keinen Rechtstitel auf alle die Gebiete am Amazonenstrom besitzen, in denen sie die Herrschaft an sich gerissen haben, sie noch weniger Anspruch auf solche erheben können, die weiter im Westen gelegen sind.

Die 22 und 1/3 Grad sollen vom Meridian an gerechnet werden, der längs der Westküste der Insel San Antonio de Cabo Verde verläuft, und es dürfen nicht mehr als diese Anzahl von Graden vom Meridian der genannten Insel San Antonio bis zum Grenzmeridian gezählt werden. Dieser Meridian soll auch die Mündung des Rio de Vicente Pinzon durchschneiden, wo auf Befehl Kaiser Karls V. seinerzeit der Grenzstein aus Marmor gesetzt wurde, der das Wappen der Krone von Kastilien an der nach Westen und das der Krone von Portugal an der nach Osten gerichteten Seite trug.

Im erwähnten Kontrakt von Lissabon wird berichtet, daß von der genannten Insel San Antonio bis zur Mündung des Amazonenstroms 17 und 2/3 Grad Länge gemessen wurden, daher fehlen zur Ergänzung auf 22 2/3 Grad noch 4 und 2/3 Grad Länge, woraus hervorgeht, daß die Portugiesen nur so viel und nicht mehr Gebiet an diesem Flusse bis zur Grenzlinie beanspruchen dürfen und daß das übrige, von hier westwärts gelegene Gebiet innerhalb der Grenzlinien von Kastilien fällt.

Jede Besitzergreifung, die innerhalb dieser Grenzen von einem anderen Herrscher vorgenommen wird, ist ungültig und nichtig, das Recht dazu kann weder verjähren noch jemandem zufallen oder auf jemand übertragen werden, noch auf denjenigen übergehen, der die erste Besetzung vornimmt.

Im Kontrakt von Lissabon wird auch darauf hingewiesen, was in dem von Tordesillas festgelegt worden ist, nämlich, daß die außerhalb der Grenzlinie befindlichen Gebiete von beiden Seiten zurückgegeben werden müssen, ohne Rücksicht auf eine eventuell bereits vollzogene Besitznahme. So wurden das Festland und die Insel San Gabriel gegenüber dem Rio de la Plata laut Kontrakt den Portugiesen überlassen, obwohl die Spanier sie im Jahre 1515 für die Krone von Kastilien in Besitz genommen hatten, weil später festgestellt wurde, daß sie innerhalb der Grenzen der Krone von Portugal liegen.

Aus alldem geht klar hervor:

1. Daß die Portugiesen von der Mündung des Amazonas an von Rechts wegen nicht mehr als 4 und 2/3 Grad Länge beanspruchen noch beanspruchen können und daß daher das Recht ihrer Eroberung und ihre Grenze nur bis zum Meridian der Mündung des Rio de Vicente Pinzon reichen. Folglich fallen alle übrigen Gebiete, Flüsse und Völker gegen Westen von Rechts wegen der Krone von Kastilien zu und liegen innerhalb deren Grenzen.

2. Daß die bisherige Besitzergreifung von Gebieten westlich von dem durch die Mündung des Rio Grande de Vicente Pinzon verlaufenden genannten Grenzmeridian durch die Portugiesen nichtig und ungültig ist, so z. B. die Herrschaft über das Gebiet von dort bis zum Rio Negro, die sie schon an sich gerissen haben, sowie auch die Besitzergreifung, die ein portugiesischer Kapitän Antonio de Miranda 1691 am Rio Yuruá vollzogen hat, und zwar, wie er sagte, auf Befehl des Gouverneurs von Pará, Antonio de Albuquerque.

Alle diese Besitznahmen sind nichtig, da sie innerhalb der Grenzen von Kastilien liegen. Noch weniger können die Portugiesen die Gebiete bis zum Napo beanspruchen. Und obwohl die Audiencia von Quito für Tejeira die Erlaubnis gab, ein Dorf etwas oberhalb des Rio Cuchivara zu besetzen, das Aldea de Oro (Golddorf) genannt wurde, ist auch diese Besitzergreifung nichtig, weil sie nicht von König Philipp IV. bestätigt worden ist, denn bevor die Sache zu seiner Kenntnis kam, hatte sich Portugal von der Krone von Kastilien getrennt. Daraus folgt aber, daß die Portugiesen die von ihnen vom genannten Meridian der Mündung des Vicente Pinzon an besetzten Gebeite zurückgeben müssen.

3. Es folgt daraus, daß die Versklavung der Indianer, die die Portugiesen aus diesem Gebiete zu ihren Diensten fortschleppten, indem sie alle Jahre zu diesem Zwecke eine Truppe aussenden und aus den Händen anderer Ungläubiger deren Kriegsgefangene im Tauschwege erwerben, ungesetzlich und wider jedes Recht ist, also wieviel mehr noch die Bedrückungen und Grausamkeiten, unter denen die Indianer leiden und gelitten haben, die auf den Inseln und an den Ufern des Flusses leben, weil sie Gefangene nicht herausgeben und keinen Krieg mit den Indianern des Tierra Firme führen wollen.

4. Im Hinblick auf die Grenzmarke, die ehemals am Rio de Vi-

cente Pinzon aufgestellt worden ist, kann den Portugiesen die Besitznahme des Landes bis zum Rio Negro, d. i. 9 Längengrade Entfernung vom Rio de Vicente Pinzon, nicht gestattet werden, weil dann die Grenzlinie ganz gekrümmt verlaufen würde, und zwar noch stärker, wenn sie, was ihre Absicht ist, sich bis zum Napo vorschieben würde. Das halte ich für notwendig hervorzuheben, damit festgestellt wird, daß die spanische Gesellschaft Jesu nicht ohne feste Grundlagen ihre Eroberungen unterhalb des Rio Napo ausgedehnt hat und daß sie das Recht hatte, sie auszudehnen, und sei es auch bis Gran Pará, weil bis zu einer neuen Entscheidung an den Höfen von Spanien und Rom alle diese Länder der Krone von Kastilien gehören.

Dieses Memorandum wurde von P. Samuel Fritz im Jahre 1692 dem Vizekönig persönlich überreicht.
Eine Abschrift davon befindet sich in der »Real Academica de la Historia« zu Madrid, eine sehr alte Kopie ist im Kolleg zu Quito vorhanden.